衆楽園
(津山市)

(備前市)

両宮山古墳
(赤磐市)

岡山後楽園(岡山市北区)

異文化との国際交流

高梁基督教会堂
（高梁市）

方谷山田先生遺蹟碑
（新見市）

まきび記念館
（まきび公園, 倉敷市）

錦莞莚
（倉敷市立磯崎眠亀記念館, 倉敷市）

岡山市水道記念館
(イギリス人バルトン, 岡山市北区)

ケレップ水制
(オランダ人ムルデル, 岡山市中区)

唐子踊(瀬戸内市)

野﨑武左衛門翁旌徳碑
(倉敷市)

宗教的風土

宝福寺(総社市)と
重玄寺(井原市)

金光教立教聖場(復元)
(浅口市)

円通寺(倉敷市)

宝島寺(倉敷市)

誕生寺（久米郡久米南町）

金山寺（岡山市北区）

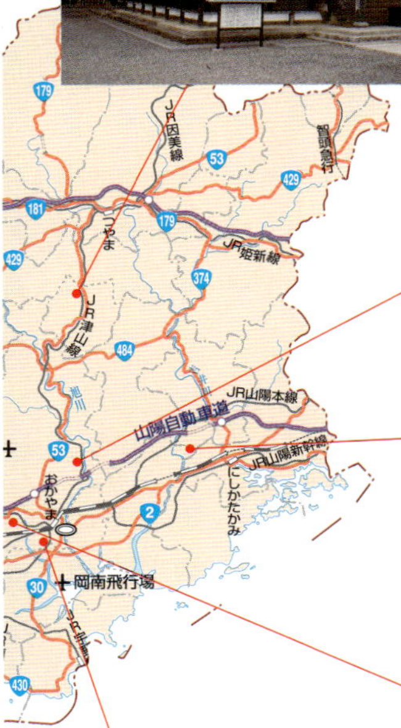

熊山遺跡（赤磐市）

宗忠神社（黒住教，岡山市北区）

吉備津神社（岡山市北区）

祭りと伝統行事

大宮踊（真庭市）

加茂大祭（加賀郡吉備中央町）

備中たかはし松山踊り
（高梁市）

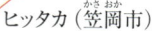
ヒッタカ（笠岡市）

誕生寺二十五菩薩練供養
(久米郡久米南町)

吉備津彦神社の御田植祭
(岡山市北区)

西大寺の会陽
(岡山市東区)

白石踊
(笠岡市)

もくじ　　赤字はコラム

城下町岡山とその周辺

❶ 岡山城・後楽園とその周辺を歩く 4
　　岡山城跡／岡山後楽園／百間川と遺跡群／操山古墳群／明禅寺城跡／安住院／少林寺／岡山ばらずし
❷ 旧岡山城下を散策する 12
　　西川緑道公園・枝川緑道公園／オランダ通り・日限地蔵／東山墓地
❸ 岡山市の北部を訪ねる 17
　　牟佐大塚古墳／金山寺／笠井山薬師院／備前国庁跡／龍之口八幡宮／備前国総社宮／賞田廃寺跡／唐人塚古墳／浄土寺／妙善寺／旧陸軍第十七師団の遺構／神宮寺山古墳／岡山市水道記念館／法界院／幡多廃寺塔跡
❹ 岡山市の南部を訪ねる 31
　　宗忠神社／今村宮／清泰院／藤田神社／興除神社／沖田神社／毒饅頭事件・河合又五郎事件／旧三蟠港／児島連山／硯井天満宮と与太郎塚／小串港と小串砲台跡／東野﨑浜と塩竈神社／宇野港と鳴滝園／荻野独園／三井造船と日比港／渋川海岸

吉備路

❶ 吉備津神社とその周辺 46
　　市川喜左衛門の墓／吉備津彦神社・吉備津神社／旧犬養家住宅／高松城跡／文英の石仏群／最上稲荷／陣屋町足守
❷ 備中国分寺とその周辺 54
　　備中国分寺跡／作山古墳／宮山墳墓群／備中総社宮／宝福寺／豪渓／秦廃寺／造山古墳／新本両国司神社の赤米の神饌／福山城跡／鬼城山／温羅伝説

備前の道

❶ 西大寺から牛窓へ 72
　　大多羅寄宮跡・如法寺無量壽院／西大寺文化資料館・西大寺(観音院)／餘慶寺と豊原北島神社／乙子城跡／石井十次と岡山孤児院発

祥地／安仁神社／弘法寺／弘法寺の踟供養／本蓮寺／牛窓海遊文化館・旧中國銀行牛窓支店／五香宮・牛窓神社／牛窓湾の前方後円墳／前島の大坂城築城残石／寒風古窯跡と錦海湾／静円寺・竹久夢二の生家

❷ 長船から備前・日生へ行く -- 84
備前福岡郷土館／妙興寺／花光寺山古墳・丸山古墳／備前長船刀剣博物館／築山古墳と須恵古代館／若宮八幡宮・伊木家の陣屋跡／長島愛生園／福生寺／伊部南大窯跡／真光寺／正楽寺千手院／備前焼と虫明焼／加子浦歴史文化館・BIZEN中南米美術館／鹿久居島と大多府島

❸ 山陽道を東へ行く -- 93
両宮山古墳／備前国分寺跡／千光寺／玉井丸山古墳／万富東大寺瓦窯跡／松田元成及び大村盛恒墓所／熊山遺跡／果樹栽培の先駆者たち／石蓮寺石造十三重層塔／田原用水の石の懸樋／足利義政・日野富子供養塔／法泉寺／安養寺／旧大國家住宅／和気氏政庁之跡／旧閑谷学校／岡山藩主池田家和意谷墓所／八塔寺／三石城跡と船坂峠

❹ 宇甘川を遡る -- 114
徳倉城跡／角藤定憲／武藤邸跡(酒倉)周辺／妙覚寺／不受不施／七曲神社／難波抱節／玉松城跡／虎倉城跡／円城寺／加茂大祭／小森温泉／加茂総社宮

❺ 吉井川中流域を訪ねる -- 125
天神山城跡／本久寺／茶臼山城跡／月の輪古墳／楯之舎塾跡／本経寺／本山寺／片上鉄道と柵原鉱山／柵原鉱山跡

白壁と紡績のまち倉敷

❶ 白壁のまち倉敷美観地区 -- 140
日本基督教団倉敷教会／倉敷中央病院／旧倉敷紡績万寿工場／鶴形山公園／井上家住宅と楠戸家住宅／倉敷アイビースクエア／倉敷川河畔／大原美術館／大原家住宅／大原孫三郎と３つの研究所／大橋家住宅／岡山大学資源植物科学研究所

❷ 倉敷周辺を訪ねる -- 153
安養寺／高梁川東西用水の樋門群／遍照院／高瀬通し一の口水門／

宝島寺／薄田泣菫生家／倉敷市立磯崎眠亀記念館／藺草と畳表・花莚／早島町歴史民俗資料館／楯築遺跡／王墓山古墳

❸ 港町下津井から藤戸・天城へ -------------------------------- 163

鷲羽山／下津井城跡／本荘八幡宮／旧野﨑家住宅／野﨑武左衛門／野﨑武左衛門翁旌徳碑／村山家住宅主屋／由加神社と蓮台寺／熊野神社と五流尊瀧院／天石門別保布羅神社／藤戸寺と藤戸古戦場／陣屋町天城

備中の道

❶ 港町を西へ -------------------------------- 180

羽黒神社／円通寺／小田県庁跡／津雲貝塚／カブトガニ／神島と笠岡沖の島々／金光教本部／大宮神社／旧高戸家住宅／鴨山城跡／両面薬師堂／大浦神社／天満神社／仁科芳雄博士生家

❷ 山陽道を西へ -------------------------------- 195

堂応寺宝篋印塔／吉備寺／囲勝寺／猿掛城跡／矢掛宿／持宝院／中世夢が原／高越城跡／興譲館／高山寺／三原の渡り拍子

❸ 備中北部から真庭へ -------------------------------- 208

吉川八幡宮／妙本寺／大嘗会主基田伝承地／綱島梁川記念碑／保月山六面石幢・板碑／大谷1号墳／英賀郡衙跡・英賀廃寺跡

❹ 高梁川を遡る -------------------------------- 214

備中松山城／松連寺／備中高梁の民俗／頼久寺／恵堂地蔵／井倉洞／三尾寺／鯉ヶ窪湿生植物群落／神応寺六角石幢／野田山遺跡／方谷庵／中世新見荘の文化財

❺ 成羽川を遡る -------------------------------- 224

成羽陣屋町／吹屋ふるさと村／笠神の文字岩／国吉城跡／穴門山神社

美作の道

❶ 因幡往来を行く -------------------------------- 234

長福寺／安養寺／林野城跡と三星城跡／江見廃寺／天曳神社／古町宿（小原宿）／伝宮本武蔵宅跡／林家住宅・道仙寺／土居宿／東光寺石造地蔵菩薩立像／梶並神社の当人祭

❷ 津山盆地を訪ねる -- 243
津山城跡／衆楽園／寺町通り界隈／箕作阮甫旧宅と津山洋学資料館／美作国分寺跡／日上天王山古墳／岡山県立津山高等学校本館と十六夜山古墳／美作国府跡と神楽尾城跡／中山神社／沼弥生住居跡群／高野神社／院庄館跡／佐良山古墳群と比丘尼塚／美作の首長墳

❸ 出雲往来・大山往来を行く ------------------------------ 258
岩屋城跡／久米廃寺跡／川東車塚古墳と下市瀬遺跡／木山神社と木山寺／勇山寺と清水寺／久世宿と旧遷喬尋常小学校校舎／美作にみる部民制／五反廃寺／篠向城跡／高田城跡／明徳寺と化生寺／宇南寺／姫笹原遺跡／新庄宿／徳右衛門御前／大庭八社／大山神門／蒜山原

❹ 津山往来とその周辺を行く ------------------------------ 274
豊楽寺／志呂神社／佛教寺／片山潜生誕地／誕生寺／唐臼墳墓群／両山寺／幻住寺／竹内流古武道発祥の地／美作の護法祭／旭川ダム／岸田吟香生誕地

❺ 伯耆往来を行く -------------------------------------- 284
片岡鉄兵詞碑／竹田遺跡と大野の整合／香々美新町宿と円通寺／小田草神社と小田草城跡／弘秀寺奥の院／布施神社／久田原遺跡と苫田ダム／泉嵓神社／木地師とタタラ製鉄／奥津渓／恩原ダムと恩原遺跡／人形峠

❻ 因幡道を行く -- 296
堀内三郎右衛門の墓／医王山城跡／万燈山古墳／改政一揆義民の碑／矢筈城跡／新善光寺／日本原／美作の荘園／岡・城が端古墳／諾神社／大別当城跡／菩提寺／広峯信仰と熊野信仰／美作の鉄道遺産／美作の紙

あとがき／岡山県のあゆみ／文化財公開施設／無形民俗文化財／おもな祭り／有形民俗文化財／無形文化財／散歩便利帳／参考文献／年表／索引

[本書の利用にあたって]

1. 散歩モデルコースで使われているおもな記号は、つぎのとおりです。なお、数字は所要時間（分）をあらわします。

    ``············`` 電車　　　``========`` 地下鉄
    ``──────`` バス　　　``▲▲▲▲▲▲▲▲`` 車
    ``------------`` 徒歩　　　``～～～～～～`` 船

2. 本文で使われているおもな記号は、つぎのとおりです。

    🚶 徒歩　　🚌 バス　　✈ 飛行機
    🚗 車　　　🚢 船　　　🅿 駐車場あり

    〈M▶P.○○〉は、地図の該当ページを示します。

3. 各項目の後ろにある丸数字は、章の地図上の丸数字に対応します。

4. 本文中のおもな文化財の区別は、つぎのとおりです。
    国指定重要文化財＝(国重文)、国指定史跡＝(国史跡)、国指定天然記念物＝(国天然)、国指定名勝＝(国名勝)、国指定重要有形民俗文化財・国指定重要無形民俗文化財＝(国民俗)、国登録有形文化財＝(国登録)
    都道府県もこれに準じています。

5. コラムのマークは、つぎのとおりです。

    泊　歴史的な宿　　憩　名湯　　　食　飲む・食べる
    み　土産　　　　　作　作る　　　体　体験する
    祭　祭り　　　　　行　民俗行事　芸　民俗芸能
    人　人物　　　　　伝　伝説　　　産　伝統産業
    ‼　そのほか

6. 本書掲載のデータは、2013年11月末日現在のものです。今後変更になる場合もありますので、事前にお確かめください。

Okayama

城下町岡山とその周辺

岡山後楽園

金山寺三重塔

城下町岡山とその周辺

◎城下町岡山とその周辺散歩モデルコース

岡山城・後楽園とその周辺コース　1. JR山陽本線ほか岡山駅_15_岡山城_5_林原美術館・内山下界隈_15_後楽園・岡山県立博物館_3_夢二郷土美術館_15_岡山県立美術館・岡山神社・岡山市立オリエント美術館・甚九郎稲荷・禁酒会館_5_京橋_5_国清寺・玉井宮東照宮・東山公園_15_東山墓地_15_岡山電気軌道東山線東山電停_25_JR岡山駅

2. JR山陽本線ほか岡山駅_15_朝日高前バス停_5_徳與寺_5_大福寺_5_少林寺_5_法輪寺_5_安住院_15_国富バス停_5_原尾島住宅前バス停_45_金蔵山古墳・沢田大塚古墳_20_恩徳寺_15_明禅寺城跡_60_原尾島住宅前バス停_25_JR岡山駅

旧岡山城下コース　岡山電気軌道清輝橋線・東山線西川緑道公園電停_10_光珍寺・岡山寺_10_杉山岩三郎旧邸_5_蓮昌寺_10_石井宗謙の居宅跡_5_栄町鐘撞堂跡_5_「岡山藩郡代津田永忠居宅跡」碑_15_大雲寺_3_岡山電気軌道清輝橋線大雲寺前電停_15_JR岡山駅

岡山市北部コース　JR津山線玉柏駅_40_金山寺_40_笠井山薬師院_30_JR津山線備前原駅_30_備前国総社宮_25_唐人塚古墳_5_賞田廃寺跡_20_備前国庁跡_15_JR山陽本線高島駅

岡山市南部コース　JR山陽本線ほか岡山駅_25_清泰院_20_藤田神社_18_硯井天満宮_5_与太郎塚_13_塩竈神社_17_宇野港_5_JR宇野線宇野駅

---

①岡山城跡
②岡山後楽園
③百間川と遺跡群
④操山古墳群
⑤明禅寺城跡
⑥安住院
⑦少林寺
⑧西川緑道公園・枝川緑道公園
⑨オランダ通り・日限地蔵
⑩東山墓地
⑪牟佐大塚古墳
⑫金山寺
⑬笠井山薬師院
⑭備前国庁跡
⑮龍之口八幡宮
⑯備前国総社宮
⑰賞田廃寺跡
⑱唐人塚古墳
⑲浄土寺
⑳妙善寺
㉑旧陸軍第十七師団の遺構
㉒神宮寺山古墳
㉓岡山市水道記念館
㉔法界院
㉕幡多廃寺塔跡
㉖宗忠神社
㉗今村宮
㉘清泰院
㉙藤田神社
㉚興除神社
㉛沖田神社
㉜旧三蟠港
㉝児島連山
㉞硯井天満宮・与太郎塚
㉟小串港・小串砲台跡
㊱東野﨑浜・塩竈神社
㊲宇野港・鳴滝園
㊳三井造船・日比港
㊴渋川海岸

岡山城・後楽園とその周辺を歩く

外様の雄藩，岡山藩の中心地。周辺には水田跡の遺跡や古墳もみられ，豊かな地域であったと知られる。

岡山城跡 ❶
086-225-2096
(岡山城事務所)

〈M▶P.2,5〉岡山市北区丸の内・後楽園　P（後楽園など）
JR山陽新幹線・宇野線・吉備線・山陽本線・津山線・赤穂線・伯備線岡山駅🚃岡電高屋行県庁前🚶3分

宇喜多秀家が大規模に改築／池田氏の居城

　県庁前バス停から岡山県立図書館に沿って東に進むと，外下馬門跡(外目安門)があり，石垣の一部が残されている。岡山県立図書館のある場所は，岡山城二の丸の北東隅に位置する榎馬場とよばれた広場であった。石垣沿いに歩いて行くと，内堀に架かる内下馬橋跡から北側に岡山城跡(国史跡)が広がり，西側に林原美術館の長屋門がみえる。

　岡山城は，大永年間(1521〜28)に在地の小領主金光氏の居城として「石山」に立地したので，石山城ともいった。備前国邑久郡(現，瀬戸内市)の宇喜多直家が金光宗高を滅ぼし，1573(天正元)年に入城，改築した。子の秀家は本丸を石山の東方の「岡山」に移し，さらに旭川の川筋を付け替えて，城郭の北側から東側の備えとした。これが現在の本丸で，西の丸は石山，二の丸は県庁舎などがある辺りとなる。関ヶ原の戦い(1600年)後，城主は小早川秀秋となったが，嗣子がなく2年で断絶し，以後，31万5200石の岡山藩主池田氏の居城として明治維新まで続いた。

　内下馬橋跡を渡ると，内下馬門跡がある。この辺りが本丸の正門跡付近となり，城内でもっとも大きな石を使用した石垣が目に飛び込んでくる。本丸内の石垣に沿って一周すると，宇喜多秀家・小早川秀秋・池田忠雄の各時代に築かれた石垣がみられる。階段をの

岡山城(烏城)

ほり表書院跡に出ると、本丸唯一の現存建造物である月見櫓(国重文)が北西隅にある。月見櫓は忠雄の時代に建てられたもので、軍事目的以外に、月見の宴の際に展望台としても使用されたことからその名がある。食料・兵器を貯蔵する機能を備え、地下部には隠し銃眼が設けられている。表書院跡から東隣の本段にのぼると、3層6階の天守閣がある。岡山城の天守閣は地形にあわせた不整形となっていることが特色で、黒塗りの下見板が貼ってあった

岡山城周辺の史跡

ので「烏城」の名がある。現在の天守閣は、1945(昭和20)年の空襲で焼失したものを、1966年に再建したものである。内部は、岡山城の歴史を学べる施設となっている。

林原美術館は二の丸対面所跡に立地し、長屋門は支藩生坂藩の岡山屋敷の門を移築したものである。所蔵品は旧岡山藩主池田家伝来の品を含めて多岐にわたり、国宝の太刀銘吉房・太刀銘備前国長船住左近将監長光造・短刀無銘正宗(名物九鬼正宗、附 金無垢二重鎺)、国の重要文化財の紺糸威胴丸兜大袖付・能装束紅地山桜円文蔓草模様縫箔をはじめ、国や県の文化財指定を受けた名品が多い。

林原美術館から「烏城みち」を北へ向かうと、石山城本丸跡の石垣がみえる。旧市立内山下小学校の東南隅、西の丸と二の丸の間に石山門跡がある。石山門跡には渡櫓門があったが、空襲により焼失し、石垣のみが残っている。旧内山下小学校の周囲は西の丸の高い石垣で囲まれ、幼くして岡山藩主となった異母弟池田忠継の執政代行として岡山城に入った池田利隆が、1603(慶長8)年に建設した西丸西手櫓(国重文)がある。西手櫓は石落としや銃眼を備え、西方ににらみを利かせていた。西手櫓のすぐ横には、藩主池田光政の隠居所庭園跡もある。

岡山後楽園 ❷
086-272-1148
〈M ▶ P. 2, 5〉岡山市北区後楽園1-5 P
JR岡山駅🚌藤原団地行後楽園前🚶すぐ

日本三名園の1つ
芝生使用の大庭園はわが国初

　岡山城跡の対岸にある岡山後楽園(国特別名勝)は，岡山藩主池田綱政が，家臣の津田永忠に命じて1687(貞享4)年に着工，1700(元禄13)年に完成したといわれている。すぐれた土木技術により造園された後楽園は，茨城県水戸市の偕楽園・石川県金沢市の兼六園とともに，日本三名園に数えられている。後楽園という名称は，「先憂後楽」の精神から造園されていることから1871(明治4)年に改められたもので，それまでは「城の後にある園」の意で，たんに「後園」とよばれていた。後楽園の特徴は，この地が砂質地盤で湿度不足のため，苔ではなく芝生を大量に使用している点で，わが国の大庭園ではこれが最初である。また，園内に弓場や馬場を設けたり，刀を研ぐための砥石型石橋を設けて，武芸の鍛練を忘らぬ戒めとしたり，井田や茶畑を設けて農業振興に心掛けるなど，各所に為政者の精神を盛り込んでいる点も興味深い。

　後楽園は林泉回遊式庭園で，正門付近の延養亭は戦災で焼失したものを1960(昭和35)年に復元したものだが，かつては，藩主が訪れたときの居間として，また賓客をもてなす場として使用された，園内でもっとも重要な建物であった。延養亭からは，沢の池・唯心山，借景の操山，その中腹に安住院多宝塔，南方に岡山城跡と，園内外を一望でき，その景観はみる者を魅了する。

　後楽園正門の向かい側に岡山県立博物館がある。収蔵品には，国宝の赤韋威鎧兜大袖付(附唐櫃)のほか，国の重要文化財の絹本著色宇喜多能家画像(紅岸寺旧蔵)・太刀銘則宗，特殊器台(総社市宮山遺跡出土)，突線流水文銅鐸(附貸泉・棒状銅製品)など，貴重

岡山後楽園

6　城下町岡山とその周辺

夢二郷土美術館

な資料が多い。

後楽園の外苑には有本芳水の詩碑が、また鶴見橋東詰の路傍には「宵待草」で有名な竹久夢二の歌碑が立つ。蓬萊橋を渡るとレンガ造りの夢二郷土美術館がある。ここは西大寺鉄道の後楽園駅跡地で、美術館には西大寺鉄道(現、両備ホールディングス)の社長をつとめた松田 基 の収集した夢二の作品が展示されている。なお、夢二の生家と復元されたアトリエ兼住居「少年山荘」は瀬戸内市邑久町本庄にあり、夢二郷土美術館分館となっている。

百間川と遺跡群 ❸

〈M ► P. 2, 9〉岡山市中区原尾島・沢田付近
JR岡山駅 岡電高屋行終点 5分

河川敷を歩いてみると当時の暮らしに触れられる

岡山城跡の北東2kmほどの所を流れる百間川は、岡山城下を旭川の洪水から守るために、岡山藩主池田光政の命を受けた津田永忠が、補佐役で陽明学者の熊沢蕃山が考案した荒手越の方法を活用して、1686(貞享3)年(一説に1669年)に着工し、十数年かけて完成させたといわれる人工河川である。百間川には、洪水対策として3つの荒手(越流堤)がつくられた。旭川との分岐点に「一の荒手」、竹田橋のすぐ下流には「二の荒手」がある。百間川の名称は、この二の荒手が幅100間(約180m)に設計されていたことによる。

第二次世界大戦後、百間川河床下の発掘調査が行われ、弥生時代の水田跡などが発見された。なかでも原尾島遺跡や沢田遺跡からは、縄文時代後期の比較的古い段階の遺物、兼基遺跡や今谷遺跡からは、弥生時代中期の掘立柱建物群跡、米田遺跡からは古代の道路・堤

原尾島遺跡

岡山城・後楽園とその周辺を歩く 7

防の跡などがみつかり，注目される。現在，高屋バス停の南約250mの百間川橋と沢田橋の間の河川敷には，百間川遺跡群の竪穴住居のオブジェが復元され，米田遺跡から中世の橋跡が移設されている。

操山古墳群 ❹

〈M▶P.2,9〉岡山市中区沢田　P（操山公園里山センター）
岡山電気軌道東山線東山🚶10分，または🚌西大寺方面行
古京　🚶20分（操山登山口）

散策しながら多くの古墳を見学できる

　操山古墳群は岡山城跡の東方約2km，標高169mの操山山麓にある古墳の総称で，前期古墳24基と後期古墳102基が確認されている。

　高屋バス停の南約1.3kmにある操山公園里山センターから東に向かうと，4世紀末〜5世紀初めにつくられたと推定される金蔵山古墳がある。全長165mの前方後円墳で，北向きの前方部は幅72m・高さ15.5m，後円部は径110m・高さ18mあり，県内第4位の大きさを誇る。前方部は2段，後円部は3段築成で，各段には円筒埴輪がめぐり，斜面は葺石で覆われていた。後円部には，中央とその南方に2基の竪穴式石室があり，墳丘上にのぼって見学できる。両石室の封土上には，取り囲むように方形の埴輪列が存在した。埴輪は円筒埴輪を中心に，盾・水鳥・家などの形象埴輪も確認されている。おもな出土品には，内部に農・工・武具などの多量の鉄製品を収めた4個の埴製合子をはじめ，鉄鏃・刀子・釣針・櫛・銅鏡・玉類などの副葬品がある。出土品は，倉敷考古館に展示されている。

　金蔵山古墳の北方には，沢田大塚古墳がある。尾根の頂部に立地する，直径16m・高さ4.7mの円墳である。横穴式石室は全長11m，玄室の長さは4.8m・幅3mで，6世紀後半の築造と推定されている。石室の規模は，操山古墳群の後期古墳のなかでは最大級である。

　操山公園里山センターから沢田橋方面へ約200m向かうと，沢田山恩徳寺（真言宗）がある。寺伝では，奈良時代に行基により建立され，のち報恩大師によって備前四十八カ寺に加えられたという。

明禅寺城跡 ❺

〈M▶P.2,9〉岡山市中区原尾島・沢田　P（操山公園里山センター）
JR岡山駅🚌岡電高屋行原尾島住宅前🚶60分

岡山の市街地を一望できる山城跡

　操山山系北方の明禅寺山頂には明禅寺城跡がある。里山センターから北西へ150mほどである。明禅寺城は1566（永禄9）年，備前国

8　城下町岡山とその周辺

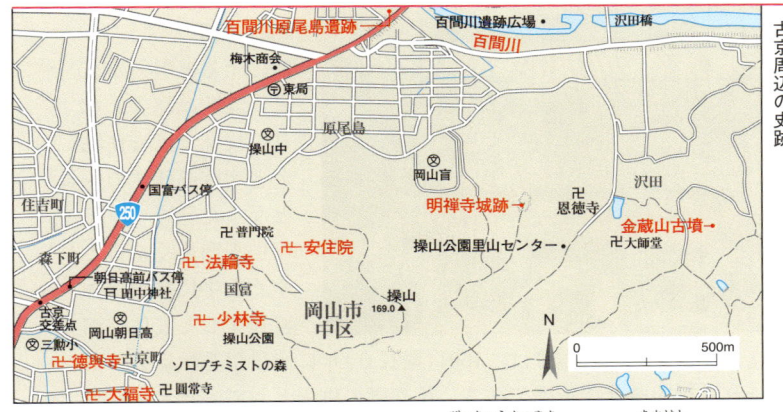

邑久郡の宇喜多直家が岡山進出に際し，備中松山城(現，高梁市)主三村元親の侵攻に対する防衛基地として，廃寺となっていた明禅寺の跡を利用して築いた山城である。1567年，宇喜多氏は，明禅寺城を舞台にした三村氏との激しい合戦(明禅寺合戦)に勝利し，岡山に進出した。

明禅寺城跡からは岡山の市街地を一望できる。敵の動きを把握するのに適した城であったと推測されるが，合戦で焼けた城は，その後，再建されることはなかった。

明禅寺城跡

安住院 ❻
086-272-2320

〈M▶P.2,9〉 岡山市中区国富3-1-29 P

JR岡山駅🚌岡電高屋行国富🚶15分

国富バス停から東へ600mほど行くと，通称「瓶井の赤門」とよばれる瓶井山禅光寺安住院(真言宗)の美しい仁王門(県文化)が迎えてくれる。この仁王門は室町時代中期の建立といわれ，県内に残存する楼門では最古のものとされる。

安住院は，禅光寺一山の本坊であった。寺伝によれば，禅光寺は，奈良時代に報恩大師によって建立された備前四十八カ寺の１つであるという。寺域には，江戸時代中期，10坊が立ち並んでいたが，後

安住院仁王門

期に至ると勢力が衰え、諸院は廃寺となり、現在では安住院と普門院を残すのみとなった。

仁王門をくぐると、すぐ右手に普門院、直進すると安住院がみえてくる。安住院本堂は、1601（慶長6）年に小早川秀秋により再建された桃山時代の遺構である。後楽園の借景としても有名な「見かえりの塔」ともよばれる2層の安住院多宝塔（県文化）は、岡山藩主池田綱政の命により着工され、つぎの藩主継政のときに完成した。

少林寺 ❼
086-272-2705
〈M▶P.2,9〉岡山市中区国富2-1-11 P
JR岡山駅🚌岡電高屋行朝日高前🚶10分

徳興寺にある宇喜多秀家生母の墓と伝える五輪塔

県立岡山朝日高校前バス停（朝日高前）の南側、国道2号線の古京交差点付近に、「五百羅漢道」の石標が立っている。そこから、同校の敷地に沿って東へ進むと、国富山少林寺（臨済宗）がある。少林寺は、赤穂城（現、兵庫県赤穂市）主池田輝興が菩提所として赤穂に建立した寺で、1645（正保2）年、輝興が発狂して岡山藩預かりとなると、当寺も岡山片上町（現、備前市東片上・西片上）に移され、輝興の没後、現在地に移された。寺号も輝興の法名にちなんで少林寺と改められた。少林寺には、木造五百羅漢像を安置した羅漢堂があったが、1939（昭和14）年に火災により焼失した。

少林寺の北200mほどの所に、聖徳太子を本尊とする勝鬘山法輪寺（真言宗）がある。天正年間（1573〜92）、宇喜多秀家が、岡山城本丸の移転・改築と城下町建設のため、岡山に集まった大工の氏寺として大工町（現、北区東中央町）に建立したと伝えられる。当初、大円坊と称したが、まもなく太子堂を建てて聖徳太子をまつり、高野山真言宗善通寺派大本山随心院（京都市山科区）の末寺に入り、現在の寺号となった。享保年間（1716〜36）に現在地に移転した。移転後、火災により多くの堂舎を失ったが、鐘楼門は移転当時のもので、江戸時代の見事な装飾彫刻を目にすることができる。

岡山ばらずし

コラム

食

倹約を命じられた領民が考案した豪華料理

　岡山の郷土料理として知られる「岡山ばらずし」は、古くからこの地方のハレの日の料理として親しまれている。すし飯には備前米、具には瀬戸内の海の幸と中国山地の山の幸を惜しみなく使い、その豪華さは、岡山の豊かな恵みを象徴している。とくに、祭りのときには、「すし一升金一両」と称されるほど具材をふんだんに用い、「祭りずし」の別名もある。

　岡山ばらずしの歴史は、江戸時代に遡る。岡山藩主池田光政は、みずから率先して倹約を守り、家臣を教導して無駄のない緊縮財政に努めていた。その光政が領民に対し、食膳は「一汁一菜」とすることを命じた。これに対して、せめてハレの日だけでも品数をふやして食べたいと考えた領民は、すし飯のなかに山海の幸をたくさん入れて、一菜にする方法を考え出した。これが、岡山ばらずしの発祥といわれている。当初は重箱の底にさまざまな具を贅沢に敷き詰め、その上にすし飯を盛って、表面的には質素にみえるように仕上げていた。そして、いざ食べるときに重箱を返せば、彩り豊かなばらずしがあらわれるという仕組みである。現在はその必要もなく、最初から見た目も豪華なばらずしを、市内の寿司屋や駅弁でも味わうことができる。

　古京交差点から南へ200mほど行き左折すると、市立三勲小学校の東側に、能満山徳與寺（真言宗）がある。境内には、宇喜多直家の正室で、秀家の生母である於福（お鮮）の墓と伝えられる「法鮮」銘五輪塔がある。この五輪塔は高さ約3.4m、「妙法蓮華経」の文字の下に「法鮮」と刻まれている。秀家は幼少時に父直家と死別、豊臣秀吉に寵愛された。秀家は、秀吉の厚遇により権中納言となり、1598（慶長3）年には五大老に列した。秀家が秀吉の寵愛を受けた理由の1つに、美人で知られた於福の存在があったといわれている。

　徳與寺の南東150mほどの所に、聖満山法城院大福寺（真言宗）がある。報恩大師が備前四十八カ寺の1つとして和気郡伊部（現、備前市）に建立したといわれ、寛永年間（1624～44）に岡山城下に移転された。江戸時代には岡山藩主池田氏の保護を受けた。1945（昭和20）年の空襲により、伽藍の大半は焼失し、境内の大地蔵などには焼け焦げた痕が残る。

岡山城・後楽園とその周辺を歩く

旧岡山城下を散策する

岡山市内の中心を流れる西川と旭川に囲まれた地域は、武士と商人・職人が住んでいたが、近代化で大きく変貌を遂げた。

西川緑道公園・枝川緑道公園 ❽

市民の憩の場となった公園

〈M ▶ P. 2, 13〉 岡山市北区磨屋町・平和町・田町・中央町
JR山陽新幹線・宇野線・吉備線・山陽本線・津山線・赤穂線・伯備線岡山駅🚶5分、
または岡山電気軌道清輝橋線・東山線西川緑道公園🚶2分

　JR岡山駅から路面電車に沿って東へ500mほど行くと、岡山市中を南北に流れる西川用水に出合う。西川用水は、旭川の上流西岸にある三野公園の南東部より取水し、市街地を貫流して児島湾に流入する。平安時代には鹿田荘の田畑を灌漑していたと推定され、江戸時代には城下町の防御をなす水堀の役目をはたし、近代以降も水車の動力・飲料水として使用されていた。

　1974（昭和49）～83年にかけて西川用水とその支流枝川用水両岸の公園整備が進められ、全長2.4km・面積4haの西川緑道公園・枝川緑道公園が完成した。西川緑道公園の遊歩道をもつ7.4mの緑地帯には、水上テラス・花壇広場などが設けられ、ヤナギを中心に、約3万8000本の樹木や四季おりおりの草花が彩りを添えている。

　西川緑道公園電停西側の西川橋から北へ約100mにある岡ビル百貨店の一帯が野田屋町で、江戸時代には岡山藩家老天城池田氏の屋敷（天城屋敷）があった。明治時代の民権家福田英子（旧姓景山）は、天城屋敷の一角で誕生している。岡ビル百貨店北側の野田屋町公園には、2005（平成17）年に北方約8kmの笠井山山頂より移設された福田英子の顕彰碑と「関西学園発祥の地」記念碑が立つ。ここよ

西川緑道公園

り上流に向かって約800m進むと南方に岡山県立記録資料館と吉備路文学館があり、郷土岡山の歴史資料や岡山ゆかりの近代文学者の遺筆にふれることもできる。

西川橋の30mほど下流に架かる桶屋橋から東へ150mほど進むと、光珍寺・岡山寺（ともに天台宗）、薬師院（真言宗）がある。光珍寺と岡山寺は慶長年間（1596〜1615）までは1つの寺であり、宇喜多直家によって父興家の位牌所とされた由緒ある寺院である。桶屋橋から、野殿橋へ向かう間に、彫刻「夢」（北村西望作）と「平和の像」（岡本錦朋作）がある。「平和の像」は、岡山の反戦運動・反核運動の拠点ともいうべき記念像である。野殿橋の袂には、岡山で育ち、第一次吉田茂内閣の農林大臣などをつとめた和田博雄の句碑がある。

西川緑道公園周辺の史跡

県庁筋に架かる平和橋の南東には白壁の岡山バプテスト教会、あくら通りに架かる出石橋の袂には、「備前西郷」とよばれた岡山藩士で、実業家となった杉山岩三郎旧邸がある。現在、杉山邸はホテルとなっているが、敷地の東側には士族屋敷の土塀が一部残されている。岡山バプテスト教会から東へ200mほど行くと、蓮昌寺（日蓮宗）に至る。1945（昭和20）年6月29日の岡山空襲までは境内1万4000m²に、桃山時代の本堂・室町時代の三重塔（ともに旧国宝）のほか、多くの堂塔が立ち並び、境内末寺も多かった。もともとは内山下の榎馬場（現在の県庁北側）にあったが、宇喜多直家の岡山城築城の際に森下町に移され、小早川秀秋が城の外堀に沿って郭外に寺町をつくったときに、現在地に再移転したという。

出石橋からつぎの田町橋までの間には「彫刻の森」があり、岡山を代表する彫刻家の作品群が並べられている。田町橋は、岡山空襲の痕跡をとどめる戦災遺産として保存されている。新下西川橋・薬

旧岡山城下を散策する　13

研堀橋を越えると、国道2号線の瓦橋に出る。ここで西川用水は南東へ分岐するが、直進すると500mほど枝川緑道公園が続く。

オランダ通り・日限地蔵 ❾
086-222-8466（大雲寺）

〈M ▶ P.2, 13〉岡山市北区表町1〜3丁目／表町3-18-38
JR岡山駅🚶15分、または天満屋バスセンター🚶7分／岡山電気軌道清輝橋線大雲寺前🚶2分

岡山市中心部の商人の町の町の今昔

天満屋バスセンターより天満屋本店を通り抜けると、岡山随一の商店街である表町商店街に出る。この通りの1本東側に、南北に延びるレンガを敷き詰めた小路があり、シーボルトの娘「オランダおいね」こと楠本イネにちなんでオランダ通りとよばれる。

楠本イネは、1823（文政6）年にオランダ商館付医師として来日したドイツ人フォン・シーボルトと日本人の妻楠本タキの娘として、1827年長崎で誕生した。1845（弘化2）年2月に来岡し、1851（嘉永4）年9月に至る6年8カ月にわたって、父の門下であった石井宗謙について産科医術を修得した。この間に宗謙との間に1女をもうけ、明治維新後は宮内省に医師として勤務し、1903（明治36）年77歳で死去した。

県庁通りから南へ100mほど入った天満屋本店の南端に位置する辺りの右側に、協同組合岡山市下之町商店会事務所がある。ここは、イネが修業した石井宗謙の居宅跡である。

さらに南へ進み、あくら通りを抜け栄町に達すると、右側に栄町会館・栄町モータープールがある。この付近に岡山のシンボルであった栄町鐘撞堂があった。鐘撞堂は、1666（寛文6）年に設置され、方7m・高さ2mの基壇上に高さ12mの三層楼を建て、2層の

日限地蔵

時鐘は昼夜12時を報じ、出火のときは3層の半鐘(警鐘)を打ち鳴らして住民に知らせた。1945(昭和20)年6月29日の岡山空襲で全焼し、焼け残った時鐘の下半分は、岡山駅西口の岡山シティミュージアムに、鐘撞堂の5分の1模型とともに常設展示されている。

鐘撞堂跡から東へ向かうと、市電通り(東山線)に出る。北へ少し行くと、歩道と車道の境目にある高さ1mほどの樋門の形をした石組みは、「岡山藩郡代津田永忠居宅跡」の碑である。

表町通りに入って南に歩くと、かつて繁栄した千日前である。千日前から西へ約100m行くと、日限地蔵の名で知られる大雲寺(浄土宗)に至る。初め西大寺町にあり大運寺と称したが、天正年間(1573～92)に再興されて号を改め、宇喜多直家から寺領300石を寄進された。1601(慶長6)年に小早川秋秋が岡山城の外堀を開鑿した際に現在地に移転させられたといわれ、その後、しだいに商家が増して大雲寺町を形成した。毎月23日が縁日で、多くの人で賑わう。

東山墓地 ❿ 〈M▶P.2〉岡山市中区平井1

JR岡山駅または天満屋バスセンター🚌新岡山港行・岡山ふれあいセンター行山陽学園大学前🚶7分

山陽学園大学前バス停で降りて東側の尾崎橋で倉安川を渡り、坂道を北へ向かうと、坂の頂上に1916(大正5)年に設置された岡山市営の東山斎場がある。

斎場入口の道路を隔てた所に立つ案内標識に従って、墓地群(平井越地区)を南へ50mほどくだると、上代家の墓域内に上代淑の墓がある。上代淑は、1886(明治19)年創立の山陽英和女学校(現、山陽女子高校)の校長として活躍した教育者で、岡山名誉市民でもあった。上代家の隣には、炭谷小梅の墓がある。炭谷小梅は、岡山の奇人・変人と称され、岡山の教育・衛生面で近代化に貢献した中川

東山墓地

横太郎の愛人であったが、彼と離別して1887年より石井十次の開設した岡山孤児院で奉仕活動を行い、1920(大正9)年69歳でその一生を終えた。墓石は、岡山孤児院の生徒たちが建立したものである。淑と小梅の墓石の前方に大西家の広い墓地があり、中心に大西祝の墓が立っている。大西祝は、東京専門学校(現、早稲田大学)・東京高等師範学校(現、筑波大学)で教鞭をとった著名な哲学者であり、内村鑑三の不敬事件(1891年)に始まるキリスト教排撃に対し、信教の自由とデモクラシーを守るために敢然とたたかった人物である。彼の墓石の横には、一族の大西雪(中川横太郎夫人)と妹大西絹(山陽女学校の舎監)の墓がある。

大西家墓地より東方の一段と高い所に池田長発の墓がある。長発は岡山藩主池田家の一族で1200石の旗本であり、備中井原村・片塚村(現、井原市)などを領し、現在の井原市立井原小学校校庭の一隅に陣屋を構えていた。1863(文久3)年の遣欧使節団の団長をつとめ、パリ条約を締結し、勝海舟とともに、外国奉行・軍艦奉行を歴任した。池田長発の墓の南隣に池田家分家の墓地が広がる。

東山斎場に戻り、斎場西側に手代木勝任の墓地を訪ねる。勝任は京都守護職松平容保の重臣であり、1878(明治11)年より岡山県内の郡長・区長をつとめ、死に臨んで実弟佐々木只三郎の坂本龍馬暗殺を告白した。次に、東山斎場の東側に、松琴寺・新天地育児院に行く道と県立成徳学校に行く道がある。この間に1つの墓地群があるが、ほぼ中央を南北に1本の道が通っている。東山斎場に近い墓地の手前のほうに、岡山藩士としてフランス留学中に客死した野村小二郎(尚赫)の墓が立つ。その東側には、第二十二国立銀行頭取村上長毅の墓と、2代岡山市長新庄厚信の墓が立つ。小道を北へのぼって行く途中に神戸事件(1868年)の責を負って自刃した岡山藩士滝善三郎の墓(法号「誠岩良忠居士」)があり、さらにその上方には花畑施療所(現、岡山博愛会病院)などをつくり社会福祉事業に尽力した、アリス・ペティ・アダムス女史(Alice Petee Adams)の墓がある。小道の東側には陸軍少将野中勝明の墓、少し離れた所に二・二六事件(1936年)に加わって自刃した4男の野中四郎の墓が立つ。

岡山市の北部を訪ねる

古代・中世の備前国の政治的中心地と思われる龍ノ口山周辺と，法華寺院や近代建築の残る岡山大学周辺をめぐる。

牟佐大塚古墳 ⑪ 〈M▶P.2〉岡山市北区牟佐1433
JR山陽新幹線・宇野線・吉備線・山陽本線・津山線・赤穂線・伯備線岡山駅🚌山陽団地行・林野駅方面行牟佐下🚶3分，またはJR津山線玉柏駅🚶26分

岡山県三大巨石墳の1つ 6世紀末頃の円墳

　岡山市街から津山へ通じる県道27号線を北東へ7.5kmほど行くと，新大原橋がある。この橋を渡ると牟佐集落であり，橋を渡って最初の点滅信号のある交差点を北に入った細い路地の先に，牟佐大塚古墳(国史跡)がある。

　牟佐大塚古墳は直径40m・高さは10m以上の円墳で，墳丘の南側に，全長18m・幅2.8m・高さ3.2mの横穴式石室の開口部がある。長さ6mの玄室内部には，長さ2.9m・幅1.6m・高さ1.5mの家形石棺が安置されており，その材は県の西端にあたる井原市の浪形山で採れる貝殻凝灰岩である。石室規模から，こうもり塚古墳(総社市上林)，箭田大塚古墳(倉敷市真備町箭田)とともに，吉備の三大巨石墳の1つとされている。また，羨道が著しく発達していることや石棺の形態から，6世紀末頃の築造と考えられている。現在，案内板は老朽化により撤去されている。

牟佐大塚古墳

金山寺 ⑫ 〈M▶P.2〉岡山市北区金山寺481
きんざんじ
086-228-0926　JR岡山駅🚶150分，JR津山線玉柏駅🚶40分，またはJR岡山駅🚌山陽団地行・林野駅方面行金山口🚶45分

　JR玉柏駅から県道27号線を南西へ約1.3km，金山口交差点を右折すると，金山寺参道に至る。3kmほど進むと，1788(天明8)年に建立された三重塔(県文化)の姿がみえてくる。

金山寺仁王門

備前四十八カ寺の天台宗寺院

かつて備前四十八カ寺の天台宗本山として栄えた金山寺(天台宗)である。境内には八脚門の仁王門,本堂・三重塔・護摩堂・開山堂・灌頂堂・豪円堂・経蔵・客殿・書院・庫裏などの建造物が立ち並び,山上伽藍を形成している。

金山寺は,平安時代から鎌倉時代の古文書には金山寺または金山観音寺と記され,近世には銘金山観音寺遍照院と呼称された。室町時代成立の「金山寺住僧等解」には,金山寺は報恩大師の建立で,本尊の観音像は報恩の自作であると記されており,『金山観音寺縁起』(国重文)にも,奈良時代,孝謙天皇の命により備前四十八カ寺を建立したと伝えられている報恩が開基したとみえる。

縁起によれば,金山の主峰妙見山の頂上辺りに創建されたが,1142(康治元)年,現在の三鈷峰の麓に移されたと伝えられている。また,備中吉備津宮(現,吉備津神社〈岡山市吉備津〉)の社家賀陽氏出身である栄西が住職をつとめた頃,法相宗から天台宗へと改宗されて寺域が拡大,灌頂堂・護摩堂などが新造され,これ以後,遍照院と号したという。なお,栄西の葉上房の称にちなんで,台密の法流も「葉上流」とよばれるが,当地は葉上流灌頂が初めて行われた所とも伝えられる。

1501(文亀元)年,備前金川城(現,岡山市御津金川)主の松田左近将監に日蓮宗への改宗を迫られ,これを拒否したため,一山もろとも焼討ちにされた。

1561(永禄4)年,伯耆国大山寺(鳥取県大山町)から法印円智(豪円僧正)が来山して住職となり,岡山城主宇喜多直家や弟忠家の帰依によって,1575(天正3)年に本堂の再建に着手した。その後,円智は法弟円忠にその職を譲るまでの約40年間,伽藍の復興,一山の繁栄に尽くした。

やがて1575(大正３)年にこの本堂は再建されるが，2012(平成24)年12月24日に失火により焼失し，残念ながら翌年６月に国重要文化財の解除に至った。また，本堂の保存修理工事に備えて，場所を移動していた木造阿弥陀如来像(県文化)もこの火災により，同時に焼失したとみられ，翌年３月に解除となった。

　護摩堂(県文化)は，桁行３間(7.15m)・梁間３間半(5.94m)の一重入母屋造・本瓦葺きで，正面に１間の向拝がつき，正面半間通に濡縁を張っている。内部は，奥の半間通に仏壇があり，中央の厨子に本尊の木造不動明王立像をまつっている。堂内中央には護摩壇が設けられ，その真上は折上天井として，火炉からの熱気を逃す仕組みになっている。本堂と同時期の1575(天正３)年の建立と伝えられるが，18世紀初頭の改築により，現状に改められたものと考えられている。なお，この堂には以前，俗に「頰焼け弥陀」とよばれる木造阿弥陀如来坐像が所蔵されていたが，国重文の本堂の焼失に伴い，焼失したとみられる。

　また，金山寺は，古文書52通(平安時代３通・鎌倉時代34通・南北朝時代４通・室町時代11通)と，『金山観音寺縁起』１巻からなる金山寺文書(国重文)を所蔵する。

笠井山薬師院 ⓭

〈M ▶ P.2〉岡山市北区畑鮎67
JR津山線法界院駅🚶60分，またはJR津山線備前原駅🚶30分

　JR備前原駅の北西，旭川を間にして龍ノ口山(256.8m)と向かい合わせとなっている山が，笠井山(340m)である。

　県道386号線を北にあがって行くと，登山路を示す道標がある。少し細い道ではあるが，道標に従って山に入って行くと，笠井山展望台へと続く上り道と，薬師院へと続く下り道の分岐点に至る。

　山頂の笠井山薬師院妙法寺(天台宗)は，749(天平勝宝元)年，報恩大師が，備前四十八ヵ寺の根本道場と定めた金山寺の境外庵室として建立したといわれている。

　本尊の薬師如来像(秘仏)は，とくに眼病に霊験があるといわれ，日本三大薬師の１つとして崇敬を集めた。多くの参詣者で賑わい隆盛をきわめ，堂塔伽藍を連ねたとも伝えられている。

岡山市の北部を訪ねる

しかし、1555(弘治元)年、備前金川城主松田左近将監の兵火にかかって、堂舎ことごとく灰燼に帰し、その後、復興されないままに荒廃の一途をたどった。現在は、1921(大正12)年改築の本堂や、1991(平成3)年当地区の人びとによって改築された庫裏のみが残る。

備前国庁跡 ⑭

〈M ▶ P. 2, 23〉岡山市中区国府市場50
JR山陽本線高島駅🚶15分、またはJR岡山駅🚌四御神行
市場西🚶2分

備前の政治的中心地

JR高島駅から北へ850～900mほど行き、国府市場交差点を左折すると備前国庁跡(県史跡)に着く。

国府の中心に国庁(国司が政務を執る官庁)が設置されており、備前の国府域は方6町(約650m)以下と推測されているが、府域の確定には、まだ至っていない。

国府市場字国長にある「文化十三(1816)年」銘の鳥居をくぐると、国長宮(祭神大国主命)という小社があり、その周囲には「長森」「北国長」「国長」「南国長」などの国庁関連の地名が残っていることから、この境内を含む一帯が備前国庁跡ではないかと考えられている。また、近年の発掘調査において、この周辺から柱穴や土器などが出土しており、国長宮周辺に国庁関連施設があったと有力視されつつある。

このほかに、国長宮周辺に賞田廃寺跡や幡多廃寺塔跡の古代寺院跡があることからも、この高島一帯が古代において政治の中心的な場所であったと推定されている。

備前国庁跡

しかし、10世紀前半に書かれた『和名抄』においては、備前国の国府所在地が「国府在御野郡」と記されている。この点について、1937(昭和12)年に発行された『高島村史』に収載されている「備

前国府位置考」(沼田頼輔著)では，御野郡に属するとすれば，古代の旭川の流域は国府の東に求めなければならないとし，奈良時代前後の旭川の流域は，今の祇園より東に向かって流れ，国府市場より東南に折れて雄町を経たのではないかと論じている。

近年は，旭川対岸の御野郡に一時移されたのではないかとみられているが，その確証には至っていない。

龍之口八幡宮 ⓯
086-275-3332

〈M ▶ P. 2, 23〉岡山市北区祇園段原龍ノ口山996 ⓟ
JR岡山駅🚌四御神行 浄土寺前🚶30分・四御神🚶25分，または🚌旭川荘行終点🚶20分

池田家が篤く信仰した八幡宮

龍ノ口山(256.8m)には4つの登山口がある。登山口から約900m～約1.5kmのぼった所に，「勝負の神様」「受験の神様」として多くの参拝者が訪れる龍之口八幡宮がある。祭神は仲哀天皇・神功皇后・応神天皇・玉依姫命で，天平勝宝年間(749～757)に金山寺などを開いた報恩大師から勧請されたと伝えられている。1661(寛文元)年，岡山藩主池田光政の篤い信仰を受けて社領15石が寄進され，荒廃していた本殿が再建された。これにより，「正八幡大神」と称されるまでとなり，祭祀はもとより，社殿の修理・参道の改修などが歴代藩主によって行われ，1848(嘉永元)年には絵馬堂が寄進された。藩主池田氏がこの八幡宮を篤く信仰した背景には，『龍之口八幡宮由緒記』にみえる，光政と大蛇との出合いの伝説によるところも大きいといわれる。

明治時代に「八幡宮」と改称され，1906(明治39)年には本殿・拝殿などが有志によって改修された。現在の社殿は，昭和時代の全面改修によるもので，1939(昭和14)年4月に竣工した。

なお，本殿・拝殿の立つ場所を中心とする一帯が，天然の要害であったことから難攻不落といわれた戦国時代の山城，龍之口城跡である。曲輪の跡は10段を数えることができ，本丸跡にあたる一の段に八幡宮がまつられている。

備前国総社宮 ⓰
086-275-7055

〈M ▶ P. 2, 23〉岡山市北区祇園596
JR山陽本線高島駅🚶25分，またはJR岡山駅🚌旭川荘行祇園🚶3分

JR高島駅から，北へ約2km行くと，大己貴命・須勢理毘売命・

岡山市の北部を訪ねる　21

備前国総社宮随神門

平安時代後期の建物である本殿の復元

神祇官八神と備前国内128社の祭神をまつる備前国総社宮がある。創建の時期は明確ではないが、諸国の総社と同様、平安時代ではないかと推定されている。そして、律令制度崩壊以後、地元の人びとから氏神としてまつられるようになったとみられる。

『高島村史』には、約900m南に鳥居跡があり、万治・寛文(1658～73)の頃まで綱張りされた大きなマツがあった、と記載されており、現在の境内付近には、「惣社の内」「馬場」といった字名も残っていることからも、かつては1町(109.1m)四方におよぶ広大な社地であったと考えられる。

1992(平成4)年2月16日未明、放火により随神門以外の本殿・幣殿・釣殿・拝殿が全焼し、貴重な文化財が焼失した。焼失した社殿は、1666(寛文6)年に寺院淘汰とあわせて行った領内すべての神社整理の際に、池田光政が造営したとみられていたが、本殿基礎の亀腹に「文化十二(1815)年亥歳正月日　中井村大森彦久郎保教寄進」と刻まれているのが2009(平成21)年にみつかったことから、江戸時代後期に再建されたものではないかと推定される。

また、幣殿の天井裏から3体の僧形社僧が発見されている。みつかった時期は不詳であるが、賞田の安養寺(天台宗)に木造十一面観音坐像・木造観音坐像、祇園の薬師堂に木造観音坐像とそれぞれ保管されている。

賞田廃寺跡 ⑰

上道氏の氏寺とされる古代寺院跡地

〈M▶P.2,23〉岡山市中区賞田
JR岡山駅🚌四御神行脇田🚶1分、またはJR山陽本線高島駅🚶20分

備前国庁跡から東へ向かい、市立高島小学校のある交差点を左折して750mほど行くと、龍ノ口山の南西麓に、備前国最古の寺院遺構の1つといわれる賞田廃寺跡(国史跡)がある。古代の上道郷内

賞田廃寺西塔跡

にあることから、在地豪族の吉備上道氏の氏寺の跡と伝えられており、かつては上道廃寺とよばれていた。

　1970(昭和45)年に発掘調査が実施され、1町(109.1m)四方の境内地から、金堂・塔・西門の建物の基壇、回廊や築地(外周土塀)の基礎地形などの遺構が検出されている。寺域の北東部に接すると考えられる山裾では、当地方の寺院において多用されている単弁八葉軒丸瓦型式の瓦を焼いた、奈良時代の窯跡も発見された。塔と西門跡からは、香川県産の凝灰岩製の壇上積基壇が確認されている。

　2001(平成13)年の発掘調査により、西門跡と思われていた建物が西塔であったことから、金堂は東西両塔の中心より少しずれていることがわかった。基壇の規模は、東西15.5m・南北12.6mであることが確認されている。

　また、奈良三彩とよばれる陶器の破片や、飛鳥時代から平安時代までの大量の瓦などが出土していることから、最盛期は8世紀後半、創建年代は7世紀中頃と考えられている。のちの調査から14世紀頃に焼失したとみられている。調査後に東西両塔の基壇が復元されている。

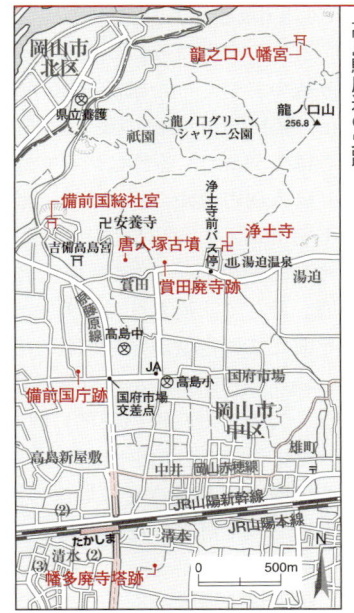

高島駅周辺の史跡

唐人塚古墳 ⓲ 〈M ▶ P. 2, 23〉岡山市中区賞田
JR岡山駅🚌四御神行賞田上🚶6分、またはJR山陽本線高島駅🚶23分

　賞田廃寺跡から龍ノ口山の山裾沿いの用水路を西へ200mほど行

岡山市の北部を訪ねる

唐人塚古墳

7世紀前半築造と推定される巨石墳

くと、小さな水車がみえる。その脇道に入り山に向かって進むと、大型の横穴式石室が南向きに開口している唐人塚古墳がある。

墳形は、開墾によって変形されたため明らかでない。石室は両袖式で、全長約8.9m、玄室の長さ5.1m・幅2.2m・高さ2.25〜2.36m、玄室入口部は2.92mを計る。また、羨道の幅は玄室側で1.9m、入口部で1.95m、高さ1.5m前後である。

玄室の奥壁寄りに、兵庫県西部で採れる竜山石という凝灰岩を刳り抜いてつくった家形石棺の身部分が残っている。外側の長さ2.25m・幅1.2m、内法の長さ1.85m・幅0.8m、全体の厚さは0.2m・高さは0.56mで、蓋部は現存しない。

唐人塚古墳からは、出土遺物が検出されていないため、被葬者は不明である。『高島村史』（1905年刊）収載の論文「備前に於て発見せし二個の石棺」（清野博士著）には、「備前國上道郡高島村賞田古墳」として記述されており、当地の古老の言によれば、70〜80年ほど前にこの古墳が発見されたときには、副葬品がまったくなかったということから、これ以前に盗掘された可能性を指摘している。また、欠失した石棺の蓋部に関して、「岡山城主池田侯が足軽百人計りを送つて此石棺を岡山へ持ち去らうとした。（中略）此時に石棺の蓋は岡山市を貫流せる旭川の堤におかれた。丁度不幸にも当時大雨があつて河水のため石棺の蓋は堤から河の中に入り込み以来川底の何処にあるか詳かにせず」と述べたことも明記されている。

唐人塚古墳築造後に、周辺に賞田廃寺や備前国府が造営され、備前の政治的中心地となっていることから、この地を支配していた中央官人的な人物の墓ではないかと考えられている。

浄土寺 ❶⑲　〈M ► P.2.23〉岡山市中区湯迫699
086-279-1150　JR岡山駅🚌四御神行浄土寺前🚶1分

　賞田廃寺跡の東約450m，温泉旅館「白雲閣」の北側に，湯迫山浄土寺（天台宗）がある。749（天平勝宝元）年，報恩大師が孝謙天皇から命じられて建立した，備前四十八カ寺の1つと伝えられており，薬師如来を本尊とする。寺の周辺には堂本・仁王堂・塔の坂・寺家谷・院内などの地名が残っており，最盛期には40余坊が立ち並ぶ大寺であったとみられ，天正・文禄年間（1573〜96）までは寺領120石を有したという。もとは「白雲閣」の所にあったが，江戸時代に現在地に移された。江戸時代中期に建造された本堂をはじめとして，鐘楼・客殿・庫裏・山門がある。

　境内の一角に，大湯屋に関係するといわれている釜がある。1180（治承4）年，平重衡の軍勢に焼き払われた奈良東大寺再興のため，後白河法皇から大勧進職に任命された俊乗房重源は，1193（建久4）年に備前の知行国主（年貢取得者）となり，東大寺領荘園の開発・仏教施設の建立による宗教的社会事業を行った。重源は『南無阿弥陀仏作善集』のなかで，備前国の施設について「国府に大湯屋を立て不断に温室させ，その料所として田3町・畠36町を施入した」と述べており，この「国府の大湯屋」が浄土寺と推定されている。当時は，この地から温泉が湧出しており，薬湯などに浴することによって病の回復を願う庶民のために，重源が設けたと伝えられている。この付近からは，「東大寺」の刻印のある瓦が発見されている。

備前四十八カ寺の1つ　国府の大湯屋があった

浄土寺

妙善寺 ⑳　〈M ► P.2.29〉岡山市北区津島本町7-1
086-252-3026　JR岡山駅🚌岡山大学・妙善寺行妙善寺🚶5分

　妙善寺バス停から西へ住宅街の細い路地を歩いて行くと，日蓮宗

岡山市の北部を訪ねる　25

不受不施派の妙善寺にたどり着く。

　中世以来,「備前法華,安芸(現,広島県西部)門徒」とよばれるほど,日蓮宗信仰が盛んであり,とくに,「僧侶・寺院は他宗の布施供養を受けず(不受),信者は他宗の僧侶・寺院に供養しない(不施)」という不受不施派寺院の支配下となっていた。鎌倉時代最末期の頃には,備前の松田氏や備中の伊達氏らの為政者たちにも信者を獲得し,寺院改宗を行おうとしていた。また,その信仰組織は村役人層を中核として,小百姓層まで結びつけた強固なものであった。

　1336(建武3)年4月,京都妙顕寺の2世大覚妙実(大覚大僧正)の巡錫があり,備前法華が始まったといわれている。妙善寺は,初め,弘法大師(空海)の開基と伝えられる福輪寺という真言宗寺院であった。寺伝によれば,ときの福輪寺座主良遊が,津島往還で辻説法をしていた妙実に宗論を挑んで,逆に論破されたことにより帰衣し,一山ともに不受不施派に転じ,寺号を妙善寺とした。

　しかし,1665(寛文5)年,江戸幕府が「諸宗寺院法度」を出し,日蓮宗不受不施派は禁教となり,翌年,岡山藩主池田光政はこれを受けて寺院淘汰政策に乗り出し,備前の日蓮宗寺院397寺の内333寺と9割近い日蓮宗寺院を廃寺などとした。妙善寺も無住寺となり,日像真筆の本尊大曼陀羅をはじめ多くの什物を預け,1708(宝永5)年にはいっさいの堂宇を廃棄した。この厳しい禁教政策は,明治維新で解除され,1876(明治9)年には,釈日正を中心とする不受不施派の公認を求める運動が実を結び,1890年に津島教会が落成,1899年に妙善寺の公称許可がおりた。

県内で2番目に再興された不受不施派寺院

旧陸軍第十七師団の遺構 ㉑

〈M▶P.2, 29〉岡山市北区津島中1-1-1
JR岡山駅🚌岡山大学・妙善寺行または岡山大学・岡山理科大学行岡大西門🚶5分,
または🚌国立病院行,半田山ハイツ行スポーツセンター前🚶3分

　旧陸軍第十七師団は,1907(明治40)年9月,岡山県御津郡伊島村(現,岡山市伊島北町・伊島町)に創設されることが決定した。これより先,1907年5月には新庁舎の敷地が決定し,岡山市は現在の岡山大学構内を東西に貫流する座主川の北側の大部分と南側の一部

岡山大学とその周辺に残る戦争遺跡

岡山偕行社

を買収して国に献納し,残りの用地は陸軍省が買収した。こうして1907年10月23日,陸軍省は第十七師団新設準備に着手し,1908年11月上旬に完成した。

現在でも岡山大学津島キャンパス内には,旧陸軍第十七師団時代に建設された遺構が数多く残されている。旧陸軍第十七師団・歩兵第三十三旅団・岡山連隊区司令部庁舎は,2002(平成14)年まで岡山大学事務局棟として使用されていたが,近代史上重要な建造物であることから,正面玄関を含む建物の一部が,大学本部の南西に移築・保存されている。また,岡山大学図書館敷地の門の所に門衛所があり,現在も門衛所として使用されている。大学本部の正面に岡山大学情報展示室(旧陸軍第十七師団司令部衛兵所,国登録)があり,自由になかへ入ることができる。図書館の裏手にある文学部考古学資料室は,旧工兵第十大連隊の浴場・食堂として使用されたものである。1953(昭和28)年に建物西側に増築され,現在は二部校友会ボックスとして使用されている。

岡山大学図書館の時計台を背に南へ400mほど歩いて行くと,県営総合グラウンドがみえてくる。ここは岡山練兵場跡であり,滑走路なども設けられていた。この敷地内に,岡山偕行社とよばれていた白色の2階建ての建造物が残っている(現,総合グラウンドクラブ,国登録)。1910(明治43)年10月に旧陸軍の将校社交場として誕生し,第二次世界大戦後は進駐軍に接収され,1950(昭和25)年に岡山労働基準局として内部の一部を改造,1968年にもとの位置からやや西へ移築され,老朽化によって1978年に一時閉鎖された。

神宮寺山古墳 ㉒ 〈M▶P.2〉岡山市北区中井町1
JR津山線法界院駅🚶7分,またはJR岡山駅🚌三野行・妙善寺行御野小学校前🚶5分

JR法界院駅から東に向かうと,すぐに県道27号線へ出る。県道を渡って,南に少しくだった所に市立御野小学校の校舎がみえ,そ

の北東に神宮寺山古墳(国史跡)がある。旭川右岸の支流西川の自然堤防を利用し，水利に便利な沖積平野のただなかに築かれた岡山平野唯一の大型前方後円墳である。鳥居をくぐり，前方部頂上へ続く少し急な階段をのぼると，後円部にまつられている『延喜式』式内社の天計神社が視界に入ってくる。

神宮寺山古墳の墳丘はかなり変形しており，とくに御野小学校がある南側は原形をとどめていない。前方部は2段，後円部は3段の築成で，墳長は約150m，前方部の長さ約75m・高さ約7m，後円部の径約70m・高さ約13mである。墳丘各所で円礫葺石・埴輪の破片などが採集されており，後円部では中心主体とは別に副室とみられる小型の竪穴式石室が発掘され，鋤・鎌などの農具，鉋・鑿などの工具，刀・剣などの武器といった大量の遺物が出土している。前方部においても，刀・甲冑・槍・鉾の残片が出土したことから，埋葬施設があったと考えられ，旭川西岸で神宮寺山近辺の首長墳を統括しえた首長が造営したものではないかとみられている。

また，北側のくびれ部にやや突出した斜面があり，これを造り出しと考え，かつては周濠の存在も想定されたが，岡山市教育委員会が行った隣接地の発掘調査で，その可能性は低いとみられている。

沖積平野に唯一造営された大型前方後円墳

岡山市水道記念館 ㉓
086-232-5213

〈M▶P.2, 29〉岡山市北区三野1-2-1　P(三野浄水場敷地内)
JR津山線法界院駅🚶10分，またはJR岡山駅🚌三野行水源地🚶2分

全国で8番目の水道都市施設

JR法界院駅から県道27号線を北東へ約800m，三野浄水場前交差点で右折すると，岡山市三野浄水場がある。構内右方方にみえる赤レンガ造りの大きな建造物が，岡山市水道記念館(三野浄水場旧動力室・ポンプ室，国登録)である。

岡山市は，旭川下流の三角州地帯を中心に発達した土地で，古くから河川や用水溝の水を飲料としており，市民は絶えずコレラ・赤痢・腸チフス・天然痘といった伝染病の暴威に脅かされていたため，水道施設が強く要望されていた。

1890年12月下旬に内務省雇いのイギリス人技師バルトンが来岡，旭川水系の調査を終えて東京に戻り，のちにバルトン設計書が完成

岡山市水道記念館

した。しかし，資金面や事業規模から計画が進まず，1903年2月に起工，1905年3月に竣工した。平屋建て・瓦葺き・トラスト小屋組の洋風建築で，窓は半円アーチの縦長，基礎や窓の要石(かなめいし)など随所に花崗岩(かこうがん)を使用している。全国で8番目の都市水道となるこの水道施設の完成によって伝染病は減り，消火活動の迅速化も進んだ。

現在の岡山市水道記念館は，通水を始めたときから，動力室・送水ポンプ室として機能している。1985(昭和60)年7月，岡山市上水道通水80周年を記念してこの建物を改築し，「岡山市水道記念館」として開館。2005(平成17)年4月，通水100周年を迎えるにあたり，内部を改装，子どもも大人も楽しむことができる体験型施設としてリニューアルオープンした。館内では，岡山市の上水道の歴史や，河川の水が飲み水になるまでの過程などを学ぶことができる。

法界院(ほうかいいん) ㉔
086-252-1769

〈M▶P.2, 29〉岡山市北区法界院6-1
JR岡山駅🚌三野公園行終点🚶3分，またはJR津山線法界院駅🚶20分

たびたび火災に見舞われた真言宗寺院

名刹金剛山遍照寺(めいさつこんごうさんへんじょうじ)法界院(真言宗御室派(おむろ))は，岡山藩士の遊園地としてつくられた三野公園の西方の山麓にある。1581(天正9)年3月に創建され，聖(しょう)観音を本尊とする。この寺は，「百年ごとに火事が年忌(ねんき)を訪う(とう)」といわれ，たびたび火災がおこっていた。文久(ぶんきゅう)年間(1861～64)が最後といわれているが，このときに仁王門・中門(ちゅうもん)を残して焼失した。その後，本堂・客殿・庫裏・鐘楼・護摩堂・地蔵堂(じぞうどう)・観音堂・釈迦堂(しゃかどう)・弁天堂(べんてん)堂・鎮守堂(ちんじゅどう)・茶堂などが再建，仁王門・

法界院駅周辺の史跡

岡山市の北部を訪ねる　29

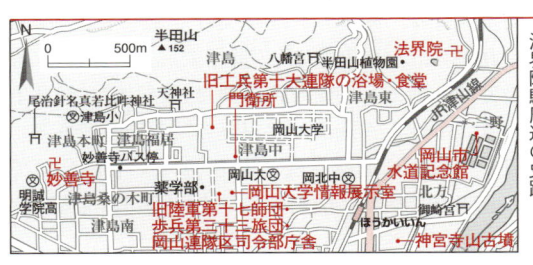

中門は大修理され,現在に至っている。

本堂は文久の火災直後に再建されている。桁行6間(約16.05m)・梁間3間(約9.6m)の大きな建造物で,背後の半田山との接近面を狭くして風雨があたりにくいようにし,腐朽を防ぐ工夫がなされていると考えられている。仁王門は,嘉永年間(1848~54)に造営された桁行24尺6寸(約7.38m)・梁間15尺(約4.5m)の重層八脚門で,この種の楼門では県内屈指の大建築である。

本尊の木造聖観音立像(国重文)は,脇侍の木造不動明王・毘沙門天立像と同じ藤原時代の秀作で,火災のたびに運び出されて今日に伝えられている。脇侍の2体は,近年まで中門の両側に安置されていたことから,中門とともに火災から免れ,伝存したものとみられる。昭和時代には,書をよくした松坂帰庵という住職がいた。

幡多廃寺塔跡 ㉕ 〈M►P.2,23〉岡山市中区赤田
JR岡山駅🚌藤原団地行清水地下道南🚶3分

白鳳期に建立された巨大な心礎が残る古代寺跡

清水地下道南バス停から,住宅街に向かって歩いて行くと,田畑の間に大きくて平らな石がみえる。幡多廃寺塔跡(国史跡)である。この県内最大の塔心礎には,表面中央部に浅い六角形のくぼみがある。これは,塔の心柱を立てた柄孔であり,中心の深い穴は仏舎利を納めるためのものと考えられている。

1972(昭和47)・73年に,塔心礎を中心とする一帯の発掘調査が行われた。その際,回廊・築地・塔・講堂・南大門・中門・北門などの基礎とみられる遺構が検出され,1町(約109m)四方以上の寺域を有する大規模な寺であったことが判明した。

寺院遺構の下層からは,古墳時代や弥生時代の遺構や遺物も検出され,この一帯が早くから開発されていたことが明らかになった。

幡多廃寺は,複弁八弁蓮華文軒丸瓦や平城宮式瓦などといった出土瓦から,白鳳期末頃(7世紀末)に創建され,奈良時代(8世紀)に最盛期を迎え,平安時代後期(11世紀頃)に廃絶したことも判明している。平城宮式瓦は,賞田廃寺跡と同笵である。最盛期の様相は,奈良の平城京にある寺院と遜色がないとみられており,国庁跡北方の賞田廃寺同様,国司の繁栄をうかがわせる。老朽化にともない案内板が撤去され,わかりづらい。

④ 岡山市の南部を訪ねる

岡山市を貫流する旭川下流のデルタ地帯は広大な干拓地となり，また西方には民衆宗教として黒住教の誕生をみた。

宗忠神社 ㉖
086-241-0148

〈M ▶ P.2〉岡山市北区上中野1-3-10
JR山陽新幹線・宇野線・吉備線・山陽本線・津山線・赤穂線・伯備線岡山駅または天満屋バスセンター🚌福祉センター行宗忠神社前🚶1分

民衆宗教発祥の地

　宗忠神社前バス停のすぐ西側に宗忠神社がある。黒住教の開祖黒住宗忠大明神をまつる神社である。黒住宗忠は，今村宮禰宜黒住宗繁の3男として，1780（安永9）年に生まれた。1814（文化11）年，天照大御神と一体となる「天命直授」と称する霊的体験を通じて立教し，以来36年間にわたって人間繁栄の道を説いた。1850（嘉永3）年に没し，1856（安政3）年孝明天皇から大明神号が下賜されたが，当時の岡山藩の意向で岡山の地にまつることができず，1862（文久2）年，京都神楽岡に吉田神社の社地の一部を与えられて宗忠神社（京都市左京区吉田下大路町）が創建された。1882（明治15）年に黒住講社として公認され，1892年に神道黒住教と改称した。

　岡山の通称大元の宗忠神社は，1885年，宗忠の生家跡に竣工，翌年3月教祖大祭を催し，第1回御神幸を行った。1899年に新設された教団本部殿は，1974（昭和49）年，北西約2.5kmの尾上の神道山に移されたが，宗忠神社はそのまま現在地におかれている。

宗忠神社

今村宮 ㉗
086-241-2744

〈M ▶ P.2〉岡山市北区今4-3-5 🅿
JR岡山駅🚌福祉センター行今村宮🚶2分

城下町商人の氏神

　宗忠神社から西へ500mほど行くと，今村宮（祭神天照大神・素戔嗚尊・八幡大神・春日大神）がある。天正年間（1573〜92），宇喜多直家が岡山城拡張に際し，内山下の榎馬場にあった三社明神

今村宮

(1334年創建)を遷座し，当地に以前からあった今村八幡宮(1333年創建)と合祀して三社八幡宮と称したが，のち今村宮と改称した。こうした創建の関係で，今村宮の氏子は今も旧城下町の商家が多い。

境内中央に位置する本殿(県文化)は，1623(元和9)年の再建であるが，桃山時代の建築様式をよく伝えている。亀腹の上に建てられた桁行3間・梁間2間の三間社流造・檜皮葺きの建物で，正面に唐破風がついた3間の向拝を備える。柱は総円柱，木鼻は禅宗様，軒は二重繁棰で蛇腹支輪を設けている。組物は和様の二手先，その間に桐菊の彫刻を入れた蟇股を飾る。内部は前1間が畳敷きの外陣，奥1間が板敷きの内陣で，内陣の床には黒漆塗の壇が設けられ，その奥に3つに仕切った神座がある。本殿裏には木野山神社が勧請され，備前焼でつくられた2体の狼像が守っている。

清泰院 ㉘

086-262-0581

〈M▶P.2〉岡山市 南区浦安本町28 Ｐ
JR岡山駅🚌岡南飛行場行土地改良区前🚶すぐ

初代岡山藩主の菩提寺

土地改良区前バス停のすぐ東側に，岡山藩主池田忠継・忠雄の菩提寺，龍峰山清泰院(臨済宗)がある。もとは国清寺(岡山市中区)の西隣で閑静な寺域を誇っていたが，国道2号線の改修にともなう新京橋の架設によって，1977(昭和52)年，現在地に移転した。

正面山門を入ると，左手に池田忠継廟(附 棟札3枚・守護札4枚，県文化)がある。桁行3間・梁間2間の単層入母屋造で，唐破風や彫刻などに桃山時代の特徴がよく残されている。池田忠継は岡山藩主池田氏の初代で，父は池田輝政，母は徳川家康の2女富子(督姫，法号良正院)である。1603(慶長8)年，将軍家康の外孫にあたることから，わずか5歳の忠継に備前1国28万石が下賜された。当初，忠継は播磨姫路(現，兵庫県姫路市)に残り，兄利隆(輝政の長男，母は中川瀬兵衛清秀の女糸子)が岡山に入城して政務を

清泰院

執った。1613年正月輝政が死去し、同年6月、家康の命により、利隆に播磨13郡（宍粟・佐用・赤穂3郡をのぞく）42万石を、忠継には備前1国に播磨3郡をあわせて38万石を、忠継の弟忠雄には従前通り淡路6万石を領有させることとなった。忠継は、1613年に初めて藩主として岡山入りしたが、1615（元和元）年2月、にわかに病を得て岡山城で死去した。廟のなかには、衣冠束帯の忠継像と位牌が安置されている。

池田忠継廟の東側には、土塀に囲まれた池田忠雄の墓がある。忠雄の墓塔は、イモの形に似ていることから通称芋墓とよばれている。芋墓の右側には、忠雄に殉じた忠臣加藤主膳正の墓が並び立つ。

池田忠雄は、1615年6月、京都二条城で2代将軍徳川秀忠に謁見し、兄忠継の遺領のうち備前28万9225石と母良正院の化粧料であった備中5郡のうち、36カ村の2万5975石、あわせて31万5200石を領有する岡山藩主に就任した。当時14歳にすぎなかった忠雄は、重臣に支えられて政務を行い、御野郡内の平福新田（1624年）、浜田・米倉・福富・泉田の各新田（1628年）、福成・新福新田（1630年）、福田新田（1631年）などの児島湾周辺の干拓を成功させた。

藤田神社 ㉙
086-296-8073

〈M▶P.2〉岡山市南区藤田509-1 P
JR岡山駅または天満屋バスセンター🚌藤田経由玉野行興陽高校前🚶10分

児島湾干拓地の鎮守

興陽高校前バス停から妹尾川に沿って700mほど上流に行くと、妹尾川三連樋門がある。この樋門は、1904（明治37）年に建設されたもので、干拓地側はレンガに隅石の樋柱、海側は全面石張りの扁平3連アーチである。

妹尾川三連樋門の北側に、藤田神社（祭神豊受大神・大国主命・少彦名命ほか）がある。境内は1100坪におよぶが、この地は旧藤田農場2区にあたる。大阪の政商藤田伝三郎の開墾事業は、幾

多の反対運動の結果，1899(明治32)年に第1区・第2区の干拓が着手され，1区460.2haが1905年，2区1219.8haが1912年に完成した。1区は高崎新田と命名され，2区は南から大曲・都・錦と命名されて村制を施行し，1・2区全体で藤田村となった。

藤田神社は1915(大正4)年に藤田村の鎮守として創建され，児島湾神社とよばれたが，その後，藤田神社と改称した。鳥居は1924年に，合名会社藤田組(現，DOWAホールディングス)が造立したもので，境内には藤田伝三郎碑，殉国慰霊碑や藤田天満宮がある。

興除神社 ㉚
086-298-2465

〈M▶P.2〉岡山市南区中畦26　P
JR岡山駅または天満屋バスセンター🚌興除バスセンター行大曲🚶すぐ，またはJR宇野線備中箕島駅🚶15分

幕末期開発の大規模新田の鎮守

藤田神社の3kmほど西方に，小橋工業株式会社の本社と工場がある。同社の前を東西に走る道は旧四国街道である。児島湾の干拓地農業は，岡山県を日本最大の農機具生産地に育てた。発動機・耕耘機・籾摺機などを生産する数多くの工場のうち，小橋工業は第二次世界大戦を経て今日まで続いている数少ないメーカーの1つである。そのすぐ西隣にあるひっそりとした森が興除神社(祭神久久能知神・埴安姫神など9柱)である。

興除神社一帯の興除新田は，1819(文政2)年の春，児島郡天城村(現，倉敷市藤戸町天城)大庄屋中島三郎四郎が倉敷代官に開発を願い出て，1821年より着手し，1823年までに567町歩(約567ha)の開発に成功した。資金面で中心となったのは，岡山城下仁王町(現，岡山市北区中央町)の紙問屋紙屋利兵衛(岩崎家)であった。

興除神社は，1841(天保12)年，村の鎮守として紙屋当主の岩崎益治を中心に創建された。本殿を取り囲む玉垣には，岩崎益治をはじめとする開発銀主の名前が並ぶ。1841年造立の鳥居をくぐると，左手に和霊神社，右手に1949(昭和24)年建立の平和塔が立つ。1対の石灯籠は，1859(安政6)年，星島貞慎の寄進である。

沖田神社 ㉛
086-277-0196

〈M▶P.2〉岡山市中区沖元411　P
JR岡山駅または天満屋バスセンター🚌沖元・津田経由西大寺バスセンター行沖元🚶3分

江戸時代初期の藩営新田の鎮守

沖元バス停の北東100mほどの所に沖田神社がある。1694(元禄

毒饅頭事件・河合又五郎事件

コラム

御家騒動と仇討の真相

池田忠繼は、1615(元和元)年2月23日、痘瘡を病んで岡山城で急死したが、その死去に先んじて同月5日、忠継・忠雄の母で輝政の後室であった富子(督姫、法号良正院)も急死している。

巷で広まった噂によれば、先妻の子である長男利隆を憎んでいた富子は、輝政の遺領をことごとく実子忠継・忠雄に相続させるため、1615年2月5日、岡山城中で利隆・忠継両人と対面したとき、饅頭に毒を混入して利隆を毒殺しようとした。しかし、侍女の機転によって利隆は手を出さず、母の謀計を見抜いた忠継は、それを奪い取って食べた。富子は事が不首尾に終わったことを憤って、みずから毒の入った饅頭を食べて即日亡くなり、やがて忠継も発毒して死去したという。噂は毒饅頭事件として世に知られた。

池田忠雄は1632(寛永9)年3月下旬から痘瘡に罹り、4月3日急死した。晩年、忠雄の心を煩わせたのが、河合又五郎事件である。

1630年、藩士河合又五郎が岡山城下において、同僚渡辺数馬の弟源太夫を殺害して江戸に逃げ、親戚の旗本安藤家に隠れた。忠雄は又五郎の引き渡しを要求したが、安藤家は他の旗本と結束して又五郎を渡すことを拒否、さらに忠雄が幕府に出訴したため、物情騒然となった。この間、忠雄が病んだため、将軍の命によって侍医半井通仙院が診療して投薬したが、その直後に忠雄が急死。世間では、事態の早期収束を図ろうとした幕府による毒殺説が流布した。

忠雄の死後、幕府は河合又五郎を江戸払いとすることで、事件は一応の解決をみた。また渡辺数馬は、1634年11月7日、姉婿の郡山藩(現、奈良県大和郡山市)藩士荒木又右衛門とともに、伊賀上野(現、三重県伊賀市)で河合又五郎を討ち、その数年後、渡辺と荒木は鳥取藩主池田光仲に仕えた。後世、「伊賀越の仇討」(鍵屋の辻の決闘)として講談・小説になった事件である。

なお、清泰院(岡山市南区)移転に際し、忠雄の墓地の法医学的調査がなされた結果、毒殺説は根拠の薄いものとなった。

7)年9月、沖新田の鎮守として勧請された旧郷社である。天照大神を主祭神とし、素戔嗚尊・軻偶槌命・倉稲魂命・句句廼智命を相殿にまつる。境内社の道通宮は、開運の神として多くの人びとの信仰を集めており、ほかに、沖新田開墾にあたって最後の潮止め工事が難航したときに、人柱となった姫をまつる沖田姫神社などがある。

沖新田は岡山藩の直営の新田で、1691年、藩主池田綱政から下命

岡山市の南部を訪ねる 35

沖田神社

された津田永忠が田坂与七郎・近藤七助らを普請奉行に任命し、翌年、総面積1918町歩（約1918ha）を完成させた。動員された人夫は延べ約103万8000人、工事費は米2万700石（銀で約1000貫）であり、大坂の豪商鴻池善右衛門、京都の両替屋善五郎から銀500貫の融資も受けた。完成後は新田周辺の貧農に1反銀30匁で払い下げて入植させた。こうして操山丘陵の地先に倉田・倉富・倉益の集落が生まれ、1889(明治22)年の市制町村制施行とともに、三蟠・沖田（沖元・桑野）・光政・津田・九蟠の5カ村が設置された。

　沖田神社境内には、功労者津田永忠の功績をたたえる沖田新田開拓記念碑と津田永忠陶像がある。なお沖田神社東側の土手にあがると、百間川が南北に流れている。約2km南下すると児島湾に達し、その境に遊水池と百間川河口水門がある。

旧三蟠港 ㉜　〈M▶P.2〉岡山市中区江並
JR岡山駅または天満屋バスセンター🚌新岡山港線仕切外・セイレイ工業入口🚶10分

　仕切外・セイレイ工業入口バス停から西方へ800mほど行くと、旭川河口東岸に明治天皇上陸記念碑がある。この周辺が旧三蟠港である。1885(明治18)年、松方デフレ下の惨状を視察し、山口・広島・岡山県民を激励する目的で行幸が行われた。そのとき、明治天皇は三蟠港に上陸し、旭川の土手を北上して後楽園で休憩をとった。

　1889年、岡山出身の女流民権家景山英子も三蟠港に上陸し、その後、後楽園に入って市民の歓迎を受けている。岡山市民は、大阪事件(1885年)で逮捕され、憲法発布の特赦で牢獄から出てきた英子を「東洋のジャンヌダルク」として熱烈に迎えたという。

　三蟠港は、長い間、城下町岡山の外港として発展してきており、小豆島(香川県)をはじめとする四国への連絡船もこの港から出入

りしていた。しかし、宇野線の開通や宇野港の開港(ともに1910年)により、その機能をしだいに失っていった。このようななかで、1915(大正4)年から1931(昭和6)年まで、三蟠・国清寺(こばしちょう)間に三蟠軽便鉄道が運行した。1日に11往復運行され、牛窓(瀬戸内市)・下津井(倉敷市)・四国各県から三蟠港にやってくる乗客は、国清寺駅で岡山電気軌道の東山本線と連絡するこの鉄道をよく利用した。三蟠港から上流に少しのぼると、オランダ人のムルデルが工法を伝えたケレップ水制群がある。

児島連山 ㉝

〈M ▶ P.2〉岡山市・玉野市
常山：JR宇野線常山駅 🚶50分 Ｐ (栂尾二の丸)、金甲山：JR岡山駅 🚌 上山坂経由宇野行金甲山登山口 🚶90分 Ｐ

岡山平野と児島湾を見守ってきた山々

児島湾の南方に面する児島半島には、標高300m前後の山々が連なっており、児島連山とよばれている。旧三蟠港の手前に架かる岡南大橋の辺りから眺望する光景がよい。いちばん西方に位置する鉄塔の立つ山が常山(307m)で、山頂には常山城跡がある。1575(天正3)年6月、備中松山城(現、高梁市)の三村元親を攻略した安芸(現、広島県西部)の毛利勢は、三村一族最後の拠点である常山城(城主上野隆徳)を攻め、翌日には隆徳の妻をはじめ多くの侍女までもが敵陣に突入したが敗れ、落城した。いずれも二の丸の遺構は苔むして古そうであるが、『山陽中国合同新聞』によれば、戦意高揚に走る昭和12(1937)年頃の建立であることが分かっている。

常山の眼下には、第二次世界大戦後に開拓された七区(玉野市南・東七区、岡山市南区灘崎町西・北七区)が広がる。常山から東に目を転ずると、児島連山の最高峰金甲山(403m)が目に映ずる。金甲山の西麓には八浜がある。常山と金甲山の間には、麦飯山(232m)・風吹山(212m)・高旗山(212m)・日向山(201m)・大乗権山

女軍の墓

岡山市の南部を訪ねる　37

(217m)が連なる。金甲山の北方には怒塚山(332m)・城山(169m)・高山(215m)が並び,東方には剣山(276m)・貝殻山(288m)・八丈岩山(280m)と続く。

児島半島はこの児島連山によって児島湾側と瀬戸内海側に二分され,児島湾側には宇藤木・八浜・郡・北浦・飽浦・宮浦・阿津・小串,瀬戸内海側には宇野・田井・後閑・山田・梶岡・胸上・鉾立・番田などの港町が発展した。

硯井天満宮と与太郎塚 ㉞
0863-51-2127

〈M▶P.2〉玉野市八浜町大崎169-1／大崎2764 P
JR宇野線八浜駅🚶5分／🚌シーバス(玉野市コミュニティバス)東回り・西回り与太郎様🚶すぐ

学問の神様と疾病治癒の神様

JR八浜駅から南西へ500mほど行くと,硯井天満宮(祭神菅原道真)がある。901(延喜元)年,菅原道真が大宰権帥として筑前(現,福岡県北西部)へ左遷された際,この地に立ち寄り湧き水を飲むと,不思議なことに,海辺でありながら塩気のない水であった。これに感じ入った道真はこの水で墨をすり,和歌を詠んだという。いつの頃か村人が水の湧いた場所に井筒をつくり,鳥居を建てて天神を勧請したのが当社の始まりと伝えられている。現在も県道405号線を挟んで,天満宮の向かいにこの井戸をみることができる。

八浜駅から県道405号線を北東へ約2.5km行くと与太郎塚がある。安芸(現,広島県西部)の毛利氏との八浜合戦(1581年)で討死にした宇喜多勢の総大将,宇喜多与太郎基家を葬った墓と伝えられている。与太郎は足を負傷し竹藪に隠れたが,村人が居場所を教えたため捕らえられ討死した。塚はその後,村人たちが与太郎への詫びと供養のために建てたものである。現在でも「与太郎様」とよばれ,足の疾病治癒に霊験ある神として信仰されている。

小串港と小串砲台跡 ㉟

〈M▶P.2〉岡山市南区小串
JR岡山駅🚌鉾立行小串🚶すぐ／🚶10分

岡山藩海上交通の拠点

小串港は,戦国時代末期,宇喜多氏が岡山城下を建設すると,海路防衛の要地とされ,小浦とよばれた。江戸時代には岡山藩の米蔵が設置され,旭川流域の福島や吉井川流域の西大寺金岡から多数の

高瀬舟が往来し，瀬戸内海航路の廻船に米を積み替えた。また漁業が活発であり，岡山藩の加子浦でもあった。

　江戸時代末期，海防の一環として全国各地の沿岸に砲台が設けられたが，岡山藩では児島湾内に入る関門である児島郡小串村と，要港であった同郡下津井村（現，倉敷市下津井）に設置された。小串砲台は，1863（文久3）年6月18日に起工，10月下旬に完成し，器材庫・弾薬庫・陣屋がおかれた。小串砲台跡へは，小串バス停から東へ300mほど行った，高明院の脇の小道からのぼることができるが，現在は草が生い茂るばかりであり，当時の面影は残っていない。

東野﨑浜と塩竈神社 ㊱

〈M▶P.2〉玉野市山田／東野崎　P
JR岡山駅🚌上山坂経由宇野駅行山田🚶10分／🚶10分

塩づくりと塩の神様

　玉野市東部に位置する山田では師楽式土器が発見されており，古代から製塩が行われていたことがわかる。1827（文政10）～29年に味野村（現，倉敷市児島味野）で塩田開発を行った野﨑武左衛門は，1834（天保5）年，沼・山田・西田井地・東田井地・梶岡・胸上6カ村の浅い海をせきとめる，あらたな塩田築造計画を立てた。南浜は1838年起工・1841年73町9反6畝（約73ha）完成，北浜は1862（文久2）年起工・1863年19町8反（約19ha）完成，野﨑浜の東方に位置していたところから，東野﨑浜とよばれた。

　山田バス停の北東600mほどの所には塩竈神社がある。1838（天保9）年，野﨑家が東野﨑浜塩田の開発に際して，陸奥国一宮鹽竈神社（宮城県塩竈市）を勧請したもので，神体は塩釜の石，祭神は塩土老翁神である。

　現在，北浜の跡地にはナイカイ塩業の胸上工場があり，イオン交換樹脂膜製塩法によって食塩を生産している。今後，太陽光発電に利用される予定である（2015年5月から）。

塩竈神社

岡山市の南部を訪ねる

宇野港と鳴滝園 ㊲

0863-31-1611（鳴滝園）

〈M▶P.2〉玉野市宇野／宇野7-9-1 ㋐
JR宇野線宇野駅🚶すぐ／🚶30分

JR宇野駅の南側一帯に宇野港が広がる。1910（明治43）年に高松港（香川県高松市）との間に宇高連絡船が就航，四国との幹線交通路となったが，1955（昭和30）年の紫雲丸事故では，168人もの死者が出た。この事故をきっかけに瀬戸大橋建設構想が高まり，1988年4月10日に瀬戸大橋が開通，この前日に宇高連絡船は廃止され，長い歴史に幕を閉じた。現在は四国フェリー会社が就航している。

宇野駅前から西へ約2km行くと，鳴滝園がある。明治時代末期に，藤戸の大地主であった星島謹一郎によって造営された自然の姿をいかした庭園で，6000坪の敷地に自然の巨岩を配し，滝が静かに落ちる。滝の音を聴き，宇野港を眺望できる高い場所に，小山荘1つと茶室が1つつくられている。

岡山を代表する画家竹久夢二の日記や書簡には，「星氏」がしばしば登場し，夢二が1917（大正6）年1月11日に鳴滝園に宿泊したことが記されている。夢二は小山荘もずいぶんと気に入り，「うのの山荘は小さいけれどおもしろき数奇の景である」と『夢二日記』に記している。この「星氏」は謹一郎の息子で，金銭面で夢二を援助した義兵衛のことである。

宇野港

鳴滝園

四国との海上交通の基地

荻野独園

コラム

伊藤若冲の作品を守った禅僧

荻野独園は、1819(文政2)年、児島郡下山坂村向(現,玉野市下山坂)の豪農荻野杢左衛門の2男として生まれた。1826年、8歳のとき、児島郡郡村(現,岡山市南区郡)の臨済宗掌善寺の叔父泰宗の弟子となり、13歳のとき出家、元規と称した。1836(天保7)年、豊後日出(現,大分県日出町)に赴き、帆足万里の私塾西崦精舎に入門して儒学を学んだ。1841年、「鬼大拙」とよばれていた京都相国寺の大拙承演につき臨済禅を学び、承演の道統を継いで、名を承珠と改め、1856(安政3)年に伏見宮邦家親王の命により、相国寺の塔頭心華院住職、1869(明治2)年に相国寺126世に就任、1870年に荻野から荻野と名乗るようになった。1873年には臨済・曹洞・黄檗3禅宗の総管長となり、1895年77歳で亡くなった。

1889年、宮内省の内命により、伊藤若冲筆の動植採絵30幅を献納し、金1万円を下賜され、それを廃仏毀釈以来、窮乏の極みにあった山門子院の救済・教勢の拡張・相国寺の失地回復の資にあてた。現在、皇室が所蔵する若冲の作品は、ほとんどが相国寺の旧蔵品である。1979(昭和54)年には、荻野独園生誕の地に接する県道217号線の沿道の上山坂に、顕彰碑が建てられた。

荻野独園顕彰碑

鳴滝園入口には、枕の博物館中国陶枕収蔵館がある。1階では、夢二の生涯を通じての親友であった医師大藤昇や星島義兵衛と夢二とのエピソードが紹介されている。

三井造船と日比港 ㊳

〈M▶P. 2, 41〉玉野市玉／日比 [P]
JR岡山駅🚌特急渋川行三井造船前🚶すぐ／日比
🚶10分

渋川海岸周辺の史跡

JR宇野駅から国道30号線・430号線を西へ約4km行くと玉の町に至る。この地に三井造船所がつくられたのは1917

岡山市の南部を訪ねる　41

(大正6)年。当時，三井物産株式会社は海運業から造船業へと経営を拡大しており，この年，三井物産株式会社造船部が発足し，1937(昭和12)年には株式会社玉造船所として独立，1942年三井造船と改称した。

玉の町から国道430号線を約2km南下すると，銅の製錬で知られる日比の町である。

日比港は，昔から瀬戸内海航路の潮待ち・風待ち港として繁栄していた。1826(文政9)年にはシーボルトが日比港に立ち寄り，とくに塩浜に興味をもったことを『江戸参府紀行』に記している。当時は廻船問屋や船具問屋など数々の商家が立ち並んでいた。

渋川海岸 ㊴
〈M▶P.2, 41〉玉野市渋川 P
JR岡山駅🚌特急渋川行ダイヤモンド瀬戸内マリンホテル🚶すぐ

日比港から国道430号線を西へ進むと，渋川海岸がみえてくる。渋川海岸の中央部に玉野市立玉野海洋博物館（渋川マリン水族館）がある。1953(昭和28)年，塩飽諸島の本島にあった岡山大学臨海実験所を玉野市に移すにあたり，市が併設した博物館で，水族館と陳列館からなる。瀬戸内海をはじめとする日本各地の海洋生物180種が飼育されているほか，貝類標本・船舶模型・魚類剥製・網での漁の模型なども展示されている。

博物館正面には，歌人として知られる西行法師の銅像や，西行がすわったとされる腰掛け岩がある。西行は崇徳上皇の陵墓を訪ねて讃岐三野津（現，香川県三豊市三野町吉津）へ渡る際，当地で風待ちを余儀なくされ，「おりたちて浦田にひろふ海人の子は　つみよりつみを習ふなりけり」の歌を詠んだと伝えられる。

渋川海岸

吉備路

Kibiji

国宝吉備津神社本殿及び拝殿

造山古墳

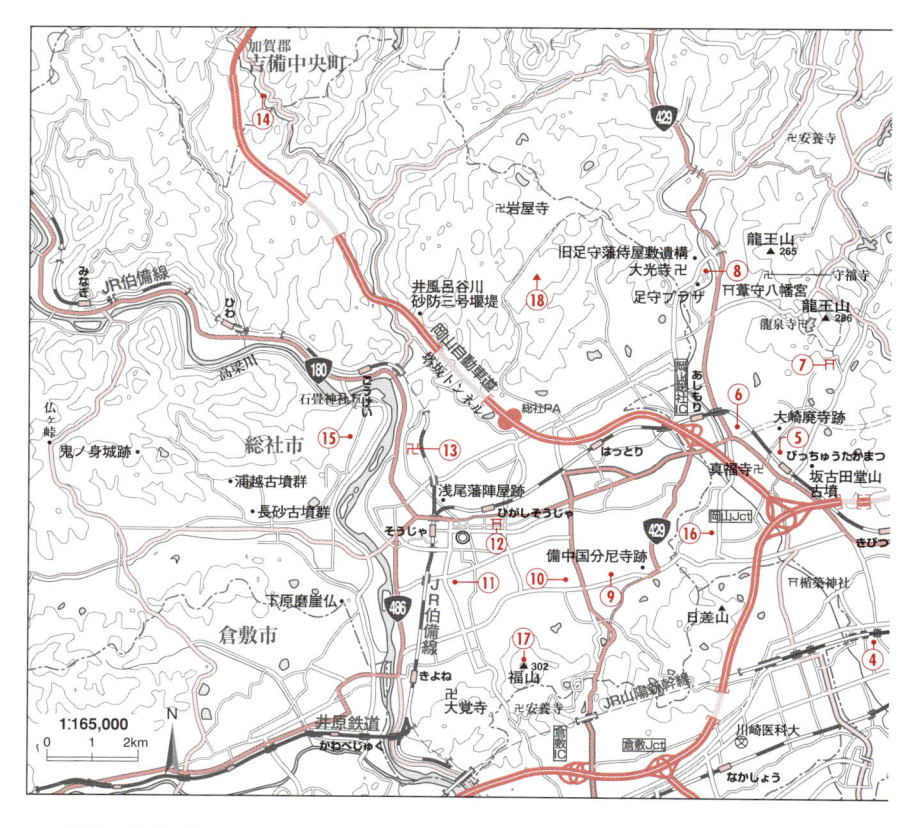

◎吉備路散歩モデルコース

吉備津神社とその周辺コース 1. JR吉備線備前一宮駅_5_吉備津彦神社_15_福田海_15_藤原成親遺跡_20_吉備津神社_10_JR吉備線吉備津駅_3_JR吉備線備中高松駅_20_坂古田堂山古墳_10_最上稲荷_30_高松城跡_10_JR備中高松駅

2. JR吉備津線足守駅_10_足守プラザ前バス停_10_葦守八幡宮_10_旧足守商家藤田千年治邸・旧足守藩侍屋敷遺構・旧足守藩陣屋跡_3_近水園・岡山市立歴史資料館足守文庫_20_大光寺_15_足守プラザ前バス停_10_JR足守駅

備中国分寺とその周辺コース 1. JR伯備線・吉備線・井原鉄道井原総社駅_20_宮山墳墓群_15_作山古墳_10_備中国分寺跡_5_こうもり塚古墳・備中国分尼寺跡・江崎古墳_10_造山古墳・千足装飾古墳_10_小造山古墳_20_栢寺廃寺跡・伝備中国府跡_10_JR吉備線服部駅(_ _ _はレンタサイクル利用)

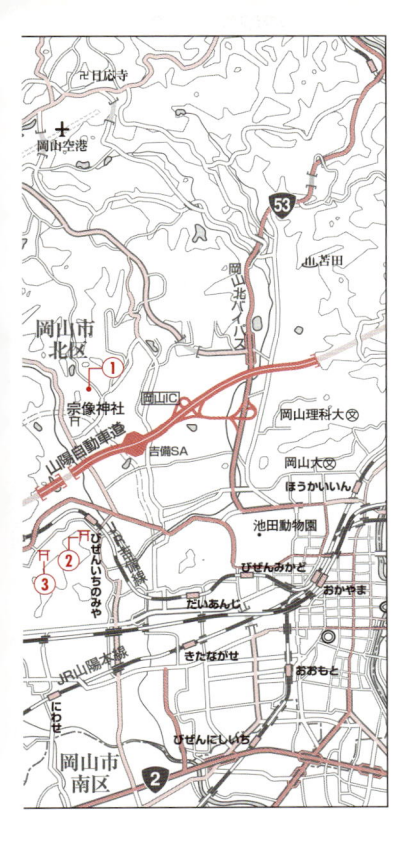

①市川喜左衛門の墓	⑩作山古墳
②吉備津彦神社	⑪宮山墳墓群
③吉備津神社	⑫備中国総社宮
④旧犬養家住宅	⑬宝福寺
⑤高松城跡	⑭豪渓
⑥文英の石仏群	⑮秦廃寺
⑦最上稲荷	⑯造山古墳
⑧陣屋町足守	⑰福山城跡
⑨備中国分寺跡	⑱鬼城山

2. JR伯備線・吉備線・井原鉄道井原線総社駅 20 浅尾藩陣屋跡・湛井堰の記念碑・宝福寺 30 備中国総社宮・総社市まちかど郷土館 10 JR吉備線東総社駅(＿＿＿はレンタサイクル利用)

3. JR伯備線豪渓駅 20 豪渓・井風呂谷川砂防三号堰堤 15 秦廃寺 15 下原磨崖仏 15 長砂古墳群・浦越古墳群 10 鬼ノ身城跡 10 義民碑 10 本庄・新庄国司神社 10 古川古松軒墓所 30 JR・井原鉄道総社駅

4. JR伯備線・吉備線・井原鉄道井原線総社駅 20 鬼城山 10 岩屋寺 40 JR・井原鉄道総社駅

5. JR伯備線・井原鉄道井原線清音駅 20 大覚寺 50 福山城跡 70 JR・井原鉄道総社駅

吉備津神社とその周辺

古代から現代まで，日本歴史の出来事が，そのまま吉備地方で反映された地域として知られる。

市川喜左衛門の墓 ❶

〈M ▶ P.45〉岡山市北区芳賀
JR山陽新幹線・宇野線・吉備線・山陽本線・津山線・赤穂線・伯備線岡山駅🚌芳賀佐山団地線顕本寺前🚶15分

今も崇敬され続ける聖人の墓

顕本寺前バス停のそばに立つ標柱から山手へ1kmほどあがると，果樹園が広がる。その一角に市川喜左衛門の墓がある。喜左衛門は芳賀で生まれ，のち大坂に移り住んでキリスト教に入信し，洗礼名をヤコボまたディエゴ喜斎とも称する宣教師となった。

1596(慶長元)年，土佐(現，高知県)に漂着したサン・フェリペ号の乗組員が，スペインは領土拡張に宣教師を利用していると証言したことにより，豊臣秀吉は26人の宣教師を捕らえて長崎へ送り処刑したが(二十六聖人殉教)，そのなかに喜左衛門もいたといわれる。1958(昭和33)年に地元有志やキリスト教関係者が顕彰の意を込めて墓を建てた。

喜左衛門の墓から南西の砂川に沿ってくだると，飯盛山南麓に宗像神社(祭神田心姫命)がある。九州の海の神が内陸部にまつられているのは，古代に「吉備の穴の海」が近くまで入り込んでいた名残りと考えられる。

市川喜左衛門の墓

吉備津彦神社・吉備津神社 ❷❸

086-284-0031／086-287-4111

〈M ▶ P.45, 48〉岡山市北区一宮1043 🅿／吉備津931 🅿
JR吉備線備前一宮駅🚶5分／JR吉備線吉備津駅🚶10分

備前・備中の国境に寄りそう古社

JR備前一宮駅の南西，JR吉備津駅の東にみえる吉備の中山は周

吉備津彦神社

囲7kmほどの山で,北東から南西に延びる稜線は,備前国と備中国の境界線とされた。

吉備の中山の北東麓にある備前国一宮が吉備津彦神社である。祭神は備中国一宮の吉備津神社と同じく大吉備津彦命だが,草創期には中山全体が神域であったとみられ,古代のある時期に国境が確定されてから,神社も両国に分立したと考えられる。吉備津彦神社は,戦国大名の赤松氏や宇喜多氏からも尊ばれ,江戸時代になると岡山藩主池田氏の援助で社殿が再建・整備され,1697(元禄10)年には三間社流造・檜皮葺きの本殿(県文化)が完成した。1930(昭和5)年に本殿以外を焼失したが,すぐ再建され,備前の大社(もと国幣小社)としての風格を今も備えている。文化財に太刀銘井上真改 附 糸巻太刀拵(国重文)がある。

吉備津彦神社では,毎年8月2日の夜中に,前庭の池で御田植祭(県文化)が行われている。県内の御田植神事のなかでも大掛かりなもので,たくさんの参拝者で賑わう。翌日,船の帆のような幡数本を掲げて行進するお幡行事もみものである。

吉備津彦神社の随神門から山裾の道を1kmほど西進すると,長床の堂舎がみえてくる。宗教家中山通幽が,昭和時代初期に天台系修験の寺として開いた福田海である。なお境内付近は,1177(治承元)年に平氏打倒をはかる鹿ヶ谷の陰謀に加わった藤原成親の配流地「有木の別所」といわれている。また吉備の中山の中央部,通称有木山の山頂には,成親の墓と称する五輪塔がおかれていて,ともに藤原成親遺跡として県指定の史跡になっている。

福田海を出て南に200mほど行くと,吉備津神社正面の石段に至る。吉備津神社の文献上の初見は,『続日本後紀』の847(承和14)年に従四位の神階を授与されたという記事である。しかし,吉備津彦命の温羅退治説話などが示唆するように,創建されたのは,より古い時代にまで遡ることは疑いがない。

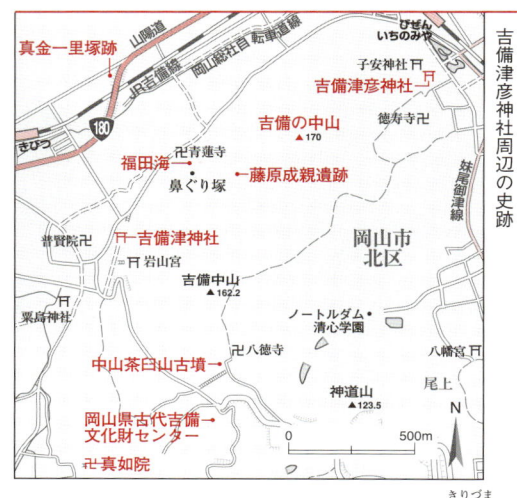

吉備津神社周辺の史跡

吉備津神社本殿及び拝殿は、1425(応永32)年に一体のものとして再建され、棟札2枚とともに国宝に指定されている。本殿は、傾斜地を水平にするために強固な亀腹の基壇を築き、その上に比翼入母屋造・檜皮葺きの2棟を前後に連結した吉備造ともいわれる様式になっており、切妻造の拝殿が直接つく。このほかに本宮社まで約400mの回廊(県文化)や木造獅子狛犬(国重文)、その途中にある御釜殿・南北の随神門(いずれも国重文)なども古い歴史を感じさせる。とくに御釜殿の鳴る釜神事は、江戸時代に上田秋成が著した『雨月物語』の「吉備津の釜」の話で有名であるが、今日でも申し出れば誰でも占ってもらえる。また、5月と10月の第2日曜日には、旧備中国内の新穀を本殿に供える、七十五膳据神事がおごそかに執り行われる。

本宮社から中山山中を南へ1kmほどのぼると、岡山県古代吉備文化財センターがある。県内の遺跡から発掘された遺物の保存と研究が行われており、展示室は無料で見学できる。センターの東側の長い階段をあがった所には、大吉備津彦命の陵墓と伝えられている中山茶臼山古墳がある。全長約140mの4世紀頃の前方後円墳で、周囲を散策することができる。

本宮社の西、大鳥居のある付近が宮内の町並みである。その南約1kmには、かつての吉備津神社の摂社で、現在は本宮社に合祀されている吉備津新宮社跡があり、隣接して神宮寺であった真如院(天台宗)が静かにたたずんでいる。真如院の西約400mの所には土壇状の一角があるが、これを土地の人びとは古代豪族の賀陽氏屋敷跡(伝賀陽氏館跡、県史跡)とよんでいる。賀陽氏は吉備津神社の

神官をつとめた家系で，鎌倉時代には臨済宗の開祖栄西を出した。

再び吉備津神社正面の石段前まで戻り，参道を吉備津駅方面に戻って，さらに踏切を越え東に約100m進むと，旧山陽道の真金一里塚跡（国史跡）がある。

旧犬養家住宅 ❹
086-292-1820

〈M▶P. 44, 161〉岡山市北区川入102-1 P
JR岡山駅🚌庄パークヒルズ線川入🚶3分，または
JR山陽本線庭瀬駅🚶15分

五・一五事件の凶弾で倒れた犬養毅の旧宅

川入バス停の南西約300mに，犬養毅の生家である旧犬養家住宅がある。江戸時代中期に建てられた主屋（附 家相図）と土蔵は，国の重要文化財に指定されている。

犬養毅（号木堂）は，1855（安政2）年，大庄屋で儒学者の源左衛門の2男として生まれた。慶應義塾に学びながら，1877（明治10）年の西南戦争には記者として従軍した。その後，政治活動に入り，1890年，第1回衆議院議員総選挙に当選して以降，18回連続当選。この間，逓信大臣・文部大臣を経て，1931（昭和6）年には29代総理大臣となった。しかし，1932年の五・一五事件で海軍青年将校に襲われ，「話せばわかる」の言葉を残して凶弾に倒れた。

1993（平成5）年，旧犬養家住宅の西隣に，鉄筋コンクリート造り・平屋建て，延床面積約568m²の犬養木堂記念館が建てられた。館内には常設展示室などが整い，犬養毅のさまざまな遺品・書簡など重要資料が展示してある。

旧犬養家住宅

高松城跡 ❺

〈M▶P. 44〉岡山市北区高松561 P
JR吉備線備中高松駅🚶10分

JR備中高松駅西側の踏切を渡り，北へ1kmほど行くと高松城跡（附水攻築堤跡，国史跡）に至る。

1582（天正10）年，織田信長は天下統一のため，羽柴（豊臣）秀吉

高松城跡

秀吉の水攻めで有名な高松城跡

に中国攻めを命じた。秀吉は、毛利氏方の武将清水宗治の守る備中高松城を攻めたが、なかなか落ちず、軍師黒田孝高(如水・官兵衛)の進言により水攻めを決行した。この際、2kmほど西を流れる足守川の門前辺りから4kmほど東の蛙鼻まで、12日間で土手を築き、足守川の土手を切って水を入れ、高松城一帯を水浸しにさせたという。土手は、現在のJR吉備線の道床辺りであったとの説もある。

ところが同年6月2日、信長は明智光秀の謀反により、京都本能寺で非業の最期を遂げた。この知らせを聞いた秀吉は、家臣とその家族の助命を条件に清水宗治を切腹させると、ただちに京に取って返し(「中国大返し」)、13日に山崎の合戦で光秀を討った。

城跡は、現在、本丸のほか主要な郭跡などが整備され、資料館や駐車場なども設けられている。

文英の石仏群 ❻ 〈M ► P.44〉岡山市北区門前ほか
JR吉備線備中高松駅 🚶15分

癒しの石仏たちを訪ねて歩こう

岡山市の高松地区と東の赤磐市辺りに主として分布する文英の石仏群は、80体ほどあるといわれている。製作年代は、1533(天文2)～82(天正10)年に集中する。この頃、文英と称する石造仏を彫る僧侶と、それを支える集団がいたものと考えられる。

高松地区には、東の立田から西の門前にかけて約40体が残る。像は多くが地蔵

文英の石仏(真福寺内)

真福寺

で，観音像などもあるが，いずれも純朴なうえにユーモラスな表情をしており，みる人の心を癒すであろう。とくに，生石山麓の1体は大きく，彫りが丁寧である。JR備中高松駅の西約900m，三手にある真福寺（臨済宗）の4体もみておきたい。

最上稲荷 ❼
086-287-3700

〈M ▶ P.44〉岡山市北区高松稲荷712　P

JR岡山駅🚌稲荷山行終点🚶10分，またはJR吉備線備中高松駅🚶40分

日本三大稲荷とその周辺の遺跡

　最上稲荷へは稲荷山バス停のほか，JR備中高松駅から徒歩であっても，稲荷の参道入口となる巨大な鳥居を通って北上するが，大鳥居から約1.5kmの所に坂古田堂山古墳（県史跡）がある。全長約150mの5世紀頃の前方後円墳で，かつては東の尾根上に5基の古墳群（陪冢）を従えていた。

　坂古田堂山古墳からさらに2kmほど進むと，最上稲荷（最上稲荷教総本山妙教寺）の門前町に至る。賑わう町中を通って大きな石段をのぼって行くと，本殿（霊光殿）が立っている。建造物として，妙教寺本堂・客殿及び庫裏・仁王門をはじめ総数33棟が国登録になっていて見所の一つである。ここは日蓮宗妙教寺が，神仏習合の霊場として，江戸時代より稲荷信仰を守ってきた。県内はいうにおよばず，関西方面からも商売繁盛・家運隆盛を願う人びとが，数多く参詣している。毎年正月三が日には50万人を超える県内最大の初詣客で賑わう。この後ろの標高286mの龍王山頂までのぼれば奥の院があり，「南無妙法蓮華経」と書かれた題目石の立石群がある。

　つぎに足守方面に向かい，

坂古田堂山古墳

吉備津神社とその周辺

平山(ひらやま)地区から西に山裾の道を約1.5km行くと大崎廃寺跡(おおざきはいじ)に出る。この一帯は奈良時代の賀夜郡(かや)葦守郷(あしもり)楢見里(ならみ)に比定されていることから、大崎廃寺は楢見廃寺とよばれ、白鳳期(はくほう)に遡る瓦と堂塔の基壇の一部が発見されている。

陣屋町足守(じんやまちあしもり) ❽

086-295-0001(足守プラザ)
086-295-2500(備中足守まちなみ館)
086-295-0983(旧足守藩侍屋敷)

〈M ▶ P. 44〉岡山市北区足守　P(足守プラザほか)
JR岡山駅🚌足守・大井(おおい)行足守プラザ前🚶1分

> 江戸時代を思わせる町並みを歩く

　JR備中高松駅から国道180号線を北西へ約1.5km、生石橋手前の小山(こやま)交差点で右折して、国道429号線を約3.5km北上すると、右側に小高い丘陵がみえてくる。この丘陵上に葦守八幡宮(あしもりはちまんぐう)(祭神応神(おうじん)天皇)がある。『日本書紀(にほんしょき)』によると、応神天皇22年、天皇は故郷に帰っていた妃の兄媛(えひめ)(吉備御友別(みともわけ)の妹)を慕って淡路島から小豆島(あわじしま)(しょうどしま)を経て吉備を訪れ、葉田(はだ)葦守宮に入ったとあるが、境内はその旧跡ともいわれる。葦守八幡宮の石造両部(りょうぶ)鳥居(八幡神社鳥居、国重文)は、建立年のわかる鳥居としては県内最古のもので、「康安元(こうあん)(1361)年」銘がある。また神体の木瀬浄阿彌作円鏡(もくせじょうあみえんきょう)(県文化)は、豊臣秀頼(ひで)(より)が1607(慶長12)年に寄進したものである。なお、八幡宮の東方約1.4kmの丘陵には、「暦応元(りゃくおう)(1338)年」銘の守福寺石殿(しゅふくじせきでん)(守福寺宝殿(ほう)(でん)、国重文)がある。また足守は、「嘉応元(かおう)(1169)年」の裏書をもつ紙本墨書寺領絵図足守庄図(しほんぼくしょじりょうえずあしもりしょうず)(国重文、京都神護寺(じんごじ)蔵)に詳しく描かれており、古代から中央でも知られた土地である。近世になると、1601(慶長6)年、豊臣秀吉の正室北政所(きたのまんどころ)(ねね)の兄木下家定(きのしたいえさだ)が、この地で2万5000石(ごく)を与えられた。その後、一時期領地を没収されたものの、1615(元和元)(げんな)年、大坂の陣の軍功により家定の2男利房(としふさ)のときに再興され、幕末まで足守藩の陣屋町として栄えた。

葦守八幡宮

足守の散策には，まず町中の足守プラザに立ち寄るのがよい。明治時代の米蔵を改装・利用した建物で，1階には情報コーナーがあり，町の概要を知ることができる。古い町並みを北に歩いて行くと，備中足守まちなみ館がある。江戸時代後期の商家を再現した館内に，神楽面や漆器が展示されている。その北約100mの所に，旧足守商家藤田千年治邸がある。江戸時代に藤田千年治によって始められた醬油造りの名家で，重厚な造りとなっている。内部には醸造工程を再現し，醬油樽などが展示されている。

　ここより北に約200m歩き，駐在所の角を西に曲がると旧足守藩侍屋敷遺構がある。家老杉原氏の旧宅で，江戸時代中期につくられた長屋門・母屋・土蔵・湯殿(県文化)などが残り，一般公開されている。斜向かいの市立足守小学校に沿って歩くと旧足守藩陣屋跡があり，その一角に大正時代の白樺派歌人木下利玄の生家(県史跡)が，荒壁のまま残っている。その北の近水園(県名勝)は，足守藩6代藩主木下㒶定が築いたという小堀遠州流の池泉回遊式庭園である。近水園に隣接する岡山市立歴史資料館足守文庫は岡山シティミュージアムに統合・吸収されつつも，一部足守の歴史に深く関わる資料を中心に展示されている。陣屋跡からさらに南西へ歩くと，木下氏の菩提寺大光寺(臨済宗)に至る。本堂の横には木下氏一族の位牌を安置した霊廟(県文化)がある。

　駐在所の角を曲がらず北東へ行き，足守川に架かる葵橋を渡り，国道429号線を越えると緒方洪庵誕生地(県史跡)がある。洪庵は，1810(文化7)年，足守藩士佐伯惟因の3男として生まれた。蘭学者を目指して江戸の坪井信道に学び，その後，2年間の長崎遊学を経て，大坂で蘭学塾「適塾」を開き，福沢諭吉ら多くの門人を育てたことで知られる。近年，この生家跡には，洪庵の銅像などが建てられ，整備されている。

　ここから国道429号線を約2km北上し右折，県道71号線に入り，約5kmの上高田に『延喜式』神名帳にみえる鼓神社がある。『日本文徳天皇実録』の851(仁寿元)年に正六位上に叙したとある。この神社の境内に「貞和二(1346)年」の刻銘がある鼓神社宝塔がある。総高415.5cmの巨塔で，国の重要文化財に指定されている。

吉備津神社とその周辺　　53

❷ 備中国分寺とその周辺

造山古墳から総社までの，吉備路の西半分を歩く。吉備文化の代表的な文化財が豊富である。

備中国分寺跡 ❾
0866-92-0037

〈M▶P.44, 55〉総社市上林1046 P
JR吉備線・伯備線・井原鉄道井原線総社駅🚌総社・山手循環線吉備路もてなしの館前🚶5分

吉備路のシンボル 備中国分寺五重塔

　吉備路もてなしの館前バス停の北側に，日照山国分寺(真言宗)の五重塔がみえる。寺伝によると，741(天平13)年，聖武天皇の詔で全国に建立された国分僧寺の1つ備中国分寺が，天正年間(1573〜92)，備中高松城(現，岡山市)主清水宗治の援助で真言宗寺院として再興されたという。その後再び衰微したが，宝永年間(1704〜11)，増鉄上人が上林領主蒔田定英の援助で復興した。このため，山門・客殿・裏書院・庫裏は武家屋敷風の造りになっている。備中国分寺五重塔(国重文)は，県内唯一の五重塔で，1820(文政3)年の完成といわれ，毎年4月29日と5月3日のみ公開される。経蔵・裏書院・庫裏(県文化)は，江戸時代中期の建造である。本尊は薬師如来で，本堂に安置されている木造地蔵菩薩立像(県文化)は平安時代末期から鎌倉時代初期の作とみられる。

備中国分寺五重塔

　国分寺の境内とその周辺は，備中国分寺跡(国史跡)である。所在地は，国府のあった賀陽郡ではなく窪屋郡に属する。軸線は北16度西にふれており，旧山陽道に南面していた。1971(昭和46)年に岡山県教育委員会により発掘調査され，寺域は東西約160m・南北約180mで，周辺の条里地割に沿うことが判明した。南門跡の北約32mの所に中門跡が残る。ほかの堂宇跡は確認されていないが，伽藍配置は中門の奥に講堂，その前面西に金堂，東に塔が向き合う法起寺式と考えられている。また，南門

備中国分寺周辺の史跡

と中門とのほぼ中央，寺域中軸線の西方約35mの所からは大井戸跡が，東方約50mからは望楼状建物の遺構が発見された。出土した土器類から，11世紀頃まで存続したと推測される。

国分寺の東400mほどの所に，こうもり塚古墳(国史跡)がある。6世紀後半に自然丘陵を利用して築造された全長約100mの前方後円墳で，倉敷市の箭田大塚古墳，岡山市の牟佐大塚古墳とともに県内三大巨石墳の1つである。後円部の南西に開口する横穴式石室は，玄室と羨道からなる両袖式で全長約19m。石材はすべて花崗岩が用いられ，その表面には赤色顔料を塗った跡が各所にみられる。玄室は長さ約8m・幅約3m・高さ約3.7m，羨道は長さ約11m・幅約2.2m・高さ約2.3m。引き続き，羨道幅より少し広い墓道が約9m前方に延びる。玄室内に納められた刳抜式家形石棺は，井原市浪形山産の貝殻石灰岩製(浪形石)である。また，土師質亀甲形陶棺の一部や木棺に使用されたと考えられる鉄釘の存在から，複数の埋葬が行われたことがわかる。副葬品としては，青銅地金に金箔を張りつけた単鳳環状柄頭や大刀残欠，多数の鉄鏃などの武器・馬具・装身具類，鉄滓約240gなどが出土している。

こうもり塚古墳の東には，備中国分尼寺跡(国史跡)がある。国分寺跡とは，東へ約4町半(約500m)を隔てる。北から南に延びる丘陵を加工・整備して，東西108m・南北216mの寺域を定め七堂を配置する。伽藍は寺域中央に南門・中門・講堂が南北一直線に並び，伽藍中軸線は北8度西へふれている。伽藍は，いずれも南北中軸線

備中国分尼寺跡

上に乗る。南面築地線の中央に南門、その北24mの所には中門が位置する。中門の北に金堂が位置する。中門より回廊が金堂にめぐっている。礎石は南門・金堂・講堂・中門東方の回廊外にみえるが、径約70cmの造り出し円柱座と地覆座をもつ大型の礎石は金堂跡であり、また中門東方は一説によれば塔跡とされている。金堂の北に講堂跡、さらに北には尼房か食堂とみられる跡が残っている。

　国分尼寺跡の北200mほどの所に、岡山県立吉備路郷土館がかつてあったが、2010年の3月末に閉館したままである。同館に展示収蔵されていた資料は、岡山県古代吉備文化財センター、岡山県立博物館、総社市教育委員会文化課の三箇所で管理されている。さらに、旧山手村役場や幕末に建造された、旧山陽道沿いの沼の茶屋であった旧松井家住宅主屋(ともに国登録)は従来の元の位置に立っている。

作山古墳 ❿

〈M ► P. 44, 55〉 総社市三須 P
JR・井原鉄道総社駅🚌総社・山手循環線三軒屋🚶5分

全国第9位・県内第2位の巨大前方後円墳

　三軒屋バス停から北に300mほど行くと、作山古墳(国史跡)がある。吉備路自転車道(岡山市北区伊島町から総社市中央までのサイクリングロードで、全長約21km)が古墳そばを通っている。かつては「カモのツクリヤマ」こと造山古墳に対して、「ミスのツクリヤマ」とよばれており、その西約2kmに位置する。前方部・後円部とも丘陵を利用した3段築成の前方後円墳で、全長は286mあり、全国第9位・県内第2位の規模を誇る。前方部の長さ112m・幅174m、後円部径174m・高さ24m。前方部と後円部の高さの差は約1mで、造山古墳が4〜5mであるのにくらべて、後出的な形態を示す。

　造り出しは、くびれ部の北西側に1カ所確認されている。各段には円筒埴輪が密接して立ち並び、斜面には角礫が葺かれている。築

作山古墳

造時期は5世紀中葉，被葬者は造山古墳と同様，吉備政権の大首長と考えられている。

作山古墳の北東約500m，こうもり塚古墳との中間に江崎古墳（えざき）（県史跡）がある。1980（昭和55）年に発掘調査が行われ，吉備地方最後の前方後円墳とわかり注目された。全長は約48m，前方部幅25m・高さ1.2m，後円部径32m・高さ5.2m，2段築成で墳丘（ふんきゅう）上に円筒埴輪が立ち並び，後円部の一部をのぞき，周濠（しゅうごう）がめぐっている。西に開口する両袖式の横穴式石室は全長13.8m，玄室の長さ6.6m・最大幅2.6mで，羨道入口側には角礫を用いた閉塞（へいそく）施設がよく残っている。刳抜式家形石棺はこうもり塚古墳と同じ貝殻石灰岩製（浪形石）で，棺内からは成年男女各1体の人骨が発見された。副葬品は，金環（きんかん）1対・ガラス小玉・獣形鏡・耳環（かん）・鉄刀・鉄鏃（てっとう）・馬具・須恵器（すえき）・土師器（はじき）が出土している。こうもり塚古墳よりもやや新しい，6世紀後半の築造と考えられる。

江崎古墳の北約1kmほどの所に緑山古墳群（みどりやま）がある。三須丘陵最西端に位置し，後期古墳が23基あり，方墳（ほうふん）の1基をのぞき円墳（えんぷん）である。円墳のなかで5基は径20m以上，最大のものは30mを超える。5基とも横穴式石室で，石室全長10m以上・玄室幅2.2m以上あり，このような巨石墳の群在は例をみない。8号墳は石室全長15mを超え，群中最大，県内第4位の規模である。また，17号墳は全長9.8mの石室内に，6回の追葬が判明している。副葬品から，最古のものは6世紀中葉，ほかは6世紀後半に築かれ，末葉まで追葬されたらしい。

江崎古墳石室

備中国分寺とその周辺

作山古墳の北西900mほどの所に瑠璃山明光寺(真言宗)がある。寺伝によると，京都醍醐寺の開基理源大師が諸国遊歴のときに建立したという。木造薬師如来坐像(県文化)は，ヒノキの寄木造で定朝様の作風をもつ，12世紀後半の作と考えられる。

宮山墳墓群 ⓫　〈M▶P.44〉総社市三輪
JR・井原鉄道総社駅🚶25分

弥生時代後期から古墳時代初期の墳墓群

　JR・井原鉄道総社駅の南東約2km，三輪山(約90m)に総計90基ほどの弥生墳丘墓と古墳が分布し，それぞれ宮山墳墓群(県史跡)と三輪山古墳群とよばれる。宮山墳墓群は，径23m・高さ3mの円丘と地山を削り出した前方部によって形づくられた前方後円墳状の墳丘墓を東端にして，丘陵上に広がる土壙墓・箱式石棺墓・壺形墓などで構成される。前方後円墳状の墳丘墓は首長墓，その他の土壙墓などは集団墓と考えられている。前者は小型の竪穴式石槨をもつ。石材は割石・円礫が主で，蓋石は発見されていない。内部からは銅鏃・ガラス小玉・飛禽鏡1面・鉄剣・鉄鏃が出土している。斜面とその周辺から，特殊器台と特殊壺の破片が採集された。後者のなかには，特殊器台が土器棺に転用されていたものもある。

　同じ尾根上には，三輪山古墳群の1つである宮山天望古墳(県史跡)が築かれている。全長55mの前方後円墳で，4世紀中葉(古墳時代前期)の築造と考えられる。その東には，三輪山古墳群最大の全長約70mの前方後円墳である三笠山古墳がある。4世紀末から5世紀初めの築造と考えられる。この2基は首長墓であるが，集団墓としての円墳も30〜40基みられる。さらに6世紀に入ると横穴式石室をもつ円墳などが密集してつくられた。宮山天望古墳と三笠山古墳は継続して築造されたが，その後，前方後円墳はこの地域ではつく

宮山墳墓群の登り口付近

られていない。なお三輪山山麓には、『延喜式』式内社の百射山神社がある。

備中国総社宮 ⑫

0866-93-4302

〈M ▶ P. 44, 55〉 総社市総社2-18-1 P
JR吉備線 東総社駅 🚶 5分

古代の形態を残す三島式庭園をもつ総社宮

　備中国総社宮はJR東総社駅の南東200mほどの所にあり、旧備中国内の神社324社の祭神を合祀する。中世を通じて存続し、天正年間(1573〜92)まで神領があった。1582(天正10)年の兵火で社殿を焼失し、1608(慶長13)年に再建、1687(貞享4)年に改修された。明治時代に入り、県社に列せられている。

　現在の本殿は1977(昭和52)年の焼失後、1980年に再建されたものであるが、ほかの拝殿・幣殿は江戸時代の建築で、「寛永六(1629)年」銘の絵馬をはじめ、円山応挙の絵馬も残る。また境内には、古い時代の形式を残す三島式庭園がある。

　総社宮の南100mほどの所に、総社市まちかど郷土館(国登録)がある。寄棟造・桟瓦葺き、東南隅に宝形造八角形の塔を配した市内唯一の近代洋風建物は、1910(明治43)年に建てられた旧総社警察署の庁舎を利用したものである。1階では市内の史跡や特産物、2階には備中売薬・阿曽の鋳物・藺草栽培などの伝統産業に関する資料が展示されている。

　東総社駅東隣の服部駅の南約1kmの所に伝備中国府跡があり、石碑が立っている。遺構は確認されていないが、付近に北国府・南国府の地名が残ることから推測されている。当地は旧賀陽郡に属する。

　国府跡の北東500mほどの所に総社市埋蔵文化財学習の館がある。市内の遺跡からの出土品の保管・整理・公開を行い、一般市民のための埋蔵文化財学習施設として設立された。古代文化を中心とした展示ばかりでなく、土器を使って煮

備中国総社宮

備中国分寺とその周辺　59

総社市まちかど郷土館

炊きをしたり，石器・玉作りなどの体験ができる（要事前予約）。古代山城跡鬼ノ城関係の資料も展示されている。

国府跡から北東へ300mほど行くと，近年廃寺になった賀陽山門満寺の境内に栢寺廃寺跡（県史跡）がある。寺域は，東西1町（約109m）・南北1町半（約165m）と推定される。1977（昭和52）・78年の調査により，塔基壇のみ確認され，他の建物については不明である。現在も塔基壇が残っており，出土した瓦から白鳳期の寺院跡と考えられている。

宝福寺 ⓭
0866-92-0024　〈M ▶ P.44〉総社市井尻野井山1968　P
JR・井原鉄道総社駅 🚶30分

幼少期の雪舟が修行した禅宗の古刹

JR・井原鉄道総社駅から線路沿いに約2km北上すると，井山宝福寺（臨済宗東福寺派）がある。本尊は虚空蔵菩薩である。初めは天台宗の寺院であったが，貞永年間（1232～33），鈍庵慧聰が伽藍を整備し，京都東福寺の円爾辨円に師事，円爾の弟子の玉渓慧珎を迎え，東福寺末になり臨済宗に改めた。その後，玉渓も京より無夢一清を迎えたため，寺運は隆盛に向かい，末寺300を数えたという。また当寺は，窪屋郡赤浜（現，総社市）生まれとされる雪舟が少年期に修行し，涙でネズミの絵を描いた伝説で知られる。

境内（県史跡）の三重塔（附銘札，国重文）は1376（永和2）年，禅堂・方丈・庫裏は江戸時代中期に建てられたものである（国登録）。寺宝の絹本著色地蔵菩薩像・絹本著色十王像（ともに国重文）は，明の周東村の作といわれたが，現在では質の高い模写とする見方が大勢である。梵鐘（県文化）は「応永二（1468）年」の銘をもつ。また，延文6（1361）年の年紀を持つ宝福寺文書なども所蔵されている（県文化）。

宝福寺から西へ900mほど行くと，国道180号線宝福寺入口交差点手前に湛井堰の記念碑がある。高梁川に設けられた湛井十二カ郷

宝福寺

用水の取水堰で，用水は湛井から岡山市大福まで約17km，流域面積約5000haにおよぶ。伝説によれば，平安時代末期に平清盛の家人妹尾兼康が現在地に移築したといわれる。1897(明治30)年湛井十二カ郷用水組合ができた。堰は，1965(昭和40)年に重力式コンクリート固定堰に改築された。

　総社駅の北約1km，門田地区の稲荷神社境内に浅尾藩陣屋跡がある。旗本蒔田氏が大名に昇格した1863(文久3)年につくられた。禁門の変(1864年)の際，蒔田氏は京都見廻役として会津藩とともに御所の蛤御門を守護し，長州藩を撃退した。それが遠因なのか，1866(慶応2)年，長州藩の第二奇兵隊が倉敷代官所を襲撃した際，浅尾陣屋も襲撃され，ほとんど焼失した(倉敷浅尾騒動)。その後，明治維新となり，陣屋は再建されず，現在は，土塀の一部が残る。

浅尾藩陣屋跡

豪渓 ⑭　〈M▶P.44〉総社市槙谷・加賀郡吉備中央町岨谷　P
　　　　JR伯備線豪渓駅🚗20分

花岡岩特有の節理に富んだ素晴らしい景観

　JR豪渓駅から東方へ向かい，高梁川の支流槙谷川沿いに約9km北上すると，奇岩絶壁と清流の流れが美しい豪渓(国名勝)に至る。秋の紅葉が有名で，多くの人びとが訪れる。渓谷には天柱山(330m)などの奇峰・奇岩が多く，古くから山岳修験の行場として知られる。天柱山西麓の渓流沿いに豪渓寺(真言宗)がある。

　豪渓に行く途中，槙谷川の支流井風呂谷川中流の見延に，井風呂谷川砂防三号堰堤(国登録)がある。3段からなる全長73m・高さ11mの石造りの堰堤で，1・2段目は明治時代特有の巨石による空

備中国分寺とその周辺　　61

豪渓　　　　　　　　　　　　　　　井風呂谷川砂防三号堰堤

積み，3段目は大正時代末期以降に普及した練積みが用いられている。堰堤周辺は，砂防学習のために井風呂谷川砂防公園として整備されている。

秦廃寺(はだはいじ) ⓯　〈M▶P.44〉総社市秦2333
JR伯備線豪渓駅🚶35分

県内最古の寺院跡など多様な文化財散策

　JR豪渓駅を西へ出て，高梁川に架かる豪渓秦橋を渡り，山裾(やますそ)の道を南へ1.5kmほど行くと，秦天神社(てんじんしゃ)の先に秦廃寺(秦原廃寺，県史跡)がある。県内最古の寺院跡で，寺域は1町四方と考えられる。花崗岩製の塔心礎(とうしんそ)・礎石が1つずつ残っており，寺域の南限に南門，その北東に塔，塔の西に金堂，それらの北に講堂が配されていたと推定されている。飛鳥時代の八葉単弁蓮華文(はちようたんべんれんげもん)と，白鳳期の吉備式とよばれる軒丸瓦(のきまるがわら)が出土している。

　秦廃寺から高梁川沿いの県道278号線へ出て南へ4kmほど行き，支流新本川(しんぽん)を渡ると，下原山崎(しもばらやまさき)に磨崖仏(まがいぶつ)(県文化)がある。花崗岩の断崖に，地蔵菩薩6体と不動明王(ふどうみょうおう)1体が彫り出されている。刻銘によると，1398(応永5)年に造立されたことがわかる。

　磨崖仏から新本川沿いに約3km北上すると，久代長砂(くしろながさこ)に10基からなる長砂古

秦廃寺

下原磨崖仏

墳群がある。新本川中流域の北岸，標高40mほどの丘陵端に築造された長砂2号墳は，開墾などのためはっきりしないが，一辺約9mの方墳と考えられ，県内唯一の横口式石槨墳である。この石槨は兵庫県高砂市で産する竜山石を加工したものであるが，一般に，横口式石槨は中央と関係の深い人物が用いたといわれている。終末期の古墳である。長砂8号墳は一辺約13mの方墳，長砂10号墳は径約13mの円墳で，内部主体は箱式石棺である。5世紀前半の築造と考えられている。長砂古墳群の西方，正木山麓に浦越古墳群がある。大小の円墳約50基からなる古墳時代後期の大群集墳であるが，開発のために破壊された。最近の調査では22基を数える。

　浦越古墳群から北西約2km，鬼城山(284m)山頂に中世の鬼ノ身城跡がある。鬼ノ身城の西裾を，近世には新見から玉島に至る玉島往来が通り，交通の要地であった。1575(天正3)年，備中の有力国人三村元親を攻める毛利氏によって落城させられたが，元親の実子上田実親(上田氏の養子となっていた)は，毛利氏の激しい攻撃のなかで開城を決意し，実親の一命をもって城内の兵を救った。その後，毛利氏の支配下に入り宍戸氏が居城した。城跡は山頂西端から北にまわってコの字状に12郭からなり，現在も石垣が残っている。

　浦越古墳群から南西約4kmの所に，義民碑が立っている。1717(享保2)年から翌年にかけて，岡田藩領新庄村と本庄村(現，総社市新本)の農民が一揆をおこした。原因は，農民の入会地を岡田藩主伊東氏がお留山として立ち入りを禁止し，賦役を課されたことにあった。農民たちは，その撤回を求めたが受け入れられず，4人の代表者が江戸屋敷の5代藩主伊東長救に直訴した。その結果，従来どおり入会地が認められたが，直訴は御法度であったため，4人の農民は近くの川で処刑された。義民碑は，1952(昭和27)年彼らの功績をたたえるために処刑地の近くに建てられたものである。また

備中国分寺とその周辺

義民碑

現在も，直訴・処刑された4人は「義民四人衆」として感謝され，毎年「新本義民踊」が盛大に続けられている。

新本郵便局から倉敷市玉島へ向かう道を少し進み，右折すると，古川古松軒の墓がある宅源寺(廃寺)に至る。古川古松軒は江戸時代中期の地理学者で，1726(享保11)年に当地で生まれ，50歳を過ぎてから諸国周遊をはじめ，1807(文化4)年に没した。著作の『西遊雑記』は九州を，『東遊雑記』は幕府巡検使の一員として奥州から蝦夷地を旅したときの記録である。宅源寺にあった「矢田部首人足」銘塼(県文化)は，岡山県立博物館に保管されている。

造山古墳 ⓰

〈M ► P. 44, 55〉岡山市北区新庄下 🅿
JR・井原鉄道総社駅🚌総社・山手循環線もてなしの館前🚶
40分，または総社駅🚕30分

全国第4位・県内最大の巨大前方後円墳

こうもり塚古墳の北東約2kmの所に造山古墳(国史跡)がある。かつては「ミスのツクリヤマ」こと作山古墳に対して，「カモのツクリヤマ」とよばれていた。全長360mの前方後円墳で，前方部前端幅230m・高さ27m，後円部径224m・高さ32.5m，くびれ部の両側に台形の造り出しが付設されている。3段築成で，各段の縁には円筒埴輪列があり，葺石には20cm前後の割石が用いられている。形象埴輪も採集されているが周濠はない。

造山古墳は全国第4位の規模であり，古墳時代前期Ⅲ前半(5世紀初め)のものとしては全国最大級の古墳である。この古墳の築造に要した労働力は延べ約150万人と推定され，同時期，吉備地方ではほかに前方後円墳は築造されていない。このことから，吉備地方を支配した専制的な性格を強めた大首長の墓と考えられる。『日本書紀』には雄略天皇の崩御直後，星川皇子が母吉備稚媛の言に従って反乱をおこし，これに吉備上道臣が加勢しようとしたとの伝

新本両国司神社の赤米の神饌

コラム
祭

県無形民俗文化財 クニシンサマの赤米神饌

総社市新本地区にある本庄国司神社と新庄国司神社(祭神大国主命・少彦名命)は、地元では「クニシンサマ」とよばれている。本庄国司神社の神田には、赤米をつくる田がある。11月25日がオトリゾメ(お穫り初め)で、収穫された穂3〜5本を三方に載せて本庄国司神社の神前に供える。旧暦11月15日に霜月祭、旧暦1月6日には甘酒祭が行われるが、もとは同様の祭りであった。祭りには赤米をはじめとする多種類の神饌が用意される。神事は午後1時頃から始まり、献饌・祝詞・玉串奉奠・撤饌、そして神前での直会である。直会が終わると宮司は湯立ての神事を行う。甘酒がつくられ、参拝者に振る舞われる。これらの祭りは、新本両国司神社の赤米の神饌として、県の無形民俗文化財に指定されている。

承があり、ヤマト政権に対抗する勢力をもっていたとみられる。

造山古墳の周辺には、陪冢と考えられる小古墳が6基点在する(いずれも国登録)。その1つが、造山古墳前方部南側の千足装飾古墳である。全長74mの帆立貝式古墳で、前方部長さ22m・前端の幅25m、後円部径約55m、頂部の径24m・高さ6.8m。前方部は1段、後円部は3段築成。横穴式石室をもち、玄室は長さ3.4m・幅2.5m・高さ2.7m、板石を持ち送り式に積み上げ、3枚の天井石でふさいでいる。下半分には凝灰岩製切石を四壁にめぐらせ、2枚の石障が内部を二分している。この切石の前面に直弧文、上面には鍵手文が彫刻され、北九州の影響が指摘されている。

造山古墳の北西500mほどの所に小造山古墳がある。3段築成された全長135mの前方後円墳で、後円部の径92m・高さ9m、前方部のくびれ部の幅50m、先端部の幅86m、後円部周囲に幅約10mの周濠がめぐる。出土した埴輪から、古墳時代前期Ⅲ後半(5世紀中葉)の築造と考えられる。

福山城跡 ⓱ 〈M▶P.44〉総社市西郡 P(歴史広場)
JR・井原鉄道総社駅🚌総社・山手循環線西郡🚶60分

『太平記』で知られる福山合戦の跡

JR・井原鉄道清音駅の東方約2km、福山(302m)の山頂に福山城跡(国史跡)がある。福山城は、平安時代からの山岳寺院の福山寺を利用して、鎌倉時代末期に真壁是久が築城したといわれる。建武の

備中国分寺とその周辺　65

大覚寺

新政期、福山合戦の舞台となったことで知られる。1335(建武2)年、後醍醐天皇の新政に反旗を翻し足利氏方についた備中土豪衆の飽浦信胤・田井信高らがこの城に立てこもった。新田義貞の家臣大井田氏経が攻め落とし、入城して足利軍の東上に備えた。1336年足利尊氏が九州から当地に至り、5月18日には足利直義軍が3日3晩攻撃し、陥落させたという。戦国時代には、福山城が毛利氏方の国人の支配下にあったことがわかる。遺構として、山頂部の北から南に向けて1の壇〜5の壇と郭が続く。城域は全体で約60m×約330mである。なお、福山城跡にはハイキングで訪れる人も多く、登山コースも幾つかある。福山の西麓に歴史広場がある。この歴史広場では、福山の西斜面に分布する三因古墳群約200基の支群の峠古墳群(67基)のうちの3基を移設し、築造当時の姿で復元されている。このうち峠3号墳は、径約10mで石室が復元されている。6世紀後半の築造とされる。

福山の南西に連なる軽部山の北西麓に、清音山大覚寺(日蓮宗)が日蓮の高弟日像の弟子大覚によって開かれ、彼の自筆と伝えられる題目石を本尊とする。この大覚大僧正題目石(県文化)は大理石製の石蓋塔婆で、長さ2.24m・幅0.3m、正面と両側面に題目(南無妙法蓮華経)、裏面に「暦応五(1342)年」の銘がある。

鬼城山 ⑱
0866-99-8566(鬼城山ビジターセンター)
〈M▶P.44〉総社市黒尾・奥坂 P
JR・井原鉄道総社駅🚗20分

古代交通の要衝に築かれた古代山城復元

吉備高原南端、鬼城山(400m)には古代の山城跡があり、国の史跡に指定されている。当地は東西に山陽道が走り、吉備津(当時は「吉備の穴の海」とよばれていた)からも近く交通の要地にあった。当城は一般に「鬼ノ城」とよばれるが、古代の正史にはみえない。このため、築造の目的・時期については諸説があるが、663(天智天皇2)年の白村江の戦いにおける敗北を受けて、国土防衛のために

66　吉備路

温羅伝説

コラム
伝

古代から語られ県内で親しまれる温羅伝説

　崇神天皇（または垂仁天皇）の頃，異国の鬼神が吉備国に飛んできた。彼は百済の王子温羅といい，足守川の西方の新山に城を築き，その側の岩屋山に楯を構えた。人びとはこの山を「鬼ノ城」とよんだ。

　温羅の形相は恐ろしく，身長は1丈4尺（約4.2m）あり，きわめて凶暴であった。航行する船をおそっては品物や婦女子を掠奪していたので，朝廷は吉備津彦を派遣した。吉備津彦は大軍を率いて吉備国にきて，吉備の中山に陣を構え，西には片岡山に石の楯を築き防戦の準備をした。戦いが始まると矢合戦となったが，温羅は強く，両方の矢が空中でぶつかって落ちてしまった。そこで吉備津彦は2本の矢を一緒に発射したところ，一本は温羅の目に当たり，たくさんの血が流れ，血吸川となった。温羅は雉となり山に逃げたが，吉備津彦は鷹となって追った。今度は温羅は鯉となって血吸川に逃げたので，吉備津彦は鵜となって彼を咥えあげ，ついに温羅の首を刎ねて曝した。しかし，首が何年も大声で吠えたので，犬飼武に命じて犬に食わしたが，髑髏がまだ吠え続けた。このため吉備津彦は，吉備津神社の御釜殿の竈の下8尺の深さに埋めたが，13年間唸り続けた。ある夜吉備津彦の夢に温羅があらわれ，「吾が妻阿曾媛」に御釜殿の神饌を炊かせれば，この釜で吉凶を占おうといった。

　御釜殿は今も温羅の霊魂をまつり，温羅の精霊は「丑寅みさき」として恐れられている。温羅伝説は，童話桃太郎の原型となったといわれている。

西日本各地につくられた山城の1つとみる説が有力である。

　8〜9合目に設けられた城塁は土塁と石垣からなり，周囲2.8km。平均幅約7m・高さ約6mと推定されているが，今は石垣のみが残る。城塁の谷部に，排水のための水門5カ所，東西南北各1カ所に城門が設けられている。このうち東・西・南門が発掘調査され，角楼という特殊な遺構もみつかっている。城内は約30haで，これまでに5棟の礎石総柱建物跡・溜井・狼煙場・土取場などが確認されている。

　2001（平成13）年，総社市は鬼ノ城の整備基本計画をまとめ，2003年から総社市による西門の復元工事が始まり，完成した。また，城塁に沿う形で遊歩道が整備されており，遺構をみながら山中を散策できる。鬼城山周辺の恵まれた自然・歴史とのふれあいにより，文

岩屋寺 岩屋の皇の墓

化財保護と自然学習を進める拠点施設として，鬼城山ビジターセンターがある。平屋建ての建物で，展示パネル・地形模型・西門の復元模型，そして映像解説などをみることができる。

　鬼城山を中心とした地域に，平安時代，新山寺(にいやまじ)・岩屋寺(いわやじ)などを中心に山岳仏教が栄えた。新山寺(新山別所(べっしょ))は，平安・鎌倉時代，修行道場として全国にその名が知られていた。還暦を過ぎてから入宋し，当地の開宝寺(かいほうじ)で入滅(にゅうめつ)した成尋阿闍梨(じょうじんあじゃり)も，宿願をはたすために，1071(延久(えんきゅう)3)年に新山別所で百日修行を行った。また，念仏聖(ねんぶつひじり)の定秀(じょうしゅう)上人が当地で入滅している。新山寺にのぼる途中にある鬼ノ釜(かま)の南東の谷に，新山寺の堂宇か坊舎跡とみられる礎石群が残っている。

　岩屋寺(真言宗)は，鬼城山ビジターセンターの駐車場から北へ車で約10分の所にある。現在では，旧坊の1つ観音院が残るのみである。開創年代は諸説あるが，新山寺内の一寺院であったようである。裏山には洞窟があり，百済(くだら)の王子と称する温羅(うら)という鬼が住み，鬼ノ城を拠点に悪行をなしたという伝説が残る。「鬼の差上岩(さしあげいわ)」「鯉岩(こいいわ)」とよばれる奇岩・巨岩がみられる。

　岩屋寺の近くに，岩屋の皇(おう)の墓(はか)(県文化)とよばれる花崗岩製の無縫塔(ほうとう)がある。文武天皇の皇子で岩屋寺の開祖とされる，善通大師(ぜんつうだいし)の墓と伝えられる。実際は，鎌倉時代末期から南北朝時代のものと推定され，県内の無縫塔のなかではいちばん古い形式をもつ。

68　吉備路

Bizen 備前の道

牛窓の町並み

旧閑谷学校

◎備前の道散歩モデルコース

西大寺から牛窓コース　　JR赤穂線西大寺駅_10_西大寺文化資料館_5_西大寺(観音院)_3_観音院入口バス停_25_夢二生家前バス停_1_竹久夢二生家(夢二郷土美術館分館)_10_本蓮寺下バス停_1_牛窓海遊文化館(旧牛窓警察署本館)_3_本蓮寺_10_街角ミュゼ牛窓文化館(旧中國銀行牛窓支店)_30_JR西大寺駅

長船から備前・日生コース　　1. JR赤穂線長船駅_15_「福岡の市跡」の碑・備前福岡郷土館_3_妙興寺_15_JR長船駅_3_JR赤穂線香登駅_5_備前長船刀剣博物館・慈眼院_5_JR香登駅_4_JR赤穂線伊部駅_5_伊部南大窯跡_5_JR伊部駅

2. JR赤穂線西片上駅_5_真光寺_10_備前市歴史民俗資料館_15_正楽寺_15_加子浦歴史文化館_5_JR赤穂線日生駅

山陽道を東へ向かうコース　　1. JR山陽本線ほか岡山駅_30_両宮山古墳・備前国分

70　　備前の道

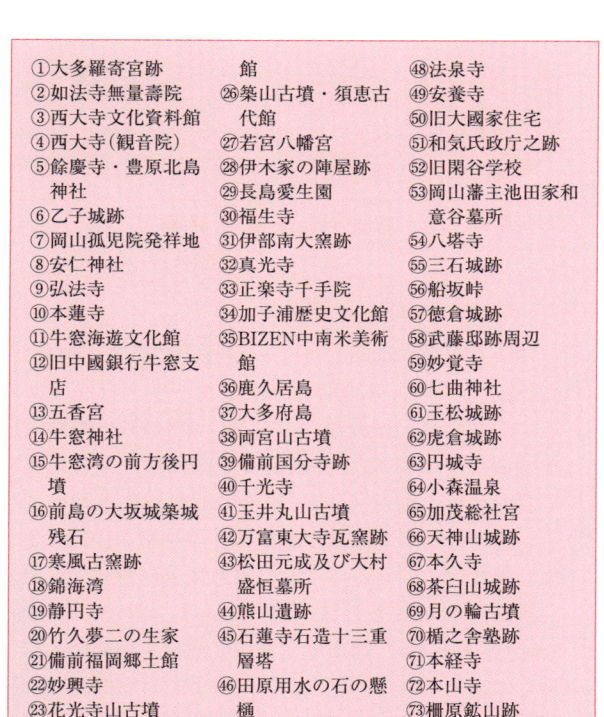

①大多羅寄宮跡
②如法寺無量壽院
③西大寺文化資料館
④西大寺(観音院)
⑤餘慶寺・豊原北島神社
⑥乙子城跡
⑦岡山孤児院発祥地
⑧安仁神社
⑨弘法寺
⑩本蓮寺
⑪牛窓海遊文化館
⑫旧中國銀行牛窓支店
⑬五香宮
⑭牛窓神社
⑮牛窓湾の前方後円墳
⑯前島の大坂城築城残石
⑰寒風古窯跡
⑱錦海湾
⑲静円寺
⑳竹久夢二の生家
㉑備前福岡郷土館
㉒妙興寺
㉓花光寺山古墳
㉔丸山古墳
㉕備前長船刀剣博物館
㉖築山古墳・須恵古代館
㉗若宮八幡宮
㉘伊木家の陣屋跡
㉙長島愛生園
㉚福生寺
㉛伊部南大窯跡
㉜真光寺
㉝正楽寺千手院
㉞加子浦歴史文化館
㉟BIZEN中南米美術館
㊱鹿久居島
㊲大多府島
㊳両宮山古墳
㊴備前国分寺跡
㊵千光寺
㊶玉井丸山古墳
㊷万富東大寺瓦窯跡
㊸松田元成及び大村盛恒墓所
㊹熊山遺跡
㊺石蓮寺石造十三重層塔
㊻田原用水の石の懸樋
㊼足利義政・日野富子供養塔
㊽法泉寺
㊾安養寺
㊿旧大國家住宅
(51)和気氏政庁之跡
(52)旧閑谷学校
(53)岡山藩主池田家和意谷墓所
(54)八塔寺
(55)三石城跡
(56)船坂峠
(57)徳倉城跡
(58)武藤邸跡周辺
(59)妙覚寺
(60)七曲神社
(61)玉松城跡
(62)虎倉城跡
(63)円城寺
(64)小森温泉
(65)加茂総社宮
(66)天神山城跡
(67)本久寺
(68)茶臼山城跡
(69)月の輪古墳
(70)楯之舎塾跡
(71)本経寺
(72)本山寺
(73)柵原鉱山跡

寺跡 5 赤磐市山陽郷土資料館 5 千光寺 15 万富東大寺瓦窯跡 8 JR山陽本線万富駅

2. JR山陽本線吉永駅 5 松本寺理性院 10 旧閑谷学校・黄葉亭・津田永忠宅跡 25 15 岡山藩主池田家和意谷墓所 20 八塔寺・高顕寺 25 JR吉永駅

宇甘川を遡るコース　JR津山線野々口駅 7 徳倉城跡 7 JR野々口駅 5 JR津山線金川駅 10 武藤邸跡 5 妙覚寺・七曲神社 30 玉松城跡 45 JR金川駅 15 虎倉城跡 35 加茂総社宮 50 JR金川駅

吉井川中流域コース　JR山陽本線和気駅 15 本久寺 15 茶臼山城跡 12 柵原ふれあい鉱山公園(旧片上鉄道吉ヶ原駅駅舎・柵原鉱山資料館) 5 本経寺 20 本山寺 15 JR津山線弓削駅

西大寺から牛窓へ

① 裸祭りで有名な西大寺、朝鮮通信使の寄港地牛窓、竹久夢二のふるさと邑久。文化財の宝庫である備前南部の歴史を満喫。

大多羅寄宮跡・如法寺無量壽院 ❶❷
086-942-4340（如法寺無量壽院）

〈M ▶ P. 70〉岡山市東区大多羅町541　Ｐ／東区広谷135　Ｐ
JR赤穂線大多羅駅 🚶10分／🚶20分

　JR大多羅駅の北東に芥子山が聳えている。別名「備前富士」、標高233mで、西大寺地区のランドマーク的存在である。駅の東側の道から続く長い階段をのぼると、布施神社(祭神大己貴命・句々廼馳命ほか)がある。鳥居前と境内には、平賀元義の歌碑が立つ。平賀元義は、備中国陶村出身の江戸時代末期の国学者・歌人である。晩年、門下であった布施神社の神官中山氏に寄食しており、没後は神社近くにある中山家の墓地に墓碑が建てられた。

　布施神社からさらにのぼると、大多羅寄宮跡(国史跡)がある。1666(寛文6)年、岡山藩主池田光政は、いわゆる寺社整理を行い、多くの小社・小祠を合祀し、領内71カ所に寄宮を建てた。その後、つぎの綱政は当地にあった句々廼馳神社の境内を拡張してあらたな社殿を造営、これに寄宮66社が合祀された。しかし、明治時代以降荒廃し、1917(大正6)年、布施神社に再合祀された。

　大多羅駅に戻り、倉安川沿いに芥子山の山裾を東にまわり、広谷からのぼると如法寺無量壽院(真言宗)に至る。備前四十八カ寺の1つで、西大寺の会陽(裸祭り)で投下される、宝木の原木を伐り出す寺として知られる。無量壽院境内の裏山で採取して香を焚き込めた原木を、宝木投下の18日前に西大寺観音院から使者が受け取りにくる。

多くの神々をまつる社と江戸歌人の碑

大多羅寄宮跡

72　備前の道

これを「宝木取り」という。

桁行3間・梁間4間の本堂は1768(明和5)年の再建だが,中世の部材を多く再利用しており,元来は方5間であったとみられている。

西大寺文化資料館・西大寺(観音院) ③④
086-942-2058(西大寺)
〈M▶P.70, 73〉岡山市東区西大寺中1-16-17／東区西大寺中3-8-8 P
JR赤穂線西大寺駅🚶10分／JR西大寺駅🚶15分,またはJR西大寺駅🚌牛窓行観音院入口🚶5分

JR西大寺駅から南へ800mほど行くと,西大寺文化資料館がある。1979(昭和54)年に開設され,天満屋創業者伊原木氏の本邸のうち,衣裳蔵1棟を利用して,西大寺観音院・門前町・高瀬舟の港町として栄えた西大寺の町の歴史,天満屋に関するさまざまな資料を展示している。とくに西大寺の会陽(裸祭り)の宝木は,江戸時代のものもあって貴重である。

西大寺文化資料館から東へ約200m行くと,備前四十八カ寺の1つである金陵山西大寺(観音院,真言宗)に着く。751(天平勝宝3)年に周防国(現,山口県東部)玖珂荘司の妻藤原皆足が小堂を建てたのが始まりと伝えられる。現在は,本堂・仁王門,1678(延宝6)年に建立された三重塔(県文化)などがあるほかは,一見がらんとした境内である。

裸祭りとして有名な西大寺の会陽(県民俗)は,正月に国家の隆盛などを祈る修正会の結願の日に行われる行事で,本堂の御福窓から投下された宝木が裸の男たちによって争奪される。宝木を獲得した者は福男とよばれ,その年の「福」をいただくといわれる。現在は2月第3土曜日の夜に行われている。まわしを締めた男たちが宝木を目指して渦をなすように押し寄せ,その身体から湯気が立ちのぼる様子は,一種独特のエネルギーを感じさせる。現代に伝えられた貴重な祭りの1つであろう。

裸祭りの舞台にして、町の中心

西大寺周辺の史跡

西大寺から牛窓へ

餘慶寺と豊原北島神社 ❺

086-942-0186（餘慶寺）

〈M ► P. 70, 73〉瀬戸内市邑久町北島1187／北島1186　P

JR赤穂線西大寺駅🚌牛窓行（尾張経由）上寺入口🚶10分，またはJR赤穂線大富駅🚶30分

神仏習合の姿を残す文化財の宝庫

　上寺入口バス停で降りて北東にみえる坂道をのぼると，小高い丘陵上の広い境内に寺社の甍が立ち並び，神仏習合時代以来の景観を残している。

　上寺山餘慶寺（天台宗）は，749（天平勝宝元）年，報恩大師の創建と伝えられる備前四十八ヵ寺の1つで，現在も6つの塔頭を有する大寺である。餘慶寺本堂（附棟札2枚・厨子，国重文）は，1570（永禄13）年の建築で，中世密教本堂の伝統を伝える。高さ21mの三重塔（附棟札4枚，県文化）は，1815（文化12）年，邑久大工棟梁の田淵市左衛門繁数による建築。薬師堂にまつられている木造薬師如来坐像（国重文）は平安時代前期の一木彫像で，中国地方を代表する仏像である。脇には，平安時代前期の木造聖観音立像（国重文）と平安時代後期の木造十一面観音立像（県文化）が立つ。いずれも毎年10月中旬の寺宝展で拝観できる。

　現在も江戸時代末期築の鐘楼に吊り下げられている梵鐘（県文化）は，銘文によると1571（元亀2）年に明人2人によって豊後府内（現，大分市）の「惣道場」に寄進されたものである。惣道場は，戦国時代，一向宗門徒が集まった寺のような場所と考えられている。

　北端に位置する豊原北島神社は，634（舒明天皇6）年の創建といわれ，源平合戦で活躍した佐々木盛綱が奉納したとされる色々威甲冑（国重文，岡山県立博物館寄託）が伝わっている。実際は南北朝時代のものと考えられているが，江戸時代中期の幕府老中松

餘慶寺

74　　備前の道

平定信の『集古十種』にも掲載された名品で，完全な形を残す貴重な大鎧として知られる。年末には餘慶寺と豊原北島神社を参拝する「上寺山両詣り」で賑わう。

乙子城跡 ❻

〈M ▶ P.70〉岡山市東区乙子
JR赤穂線西大寺駅🚌牛窓行（南回り）神崎口🚶5分

戦国大名宇喜多氏の原点

神崎口バス停から西に向かう川沿いの道を進むと乙子城跡がある。乙子城は，戦国大名宇喜多直家が，浦上宗景に仕えていたとき初めて与えられた城で，吉井川と児島湾をにらんだ位置にある。

5kmほど東の砥石山（100m）の山頂に，直家が生まれた地といわれる砥石城跡（現，邑久町豊原）がある。砥石城は，直家の祖父能家の居城で，直家が幼少の頃に落城した。

乙子城跡の南に広がる幸田・幸西・幸崎一帯の水田は，1684（天和4）年の干拓で開発された幸島新田である。岡山藩主池田綱政の命により，津田永忠の指揮で完成した。この新田開発の際に延長された，千町川の河口付近に設けられた神崎樋門石が，現在の樋門の横に2つ残されており，「貞享四（1687）年」「享保廿（1735）年」の銘が刻まれている。

石井十次と岡山孤児院発祥地 ❼

〈M ▶ P.70〉岡山市東区上阿知
JR赤穂線西大寺駅🚌牛窓行（南回り）上阿知中🚶すぐ

児童福祉の父が事業を始めた地

西大寺から牛窓方面に向かう途中，県道28号線のすぐ北，邑久郷の小高い丘の上に紅岸寺跡がある。紅岸寺は邑久郷城の出城跡に宇喜多氏が建てた菩提寺と伝えられ，現在は毘沙門堂や大師堂などが立っている。祠のなかに，宇喜多能家と忠家の画像が収められていた。絹本著色宇喜多能家像（国重文）は，現在は岡山県立博物館の所蔵で，戦国武将の精悍な姿をよく写したものと高く評価されている。

紅岸寺跡から県道28号線を東へ3.5kmほど行き，上阿知中バス停から北に入ると大師堂があり，東側に「岡山孤児院発祥地碑」が立っている。石井十次は，1865（慶応元）年に日向国（現，宮崎県）で生まれた。岡山県甲種医学校（現，岡山大学医学部）で学んだ後，1887（明治20）年，日本最初の近代的孤児院「岡山孤児院」（現，岡山市

西大寺から牛窓へ　75

岡山孤児院発祥地碑

門田屋敷)を創設し,「児童福祉の父」とよばれている。上阿知の診療所に寄寓していたときに,大師堂に寝泊りする巡礼の母子に会い,その子の養育を引き受けたことが孤児救済事業の始まりとなったことから,1917(大正6)年,診療所跡に碑が建てられた。

安仁神社 ❽
086-946-1453
〈M▶P.70〉岡山市東区西大寺一宮895 P
JR赤穂線西大寺駅🚗20分

備前国唯一の名神大社

県道28号線の宿毛バス停付近から南へ約1.2km,東へ約1km,さらに南へ約200mと案内表示に従って行くと,久方宮ともよばれる安仁神社(祭神五瀬命・稲氷命・御毛沼命)がある。『延喜式』神名帳では備前国で唯一,名神大社に列せられ,明治時代には国幣中社とされた古社であるが,創建年代は不明で,当初の祭神についても古来諸説ある。現在の社地は,1705(宝永2)年,岡山藩主池田綱政による改築時に造成された。神社裏山から出土したという袈裟襷文銅鐸(県文化)が伝わる。毎年7月11日に行われる茅の輪神事(夏越しの大祓)で知られる。

弘法寺 ❾
0869-34-2455(東壽院)
0869-34-2050(遍明院)
〈M▶P.70〉瀬戸内市牛窓町千手181(弘法寺)／千手196(東壽院)／千手239(遍明院) P
JR赤穂線西大寺駅🚌牛窓行(神崎経由)千手弘法寺前🚶すぐ

中世以来の寺宝と伝統を伝える古刹

千手弘法寺前バス停から南へ行くと,県道28号線沿いに朱塗りの仁王門(弘法寺山門,県文化)がみえる。棟高12.65mの大形の重層門で三間一戸とよばれる形式のこの門は,邑久大工棟梁尾形氏によって1723(享保8)年に再建されたものである。県道を挟んで南西に延びる参道をのぼると,弘法寺の塔頭である東壽院さらに遍明院が

弘法寺の踟供養

祭　コラム

鎌倉時代以来の古式を伝える法会と関係資料

瀬戸内市牛窓町の千手山弘法寺では、1967(昭和42)年の火災以後、中断していた踟供養(練供養、県民俗)が1997(平成9)年に復活し、鎌倉時代の作とみられる被仏(県文化)もお目見えする。

踟供養は毎年5月5日に行われ、阿弥陀如来と二十五菩薩の行列が往生者を迎え、極楽往生を成就する場面を再現する行事である。もともとは「迎接会」「来迎会」「迎講」ともいって、末法思想が広まり極楽浄土への憧れが強くなった平安時代中期以降、各地で盛んに行われるようになった。弘法寺の踟供養も、鎌倉時代後期に始まったと考えられている。

特筆すべきは、関連する文化財の多さであろう。被仏や行道面10面(県文化)のほかに、法会に使用されたとみられる銅製の磬(県文化)や太鼓(太鼓型洒筒、県文化)、鼓胴などの楽器も中世に遡るものが伝わっている。

あり、その先に弘法寺の常行堂などが続く。千手山弘法寺(真言宗)は、奈良時代、報恩大師が開創した備前四十八カ寺の1つとされる古刹であるが、1967(昭和42)年の火災によって山上の本堂・鐘楼・宝塔などを失った。毎年5月5日には、踟供養(練供養、県民俗)が行われ、寺宝には、1389(康応元)年につくられたという木造彩色菊牡丹透彫華鬘(附黒漆箱、国重文)などがある(奈良国立博物館が2面所蔵、同様のもの2面を岡山県立博物館が所蔵)。

東壽院の持仏堂にまつられている木造阿弥陀如来立像(附像内納入文書、国重文)は、鎌倉時代を代表する大仏師快慶による、1211(建暦元)年の作である。遍明院には、平安時代後期の木造五智如来坐像や鎌倉時代の絹本著色阿弥陀二十五菩薩来迎図と絹本著色仏涅槃図(いずれも国重文)、足利尊氏が奉納したと伝わる藍韋肩白腹巻(附咽輪、国重文)、盛光銘の大薙刀(附黒漆柄薙刀拵、国重文)などが残されている。

弘法寺山門

西大寺から牛窓へ　77

本蓮寺 ⓾

朝鮮通信使接待の場となった法華の古刹

〈M ▶ P.70, 81〉 瀬戸内市牛窓町牛窓3194
0869-34-2014
JR赤穂線邑久駅🚌牛窓行本蓮寺下🚶2分

　本蓮寺下バス停で降りて牛窓海遊文化館の裏側にまわり石段をのぼると，本蓮寺(法華宗)に至る。1347(正平2)年に京都妙顕寺の大覚(のち大僧正)が訪れて「法華堂」を創建し，1458(長禄2)年から「本蓮寺」の寺号を用いるようになったとされる。境内全域は，朝鮮通信使遺跡として国の史跡に指定されている。江戸時代に友好使節として合計12回来日した朝鮮通信使は，8回牛窓に宿泊し，岡山藩により接待された。通信使が初めて牛窓に宿泊したのは1624(寛永元)年で，このとき本蓮寺が接待場所となり，1655(明暦元)年までの計4回当寺に宿泊した。

　1492(明応元)年に再建された本堂(国重文)は，方5間，寄棟造・本瓦葺きの室町時代らしい端整な建物である。法華経を守護する三十番神をまつった番神堂(国重文)は，東祠・中祠・西祠の3棟が立ち並び，いずれも室町時代後期の建築という。中門(国重文)は，本堂と同じ頃の建築とされ，棟門とよばれる形式の珍しい中世の門である。三重塔(県文化)は1690(元禄3)年の建築で，海からの眺めがとくに美しい。祖師堂(県文化)の創建年代は不詳だが，再建の年代は，1691(元禄4)年と1769(明和6)年の2説がある。祖師堂としては県内最大の規模をもつ。

本蓮寺

牛窓海遊文化館・旧 中國銀行牛窓支店 ⓫⓬
0869-34-5505（文化館）

〈M ▶ P.70, 81〉 瀬戸内市牛窓町牛窓3056　Ｐ／牛窓2835-1　Ｐ（前島行フェリー乗り場）

JR赤穂線西大寺駅🚌牛窓行本蓮寺下🚶すぐ／牛窓行終点🚶5分

　本蓮寺の南約150m, 県道28号線沿いに牛窓海遊文化館がある。1887（明治20）年に建てられた擬洋風の旧牛窓警察署本館（国登録）を利用した施設で, 1988（昭和63）年に朝鮮通信使資料館がオープン, のちに牛窓だんじりの展示室を併設して, 1992（平成4）年に海遊文化館としてリニューアルオープンした（のち牛窓海遊文化館と改称）。館内には, 朝鮮通信使に関する資料と牛窓だんじり（県民俗）などが展示されている。牛窓の繁栄を物語るように豪華なだんじり8基は, 邑久大工棟梁田淵氏や彫刻家井上氏らの手になる, 江戸時代末期から明治時代初期のものである。10月下旬, 牛窓神社の秋の祭礼には, 8基のだんじりが各地区の氏子によって町を引き廻される。

　海遊文化館から海沿いの道を東へ600mほど行くと, 通り1本北側に旧中國銀行牛窓支店（国登録）がある。1915（大正4）年に牛窓銀行本店として建てられたもので, 外壁はドイツ製レンガを小口積みにした洋風の銀行建築である。牛窓銀行は, 地元の富商服部平九郎らが創設した集成社（のち集整社）を1893（明治26）年に改組し, 設立された銀行である。その後, 合併や譲渡を経て, 1930（昭和5）～80年までは中國銀行牛窓支店として使用された。現在は, 観光案内の拠点・休憩所「街角ミュゼ牛窓文化館」として利用されている。

旧中國銀行牛窓支店

牛窓を紹介する近代洋風建築

西大寺から牛窓へ

五香宮・牛窓神社 ❶❸❶❹
0869-34-5197(牛窓神社)

〈M▶P.70, 81〉瀬戸内市牛窓町牛窓2720 [P]／牛窓2147 [P]
JR赤穂線西大寺駅🚌牛窓行終点🚶10分／🚗5分

牛窓を守る神と異国風の舞

　街角ミュゼ牛窓文化館から東へ200mほど行くと，五香宮(祭神上筒男命・中筒男命・底筒男命)がある。もとは住吉社と号したが，江戸時代に一度破却された後，京都伏見の御香宮を勧請し，改称したものという。社宝の黒韋威鎧大袖付(附鍬形，県文化)は中世の大鎧であるが，神功皇后が着用したと伝えられている。ほかに，馬の額を飾った面繋などの馬具4懸(県文化)は，中世以前に遡る貴重な例とされる。

　五香宮から海沿いに800mほど北上すると，牛窓海水浴場北側に長い石段がみえる。これをのぼると，深い社叢のなかに牛窓神社(祭神神功皇后・応神天皇・武内宿禰・比売大神)がある。平安時代に豊前の宇佐八幡宮(大分県宇佐市)あるいは京都の石清水八幡宮から勧請されたと伝えられるが，史料では，1158(保元3)年に石清水八幡宮の神領として「牛窓別宮」とあるのが初見という(石清水文書「官宣旨」)。千鳥破風付入母屋造本殿は1812(文化9)年の再建で，邑久大工棟梁田淵氏の手になる。社宝に，1830(文政13)年の絵馬「おかげ参りの図」(県文化)がある。

　街角ミュゼ牛窓文化館の西約2.5kmの牛窓紺浦には素盞嗚神社(疫神社，祭神素戔嗚尊)がある。秋季例祭(10月下旬)で奉納される唐子踊(県民俗)は，異国風の華やかな衣装に身を包んだ男児2人が，独特の踊りを展開する稚児舞である。衣装や踊り，歌の内容は，李氏朝鮮風といわれるが，その意味や起源に

素盞嗚(疫)神社の唐子踊

ついてはよくわかっていない。朝鮮通信使が宿泊した牛窓ならではの貴重な民俗芸能である。

牛窓湾の前方後円墳 ❶⓹ 〈M ► P. 70, 81〉瀬戸内市牛窓町牛窓・鹿忍
JR赤穂線邑久駅🚌30分

200年にわたりあいついで築かれた前方後円墳

牛窓湾を見下ろし，これを囲むように，海にせり出した複数の丘陵上に，大型の前方後円墳が点々と築かれている。「海の古墳」として知られる。各古墳は，吉井川東岸地域における古墳時代各期の最大規模を維持していることから，この地域を支配していた首長が，古代吉備国のなかでも重要な地位を占めていたことを物語っている。

本蓮寺の裏山にある牛窓天神山古墳は，4世紀後半頃の前方後円墳で墳長約85m。紺浦西バス停から南の山上にある鹿歩山古墳(県史跡)は，5世紀後半頃の前方後円墳で墳長約84m，周濠をめぐらせていたらしい。鹿忍から南に向かい西脇海水浴場への道中を東にのぼると，山上にある二塚山古墳(県史跡)は墳長約55m，6世紀後半，牛窓湾に築かれた最後の前方後円墳である。

前島の大坂城築城残石 ❶⓺ 〈M ► P. 70〉瀬戸内市牛窓町牛窓
JR赤穂線西大寺駅🚌牛窓行終点乗換え牛窓港⛴前島港🚶30分

大坂城に石材を供給した島

牛窓港前島行きフェリー乗り場から船で前島へ渡る。前島港から案内看板に従って西部丘陵を抜けて東部丘陵の南側にまわり，展望台へ向かう遊歩道に入る。小高い丘の中腹に，大坂城の石垣に使われた石材を採った石切場跡(大坂城築城残石)がある。切り出す際に楔を打ち込んだ矢穴の跡が残る石，大きく割られた状態で残された石などがあり，割石の過程がうかがえて興味深い。前島は，1620

西大寺から牛窓へ

（元和6）年に始まる大坂城再建の際に採石場の1つとされた。島内のおもに4箇所（A～D地区）が採石場となっており、遊歩道に近い残石群A地区が見学しやすいだろう。

前島の西側に位置する黒島、南側の黄島には貝塚がある。黒島貝塚は旧石器時代および縄文時代早期、黄島貝塚は縄文時代早期に形成された。1943（昭和18）～49年にかけて数回の発掘調査が行われ、貝塚の主体がヤマトシジミからハイガイに変化していることが確認された。これは、縄文時代におきた海水面の上昇「縄文海進」を示すものである。

寒風古窯跡と錦海湾 ⑰⑱

上質の須恵器を生産した窯

0869-34-5680（寒風陶芸会館）
〈M▶P.70,83〉瀬戸内市牛窓町長浜5092（寒風陶芸会館） P
JR赤穂線邑久駅🚌牛窓行小津🚶25分

旧邑久郡には、中国・四国地方最大といわれる約130基の須恵器（6～12世紀）窯跡群（邑久古窯跡群）があって、当地の須恵器が、のちに北進して備前市伊部で備前焼に発展していった。

小津バス停から東にあがる道を進むと、寒風陶芸会館の北から東にかけての斜面が、邑久古窯跡群を代表する寒風古窯跡群（国史跡）である。ここでは、7世紀前半から8世紀前半までの約100年間、杯・平瓶・皿・硯・鴟尾など質の高い須恵器が生産されていた。東方の錦海湾から瀬戸内海を通じて都にも運ばれたようで、出土遺物から官にかかわる窯であったと考えられている。寒風陶芸会館では古窯跡群からの出土品が展示されており、陶芸体験などもできる。

かつての錦海湾は、江戸時代と1958（昭和33）年頃に埋め立てられて塩田となったが、製塩法の開発により1970年代頃には役目を終えた。錦海湾に浮かぶ島であった大島には、地元出身の実業家で、津田教育財団も設立した津田資郎を顕彰するオベリスク型の碑がある。

静円寺・竹久夢二の生家 ⑲⑳

大正時代に一世を風靡した画家のふるさと

0869-22-1982／0869-22-0622
〈M▶P.70,83〉瀬戸内市邑久町本庄4368 P／邑久町本庄1992 P
JR赤穂線邑久駅🚌牛窓行横尾入口🚶20分／JR邑久駅🚌牛窓行夢二生家前🚶すぐ

横尾入口バス停から西に向かってのぼっていくと、丘陵の上に集落があり、その中心に横尾山静円寺（真言宗）がある。730（天平2）

竹久夢二の生家

年，行基の開基と伝えられる。本堂（県文化）は1579（天正7）年の再建で，室町時代後期の様式と部材を伝える。塔婆（多宝塔，附棟札，県文化）は1690（元禄3）年の再建。高さ約12mと小型だが，初重を方形，二重を円形にするなど高度な技法が用いられており，均整のとれた美しい塔である。

夢二生家前バス停の南側から東の丘にあがる途中に，竹久夢二の生家がある。

大正時代に一世を風靡し，「夢二式美人」で知られる叙情画家であり，放浪詩人とよばれた竹久夢二は，1884（明治17）年，邑久郡本庄村で生まれた。16歳まで過ごした茅葺き屋根の生家は，現在は夢二郷土美術館分館となっており，作品を紹介している。生家近くには，1924（大正13）年に夢二みずからが設計した，東京松原（現，世田谷区松原）に建てたアトリエ兼住居「少年山荘（山帰来荘）」が復元されており，同じく分館として写真パネルや関係資料が展示されている。

少年山荘周辺の史跡

西大寺から牛窓へ

❷ 長船から備前・日生へ行く

刀剣や陶器など備前を代表する工業製品の産地である備前東部。古くから開けた山陽道沿いの地に重要遺跡が集中する。

備前福岡郷土館 ❷1
0869-26-2001
〈M ▶ P.70〉 瀬戸内市長船町福岡758 Ⓟ
JR赤穂線長船駅🚶15分

一遍上人も立ち寄った中世備前随一の町

　JR長船駅の北西，吉井川の堤防沿いに福岡の町がある。備前福岡は，中世に備前随一の町として栄えた所である。『一遍上人絵伝』の巻4（国宝，清浄光寺〈神奈川県藤沢市〉蔵）に描かれている「福岡市」は，教科書にも掲載される場面で，とくに有名である。絵巻に描かれた市の場所は特定できないが，堤防近くに「福岡の市跡」の碑が立っている。

　市跡の碑のすぐ北東にある備前福岡郷土館は，1914（大正3）年建造の旧平井医院を利用したもので，備前福岡の歴史にかかわる資料とともに，平井家所蔵の古い医療具や医学書なども展示されており興味深い。

　福岡は中世を通じて備前の中心的な町として栄えたが，岡山城の城下町が整備される過程で，福岡の商人も岡山城下に移住し，それが福岡衰退の原因になったと考えられている。江戸時代には岡山藩の在町に指定され，現在も碁盤目状に整備された町並みや，「市場小路」「横小路」などの地名，「七小路」に1つずつ掘られたという「七つ井戸」などが往時を偲ばせる。

「福岡の市跡」の碑

妙興寺 ❷2
0869-26-2024
〈M ▶ P.70〉 瀬戸内市長船町福岡684 Ⓟ
JR赤穂線長船駅🚶15分

宇喜多氏・黒田氏ゆかりの古刹

　市跡の碑の南東約200m，市場小路の東端にあるのが教意山妙興寺（日蓮宗）である。寺の縁起によれば，1403（応永10）年，日伝が播磨（現，兵庫県南西部）の守護大名であった父赤松則興の菩提を弔う

ため，当地に草庵を結んだのが始まりとされる。

境内には，宇喜多直家の父，興家の墓がある。赤松氏の臣浦上氏に仕えていた直家の祖父能家が，砥石城（現，邑久町豊原）で島村氏に討たれた際，落ち延びた興家・直家父子は，福岡の豪商阿部氏のもとに身を寄せたという。興家は当地で没したが，その後直家は，戦国大名に成長し，岡山城を築城した。また黒田家の墓所もあり，豊臣秀吉の腹心黒田孝高（如水・官兵衛）の曽祖父高政・祖父重隆のものが含まれている。2013（平成25）年寺脇の仲崎邸が公開された。

花光寺山古墳・丸山古墳 ㉓㉔

〈M ▶ P.70〉瀬戸内市長船町服部／備前市畠田・福田・香登本
JR赤穂線長船駅🚶15分／JR赤穂線香登駅🚶15分

豪華な副葬品をもつ重要古墳が集中

長船町と備前市の境付近に，大型古墳が集中して分布する。JR長船駅から県道69号線を北へ約1.5km，右折して東へ500mほど行った花光寺裏山には，花光寺山古墳（県史跡）がある。墳長約86mの旧邑久郡最大級の前方後円墳で，4世紀後半の築造と推定されている。発掘調査により，長持形石棺のほか，銅鏡・鉄刀・鉄剣など多くの副葬品が出土した。道路を隔てて北接する新庄天神山古墳は，前方後円墳の可能性が指摘されていたが，近年の測量調査によれば，直径約41.5mの円墳とみられる。かつての乱掘で竪穴式石槨のなかに石棺が発見され，勾玉・管玉・鉄剣など多くの副葬品が出土している。2つの古墳は，古墳時代前期にあいついで築造された，邑久郡域の有力首長の墓と考えられる。

花光寺山の西麓には服部廃寺がある。1991（平成3）〜96年の発掘調査で，金堂・講堂など若干の建物跡が確認された。7世紀末頃に中央とのパイプをもつ豪族が造営した寺で，14世紀初頭には廃絶したと考えられている。

JR香登駅の真南にある鶴山（61m）の山頂を整形してつくられたとみられる丸山古墳（国史跡）は，備前国最大級の円墳である。南北68m・東西55mのいびつな形で，2段築成とみられる。文様の施された特異な石棺をもち，多数の鏡（流布したものをあわせると30面以上ともいう）が出土したが，副葬品のほとんどは東京国立博物館に

収蔵されている。古墳時代前期末頃の築造と推定されている。

備前長船刀剣博物館 ㉕
(びぜんおさふねとうけんはくぶつかん)
0869-66-7767
〈M▶P.70〉瀬戸内市長船町長船966 P
JR赤穂線香登駅🚗5分

刀剣専門博物館と刀匠の里

慈眼院

JR香登駅から国道2号線を西へ800mほど行くと,長船地区に入る。長船は,古くから日本刀の一大産地として知られ,当地で産する刀は,「備前長船」とよばれて名刀の誉れ高く,珍重されてきた。

地区のほぼ中央にある備前長船刀剣博物館は,全国でも珍しい日本刀専門の博物館である。備前刀を中心とした多数の日本刀のほか,関連の装飾類・道具類・文献資料を展示し,作刀工程なども紹介している。また,故今泉俊光(いまいずみとしみつ)の工房を復元した今泉俊光刀匠記念館も併設されており,敷地内の鍛刀場では公開鍛錬が見学できる。1999(平成11)年には,敗戦直後にGHQによって接収された「赤羽刀(あかばねとう)」107口が文化庁から譲与され,一部が展示されている。

博物館から南へ300mほど行くと,長船の刀匠の菩提寺(ぼだいじ)として知られる慈眼院(真言宗)がある。境内には,横山上野大掾祐定(こうずけだいじょうすけさだ)の墓や,横山元之進(もとのしん)祐定が1887(明治20)年に寄進した南北朝時代の作で,筑前国(ちくぜん)(現,福岡県北西部)の筑紫宮(つくしのみや)にあった梵鐘(ぼんしょう)がある。周辺には,元之進祐定が自邸に建てた犬養毅(いぬかいつよし)揮毫(きごう)になる「造剣之古跡」の碑や,刀匠の墓地・屋敷跡など,刀剣に関する史跡が数多く残る。

築山古墳と須恵古代館 ㉖
(つきやまこふんとすえこだいかん)
0869-26-5225
〈M▶P.70〉瀬戸内市長船町西須恵502-2 P
JR赤穂線長船駅🚗10分

古墳の見学と遺跡学習に最適

JR長船駅から県道83号線へ出て東へ約5km,飯井(いい)交差点で右折し県道39号線を約2km南下すると左手に築山古墳(県史跡)がある。広高山(ひろたかやま)の北西麓に築かれた墳長約82mの前方後円墳で,5世紀後半

86　備前の道

頃の築造と推定されている。後円部に竪穴式石室の一部と家形石棺が露出し，ガラス製品や銅鏡・馬具・甲冑などが出土した。遺物は東京国立博物館に保管されている。石棺の材には，九州阿蘇山(奈良県二上山という説もあり)で産する凝灰岩が用いられている。

築山古墳のすぐそばにある高床式倉庫をイメージした建物が須恵古代館で，周辺遺跡の考古資料を展示している。

若宮八幡宮・伊木家の陣屋跡 ❷❼❷❽

〈M ▶ P.70〉瀬戸内市邑久町尻海3036／邑久町虫明533付近
JR赤穂線邑久駅🚌尻海経由虫明行尻海🚶6分／虫明行虫明診療所前🚶すぐ

江戸時代に栄えた湊町と陣屋町

　かつて錦海湾に面していた邑久町尻海は，江戸時代，備前では牛窓などとともに廻船業・漁業の基地として栄え，多くの豪商を生んだ湊町である。この尻海の町を見守るように高台に鎮座するのが，若宮八幡宮(祭神仁徳天皇・仲哀天皇・神功皇后・大山祇神)である。1792(寛政4)年に久保田藩(秋田藩)御用の廻船問屋平野屋らが奉納した欧風絵馬(県文化，岡山県立博物館寄託)をはじめとする多くの絵馬や，薩摩(現，鹿児島県西部)あるいは琉球(現，沖縄県)からもたらされたという石灯籠など，町の繁栄を物語る豪華な奉納品を伝えている。

　邑久町の東端に位置する虫明は，古くから風待ち港として栄え，江戸時代には岡山藩池田家の筆頭家老をつとめた伊木氏が陣屋を設け，沿岸警備にあたった地である。瀬戸内市役所裳掛出張所の辺りが「茶屋」とよばれた陣屋のあった場所で，その奥に「伊木氏茶屋跡」の碑が立っている。ここから港に向かってまっすぐ延びた道路が，武家屋敷の立ち並んでいた通りで，現在は古い建物はあまり残っていないが，町並みに当時の面影が偲ばれる。

　伊木家の墓所は，3代から13代のものが，菩提寺である興禅寺(曹洞宗)の裏手の通称「千力山(円通山)」(3・4・8・11・12・13代)と，対岸の長島(5・6・7・9・10代)にある。

長島愛生園 ❷❾

0869-25-2212(歴史館)　〈M ▶ P.71〉瀬戸内市邑久町虫明6539　Ⓟ
JR赤穂線邑久駅🚌長島愛生園行終点🚶すぐ

　長島は，ハンセン病の療養所が2つ設置された島である。ハンセ

長船から備前・日生へ行く

長島愛生園歴史館

全国最初の国立ハンセン病療養所とその歴史

ン病は古くは「らい」とよばれ、患者は差別的な扱いを受け続け、近代には強制的な隔離政策が推し進められた。1930（昭和5）年に全国初の国立療養所としてつくられたのが長島愛生園であり、大阪の外島保養院を前身とし、1938年に当地に移転・開園したのが邑久光明園（こうみょうえん）である。

近年、邑久長島大橋が開通（1988年）し、「らい予防法」が廃止（1996年）され、2003（平成15）年8月には、1930年に建てられた旧事務本館が長島愛生園歴史館として開館した。館内では、愛生園の歴史とハンセン病に関する展示がなされ、ハンセン病関連書籍の閲覧もできる。なお、見学には事前予約を要する。

足利将軍ゆかりの名刹

福生寺（ふくしょうじ）㉚
0869-66-9620（実相院）
0869-66-9619（西法院）
0869-66-9050（福壽院）

〈M▶P.70〉備前市大内（おおち）997　実相院：大内983・西法院：大内995・福壽院（ふくじゅいん）：大内999　P
JR赤穂線香登駅🚗13分

JR香登駅から山陽新幹線の高架沿いに東へ1.5kmほど行き左折し、香登川を2kmほど遡（さかのぼ）ると大瀧山（おおたきさん）福生寺（真言宗）がある。唐僧鑑真の開基（がんじん）で、南北朝時代に足利尊氏（あしかがたかうじ）の発願により再興されたと伝えられる。備前四十八カ寺の1つという。盛時には塔頭33坊、近世には13坊を擁したが、現在は実相院・西法院・福壽院が残る。
仁王門（におうもん）（附（つけたり）元和九年銘施主札3枚、県文化）を抜けてしばらく進むと、境内に至る。本堂（県文化）は、1682（天和2）年に岡山藩主池田綱政（つなまさ）により再建されたものだが、方5間の中世仏堂の様式をとる。1441（嘉吉（かきつ）元）年に室町幕府6代将軍足利義教（よしのり）の寄進で建立（こんりゅう）されたという大滝山三重塔（国重文）は、山中の木々に埋もれるように立つ。西法院の奥にある、山号の由来となった滝も美しい。

伊部南大窯跡（いんべみなみおおがまあと）㉛
0869-64-1400

〈M▶P.70, 89〉備前市伊部1657-7　P
JR赤穂線伊部駅🚶5分

伊部は、「六古窯（ろくこよう）」の1つ、備前焼の町である。JR伊部駅の北側

備前市役所周辺の史跡

六古窯の1つ、備前焼の町
備前焼の大量生産を支えた窯

を中心に，備前焼の窯元・商店が多数並び，周辺には窯跡などの関連史跡も多い。

　備前焼のルーツは古代の須恵器であり，旧邑久郡から備前市にかけては，とくに良質な須恵器を産することで知られた一大産地であった。12世紀頃から伊部地区を拠点として，須恵器から発展した備前焼の本格的な生産が始まり，鎌倉・室町時代を通じて西日本を中心に広く流通した。

　伊部駅のビルは，備前焼伝統産業会館となっている。1階には東備広域観光情報センターがあり，2階では備前焼陶友会会員や窯元の作品を展示・即売している。その東隣には岡山県備前陶芸美術館があり，備前焼の歴史と制作工程を学び，現代作家の作品をみることができる。

　毎年10月中旬に伊部一帯で開催される「備前焼まつり」には，全国から多くの愛好家が集まる。普段より安価で入手でき，有名作家の店に気軽に入れるのも，この祭りの楽しみの1つとなっている。

　伊部駅のすぐ南側の丘陵斜面に位置する伊部南大窯跡（国史跡）は，室町時代後期から江戸時代中期にかけて築造されたとみられる。半地下式登窯3基で構成され，全長54mの東窯は全国でも最大級の窯跡である。伊部駅の北側には北大窯跡や西大窯跡（いずれも国史跡）があり，これら3つの大窯跡は，共同経営による大量生産が行われていたことを示す。北大窯跡の西には江戸時代末期の天保窯跡も保存され，さらに西大窯跡の北の谷には，備前焼熊山古窯跡と総称される平安時代末期から室町時代にかけての窯跡群が広がる。

　伊部の南東に位置する湊町浦伊部は，備前焼の積出港として中世

長船から備前・日生へ行く

から重要な場所であった。浦伊部には，木造釈迦如来坐像(国重文)や梵鐘(県文化)などの文化財を所蔵する妙圀寺(日蓮宗)がある。

真光寺 ㉜

〈M▶P.70,89〉備前市西片上1510 P
JR赤穂線西片上駅 徒歩5分

美しい中世の塔 町のなかに残る

JR西片上駅から西へ300mほど行き右折すると，御瀧山真光寺(真言宗)がある。739(天平11)年，行基の開基と伝え，報恩大師により備前四十八カ寺の1つに加えられたという。1516(永正13)年に再建された本堂(附棟札，国重文)と，1613(慶長18)年に牛窓の蓮華頂寺(廃寺)から移築された三重塔(附棟札，国重文)は，室町時代の様式を備えており美しい。現在は，仁王門と本堂の間に国道2号線やJR赤穂線が通り，かつての広大な伽藍は分断され，仁王門は孤立してしまっている。国道2号線沿いの寺入口に座している銅像は，江戸時代に郡医者をつとめた万代常閑の像である。

真光寺から東へ約1.3km，西片上駅の隣，備前片上駅の西300mほどの所に，備前市歴史民俗資料館がある。旧備前簡易裁判所の建物を利用したもので，1991(平成3)年に開館した。市内の遺跡からの出土品，備前焼に関する資料や窯の断面模型などをみることができる。また，作家柴田錬三郎や正宗白鳥，その弟の国文学者正宗敦夫と洋画家得三郎ら，市ゆかりの文化人にまつわる資料，民俗資料なども展示されている。

真光寺三重塔

正楽寺千手院 ㉝

0869-67-0726
〈M▶P.71〉備前市蕃山1305 P
JR赤穂線伊里駅 車15分

閑静な寺域と陽明学者の草庵跡

JR伊里駅から大谷川に沿って北東へ4kmほど行くと，日光山正楽寺千手院(真言宗)に至る。奈良時代に報恩大師が開基した，備前四十八カ寺の1つと伝えられる。江戸時代初期に堂舎をことごとく焼失，正徳年間(1711〜16)に現在の本堂などが整えられた。建築

備前焼と虫明焼

コラム

産

備前の焼物を楽しむ

「土と炎の芸術」といわれる備前焼。釉薬を用いない「焼き締め陶」である備前焼の魅力は土味と，炎と土がつくりだすさまざまな「窯変」だろう。胡麻・緋襷・牡丹餅など，独特の表現があるが，これらは窯のなかで灰が降りかかってできたり，作品と作品の重なり具合でできる，本来偶然がもたらした芸術である。

JR赤穂線伊部駅から寒河行きバスに乗り，興亜前バス停で降りて東へ110mほど行くと，藤原啓記念館がある。藤原啓(故人)は備前焼の重要無形文化財保持者(人間国宝)であった。館内には彼の作品や，彼に影響を与えた古備前などが展示されている。また庭園からは片上湾を一望できる。

虫明焼は，江戸時代後期に虫明(現、瀬戸内市邑久町)で始められ，岡山藩筆頭家老伊木家の御庭窯として発展したとされる。備前焼と違って釉薬を使い，絵付けもする。京焼系の瀟洒な雰囲気が，茶陶として人気となった。とくに，幕末の茶人として著名な伊木三猿斎(忠澄)は，虫明焼を愛し，みずから作陶した。その後，紆余曲折を経ながらも現代まで続けられ，黒井一楽(故人)は県の無形文化財に指定された。瀬戸内市中央公民館虫明焼展示室には太田巌コレクションが展示されており，概要がわかる。

物のほとんどは市指定の文化財で，鎌倉時代の「四座講式」(国重文)などを所蔵している。

正楽寺のすぐ西に熊沢蕃山宅跡がある。熊沢蕃山は，江戸時代前期の陽明学者で岡山藩主池田光政に仕えたが，家中の反感などにより蕃山村に隠棲，ほどなく京都に移った。また，正楽寺のすぐ北には山田方谷宅跡がある。山田方谷は幕末の陽明学者で，熊沢蕃山を慕い，よくこの地に訪れたため，門弟が方谷のために草庵を建てた。

加子浦歴史文化館・BIZEN 中南米美術館 ㉞㉟
0869-72-9026／0869-72-0222
〈M▶P.71〉備前市日生町日生801-4　P／日生241-10　P
JR赤穂線日生駅🚌5分／🚶7分

個性豊かな日生の美術館・資料館

日生は，漁業と船の町といってもよいだろう。

JR日生駅から南西へ向かうと，日生港の南東端に加子浦歴史文化館がある。資料館と文芸館で構成されており，資料館は町内現存

BIZEN中南米美術館

最古の建物である網元「筑前屋」の屋敷を移築したもの。船や漁業に関する資料を中心に展示している。文芸館には，与謝野晶子が鶴島・大多府島を詠んだ歌をはじめ，作家の里村欣三・児童作家の牧野大誓・日本画家の久保田耕民らの町出身者や，町ゆかりの文化人に関する作品・資料を展示している。

　日生駅から西へ約500m行くと，市立日生中学校の南西にBIZEN中南米美術館がある。当館は，地元で漁網の製造・販売を営んでいた森下精一のコレクションをもとに，インカ・マヤ文明など古代中南米の遺物約1600点を収蔵する。国内ではほとんどみる機会のないドミニカ・コスタリカ・エクアドルなどの資料はとくに貴重である。

鹿久居島と大多府島 �36�37

〈M▶P.71〉備前市日生町日生／日生町大多府
日生港 10分／30分

国立公園日生諸島の歴史と自然

　日生沖に浮かぶ鹿久居島は，県内最大の島である。島内千軒湾の桟橋から南東約100mの辺りにある千軒遺跡は，縄文時代後期から中世まで続いた集落の遺跡である。倉敷考古館による調査で遺跡の概要が明らかになり，青磁や白磁が多く出土していることから中世には有力な貿易港であったと推定されている。

　大多府島は，鹿久居島の南約2kmに位置する。大多府漁港元禄防波堤（国登録）は，1697（元禄10）年，岡山藩主池田綱政の命により，津田永忠が築いた防波堤である。閑谷学校の石塀と同じ工法で築かれており，延長110m・幅7.2mにおよぶ。港には大井戸も掘られ，1698年の開港後も，瀬戸内海航路の重要港として島全体が整備されていった。島の北東部，頂上付近に設置されていたかつての灯籠堂も復元されている。

③ 山陽道を東へ行く

古代山陽道に沿った地域は備前の歴史の中心線をなす。大型古墳、寺院や山城跡、石造物を訪ね、栄枯の跡を偲ぼう。

両宮山古墳 ㊳　〈M▶P.70, 94〉赤磐市和田・穂崎 [P]
JR山陽新幹線・赤穂線・伯備線・宇野線・吉備線・山陽本線・津山線岡山駅🚌林野駅行岩田🚶2分

二重周濠をもつ備前第一の前方後円墳

　岡山市街から県道27号線を10kmほど北上し、赤磐市に入った所が、古代山陽道の高月駅家があったとされる馬屋地区である。この地域一帯は赤坂郡の郡衙跡と推定される建物跡もあることから郡の中心地と考えられる。

　県道27号線をさらに1kmほど行くと、道路北側の水田に両宮山古墳(国史跡)がみえる。吉備地方第3位の規模を誇る前方後円墳で、周濠が一部農地化しているものの、ほぼ完全に墳形を保っている。2002(平成14)～04年度の調査によって、現存する内濠の外側にあらたに外濠が発見され、二重周濠をもつことが判明した。墳丘の全長は206m、前方部幅120m・後円部径100m・高さは前方・後円とも約20m。前方部が著しく発達した形式から5世紀後半の築造と推定されるが、未調査のため、石室などは不明である。埴輪・葺石はもたない。東側の集落付近から、墳丘上にのぼることができる。

　両宮山古墳の周囲には、前方後円墳の朱千駄古墳(全長85m)・小山古墳(全長54m)・森山古墳(全長82m)・廻山古墳(全長47m)などがある。朱千駄古墳では後円部より長持形石棺が発見され、内部から鏡・玉類・刀剣などが出土した。両宮山古墳の北約100mの所には、陪冢と考えられる径約20m・高さ約5mの円墳、茶臼山古墳(国史跡)がある。これらの古墳の被葬者は、古代吉備地方に勢力をもった吉備上道氏と推測されている。

両宮山古墳

山陽道を東へ行く　93

備前国分寺跡 ㊴

〈M ▶ P.70, 94〉 赤磐市馬屋 Ｐ
JR岡山駅🚌林野駅行岩田🚶5分

備前国分寺跡

古代備前の文化の中心

　両宮山古墳の西側が備前国分寺跡（国史跡）で，現在は史跡整備が進められている。1974（昭和49）年の発掘調査によれば，寺域は東西約175m・南北約190mであった。国分寺式伽藍配置をとっており，南門・中門・金堂・講堂・僧房などが南北に一直線上に並び，敷地の南に塔が配置されていた。出土瓦などから，創建は奈良時代後半と考えられる。建物は現存しないが，七重塔の心礎の上に鎌倉時代初期のものとみられる高さ約3mの石造七重塔が立っている。南門跡からは室町時代の巴瓦が出土しており，鎌倉時代以降，講堂跡にあらたな建物がつくられるが，金堂や塔などは再建されず，その建物も安土桃山時代までにすべて廃絶したと考えられている。

　備前国分尼寺跡は，「仁の堂」の地名，礎石・瓦の出土や国分寺との位置関係から，国分寺跡の南方約250m付近に比定されている。現在は仁王堂池と水田になっており，寺の存在をうかがうことはできない。

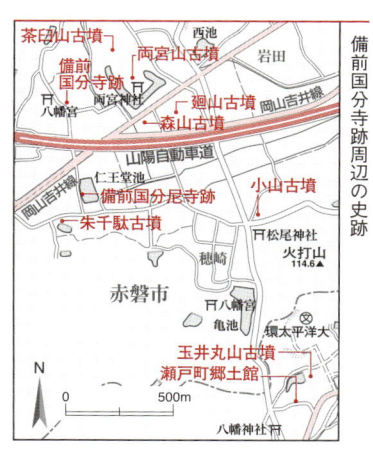

備前国分寺跡周辺の史跡

　両宮山古墳から北東へ2kmほど行った赤磐市役所の東側に，赤磐市山陽郷土資料館がある。岩田14号墳出土の環頭太刀，備前国分寺跡の瓦，南方前池遺跡から出土した縄文時代晩期の土器やトチ・ドングリなど，旧山陽町内の

出土遺物を展示している。南方前池遺跡(県史跡)は,郷土資料館の南東約1.7kmの溜池にあり,1955(昭和30)年の改修工事でその存在が明らかになった。縄文時代の木の実の食料貯蔵庫群が発見されたことで知られる。

千光寺 ❹
0869-55-2075
〈M▶P.70〉赤磐市中島350　P
JR岡山駅🚌岡山ネオポリス行日古木・中島口🚶15分

赤磐市唯一の現存三重塔

日古木・中島口バス停から標示に従い,南東方向へ十七川に沿ってのぼって行くと,約900mで千光寺(天台宗)の山門である仁王門に至る。さらに進むと,本堂とその右手奥に三重塔があらわれる。千光寺は,天平勝宝年間(749～757),報恩大師によって創建された備前四十八カ寺の1つと伝えられる。寺の本尊は千手観音,本堂は1744(延享元)年以降のものである。三重塔は1765(明和2)年建立で,本尊は大日如来である。高さ20.65m,一辺5.978m,1999(平成11)年に開創1250年を記念して改修された。寺宝には,光明皇后筆と伝えられる紺紙金泥法華経8巻(県文化),恵心僧都筆とされる仏画,室町時代の銘の入った備前四耳大壺(国重文)がある。

境外の参道には,北朝年号である「暦応三(1340)年」銘の石造方柱碑(県文化)がある。碑は全長約2mで,2個の石を継ぎ足している。上方には釈迦・文殊・普賢3仏の種子,下方には,僧覚有の三十三回忌に建立したとの銘文が刻まれている。

千光寺山門

玉井丸山古墳 ❹
〈M▶P.70,94〉岡山市東区瀬戸町観音寺　P
JR岡山駅🚌林野駅行岩田🚶20分,またはJR山陽本線瀬戸駅🚶40分

小学校も立地した前方後円墳

両宮山古墳から南へ約1.6km,火打山の西にある低い岼を越えると瀬戸町観音寺地区に入り,その中心に玉井丸山古墳がある。丸山とよばれる小丘上に築造された5世紀前半の前方後円墳で,全長

山陽道を東へ行く

137m。前方部は長さ約65m・幅約75m・高さ約7m、後円部は径87m・高さ10m。発掘調査されていないため詳細は不明だが、後円部後方に竪穴式の小型石室が残っており、円筒埴輪片が出土した。

玉井丸山古墳は、中世以来開発を受け、明治時代初期から1968(昭和43)年まで墳丘上に玉井小学校が立地、現在は環太平洋大学の施設がある。大学の許可を得れば墳丘上へのぼることができる。墳丘の下には瀬戸町郷土館(第2・4日曜日のみ開館)があり、町内の古墳からの出土品や東大寺瓦も保管されている。

万富東大寺瓦窯跡 ⑫

〈M▶P.70〉岡山市東区瀬戸町万富 P(小型のみ可)
JR山陽本線万富駅🚶10分

東大寺再建に貢献した瓦工房

JR万富駅から県道96号線に出て、東へ約300mほど行き左折すると、田原用水によりU字形に囲まれた小丘陵に、万富東大寺瓦窯跡(国史跡)がある。この瓦窯は、1180(治承4)年に炎上した奈良東大寺再建のため、造営大勧進職に任命された俊乗房重源が築造したものである。

窯は、南北に細長い低丘陵の西斜面に連続して構築されており、幅約1.5mで分焔柱のあるロストル式平窯14基が確認されている。1193(建久4)～1203(建仁3)年の約10年間に、約30～40万枚を焼成したと推測される。窯跡からは平瓦が多く出土しており、「東大寺」の刻印が施されたものもある。吉井川から砂利採取船により引き揚げられた軒丸瓦や平瓦は、瀬戸町郷土館に保管されている。

万富東大寺瓦窯跡

造営料国とされた備前国内のうち、この地に瓦窯が築造された理由は、原料となる良質な白土(粘土)が得られ、燃料の薪が豊富であり、製品の輸送に吉井川水運が利用できたことが考えられる。

2001(平成13)～02年の発掘調査では，平瓦と丸瓦を組み合わせた排水施設や，東大寺瓦窯操業時の役人管理棟と考えられる礎石建物跡，さらに瓦生産を終えた後，土器焼成窯に転用の土器窯跡が発見された。排水施設のつくられた年代は不明であるが，瓦を排水管として利用した例は全国的にも珍しい。

松田元成及び大村盛恒墓所 ❹

〈M ▶ P. 70〉岡山市東区瀬戸町塩納山ノ池 P
JR山陽本線万富駅 🚶 10分

JR万富駅から県道96号線を西へ約1.5km行くと，特有の花弁をもつヤエザクラ宗堂の桜(県天然)で有名な宗堂地区に至る。ここで道を北にとり，塩納集落から山道をたどると，山ノ池地区の集会所に至る。山ノ池集落の北西部に，松田元成及び大村盛恒の墓所(県史跡)と伝えられる石塔がある。

備前西部に勢力をもち赤松氏と対立していた松田元成は，1484(文明16)年，福岡城(現，瀬戸内市長船町福岡)を攻め落とした後，赤松政則の臣浦上則宗の三石城(現，備前市三石)を攻めるために東進した。しかし，天王原(現，瀬戸内市長船町長船字天王)の戦いで敗れて負傷し，山ノ池にあった光長寺まで退き自害，家老大村盛恒も同地で追腹を切り殉じたという。その後2人の供養のために，元成の子元勝が山ノ池上の段に，大乗寺と墓塔を建てたと伝えられている。

松田元成の墓塔は無縫塔で総高1.38m，大村盛恒のものは宝篋印塔で総高1.7m，ともに花崗岩製である。光長寺と大乗寺は江戸時代に入ると日蓮宗不受不施派の寺院となったため，1666(寛文6)年の寺院淘汰政策により廃寺となっている。

松田元成墓塔(右)と大村盛恒墓塔

中世武将の眠る山上の地

山陽道を東へ行く

熊山遺跡 ㊹
0869-66-6310(熊山遺跡管理棟)

〈M ▶ P.70〉 赤磐市奥吉原
JR山陽本線熊山駅🚗20分，またはJR赤穂線香登駅🚗20分

神秘的石積遺構 山上のピラミッド

　JR熊山駅の南方約3kmに位置する熊山は，侵食小起伏面上の残丘の1つで標高507.8m，県南においては高峰である。この山上の平坦地に熊山遺跡(国史跡)があり，幾何学的構図をもった石積遺構で知られる。岩盤を利用した一辺約11.7mの基壇上に流紋岩で3段の石積がなされ，2段目の各面中央に龕(神仏をまつる所)が，石積の上面中央に竪穴が設けられている。竪穴からは陶製筒型容器が出土しており，現在は天理大学が所蔵，附属参考館に展示している。

　熊山遺跡については，従来，戒壇説・墳墓説・経塚説などがあったが，出土遺物や龕の存在から，現在では，奈良時代前期に築造された仏塔としての性格を備えた石積と考えられている。このほかにも熊山山中には，南山崖遺構(岡山市東区瀬戸町)などの類似の遺跡が，大小三十数基確認されている。

　熊山遺跡のある一帯は，帝釈山霊山寺(霊仙寺)跡である。霊山寺は，1336(建武3)年の児島高徳の兵火で荒廃し，14世紀末〜15世紀に再建されたと考えられる。その後，再び荒廃したが，江戸時代初期に金山寺(岡山市)住職円忠法印が霊山寺戒光院を再興，本堂と権現社を再建し幕末まで存続した。旧境内には鎌倉時代としては県内最古の「正応五(1292)年」銘の宝篋印塔があり，総社市の宝福寺には「応仁二(1468)年」銘の霊山寺梵鐘が残る。

熊山遺跡

　熊山遺跡から北へ向かうと樹齢推定約700年の天然杉が聳え，さらに約250m行くと熊山神社(祭神大国主命)がある。明治時代初期の神仏分離で霊山寺の権現社が1881(明治14)年奥吉原集落内

果樹栽培の先駆者たち

コラム 人

果樹王国岡山の祖 小山益太と大久保重五郎

　果物王国岡山県にあって，旧熊山町は果樹園芸の発展に尽くした人材を輩出したことで知られる。その１人である小山益太は号を楽山といい，1861(文久元)年，磐梨郡稗田村(現，赤磐市稗田)の名主の家に生まれた。東京で学んだ後帰郷し，磐梨中学校助教を経て赤坂郡役所勧業係となり，果樹栽培の道を歩むこととなった。

　1887(明治20)年に職を辞した後，六々園と称する果樹園を経営し，モモ・ブドウ・ナシ・カキなどの品種改良，病害虫防除・剪定などの技術開発を独学で進めた。モモの新品種「金桃」「六水」の創成，袋かけ法の改善，農薬ボルドー液の試用などのほか，とくに除虫菊乳剤「六液」の創案で知られ，この除虫剤は，明治時代から昭和時代初期まで全国で使用された。また小山は，後進の指導にも力をそそぎ，1896年に見習生制度を設け，大久保重五郎をはじめとする多数の門下生を育て，今も岡山県果樹振興の祖と仰がれている。晩年は，大原財閥の創始者孫三郎が創設した倉敷の大原奨農会に招かれ果樹園を経営し，1924(大正13)年に没した。

　大久保重五郎は，1867(慶応３)年，磐梨郡弥上村山ノ池(現，岡山市東区瀬戸町塩納)に生まれた。小学校卒業後，小山益太に師事して果樹栽培を学び，1886(明治19)年には郷里山ノ池に果樹園を開き，モモづくりに励んだ。また，一時小山に同行し，1929(昭和４)年まで倉敷の大原奨農会創設の農業研究所の果樹園主任管理者をつとめた。この間，モモの品種改良と栽培技術の研究に努め，新品種「白桃」「大久保」を創成したことで有名である。

　現在，山ノ池には大久保の果樹園跡に大久保重五郎顕彰碑，赤磐市可真上の旧可真小学校跡には，小山・大久保両名の顕彰碑が建てられている。

小山益太・大久保重五郎顕彰碑

の薬王寺宝生院に遷されたため，同社跡に熊山神社が創建された。

石蓮寺石造十三重層塔 ㊺
08699-5-0332(石蓮寺みんなの森)

〈M▶P.70〉赤磐市石蓮寺　P
JR山陽本線熊山駅🚗20分，またはJR岡山駅🚌岡山ネオポリス行野間🚶120分

　野間バス停から，県道403号線を東へ約1.6km行くと可真郵便局

山陽道を東へ行く

石蓮寺石造十三重層塔

廃寺跡に残る県内最大の石塔

がある。この先で標識に従い北へ向かうと山麓部で道が二分するが，自動車は標識どおり左へ，徒歩なら右へ向かうほうが早い。九十九折りの道をたどると，瀬戸内丘陵上の標高約250m付近にある石蓮寺集落に着く。この集落の北側高台は石蓮寺（廃寺）の跡地で，ここに県内唯一の石造十三重層塔（県文化）がある。鎌倉時代作で総高約6.5m，県内最大の石塔である。基礎から塔頂まで完全に残っているが，頂上の相輪は後補と考えられている。近くにはこの塔の用材を採取した蓮華岩がある。

石蓮寺は，奈良時代に報恩大師が建立した備前四十八カ寺の１つといわれている。当初は天台宗であったが，のちに真言宗に改められた。

田原用水の石の懸樋 ㊻

〈M▶P.70〉赤磐市徳富
JR山陽本線熊山駅🚶30分

近世土木技術の粋を結集した水路橋

JR熊山駅から熊山橋を渡り，吉井川堤防に沿って西へ行き，釣井集落を過ぎた地点で堤防をくだり，小野田川堤防に向かう。下流から３番目の一本橋を渡ると，田原用水の石の懸樋（田原用水水路橋，県文化）があり，周辺は記念公園として整備されている。

田原用水は，吉井川の水を和気郡和気町の田原井堰から取水し，赤磐市徳富を経て岡山市東区瀬戸町の砂川に抜ける全長約18kmの灌漑用水路である。赤磐市徳富までの一期工事が1628（寛永５）年に完工し，砂川までの延長工事は1694（元禄７）年に完成したが，その際，小野田川を横断するためにつくられたのが石の懸樋である。長さ12m・幅3.6m，花崗岩製で２基の橋脚の上に組まれており，防水対策として粘土分を多くした漆喰が用いられ，横ずれ防止対策も施されていた。小野田川の河川改修により1982（昭和57）年に解体され，現在地に移設・復元された。

このほか，田原用水の開削においては，「百間の石樋」（県史跡）

石の懸樋

とよばれる赤磐市徳富にある熊野神社下の岸険開削や、岡山市東区瀬戸町森末の「切抜き」(県史跡)も難工事であった。岸険は種油で岩盤を焼いて開削したといわれるが、鑿による穿孔跡があることから、火薬を使用したと考えられる。田原用水は岡山藩の新田開発政策の一環として開削されたもので、従来、工事は津田永忠の指揮で行われたとされているが、明確な資料は残っていない。なお田原井堰跡 附 田原用水路一部もあわせて県史跡となっている。

　田原井堰は、1985年の新井堰完成時に撤去された。現在は井堰脇にモニュメントが、和気町田原井堰資料館(通常閉館、和気町歴史民俗資料館に要連絡〈0869-92-1135〉)に一部が移設・復元されている。資料館の南東にある山麓斜面には、古代の豪族和気氏との関連も考えられる9世紀頃のたたら製鉄炉跡、石生天皇遺跡がある。

足利義政・日野富子供養塔 ❼

08699-5-1541　〈M▶P.70〉赤磐市沢原1208　P
JR山陽本線熊山駅 40分

　JR熊山駅から北西へ約2.8km行き小野田川を渡り、300mほど直進すると、右手に小川山自性院常念寺(天台宗)がある。当寺の客殿裏に、足利義政と日野富子の供養塔とされる宝篋印塔が立つ。向かって左側の室町幕府8代将軍足利義政の供養塔は総高172cm、花崗岩製で基礎の下に方形の反花座を敷いており格式が高い。右側の富子供養塔は総高115cm、角礫質凝灰岩(豊島石)製で同じく反花座を敷いているが、軟質の石材のため、全体的に風化が著しい。

足利義政・日野富子供養塔

日野富子は9代将軍足利義尚の生母であり、その補佐をしていたが、1483(文明15)年、義尚と対立したために、浦上則宗を頼って沢原に隠棲したという。また、1489(延徳元)年に義尚が病死、翌年には夫義政も病死したため、富子はこの地に、常念寺の前身小河山慈照院を建立、夫とわが子の菩提を弔ったと伝えられている。いずれも口伝であり、その真偽はまったく不明である。

日野富子隠棲の地に残る供養塔

法泉寺 ㊽
0869-92-0608 〈M▶P.70, 104〉和気郡和気町益原644 P
JR山陽本線和気駅🚌柵原病院方面行益原🚶10分

益原バス停から北東へ向かうと、集落の北の山麓に大樹山法泉寺(日蓮宗不受不施派)がある。

法泉寺は当初禅寺であったが、1619(元和5)年から江戸幕府により禁教とされた日蓮宗不受不施派となったとされ、1666(寛文6)年に廃寺となった。しかし、この地の人びとは密かに信仰を続け、幾度も弾圧を受けた。1819(文政2)年に同派の僧日学の潜伏が発覚した際には、捕縛に向かった役人から日学を逃れさせたため、全戸主が入牢させられている(益原法難)。1876(明治9)年に布教が許されると、1878年に現在地に妙覚寺(現、岡山市北区御津金川)の益原教会所が、1903年に現在の寺号が再興された。

本堂は、寺院には珍しい和洋折衷の擬洋風木造平屋建築で、ポーチ風の本堂、白漆喰でかためた柱、軒蛇腹ドーム型の窓など、ルネサンスの雰囲気を感じる様式である。なお当寺は現在も不受不施派の寺院であり、純粋な宗教活動の場となっていることに留意したい。

擬洋風建築の本堂をもつ不受不施派寺院

法泉寺

安養寺 ㊾
0869-92-1632 〈M▶P.70, 104〉和気郡和気町泉609 P
JR山陽本線和気駅🚶20分

JR和気駅から北へ向かい富士見橋(歩行者専用)に出ると、北方

安養寺

に通称「和気富士」とよばれる円錐形の城山(173m)がみえる。頂上には，浦上宗景の家臣明石景行・宣行兄弟の居城であった北曽根城(黒山城)跡がある。和気商店街から稲荷神社に向かう小路が登山路で，低山ながら険しい景観をもつため和気アルプスの名で親しまれ，約15分で城跡に至る。山頂付近に本丸跡，南下方に二の丸跡，西側に大手門跡などが残る。

平安・鎌倉の秘仏2体を有する天台宗寺院

富士見橋を渡り金剛川沿いに北東へ向かうと，左手の断崖をなす石に「南無妙法蓮華経」と刻まれているのが目に入る。高さ17.42m・横幅4.91mの日本一の題目岩は，1914(大正3)年，大阪の商人田中佐平次が和気の本成寺(日蓮宗)に寄進したものである。題目岩から北東へ約1km進むと，左手に由加神社(祭神由加大神・応神天皇ほか)がある。当社所蔵の棟札のうち最古の棟札には，1112(天永3)年，和気氏が新田郷(現，和気町本荘付近)の総鎮守として西久保(現在の大田原付近，字方の上にある山。現，神社背後の丘陵)上に八幡宮を創建したことが記されている。南北朝時代には播磨・備前・美作の守護であった赤松氏の崇敬が篤く，赤松則祐が足利尊氏に従い九州で戦った際，宇佐八幡宮(大分県宇佐市)で戦勝祈願したところ軍利を得たので，1337(建武4)年に社殿を新造し，現在地に遷宮したとされる。1872(明治5)年に由加神社と改称した。

さらに川沿いに400mほど進むと，照光山安養寺(天台宗)がある。749(天平勝宝元)年，報恩大師が開いた備前四十八ヵ寺の1つと伝えられる。康保年間(964〜968)に雷火により焼失したが，書写山圓教寺(兵庫県姫路市)の性空上人の嫡弟信源上人が再建，比叡山より薬師如来・阿弥陀如来を勧請し，山内50坊を数えるほど栄えた。しかし，応仁年間(1467〜69)以降，たびたびの戦禍で常行堂などわずかな堂宇を残し焼失した。現在の本堂は，1511(永正8)年，

山陽道を東へ行く　103

和気町役場周辺の史跡

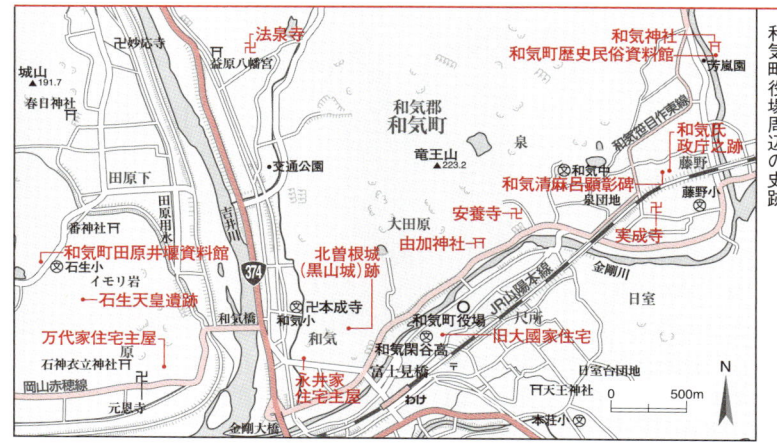

かつての常行堂を転用したもので，江戸時代に大改修されている。

本尊の木造阿弥陀如来坐像(県文化)は，像高98.5cmのヒノキの割剥造で漆箔が施されており，平安時代末期の作と推定される。もう1体の木造阿弥陀如来像は，像高139.9cmのヒノキの寄木造で漆箔が施されており，鎌倉時代前期の作と推定される。ともに定印を結び，吉祥坐に結跏趺坐した姿は美しい。後者については表面の金箔などは江戸時代の補修とされている。秘仏。33年ごとの開帳で，最近では1985(昭和60)年に開帳されている。

寺宝には，彩色されたキリ材の木造鬼面2面(県文化)，「建武五(1338)年三月」銘の銅五鈷鈴(国重文)，沙弥氏寄進状・藤原政貞禁制状を含む，1248(宝治2)年から寛永年間(1624〜44)にかけて書かれた古文書である安養寺文書54点(県文化)などがある。

旧大國家住宅 ㊿
0869-92-1135(和気町歴史民俗資料館)
〈M▶P.70, 104〉和気郡和気町尺所38
JR山陽本線和気駅 🚶 8分

大地主の生活を今に伝える大邸宅

JR和気駅から駅前商店街を抜け東へ600mほど行くと，県立和気閑谷高校に接して旧大國家住宅がある。

大國家は，幕末まで大森姓を称していた。戦国時代，大森新四郎道明は，備中辛川城(現，岡山市西辛川)の城主の弟で宇喜多氏に属したが，のちに一族とともに当地に移住し，百姓となったと伝えられている。1747(延享5)年に道明から7代目の武介満軆が分家して酒造業と運送業で成功し大地主となり，1760(宝暦10)年，51歳の

104　備前の道

ときに現存の主屋部分を建てた。

旧大國家住宅(主屋 附土塀・蔵座敷・中蔵・乾蔵・西蔵・井戸場・宅地,国重文)は,江戸時代後期の大地主の生活の様子を伝えるとともに,特異な外観をみせる大型民家として貴重である。主屋は2階建てで,1階平面は正面・側面とも18.81mあり,入母屋造2棟を平行に配置し,その間を直角方向に切妻造の第3の棟でつなぐ比翼入母屋造である。屋根は1階部分が本瓦葺き,2階が茅葺きだが,繋ぎ屋根上部は本瓦葺きで,棟高は9.89mある。2階建ての蔵座敷は,切妻造・本瓦葺きで2階は蔵,1階は岡山藩主の宿泊を目的とした御成の間や茶室などがある。1801(享和元)年に賓客をもてなすために増築されたもので,当初は座敷2つからなる離れ座敷であった。

事業の成功で莫大な財をなした大國家は,1840年代頃から財政難の岡山藩に多額の献金や貸付をしていた。このため,弘化年間(1844〜48)には苗字帯刀を許され,藩主池田氏の家紋つきの武具・衣類などが与えられるようになり,現在も藩主からの下賜品や書などが残されている。また,大國家には閑谷学校の教授や文人・画人たちが多数集まり,同家はその活動を支援したことでも注目される。しかし,明治時代以降は岡山藩への貸付金が不良債権となったことや新規事業の鉱山業が失敗したことで,すべての事業から撤退することとなった。なお,旧大國家住宅の見学は,5人以上で1週間前までに所定の申請書により申し込む必要があるため,希望者は和気町歴史民俗資料館に問い合わせてほしい。

このほか,和気町には,国の登録有形文化財となっている民家が2棟ある。和気地区の永井家住宅主屋は,桁行5間・梁間4間半の総2階建て,寄棟造・桟瓦葺き,ドイツ下見板張の洋館である。東南隅に角塔を設けているのが特徴で,2階軒廻りの持送りや縦長の上げ下げ窓なども良好に残っている。歯科診療所兼住宅として1916

（大正5）年に建設され，地元では最初期の西洋館として知られている。原地区の万代家住宅主屋は，1872（明治5）年建造の木造平屋建て，入母屋造・瓦葺きで，主屋は桁行9.5間，梁間5.5間である。屋根を2重にした平屋建て住宅は当地域特有のもので，その古い例として貴重である。

和気氏政庁之跡 ⑤

0869-92-1135（和気町歴史民俗資料館）

〈M▶P.70, 104〉和気郡和気町藤野　P
JR山陽本線和気駅🚶45分

和気清麻呂・広虫誕生の地

　和気氏の祖，垂仁天皇の皇子鐸石別命の曽孫弟彦王は，神功皇后に叛いた忍熊王を征討した功で磐梨県（藤野県）を与えられ，下向したと伝えられる。磐梨県は，のちの磐梨郡（現，赤磐市東部の旧熊山町とその周辺）と推定され，和気氏の勢力範囲は備前東部から美作にかけて広がっていたと考えられている。和気氏はヤマト政権に服属したため繁栄し，大化改新後は藤野郡（のちの和気郡）の郡司となった。天平年間（729～740）の初め，この郡司の家に生まれたのが和気清麻呂・広虫である。当時，郡司は子弟を都の護衛兵である兵衛，娘を宮殿の侍女である采女として出仕させなければならなかった。姉の広虫が先に上京，清麻呂をよび寄せたといわれている。

　広虫は孝謙上皇の信任を得て女官の高位にのぼり，清麻呂も姉の助力もあって異例の早さで出世し，765（天平神護元）年には従六位上右兵衛少尉に昇進した。ところがその後，道鏡事件に巻き込まれることになった。769（神護景雲3）年に奏上された，「道鏡を皇位に就かせよ」とする宇佐八幡宮（大分県宇佐市）の神託の真偽を調べるため，清麻呂が勅使として派遣された。清麻呂が直接神意をうかがったところ，初めの神託とは逆に「道鏡をのぞくべし」という意の神託を受け，帰京後奏上した。道鏡を重用していた孝謙上皇はこれを聞いて怒り，清麻呂を大隅（現，鹿児島県東部・諸島地域）へ，広虫を備後（現，広島県東部）へ配流した。道鏡失脚後，官に復した清麻呂はしばらく地方官の任にあったが，桓武天皇に抜擢され，長岡京の造営，平安遷都の建議と造営，「民部省例」編纂などに携わった。広虫も赦免後は昇進を重ね，孤児の養育につくしたと伝えられる。

　JR和気駅から北東へ約3km行くと，水田のなかに和気清麻呂顕

和気清麻呂像と和気神社

彰碑がみえてくる。ここの地名は和気町藤野字大政（だいまん）で，周辺には，郡田（こおりのた）を示す「香炉田（こうろた）」や郡治にちなむ「治部田（じぶのた）」などの古代郡政に関係するとみられる地名が多数あることから，藤野（和気）郡衙跡に比定されている。顕彰碑は，これにより1940（昭和15）年に建てられたもので，付近は和気氏政庁之跡とされる。また，顕彰碑の南西約300mにある福昌山実成寺（ふくしょうざんじつじょうじ）（日蓮宗）の境内は，和気氏の氏寺（うじでら）であった藤野寺跡の一部といわれる。

政庁跡の北約1kmの所には和気神社がある。元来の祭神は鐸石別命で，1909（明治42）年に弟彦王・和気清麻呂・和気広虫を祭神に加え，1914（大正3）年に社号を猿目（さるめ）神社から和気神社に改称した。拝殿前には，清麻呂が宇佐八幡宮へ詣（もう）でるとき，妨害しようとする道鏡一党から300頭のイノシシが守ったという故事により，狛亥（こまいのしし）が安置されている。日笠川（ひかさ）の対岸にある芳嵐園（ほうらんえん）は和気神社の外苑（がいえん）で，入口に和気清麻呂像が立っている。また，像の隣には和気町歴史民俗資料館があり，歴史・考古・民俗資料などが展示されている。

なお，788（延暦（えんりゃく）7）年，和気郡は吉井川を境（さかい）に東を和気郡，西を磐梨郡と分割された。このため，吉井川右岸（西側）にも和気氏に関係する神社・史跡が多い。赤磐市佐古の八幡和気神社は和気清麻呂を祭神とし，天文（てんぶん）年間（1532〜55）に小野田宗右衛門（おのだそうえもん）が再興したとする棟札も残っている。同市松木（まつき）には，和気清麻呂・広虫の墓と伝えられる江戸時代初期の宝篋印塔がある。

旧閑谷学校（きゅうしずたにがっこう） ㊾
0869-67-1427（事務局）
0869-67-0009（資料館）

〈M▶P.70, 108〉備前市閑谷740　P
JR山陽本線吉永（よしなが）駅🚶60分，または🚌片上行閑谷学校（かたかみ）（1日1往復のみ）🚶5分

庶民子弟教育のためのわが国最初の学校

JR吉永駅の東400mほどの所にある踏切を渡って南へ800mほど行くと，東側の山麓に松本寺理性院（しょうほんじりしょういん）（真言宗）がみえる。僧行基（ぎょうき）の開基と伝えられ，天文年間（1532〜55）に現地に移転したとされる。本尊の木造薬師如来坐像（県文化）は平安時代後期の作で，ヒノキの

山陽道を東へ行く

旧閑谷学校周辺の史跡

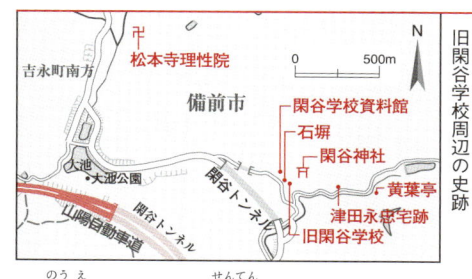

一木造。総高約80cm・膝張約65cm，両腕を矧ぐほかは，内刳のない完全な一木彫になり，素地である。切付螺髪の頭部がやや重いこと，1個の納衣の左胸元に旋転が巻いていることが特徴である。

　さらに南下して大池を過ぎ，500mほど先のY字路を左に進み，旧道のトンネルを抜けると旧閑谷学校（国特別史跡）に至る。閑谷学校は，1670（寛文10）年岡山藩主池田光政が，儒学に基づき藩士と庶民の教育のために開いた学校である。光政は，池田家の菩提寺であった京都妙心寺護国院が焼失したのを契機に，墓所を岡山に移すこととし，津田永忠に候補地を探させ，和気郡木谷村（のちの閑谷）と脇谷村（村域の一部がのちの和意谷）が候補地として挙げられた。光政は墓所を後者に定め，前者をかねてから企図していた庶民学校建設の適地とし，各々地名を改めて造成が始まった。

　創立当時は建物も質素な茅葺きであったが，1701（元禄14）年までに津田永忠が大改築し，現在のような建物になった。学校の周囲は蒲鉾型の石塀（附飲室門，国重文）で囲まれており，その中心に壮大な講堂（附丸瓦1枚，国宝）がある。講堂は桁行7間・梁間6間の入母屋造で，当初は茅葺き，のちに黒瓦葺きと簡素なものであったが，1701年に備前焼瓦に葺き替えられた。建坪は307m²（93坪）で，四囲（4面）とも回縁をめぐらし，床板張りの大広間には10本のケヤキの太い円柱が天井を貫いて大屋根を支えている。内室の北の小壁には，「朱文公学規」と藩主池田綱政自筆の3カ条からなる「定」の壁書（講堂の附指定，国宝）が掲げられている。講堂の南には藩主来校時に使用した小斎，西側には学習室である習芸斎，湯沸かし用の炉がある飲室が附属してあり，文庫・公門（附左右練塀）とともに国の重要文化財に指定されている。

　講堂の東側の高所には，1684（貞享元）年造立の聖廟があり，大成殿（附聖竈・石橋）、東階・西階・中庭・文庫・厨屋・外門・繋牲石・石階・練塀・校門（鶴鳴門。附左右練塀）は国の重要文化財

旧閑谷学校講堂

である。聖廟内の奥にあるのが大成殿で、聖龕とよばれる厨子に、青銅に金粉を施した金銅倚坐像の孔子像をまつっており、毎年10月下旬の釈菜時にのみ像が公開されている。聖廟にのぼる石段の両脇には、楷の木(孔子木、学名トネリバハゼノキ)の巨木がある。1915(大正4)年に中国山東省曲阜にある孔子廟から持ち帰った種子を育苗して植えたもので、紅葉の美しさで知られている。

聖廟のすぐ東隣、約1m低い位置に池田光政をまつる閑谷神社(旧閑谷学校芳烈祠)があり、本殿には、1704(宝永元)年完成とされる衣冠束帯姿の光政の金銅像が安置されている。本殿(芳烈祠)・幣殿(階)・拝殿(中庭)・神庫(庫)・中門(外門)・繋牲石・石階・練塀は、国の重要文化財となっている。本殿の東には、光政の遺髪・爪・歯を埋納した供養塚(椿山、国特別史跡)がある。

講堂の西側には、火災防除のためにつくられた火除山があり、その西奥に閑谷学校の設立から昭和時代に至る学校の歴史を展示している閑谷学校資料館(国登録)がある。資料館はかつての学房跡に立ち、建物は1905(明治38)年に私立(のちに県立)閑谷中学校本館として建てられた擬洋風の木造2階建である。また閑谷学校関係資料4041点(国重文)は現在岡山県立博物館に収蔵されている。

旧閑谷学校の東側には、青少年教育センターがあり、その南側を流れる谷川に沿って、東へ400mほど行くと、黄葉亭(国特別史跡)がある。1813(文化10)年、閑谷学校教授武元君立らが、閑谷を訪れる諸国の文人墨客をもてなすために建てた茅葺きの茶室である。頼山陽は1814年にここを訪れ、『黄葉亭記』を残している。黄葉亭の北西には、石垣だけが残る津田永忠宅跡(国特別史跡)もある。

旧閑谷学校から南へ約1km行くと、校地との境界を示す石門(国特別史跡)がある。数次にわたる埋め立てによって、現在は地上に約1mほどしか出ていないが、1697(元禄10)年に建てられたときには高さが「壱丈三尺五寸(4.46m)」あったと「備陽国学記録」に

山陽道を東へ行く　109

記されている。また，さらに南へ2kmほど行った県道261号線近くには，閑谷焼窯跡(県史跡)がある。閑谷学校創建時に瓦を焼いた窯を利用し，備前焼とは異なり釉薬を使う閑谷焼を生産していたという。1780(安永9)年頃には廃絶し，窯跡から出土した青磁や灰釉陶などの破片が，正宗文庫(備前市穂浪)に収められている。

岡山藩主池田家和意谷墓所 53

〈M▶P.71〉備前市吉永町和意谷 P
JR山陽本線吉永駅🚗12分(Pまで)

儒礼により造営された池田家墓所

JR吉永駅から県道404号線を和意谷川沿いに約4km，標識のあるY字路の右の道を約1km進むと，岡山藩主池田家和意谷墓所(国史跡)に至る。岡山藩主池田光政は，菩提寺であった京都妙心寺護国院の火災を契機に岡山に墓所を移すことにし，津田永忠が探した適地の1つ脇坂村(のちの和意谷)に造営を命じた。1667(寛文7)年造営着手，1668年に墓所の主体を，1670年までに石垣・石柱・石門を完成した。完成に先立って1666年，祖父輝政・父利隆の遺骨や遺骸が妙心寺から八木山村(現，備前市)の仮宮に移され，1669年に和意谷墓所に埋葬された。総工費は銀208貫，人夫は延べ10万人に達する大工事であった。

参道を約1km進むと，標高約350mの敦土山に設けられた池田家の墓所，7つの「お山」に至る。山頂に近い「一のお山」は輝政の墓で，顔がシカ，体がカメという亀趺と称する瑞獣の彫刻の上に，高さ2.7mの墓碑を載せている。「一のお山」のやや南側にある「三のお山」が光政と同夫人の墓である。大部分の「お山」は「一のお山」付近にあるが，「七のお山」だけは少し離れた和意谷の東隣の神根本村(現，備前市)にある。それは，被葬者が藩主の庶子・庶女であったためである。また，光政の子綱政は1697(元禄10)年，池田家菩提寺として曹源寺(臨済宗，岡山市円山)を建立，以降，同寺にも藩主と一族の墓所(岡山藩主池田家墓所，国史跡)が営まれている。

吉永駅から県道96号線を西へ約4km，右折して北へ1.5kmほど行くと，和気郡和気町吉田の奴久谷集落に入り，谷間を進むと溜池そばの駐車場に至る。ここから石段を約150mのぼると津田永忠墓(国史跡)に着く。永忠夫妻のほか，嫡男猪之助・長女津也ら，一族の墓がある。

池田家和意谷墓所

八塔寺(右奥)と高顕寺

八塔寺 (54)

〈M►P. 71〉備前市吉永町加賀美 P
JR山陽本線吉永駅🚌八塔寺行終点🚶10分

三国の境に栄えた一大山上伽藍跡

JR吉永駅から八塔寺川沿いに約18km北上すると，標高約400mの吉備高原東端に至る。八塔寺バス停からなだらかな道をさらに500mほど進むと，茅葺き屋根の民家が点在する集落がみえ，その北側山麓に照鏡山八塔寺(天台宗)がある。八塔寺は728(神亀５)年，八塔寺山麓に鑑真あるいは道鏡が開基したと伝えられる。本尊は十一面観音で，境内には池田光政寄進の釣鐘が現存している。八塔寺集落は，平安時代に八塔寺や高顕寺を中心とする山上仏教が栄えた所である。最盛期には十三重塔が聳え，「八塔寺由緒覚書」(1856年)では堂塔あわせて８院64坊72寺を数える一大山上伽藍をなしたという。当地は備前・美作・播磨の境に位置しており，境界紛争がしばしば発生した。当初は美作国に属していたが，1519(永正16)年から63(永禄６)年までの間に備前国に属するようになった。南北朝時代以来，たびたび兵火に焼かれて衰退し，慶長年間(1596〜1615)から寛永年間(1624〜44)初めには３カ寺(常照院・明王院・宝寿院)となっている。江戸時代に入り，岡山藩主池田光政が八塔寺に梵鐘を寄進，その子綱政が，1706(宝永３)年八塔寺本堂と三重塔などの堂宇を再建したが，1790(寛政２)年の大火で全焼した。その後，本堂のみが再建され，三重塔は約1.6m間隔で据えられた四天柱の礎石だけがもとの位置に残っている。八塔寺は真言宗の寺院であったが，1633(寛永10)年に無住であった常照院に天台僧が入り，以後，真言・天台の一山二宗となり現在に至っている。

かつての山上寺院としては，八塔寺のほかに恵日山高顕寺（真言宗）が存続する。もとは明王院・宝寿院の2院で，江戸時代に離山した。高顕寺も728年の開基と伝えられ，本尊は不動明王である。八塔寺山は標高538.6mの侵食小起伏面の1つで，備前の最高峰となっている。八塔寺の門前を左手に進むと約40分で山頂に到達する。

三石城跡と船坂峠 ㊺㊻　〈M▶P. 71〉備前市三石／備前市三石・兵庫県赤穂郡上郡町梨ケ原 P
JR山陽本線三石駅🚶50分／🚶30分

備前国入口を押さえる戦略的要衝

　JR三石駅の北西約600mには標高297mの城山が聳えており，その山頂に三石城跡（県史跡）がある。駅を出て少しくだった所に，「旧山陽道三石一里塚跡」の碑が立つ。ここから耐火レンガの工場や商店が軒を連ねる旧山陽道を西へ400mほど進むと三石郵便局があり，その先約100mにある案内板のある角を右折すると三石城登城口がある。急坂をのぼること約100mで第2見張所跡に着く。さらにはっきりとした尾根道をのぼると約500mで第1見張所跡と本丸跡との分岐路に至り，南に張り出した尾根を約100m進むと第1見張所跡に出る。眼下にはJR山陽本線をはじめ，旧三石宿の町並みが手に取るようにみえる絶景地である。分岐点に戻り，谷あいの道をのぼると大手門跡に出る。右寄りに進むと二の丸跡に到達し，そこから1段あがると本丸のあった城山山頂に至る。大手門跡には野面積の石垣，各所に堀切が残っている。登山口からの所要時間は約40分である。本丸跡へは，城跡の北東側にある「深谷の滝」付近からものぼることができる。

　三石は，船坂峠を経て備前国に入る玄関口にあたり，古代には山陽道の駅家が，近世には宿場がおかれた要地であった。児島高徳ら備前の土豪が，後醍醐天皇奪還のために待機したと『太平記』にあるように，とくに南北朝時代以降，三石の戦略的重要性は高まった。三石城は，1333（元弘3）年，三石保の地頭伊東大和二郎が，六波羅探題救援に向かう西国の兵を阻むために築いたと伝えられる。1336（建武3）年，足利尊氏が九州に敗走する際，尊氏方の石橋和義や備前守護松田盛朝らの国人衆が三石城に籠城して，南朝方の新田義貞軍に抵抗し，尊氏らを助けたことでも知られる。

112　備前の道

三石城跡　　　　　　　　　　　　　　　　　　　　　　　　　　　　船坂峠国境石

　室町時代には，播磨・備前・美作の守護赤松氏が，三石城に重臣浦上宗隆(むねたか)を守護代(だい)として配置した。応仁の乱(1467〜77年)後，浦上氏が赤松氏をしのぐようになり，宗隆の5代後の村宗(むらむね)が赤松氏を破り，備前東部と播磨西部を支配する戦国大名として台頭した。現在確認できる城構えは，この村宗によって築かれたといわれる。しかし村宗が没すると，家督争いの末，兄の政宗(まさむね)が播磨の室津(むろつ)城(現，兵庫県たつの市御津(みつちょう)町)，弟の宗景が1531(享禄(きょうろく)4)年備前和気の天神山(てんじんやま)城に居城を移したため，三石城は廃城となった。

　三石駅から旧国道を東へ向かい国道2号線に合流した後，約1km進むと再び左に旧国道が分岐する。旧国道をさらに400mほど行くと右手に自転車・歩行者用道路の標識があり，これをたどると約300mで，岡山県と兵庫県の県境をなす船坂峠(180m)に達する。峠の北側斜面上をよくみると，備前・播磨の国境(くにざかい)を示す国境石がある。1703(元禄16)年に建立されたもので，碑の南側には，「従是西(これよりにし)備前國(くに)」と刻まれている。船坂峠は，鎌倉時代初頭，奈良の東大寺再建にあたった俊乗房重源が険路を改修し，旅人の難儀を救ったといわれている。峠は1883(明治16)年と1895年にも切り下げられたため，国境石は斜面上に位置することになった。国境石へは，少し岡山側に戻り，左に分岐する山道を150mほど進むと到達できる。途中には，児島高徳をたたえる，皇紀2600年(1940年)記念碑で，第35年代首相平沼騏一郎(ひらぬまきいちろう)の揮毫(きごう)の「船坂山義挙之跡(やまぎきょのあと)」の碑が立っている。

　なお，三石の町並みの南にある三石小学校旧講堂は，1937(昭和12)年頃に建てられた美しく格調高い洋風建築として知られている。

山陽道を東へ行く　　113

4 宇甘川を遡る

聳え立つ中世松田氏の居城玉松城，その麓の日蓮宗不受不施派の本山妙覚寺を中心とする文化の郷をめぐる。

徳倉城跡 (57)

〈M►P. 70〉岡山市北区御津河内
JR津山線野々口駅🚗7分

『太平記』にも登場する中世の山城

徳倉神社横の山道をのぼると，遠藤山(232m)山頂の徳倉城跡(県史跡)に至る。大手門付近から本丸・二の丸跡には野面積の石垣が残っており，東側に千鳥坂がみられる。天守跡には，妙見菩薩の小祠がまつられている。

徳倉城は『太平記』にもみえ，「戸倉山城」とも「土倉城」ともいわれ，その歴史は古く南北朝時代に遡る。『備前秘録』によれば，暦応年間(1338～42)，須々木備中守が在城したとの記録がある。『太平記』には，1362(康安２)年に高師秀在城とある。

その後，松田氏が玉松城(現，北区御津金川)の支城として，現在残る本丸・二の丸を整備したとされる。1476(文明８)年，松田親秀が徳倉城で没すると，元資が入城。天文年間(1532～55)には，松田氏の老臣宇垣市郎兵衛が預かっていたという。松田氏滅亡後，1568(永禄11)年には，宇喜多直家の家臣遠藤河内守が在城したという。

当地の地名の由来ともなった遠藤河内は，長く浪人の身であった。しかし，1566(永禄９)年，備中成羽城(現，高梁市成羽町)の城主三村家親が，備前の宇喜多直家を討つべく美作に攻めこんだ際，直家に召し抱えられた遠藤喜三郎は兄の河内とともに，家親を久米郡籾村(現，久米郡久米南町下籾)の興禅寺で鉄砲で撃ち暗殺。その功により正式に徳倉城を預けられたという。

徳倉城跡

以後，徳倉城は近世的城郭の形を加えつつあったとみられるが，1600(慶長

角藤定憲

コラム 人

日本新演劇の創始者

　JR津山線野々口駅のすぐ北方，御津南小学校から西へ200mほどの所に，改良演劇創始者として日本演劇史上に不朽の輝きを残した角藤定憲の墓がある。

　角藤定憲は，1865（慶応元）年，津高郡小山村（現，岡山市北区御津野々口）の角藤定与・飛作の長男として生まれた。16歳のときに上京，しばらく東京で苦学した後，帰郷した。21歳で大阪へ出た定憲は，郵便配達などをしながら，当時盛んだった自由民権運動に参加。23歳のときには巡査にもなったがすぐに退職し，一転して1888（明治21）年には中江兆民が主宰する『東雲新聞』の記者となった。同時に，演劇を通して自由民権思想を普及しようと思いつき，兆民のすすめもあって，同志とともに「大日本芸術矯風会」（「大日本壮士演劇改良会」）を組織，自作自演の「豪胆の書生」などを上演した。これが，わが国における壮士芝居の最初となった。

　1895年，東京市村座の興行が不入りに終わり，東北から北海道方面へ巡業に出た。しかし，川上音二郎らの才能のある新派の役者たちが続々と出現するなかで，角藤定憲は，その後2度と中央の演劇界に返り咲くことはなく，1907年1月20日，神戸大黒座の楽屋で倒れ，43年の生涯を閉じた。その墓碑には，「日本新演劇の祖」「遊楽院定憲居士」とある。

角藤定憲の墓

5）年の関ヶ原の戦いを経て宇喜多氏が所領没収・改易されたことにより廃城となった。

武藤邸跡（酒倉）周辺 58

0867-24-0010

〈M ▶ P.70, 117〉岡山市北区御津金川690-1

P

JR津山線金川駅 🚶 10分

江戸時代後期、酒造業で財を成した武藤邸

　JR金川駅から北に臥竜山を眺めながら県道31号線を北上，旭川の支流宇甘川を渡って御津の中心地金川に入る。岡山御津高校西交差点の南西隅には，かつて土蔵造の商家武藤邸が落ち着いたたたずまいをみせていた。建物は改修され，現在はかながわSAKAGURAという文化センター兼レストランとして利用されている。

宇甘川を遡る

武藤邸跡

交差点東側は旧船頭町で，江戸時代には高瀬舟の溜り場であった。その裏手，御津支所の立つ場所が，岡山藩の家老日置氏の金川陣屋跡で，赤坂・津高両郡1万6000石を知行した。陣屋は日蓮宗妙圀寺跡に建てられ，周囲に武家屋敷が配され，土塀や堀で仕切られていたという。陣屋の建物などは廃藩置県により取りこわされ，今は当時の面影を残していない。

交差点から旧街道を西に行くと，東から表町・本町・旭町に分かれ，旭町は箕打や大工の多い職人町であったという。表町・本町は半商半農の商人町で，少数ながらも江戸時代後期から明治時代初期にかけて，地主として財を成した商人もあった。

武藤邸跡から西へ250mほど行くと，かつては幾つもの土蔵造の建物が連なった西武藤邸跡である。今は，往時のたたずまいを生かして改修され，御津町郷土歴史資料館交流プラザとなっており，郷土の縄文・弥生時代の土器などが展示されている。

妙覚寺 (59)

0867-24-0039

〈M►P. 70, 117〉岡山市北区御津金川600
JR津山線金川駅🚶13分

日蓮宗不受不施派の妙覚寺

御津町郷土歴史資料館交流プラザの斜向かいに，日蓮宗不受不施派の本山妙覚寺がある。1876(明治9)年，御津大字九谷出身の名僧釈日正によって創建され，当初は竜華教院と号し，1879年に現在の本堂を建立，1882年妙覚寺と改めた。2003(平成15)年8月26日未明半焼したが，再建された。

江戸時代末期から明治時代初期にかけて，日正は，内信の者の統一を進めるとともに，たびたび公認を訴えた。1876年にようやく公許を得て不受不施派を再興，旧金川表町の旧難波抱節邸と敷地を入手して竜華教院を創建した。その後，玉松城跡の石垣を買収して境内を拡張・整備し，1879年に本堂を建立，1882年には派祖の日奥がいた京都妙覚寺にちなんで寺号を改め，不受不施派の本山龍華山妙

不受不施

コラム

日蓮宗不受不施派の宗規

不受不施とは，信仰心のない者（謗法）からの布施は道理に合わないとして受けず，また，他宗の寺社や僧侶に参詣・布施もしないということである。このことは宗教者にとって当然の作法であったし，古来からの法華宗共通の規則でもあった。

古くから「備前法華に安芸門徒」といわれるように，備前地方には日蓮宗の信者が多いが，その発展の基礎を築いたのが，日像上人の高弟の大覚大僧正であった。その後，玉松城主松田氏の熱烈な信仰と庇護を受けて，法華信仰は備前を中心に広まり，室町時代末期から江戸時代初期にかけて，日現・日典ら多くの名僧を生み出した。ところが1594(文禄3)年，豊臣秀吉が主催する京都方広寺での千僧供養への参加をめぐって，日蓮宗は，あくまでも宗規を守り出仕を拒否する不受不施派と，権力と妥協して寺院を守ろうとする受不施派に分裂した。京都妙覚寺の日奥は，ただ一人で不受不施を貫いて千僧供養を拒否し，妙覚寺自体は受不施に転じたため，妙覚寺を去って迫害に耐えながら宗義を守った。

1665(寛文5)年，不受不施派は江戸幕府により禁教にされた。備前は京都妙覚寺の末寺が多く，不受不施派の勢力のもっとも強い所であったから，岡山藩は幕命を受けて徹底的な弾圧に乗り出した。転宗を拒んで斬首・入牢・追放になった僧侶・信徒も少なくなかったが，表向きには転宗を装い，内心では不受不施を信じる内信の者も多く，地下にもぐった不受不施僧とともに信仰を守り続けた。

覚寺とした。毎年4月10日から3日間行われる再興会は，この地方最大の行事となっている。なお，金川から国道53号線を北へ約5km行った御津鹿瀬に，1882年に日心が再興した日蓮宗不受不施講門派の本山久遠山本覚寺がある。

妙覚寺には，多くの寺宝が伝えられている。大分県豊後高田市の長安寺（天台宗）が所蔵する銅板法華経（附銅筥板4枚，国重文）のうちの1枚といわれる「保延七(1141)年九月一日」銘の銅板法華経（県文）1枚がある。

また，「建長四(1252)年十二月」銘の梵鐘（県文）は，初め備前金剛寺

妙覚寺周辺の史跡

宇甘川を遡る 117

妙覚寺

(現，岡山市北区磨屋町〈廃寺〉)にあったが，のち岡山市東区瀬戸町肩脊の徳王寺(真言宗)に移り，豊臣秀吉が備中高松城を水攻めにしたとき，陣鐘として使用したという。転々と移動したので，「六遷の鐘」ともいわれている。そのほか，安土桃山時代の絹本著色花鳥図(長谷川信春〈等伯〉筆・六曲屏風，国重文)，室町時代の木造大黒天立像(県文化)，江戸時代初期の世界地図を描いた紙本淡彩世界図屏風(六曲一双，県文化)など，重要な美術品や古文書を多数所蔵する。これらの文化財は，すべて再興後に入手したものである。

妙覚寺の旧客殿は，江戸時代末期の名医難波抱節の旧邸であった。妙覚寺の裏門になっている長屋門は，当時の表門で，1822(文政5)年建築の思誠堂塾の遺構である。

七曲神社 ⑥0　〈M ► P. 70, 117〉岡山市北区御津金川1003-2　P
0867-24-3589　JR津山線金川駅🚶14分

中世松田氏が相模国から勧請した神社

妙覚寺の東隣に七曲神社がある。松田氏が郷里相模国(現，神奈川県の北東部をのぞく全域)から氏神の七曲神社を勧請し，相模国の神奈川(金川〈現，神奈川県横浜市神奈川区〉)の地名をこの地に移したと伝えられる。文化・文政年間(1804〜30)頃の国学者・歌人として知られる小神富春は当社の祠官で，『芒園歌集』などを残し，その弟正旭も香川景樹の門に学び桂門四天王の1人といわれた。

七曲神社

備前の道

難波抱節

コラム 人

オランダから伝わって半年後に金川で牛痘接種

難波抱節(難波立愿)は，1791(寛政３)年岡山に生まれる。篠野(のち五十村と改姓)貞文の２男。のち日置氏の侍医難波立達の養嗣子，難波立愿となる。

抱節は京都の吉岡南涯らから内科，賀川蘭斎から産科を学んだ。さらに1814(文化11)年，紀州(現，和歌山県)の華岡青洲のもとで，麻沸散(麻酔薬)を使った手術法を身につけた。翌年，金川に帰って開業，1850(嘉永３)年には足守で除痘館を開いていた緒方洪庵について牛痘接種を学び，金川で人びとへ接種を始めた。オランダから牛痘種が伝わってから，わずか半年後のことである。また，彼は自邸(現，妙覚寺)に思誠堂塾を開いて門弟を教育し，その数は全国53藩1500人におよんだという。しかし，1859(安政６)年８月，コレラが大流行した際，患者から感染し，69歳で急逝した。『胎産新書』『散花新書』『邱浩川引痘略』など，多数の著作を残した。

難波抱節の墓は金川駅の北西の見谷にあり，法名は「清風軒勁節虚心居士」とある。また妙覚寺の東隣の七曲神社の境内に，1895(明治28)年造立の難波抱節顕彰碑がある。

境内には，滝善三郎義烈碑がある。1868(慶応４)年，播磨西宮(現，兵庫県西宮市)警備の朝命を受けた岡山藩は，家老日置帯刀の部隊を神戸に進めた。その途中，隊列を横切ったイギリス人(実際はフランス人水兵)を第３砲隊長滝善三郎が槍でつき，銃撃戦となり，イギリスと外交問題にまで発展した「神戸事件」がおこった。その責任を負って善三郎は切腹し，決着した。

玉松城跡 (61)

中世守護代松田氏の居城

〈M►P. 70〉岡山市北区御津金川
JR津山線金川駅 徒歩40分

妙覚寺の西側の登山口から約15分のぼると道林寺跡に至り，さらに15分ほどで臥竜山(225m)の山頂にある玉松城(金川城)本丸・天守跡にたどり着く。

玉松城の縄張りは，県内の山城のなかでも最大級の規模をもつ。本丸跡は約33ａの平坦地で山頂の中央に位置しており，北側に空堀の遺構，本丸跡の北側の少しくだった所に「天守の井戸」とよばれる掘抜き井戸がある。本丸からみて南側の二の丸跡は，城内でもいちばん広い平坦地で，杉の木井戸がある。本丸跡・二の丸跡の石垣

玉松城跡

は，明治時代初期，妙覚寺の造営にあたって取りこわされたため，ほとんど原型をとどめていない。

本丸跡から尾根伝いに南西に進むと，真下に宇甘川がみえる。三の丸跡には，松田氏が日蓮宗に凝りすぎたため，滅亡のもとになった道林寺跡（落城後中山に移転）があり，一部に古い石垣が残っている。本丸跡から北側に行くと北の丸跡で，空堀の遺構と，その東側下方に白水井戸とよばれる古井戸がある。この井戸を中心として東側には，多くの階段状の石垣がみられ，非常時に城番が居住する建物があったと考えられている。

玉松城の城主は，戦国時代の西備前の雄松田氏であった。松田氏中興の祖といわれた元成は，備前守護代として西備前から東備前一帯に勢力を広げた。播磨の赤松政則はこのことを快く思わなかったことから，1483（文明15）年，福岡の合戦がおこった。元成は，初め富山城（現，岡山市北区矢坂本町・矢坂東町）にいたが，赤松氏との関係悪化により，山間の金川に引いて本拠とした。元成は，備後（現，広島県東部）の管領山名政豊と結び，赤松・浦上連合軍と戦って福岡城（現，瀬戸内市長船町福岡）を陥落させ，翌年には浦上則国を破るが，吉井川の東側の天王原（現，瀬戸内市長船町長船）で大敗し，非業の最期を遂げた。

その後，元成の子元勝が跡を継ぎ，西備前で勢力を振るったが，1568（永禄11）年4代後の元賢が沼城（現，岡山市東区沼）の宇喜多直家と家臣虎倉城主伊賀久隆に攻められて滅亡した。なお，落城が偶然にも7月7日の七夕にあたっていたので，この一帯では七夕祭を1カ月遅らせるならわしになったという。

松田氏滅亡後，宇喜多直家の弟春家が一時玉松城を預かり，同氏滅亡後は，岡山藩主池田光政の家老日置氏が入城したが，1615（元和元）年の一国一城令により，破却された。

虎倉城跡 ❻²

〈M ▶ P.70, 122〉岡山市北区御津虎倉
JR山陽新幹線・宇野線・吉備線・山陽本線・津山線・赤穂線・伯備線岡山駅🚗60分

宇甘渓に聳え立つ中世の山城

金川から宇甘川に沿って，県道31号線を10kmほど進むと宇甘渓がある。宇甘渓は，宇甘川の中流域にあたる加賀郡吉備中央町下加茂付近から岡山市北区御津虎倉市場に至る約5kmの渓谷である。マツやカエデなどが生い茂り，初夏の新緑，秋の紅葉の探勝に適した名勝地として知られ，吉備清流県立自然公園に指定されている。

宇甘川右岸に聳え立つ歓喜山に虎倉城跡(標高327m)がある。北と東に宇甘川の断崖絶壁をひかえ，南と西に急斜面をもつ，要害堅固な中世の山城跡である。南側から登山道をのぼると，途中に大きな空堀跡があり，ここから三の丸・二の丸・本丸跡と続き，城壁あるいは屋敷跡とみられる段状の遺構が連なっている。山頂の本丸跡は東西南北約30mで，草木に埋もれ，わずかに石畳が残っている。本丸跡の北方に，1588(天正16)年の家中騒動で，宇喜多氏の三老の1人であった長船越中守貞親を城中で謀殺した石原新太郎の墓が草木のなかにたたずんでいる。さらに，本丸の北西にあたる見張場，出丸のあった歓喜山に，城主伊賀氏家臣の末裔が，1833(天保4)年に建立した伊賀氏の供養塔がある。

大永年間(1521〜28)に服部伊勢守が築城し，その後，伊賀氏の居城になったという。伊賀氏は，長田荘(現，吉備中央町)の地頭であったが，のち松田氏の被官となり，16世紀初めに伊賀勝隆が虎倉城へ入城した。2代伊賀久隆のとき全盛期を迎え，備前国津高郡加茂38カ村をはじめ，備中・美作の一部にまで勢力を伸ばした。

1568(永禄11)年に沼城の宇喜多直家が松田氏を滅ぼすと，久隆は勢力を拡大しつつ直家の盟友として活躍，1574(天正2)年春，備前に

虎倉城跡

宇甘渓周辺の史跡

侵入しようとした小早川隆景率いる毛利の大軍を、虎倉城近くの三宅坂で破った（虎倉合戦）。

やがて、久隆は直家に毒殺されかかり、原因不明のまま没し、久隆の子与三郎は、毛利元就を頼って備後（現、広島県東部）に逃れた。その後、虎倉城には直家の老臣長船越中守が在城したが、1588年に家中騒動がおきて城も炎上し、廃城となった。

円城寺 ⑥

0867-34-0004　〈M▶P.70〉加賀郡吉備中央町円城742　P
JR岡山駅🚌60分

中世の門前町を彷彿とさせる寺域

虎倉城跡から県道31号線を約5km北上すると、宇甘川と加茂川が分かれる辺りで国道429号線に入る。さらに北へ5kmほど行き左折すると、町立円城小学校の西方に、本宮山円城寺（天台宗）がある。奈良時代に行基が開創し、報恩大師によって備前四十八カ寺の1つに加えられたと伝える。もとは、本宮山の頂上にあって正法寺といったが、1282（弘安5）年に火災で焼失し、翌年現在地に移転・再建され、円城寺と号した。今は、円城寺のすぐ南西に地蔵院（旧福蔵坊）、南東約150mに医王院（旧松本坊）を残すだけである。1786（天明6）年の「備前国天台宗本末帳」によれば、このほか塔頭9坊・末寺5カ寺、檀家1551軒とみえる。門前では市が開かれ、宿屋が軒を連ね、この地方の中心地として栄えたといい、今も小規模ながら門前町の面影をとどめている。

本尊の千手観音を安置する本堂は1765（明和2）年に建てられたが、1833（天保4）年に大火で全焼、

円城寺

加茂大祭

コラム
祭

加茂総社宮は、県内三大祭の1つ加茂大祭(県民俗)で知られる。前日各社において神事を済ませた旧加茂8郷内8社(鴨神社・化気神社・松尾神社・日吉神社・素盞嗚神社・八幡宮・天計神社・三所神社)の神輿が、毎年10月20日に近い第3日曜日の明け方、この加茂総社宮に参集する。総社宮までの道順や、総社宮参入の順番も、古来のしきたりに従う、貴重な行事である。

総社宮の社伝によると、天喜年間(1053～58)に加茂郷に悪疫が流行したとき、郷内12社が集まって抜除の報恩渡御式を行ったのに始まるといわれる。戦国時代に途絶えたが、享保年間(1716～36)に再興され、このとき、京都の加茂祭を真似て8社の立会祭になったと伝えられる。

午前2～7時頃、各社を出発した神輿は、笛や太鼓の囃子にあわせて町内を練りまわり、午前11時頃までに総社宮の長床に入御する。その後、着飾った見物人が待ち受けている境内で、獅子舞・棒使い・奴練り・太刀振りなどの伝統芸能が繰り広げられる。やがて、花火を合図に御神幸が始まり、氏子のかつぐ8基の神輿が、いっせいに上下左右に激しく揺れ動き、祭りは最高潮となる。見物人の大きな歓声と拍手の渦に包まれ、華やかで勇壮な秋の祭り絵巻が織りなされる。

県内三大祭として有名

1846(弘化3)年に復興された。本堂の右手に阿弥陀堂、左手に提婆宮があり、神仏混合の名残りをとどめていて興味深い。昔から「円城ぎつねは人をとる」といわれているが、当地のキツネは提婆天の使いであり、深夜、境内のスギの古木に呪い釘を打つと、キツネが相手に取り憑いて殺してしまうとの言い伝えがある。

境内の東隅には、「延文二(1357)年八月」銘の花崗岩製の石造宝篋印塔(県文化)が、数十の小さな石仏に囲まれて立っている。なお、解体修理の際、基壇下石室から土仏5000体が発見された。

小森温泉 64
0867-34-0015

〈M▶P.70〉加賀郡吉備中央町小森 P
JR岡山駅 70分

円城寺から国道429号線を北へ3kmほど行くと、江戸時代、備前唯一の温泉で岡山藩主の湯治場とされた小森温泉がある。小森温泉は、享保年間(1716～36)に岡山藩主池田継政が莫大な費用と人力をそそいで開いたといわれている。明治維新後はすたれていたが、

宇甘川を遡る

小森温泉

江戸時代にタイムスリップ鄙びた温泉

1953(昭和28)年に再興された。かつては4段の石垣を築いて深く掘りさげられた中央に湯壺があり，石垣上には湯治客の宿所が立ち並んでいたが，今は1軒の宿が立つのみである。

　1953年に掘り出された小森温泉の展示物は，240年前の噴出口筒，殿様風呂，温泉導入の樋，径5尺(151.5cm)の殿様風呂の底板などで，江戸時代の名残りをかすかにとどめている。

加茂総社宮 ⑥ 〈M ▶ P.70〉加賀郡吉備中央町加茂市場1567 P
JR岡山駅🚗60分

加茂大祭の総社宮として崇拝

　下加茂から県道31号線を西に6kmほど行くと，宇甘川の対岸に，スギやヒノキの巨木が聳える社叢がみえる。加茂総社宮(祭神大己貴命)である。1504(永正元)年，伊賀氏が旧加茂8郷の総社として総社宮を造営，この地方一帯の総鎮守として尊崇を受けてきた。

　本殿は，江戸時代中期のものといわれ，毎年10月20日に近い第3日曜日に行われる加茂大祭(県民俗)の際に，8郷の神輿を安置する長床を左右に配している。本殿の左手には，県内最古の花崗岩製といわれる八角石灯籠(総社石灯籠，県文化)が立つ。風化がひどく判読しにくいが，「弘安三(1280)年」の銘が刻まれており，笠部の突起などに鎌倉時代の特色がみられる。また，本殿右側の石造地蔵菩薩立像(県文化)は「貞治四(1365)年三月廿九日」の銘をもつ。

加茂総社宮

⑤ 吉井川中流域を訪ねる

備前・美作を結ぶ吉井川中流域に展開した栄枯盛衰の歴史を，古墳・古刹・山城跡・陣屋町・近代化産業遺産から考える。

天神山城跡 ⓺⓺ 〈M ► P.70〉 和気郡和気町田土・岩戸
JR山陽本線和気駅🚌柵原病院前行・吉ケ原行河本🚶50分

下剋上の舞台となった連郭式山城

　JR和気駅の北方約5km，吉井川左岸に聳える天神山（409.2m）から別峰山（338m）にかけての尾根上に，天神山城跡（県史跡）がある。総延長500mにおよぶ，典型的な中世の連郭式山城の跡である。天神山城は，1533（天文2）年に浦上宗景によって築かれ，1575（天正3）年の落城まで所領支配の拠点とされた。宗景は備前・美作の地侍を家来としたが，そのうちの1人である宇喜多直家に天神山の戦いで敗れ，天神山城も落城した。宗景の子松之丞（与次郎）は直家の女婿であったが，直家に毒殺されたという。岩戸字河本の山麓（河本バス停の北約200m）にある五輪塔が，浦上与次郎の墓（県史跡）と伝えられている。

　天神山城跡への道は複数あるが，河本バス停付近の天石門別神社脇からのぼるのが一般的である。急な山道をのぼって行くと，途中の見張所跡を経て，約40分で「下の段」の平坦地に出る。西櫓台跡・三の丸跡と続き，さらに一段高い所に出ると，広い平坦地に「桜馬場」と称する大手曲輪跡や大手門跡がある。長屋の段・二の丸跡を過ぎると，空堀を経て，標高337mの本丸跡に到達する。本丸跡の南には，天神社の祠がある。築城時に麓へ遷宮され，天石門別神社となったといい，1927（昭和2）年，廃城350年記念として再び現在地に遷された。

　本丸跡を過ぎると，浦上宗景の重臣明石景親の屋敷跡とされる飛驒丸があり，野面積の石垣が残っている。南櫓台からくだると，最低鞍部（約300m）の堀切か

天神山城跡

吉井川中流域を訪ねる　125

ら再び急坂となり、石門跡を抜けると、409.2mの三角点がある太鼓丸城跡に至る。太鼓丸城は、室町時代以前に青山城（現、和気町日笠上）の出城として、同城から延びる尾根沿いに日笠氏が築いたもので、のちに浦上宗景が天神山城を本城とする端緒となった。

　本丸跡から西へ向かい、かなりの急斜面をおりると、山麓の緩斜面に石垣の残る侍屋敷跡に至る。この南には宗景の宿老岡本太郎左衛門氏秀の屋敷跡と伝えられる岡本屋敷の地名が残る。また、本丸から田土へくだる道の麓近くには、小屋・木戸・鍛冶屋などの地名が伝わっており、根小屋跡・木戸館として城郭の附指定となっている。

　侍屋敷跡をさらにくだると、まもなく旧片上鉄道の線路跡があり、ここから北へ向かうと天石門別神社脇の登山口に戻る。なお、和気町木倉の和気美しい森ビジターセンターからは、ほぼ平坦な道を約400mで太鼓丸城跡に行くことができる。

　岩戸には佐伯町ふる里会館（国登録）があり、天神山城跡の出土品と民俗資料が収蔵・展示されている。建物は旧和気郡山田村役場庁舎として1932（昭和7）に建てられたもので、鉄筋コンクリート造り、洋風建築の初期の例として貴重であり、表現主義の影響を受けた造形美や堅実な構造から、高い評価を受けている。

本久寺 �667

0869-88-0045

〈M▶P.70〉和気郡和気町佐伯473　P

JR山陽本線和気駅🚌柵原病院前行・吉ケ原行矢田🚶15分

石造多重層塔を受け継ぐ日蓮宗寺院と陣屋町

　矢田バス停から西へ向かい、町役場佐伯庁舎前を通り、吉井川に架かる佐伯橋を渡ると、江戸時代に商家が立ち並び川湊があった佐伯に出る。北隣の米沢地区は、岡山藩家老土倉氏の陣屋がおかれた所である。

　商店街奥にある佐伯商工会脇の小路から、九十九折りの道をたどると（自動車通行不可）、本久寺（日蓮宗）の山門に至る。車の場合は、北側からの道を利用するほうがよい。本久寺は寺伝によると、天正年間（1573〜92）、宇喜多直家の弟忠家の建立という。これ以前には、北方約2kmの大王山（434.5m）に、真言宗の密厳寺があった。日蓮宗信仰が篤かった忠家は、密厳寺に改宗を命じたが従わなかったため、これを廃寺とし、居城に諸堂宇を移築した。1651（元禄4）

本久寺本堂

年の修理棟札によると、1583(天正11)年に本久寺を創建したという。江戸時代初期まで11坊を有していたが、寛文年間(1661〜73)の日蓮宗不受不施派の弾圧で一時廃寺となり、1687(貞享4)年、受不施派寺院として再建された。

本久寺本堂(県文化、保存修理工事が平成25年12月に終了し、翌年5月20日に落慶法要が行われる)は、移築された密厳寺の堂宇の一部を中心に新しく建立されたもので、安土桃山時代の建築様式を濃厚に伝えており、桁行5間・梁間6間の単層入母屋造である。宇喜多忠家の家臣・夫人らの名前が入った鬼瓦などが現存している。

境内には、石造密厳寺九重層塔と石造密厳寺五重層塔(ともに県文化)がある。九重層塔は、1913(大正2)年に大王山上から山門脇に移転されたもので、総高6.75m(基礎から笠の頂までは5.23m)。笠部と上層の軸部が一石でつくられ、初層の塔身に四方仏が彫刻されており、鎌倉時代末期を代表するすぐれた石造美術である。左側面に「元亨二(1322)年」、背面に「備前国佐伯庄太王山密厳寺」の銘がある。五重層塔は、1784(天明4)年に大王山上から本久寺境内に移転。「元亨四年」の造立で、総高2.8m、塔身と笠は別石でつくられている。

矢田バス停から3つ目の南山方口バス停から山道を5kmほどのぼると、三保高原スポーツ&リゾートに至る。さらにトリムコースに沿って南寄りの道を約800m進むと、田土字杉沢の長楽寺跡に石造五輪塔(県文化)がある。花崗岩製で高さは1.55m。「貞治五(1366)年」銘をもち、各輪の四方に五大の種子を薬研彫りしている。長楽寺(天台宗)は、奈良時代に報恩大師によって開基された備前四十八カ寺の1つ、安生寺を前身とすると伝えられる。兵火による荒廃の後、江戸時代に長楽寺として再興され、1937(昭和12)年、檀家の便を考え、三保高原上から吉井川沿いの矢田に移転した。

田賀には，岡山県自然保護センターがある。約100haの敷地内には，湿生植物園・水生植物園，昆虫の森・野鳥観察の森などが整備されており，毎週自然観察会が行われている。また，国の特別天然記念物のタンチョウを飼育する施設もある。

茶臼山城跡 ⑱

〈M ▶ P. 70, 129〉 赤磐市周匝 [P]
JR山陽新幹線・宇野線・吉備線・山陽本線・津山線・赤穂線・伯備線岡山駅🚌 林野駅行周匝 🚶20分

備前・美作国境の要衝を押さえた中世山城

周匝バス停北方の茶臼山(174m)に茶臼山城跡がある。バス停北側の中国銀行のある交差点を西に入り，旧県立備作高校グラウンド脇の道をのぼり，周匝池田家墓所を左にみながら，尾根筋を約20分行くと山頂に至る(自動車も通行可)。城跡に立つ城を模した展望台からは，周匝の町並みをはじめ，四方がよく見渡せる。周匝は，吉井川とその支流吉野川の合流点に位置しており，古来，備前・美作の境界をなす要衝地であった。

茶臼山城は，浦上宗景の家臣笹部(佐々部)勘次郎が，山陰の尼子氏に備えて築いたといわれる。1577(天正5)年に浦上氏の天神山城が落城したとき，笹部氏は宇喜多勢を撃退したが，2年後に再度攻められ，ついに落城し滅亡した。この戦いにあたって，茶臼山北西方300mに位置する大仙山(160m)に急遽大仙山城を築城し，茶臼山城も空堀群を含めた大改修を行い，大仙山城と一体となった大規模な城郭がつくられた。これらの城郭を総称して周匝城という。2城とも，美作の篠向城(真庭市三崎)や岩屋城(津山市中北上)など毛利氏の支配地域にみられる山城の設計プランの特徴が認められ，毛利氏とのつながりが指摘されている。貯蔵目的の大型竪穴遺構や山腹に，畝状の空堀が残っている。

茶臼山城跡

備前国は，宇喜多

128 備前の道

氏・小早川氏の支配を経て，1603(慶長8)年から岡山藩領となった。1632(寛永9)年，池田光政が鳥取から岡山に入封した際，池田信輝の4男長政を父とする家老池田伊賀守長明が道筋請取口として2万2000石で周匝に配され，茶臼山南東麓に陣屋をおいた。以後，明治維新まで続いた周匝(片桐)池田家の墓所は，茶臼山(初代～7代)とその麓(8・9代)にある。

茶臼山城跡周辺の史跡

月の輪古墳 ❻⓽

〈M ▶ P.70, 129〉久米郡美咲町飯岡 🅿(月の輪郷土館) JR岡山駅🚌林野駅行高下🚶60分，JR津山線津山駅🚌高下行またはJR山陽本線和気駅🚌楢原病院前行・吉ケ原行鷺橋🚶45分(本数少ない)

「月の輪方式」で発掘された山上の円墳

　高下バス停から県道20号線を北へ進み鷺橋を渡ると，右手前方に太平山(314m)がみえてくる。この山頂に月の輪古墳(県史跡)がある。鷺橋バス停付近に立つ道標に従って北へ向かい旧飯岡小学校の脇を曲がると，中国自然歩道の一部をなす登山道の入口に至る。近年，林道月の輪線が整備されたため，自動車で古墳直下まで行くことも可能である(小学校跡から約2km)。

　月の輪古墳は，5世紀前半に築造された大型の円墳である。墳丘の直径約60m・高さ約10m，墳頂平坦部の直径約17m，墳丘の中腹に幅約1mの段をめぐらし，北裾には造り出しがある。墳丘斜面には角礫の葺石が葺かれ，墳頂の縁と段上・裾には円筒埴輪と朝顔形埴輪がめぐらされている。墳頂に設けられた角礫による方形区画のなかには，楯・兜・甲・家形などの形象埴輪が配置され，墳頂下約1.5mには木棺粘土槨が2基埋められていた。中央の棺(長さ5.65m)からは，勾玉の首飾り・鏡，短甲・刀・鉄鏃・銅鏃など，南側の棺(長さ3.1m)からは，首飾り・石釧・漆塗りの竹製櫛・鏡，

吉井川中流域を訪ねる　　129

月の輪古墳

鉄製縫針などの副葬品が出土した。ともに人骨がみつかり，被葬者は中央が男性，南側が女性と推定されている。

北側の造り出しからは全長23.2cm・幅8cm(推定)の舵付きの舟形土製品が出土し，古代の吉井川における河川交通輸送と被葬者との関係が考えられている。

月の輪古墳を有名にしたのは，「月の輪方式」とよばれる発掘方式にもある。1953(昭和28)年から，研究者の指導のもとに，地域住民・教師・生徒が協力して発掘調査にあたり，発掘従事者は延べ1万人にのぼった。発掘の様子は，記録映画「月の輪古墳」やスライドとして残されている。なお，月の輪古墳出土品(県文化)は，飯岡小学校跡近くの月の輪郷土館に収蔵・展示されている。

楯之舎塾跡 ⑦ 〈M ▶ P. 70, 129〉 久米郡美咲町飯岡

JR津山線津山駅🚌高下行，またはJR山陽本線和気駅🚌柵原病院前行・吉ケ原行鷺橋🚶1分

万葉歌人平賀元義の足跡をたどる

鷺橋北詰の道標に従い，堤防下から小径を北に50mほど入ると，平賀元義の開いた楯之舎塾跡がある。現在は記念碑とともに，元義の「山風に河風そひて飯岡の 坂田の御田は涼しかりけれ」の歌碑が立っている。

平賀元義は，1800(寛政12)年，岡山藩の中老池田志津摩憲成の老臣平尾新兵衛 源 長春の長子として，母の実家のあった備中国下道郡穂太荘陶村(現，倉敷市玉島陶)に生まれた。1832(天保3)年，脱藩して本姓平賀に復し，平賀左衛門太(太)郎源元義と名乗るようになった。元義は和歌をよくし，近代，正岡子規が「万葉以来唯一の歌人」と評したように，万葉調歌人として著名であるだけでなく，歴史・地理・神道などの古学に通じていた。備前・因幡(現，鳥取県東部)などの諸国の門人宅や旧家を訪ねて寄食しながら，古書を写し，「山陽道名所考」などを著わし，和歌をつくり，それら

楯之舎塾跡

を教えて暮らしていた。

　1847(弘化4)年からは，飯岡をはじめとする現在の柵原町内の神官や門人宅などをしばしば訪れ，門人となった矢吹氏の援助で，1857(安政4)年楯之舎塾を開いた。近在を中心に多くの門弟が入門したが，しだいに経営難となり，1859年に閉塾。1865(慶応元)年，布施神社(岡山市東区大多羅町)の神官中山氏に寄食中，門人宅へ赴く途中に病により没した。

本経寺 ㊆　〈M▶P.70, 129〉久米郡美咲町吉ケ原569　**P**
0868-62-0184　　JR津山線津山駅🚌高下行吉ケ原，またはJR山陽本線和気駅🚌柵原病院前行・吉ケ原行吉ケ原🚶8分

桃山様式の本堂のある顕本法華宗寺院

　吉ケ原バス停がある旧片上鉄道吉ケ原駅(柵原ふれあい鉱山公園)から，西寄りの踏切跡を渡り，山裾の中国自然歩道を西へ向かうと，高台に**本経寺**(顕本法華宗)がある。当地にはもとは真言宗の弘法寺があったが，中世の戦乱で荒廃したため，1496(明応5)年に京都妙満寺の日扇上人を招いて顕本法華宗(日蓮宗妙満寺派)の寺院が創建された。初め桂昌寺といい，1623(元和9)年本門経王寺と称し，のちに本経寺と改めた。日蓮宗を美作南東地方に広めた最初の寺院で，寺宝として唐紙30枚を綴り合わせて書かれた伝日蓮上人筆の帆曼荼羅がある。加藤清正が朝鮮派兵時に先鋒として渡海する際，この曼荼羅を帆にかけたことから帆曼荼羅とよばれるようになった。

　本堂(附棟札，県文化)は，1618(元和4)年の再建である。桁行3間・梁間3間余り，一重の入母屋造・瓦葺きで，正面に1間の向拝がつく。朱漆塗りの側柱に大斗を載せ，和様の組物を出組とする。組物の間に蟇股をおき，人物や花鳥が写実的に丸彫りされている。内部は，前1間が外陣，その奥2間が内陣で，ともに竿縁天井で畳敷，境柱・来迎柱に金箔を押し，間境に建具を入れず，欄間は中央の1間に菱格子を嵌め，左右は板壁にしている。円柱の上部には彩色文様を施し，内法長押・天井長押には亀甲・花菱・宝繋ぎ

吉井川中流域を訪ねる　　131

本経寺本堂

などを描いている。小壁・蟻壁は、飛天・鳳凰・ブドウ・フジなどの彩色画で埋め、内陣もまわりは桃山様式の絢爛豪華な装飾芸術を展開している。内陣の奥には、唐様の須弥壇をおいて仏座をつくり、木造釈迦三尊像をまつっている。1959(昭和34)年の解体修理で屋根の大半と向拝の一部を新材で補修したが、規模・形式とも旧来のままで、桃山様式をよくとどめている。

なお、吉ケ原には、江戸時代に津山藩の陣屋や船番所がおかれ、川湊のある町場が形成されていた。出雲往来の整備がなされる1648(慶安元)年までは、松江藩・新見藩の参勤交代で高瀬舟が使われた記録があり、古い町並みの残る旧道沿いにある両藩主が止宿した本陣跡に、土塀の一部が残っている。

本山寺 72
〈M ► P.70〉久米郡美咲町定宗403 P
0868-62-1050
JR津山線津山駅🚌高下行 勝久橋🚶90分、またはJR津山線弓削駅🚗15分🚶110分(境内まで)

山上信仰を今に伝える天台宗寺院

勝久橋バス停のある大戸下集落は、かつて川湊で栄えた交通の要衝であり、本山寺参詣の起点でもあった。バス停近くの柵原大戸郵便局のある交差点を南西方向に進むと、まもなく右側に本山寺参詣路の道標となっている「大戸の石地蔵」がみえる。さらに県道52号線を南西へ約4km進むと、かつて門前町として栄えた定宗集落に至る。今も集落(参道)入口には、「左岩間山本山寺 拾五丁」と刻まれた道標と地蔵が立っている。ここから参道を約30分のぼると、本山寺の門前に出る。この参道は季節によっては草が茂り、イノシシ除けの柵もあるので注意が必要である。なお自動車の場合は、県道52号線を久米南町との境界まで進み、南方へ約2.1km行くと門前に至る。

岩間山本山寺(天台宗)は美作地方最古の寺院で、奈良時代、役

本山寺長屋

小角の開基、鑑真和上の再興と伝えられている。当初は、南方の金刀比羅山（479.6m）山頂にあったが、1110（天永元）年に現在地に移り、最盛期には山内120坊を数えるほど発展したとされる。現在も旧寺院跡には、本山寺奥の院ともいわれる金光殿と蔵王堂がある。1132（長承元）年、久米郡稲岡庄（現、久米南町誕生寺）の押領使漆間時国夫妻が本山寺に参詣し、祈願して生まれた勢至丸が、長じて浄土宗の開祖法然上人となったという伝承は有名である。江戸時代には津山藩の祈願所として尊ばれ、森氏が藩主であった時代には美作の天台宗触頭であった。

伽藍は、金刀比羅山から派生する尾根の平坦部を活用して配置されている。4200坪の境内には、本堂・三重塔をはじめ、常行堂・霊廟・仁王門・長屋などの建物や宝篋印塔などの石造物がある。

参道の正面に立つ仁王門（県文化）は、1686（貞享3）年に建てられた入母屋造・檜皮葺き、三間一戸の八脚門である。仁王門をくぐると高い石垣の上に、まるで城郭の櫓のような白壁の長屋（県文化）が目に入る。1845（弘化2）年に本坊の庫裏や客殿を再建したとき、津山藩主松平斉民が、霊廟の番士の長屋として建てたもので、桁行9間・梁間2間の細長い平屋建てである。参道沿いの壁には、格子窓や与力窓とよばれる横格子の窓があり、石垣の中央に埋門を設けてある。

長屋の先にある門をくぐり中庭に入ると、左側に庫裏・客殿、右側上段に神社の社殿風の霊廟（県文化）がある。津山藩主森長継が将軍家への忠誠を表すため、1652（承応元）年に造営したもので、方形造の本殿と入母屋造の拝殿を切妻造の中殿でつないだ権現造であり、平入の唐門と板塀がついている。本殿の奥正面に仏壇を設け、中央に十一面観音、その両脇に江戸幕府3代将軍徳川家光と4代家綱の霊牌をまつってある。

霊廟門前に配された池の右奥には,「応永六(1399)年」銘の石造宝篋印塔(県文化)がある。花崗岩製で総高142cm,塔身に線刻の月輪を施し,内に金剛界四仏種子を陰刻している。参道をさらにのぼると本堂(国重文)の脇に出る。1350(観応元)年の再建とされ,桁行・梁間とも5間,一重の寄棟造・檜皮葺きである。礎石上端から箱棟の上端まで43尺7寸(14.15m),箱棟を短く縮めてあるので宝形造のような外観をもつ,美しい建物となっている。柱は総円柱で,平均直径1尺6寸4分(49.8cm)あり,県内に現存する江戸時代までの建物中最大の太さである。

　本堂の立つ上の段には,ほかに鐘楼・山王堂・常行堂・三重塔がある。常行堂(県文化)は本堂と三重塔の間にあり,単層方形造・茅葺きで,1519(永正16)年に建立された。本山寺が48坊あったときの修行道場で,県内唯一のものである。常行堂の先に聳える三重塔(附棟札,国重文)は,1652年に霊廟と同時に建てられた三間三重の塔で,初層は16尺(4.85m)四方の平面をもち,県内最大規模である。屋根は檜皮葺きで,柱は総円柱,円塗りになっており,塔の総高は26.5mある。江戸時代に建築された多重塔としては規模が大きく,3つの屋根が適度な逓減を保って重なっており,その軒先が程よい反りをみせており安定感がある。

　三重塔の南には,「建武二年(1335)六月十一日」銘の宝篋印塔(国重文)がある。花崗岩製で総高6尺(182cm),反花座の上に基礎・塔身・笠・相輪の順に重ね,各部とも造立当初のままで保存されている。基礎の4面に蓮弁格狭間を刻み,正面に「大願主僧覚清」,右側面に造立年月日を刻む。塔身の正面は舟形に窪めて阿弥陀如来の像容を浮彫りし,他の3面には金剛界四仏の種子を刻む。笠の四隅の馬耳状突起はほとんど垂直に立ち,相輪は太くたくましく,鎌倉時代の様式をそのまま伝えている。その左前方約20mの石段脇にある石造六角型舎利塔(県文化)は,花崗岩製で総高141cm。各部を別石でそれぞれ六角形に刻み,一石造の受花・宝珠を載せ,塔身には「康永三(1334)年六月一八日」の年紀と大願主覚清と仏阿の銘が刻まれている。

　このほか寺宝として,鎌倉時代の作で県内最古の曼荼羅図と推定

片上鉄道と柵原鉱山

コラム

鉱山とともに歩んだ片上鉄道

片上鉄道は、柵原鉱山の硫化鉄鉱を輸送するために建設された。片上鉄道建設以前は、高瀬舟により吉井川河口の九蟠港へ輸送するか、和気で山陽本線(現、JR山陽本線)の貨車に積み換えて輸送されていた。吉井川は渇水期には水運が困難となることや、鉱石の袋詰めが必要で輸送コストも高いため、輸送の安定化と経費低減を目的に建設されることになった。

1919(大正8)年に鉄道会社が設立され、1923年1月1日片上・和気間、同年8月井ノ口(備前矢田・苦木間の地点)までが開通した。当初、柵原・井ノ口間は索道で輸送されていたが、輸送力増強の必要から、1931(昭和6)年2月1日、柵原までの建設が進められ、営業距離33.8kmの全線が開通した。鉱石は、片上港より船で近県の硫酸工場へ輸送されていた。

片上鉄道は鉱石輸送のほか、地域住民の通勤・通学の交通手段としても利用された。しかし、鉱山の閉山と、自家用車普及・過疎化進行にともなう利用者数の減少により、1991(平成3)年6月30日、ついに営業廃止となった。駅舎の多くがとんがり屋根の山小屋風の建物で、多くの人びとから親しまれていた。

現在、旧片上鉄道吉ヶ原駅駅舎(国登録)と線路を含めた駅構内一帯約1万8400m²が、柵原ふれあい鉱山公園として整備・保存されている。駅構内には、片上鉄道のディーゼルカー・ディーゼル機関車・客車・貨車計11両が動態保存されており、毎月第1日曜日の展示運転の際、試乗できる。線路跡地は、2003年11月サイクリングロード「片鉄ロマン街道」として整備された。また公園内には、移築された竪坑の巻き揚げ機や復元された高瀬舟の屋外展示もあり、柵原鉱山資料館では、昭和30年代の柵原鉱山の様子や坑夫の生活を紹介するとともに、実物大の坑道と採掘現場を再現し、採掘から輸送までの工程をわかりやすく解説している。

旧吉ヶ原駅

される絹本著色両界曼荼羅図2幅、板絵観世音菩薩三十三身応現図及び板絵不動・毘沙門図35枚、「康安二(1362)年」銘の木造鬼面(いずれも県文化)があり、美術品・民俗資料としても貴重である。

吉井川中流域を訪ねる 135

柵原鉱山跡 73

0868-62-7155（柵原鉱山資料館）

〈M ▶ P.70, 129〉 久米郡美咲町柵原・吉ケ原・藤原一帯 P

JR津山線津山駅🚌吉ケ原・高下行柵原病院前、またはJR山陽本線和気駅🚌柵原病院前行終点🚶5分

近代化をになった東洋一の硫化鉄鉱山

柵原病院前バス停から北に400mほど行くと、東洋一の硫化鉄鉱の産地として知られていた柵原鉱山跡に至る。鉱山都市柵原のシンボルであった竪坑の巻き揚げ機の大きな櫓は取りこわされ、その一部が柵原ふれあい鉱山公園へ移築されている。

柵原での褐鉄鉱発見は、慶長年間（1596〜1615）と伝えられるが、硫化鉄鉱・銅鉱・褐鉄鉱などの本格的な採掘が始まったのは1882（明治15）年からである。1912年頃からは、化学肥料（硫安）や化学繊維（人絹）製造に必要な硫酸の原料として硫化鉄鉱の価値が高まったため、硫化鉄鉱に特化した採鉱が行われるようになった。1915（大正4）〜30（昭和5）年、藤田組（のちの同和鉱業。現、DOWAホールディングス）が採掘権を買収し、諸鉱山を一括して柵原鉱山とよぶようになった。

採鉱量は高度経済成長期に増加し、1969年には月産7万tを達成した。しかし、変動相場制への移行により円高が進んだことや、石油精製時に副産物として硫黄が得られるようになったことで、硫酸の原料としての硫化鉄鉱の需要は激減し、1991（平成3）年3月、閉山となった。

旧坑道の大半は、保安上の理由から砂礫で埋め戻されたり、水の注入がなされているが、坑道内は日光があたらず年間を通じて温度がほぼ一定（約18℃）であることから、一部を利用し、黄ニラ・ウド・菌床シイタケなどが栽培され、町の特産品となっている。

柵原鉱山跡の巻き揚げ櫓（移築前）

白壁と紡績のまち倉敷

Kurashiki

倉敷民芸館

鷲羽山から瀬戸大橋を望む

総社市
総社PA
岡山総社IC
岡山Jct
岡山IC
吉備SA
はっとり
びっちゅうたかまつ
そうびがしゃし
宝福寺
そうじゃ
総社宮
備中国分寺
吉備津彦神社
吉備津神社
きびつ
びぜんみかど
JR吉備線
岡山市北区
だいあんじ
きたながせ
日差山
JR伯備線
高梁川
きよね
福山
302
にわせ
川崎医科大
びぜんにしいち
倉敷Jct
JR山陽本線
岡山バイパス
山陽道
井原鉄道
かわべじゅく
きびのまきび
びっちゅうくれせ
柳井原正教会
JR山陽新幹線
倉敷IC
なかしょう
帯江銅山跡
都窪郡
早島町
「人間裁判」記念碑
戸川家記念館
観音寺
早島IC
せのお
くらしき
はやしま
びっちゅうみしま
山陽自動車道
旧倉敷紡績
早島工場変電所
くぐはら
岡山市南区
里木貝塚
涼松貝塚
玉島IC
にしあち
にしとみい
ちゃやまち
しんくらしき
霞橋
篦取神社
西明院
倉敷市
厄神社
うえまつ
ファーマーズマーケット
ひこさき
JR宇野線
円通寺
水島大橋
水島臨海鉄道
早島PA
清田八幡神社
五流博物館
高梁川
みずしま
水島IC
きみ
びぜんかたおか
はざかわ
常山
307
つねやま
みつびしじこうまえ
JFEスチール
瀬戸中央自動車道
JR瀬戸大橋線
由加
玉野市
四国街道
かみのちょう
水島港
鴻八幡宮
瀬戸パーキング
般若院
おもちゃ王国
新割山
234
下水島
上水島
こじま
児島IC
小杓島
大杓島
鷲羽山ハイランド
堅場島
下津井瀬戸大橋
久須美鼻
純友神社
六口島
象岩
松島
釜島城跡
岡山県
香川県
櫃石島
釜島
室木島
手島
櫃石島橋
長島
岩黒島
瀬戸大橋
丸亀市
岩黒島橋
坂出市
高無防山
199
与島橋
小与島
与島PA
1:210,000
0
2
4km
N
180
429
486
2
30
430

◎白壁と紡績のまち倉敷散歩モデルコース

紡績と白壁の町コース　　JR山陽本線・伯備線倉敷駅_10_鶴形山公園_2_観瀧寺_3_阿知の藤_3_阿智神社_5_井上家住宅_5_はしま屋_5_倉敷アイビースクエア（アイビー学館・倉敷紡績記念館・児島虎次郎記念館）_5_倉敷考古館_1_倉敷館_1_倉敷民芸館_2_大原家住宅_1_有隣荘（緑御殿）_1_中国銀行倉敷本町出張所・大原美術館_1_新渓園_5_大橋家住宅_10_JR倉敷駅

倉敷周辺コース　　瀬戸中央自動車道早島IC_10_倉敷市立磯崎眠亀記念館_10_早島町歴史民俗資料館_3_戸川氏陣屋跡（戸川記念館）_20_王墓の丘史跡公園（楯築遺跡・楯築神社・王墓山古墳・日畑廃寺跡）_5_日幡城跡_15_岡山自動車道岡山総社IC

港町下津井から藤戸・天城コース　　1.JR本四備讃線（瀬戸大橋線）児島駅_22_鷲羽山_22_児島バスセンター_17_下津井祇園宮前バス停_5_祇園神社・下津井古城跡_15_下津井城跡_20_下津井の町並み_30_田土浦坐神社_3_田土浦坐バス停_29_JR児島駅（バスセンター）

2.JR本四備讃線（瀬戸大橋線）児島駅_30_野﨑家別邸迨暇堂_5_旧野﨑家住宅_10_野﨑武左衛門翁旌徳碑_10_倉敷市瀬戸大橋架橋記念館_40_村山家住宅主屋_20_鴻八幡宮_10_鴻八幡宮前バス停_20_JR児島駅

3.JR山陽本線・伯備線倉敷駅_22_藤戸寺_40_藤戸古戦場_30_天城陣屋（お茶屋）跡の碑_20_天城池田家の墓所_25_遍照院_15_日本キリスト教団天城教会_10_海禅寺_5_正福寺・静光寺_10_天城上之町バス停_20_JR倉敷駅

①日本基督教団倉敷教会	⑩大原家住宅	⑲倉敷市立磯崎眠亀記念館
②倉敷中央病院	⑪大橋家住宅	⑳早島町歴史民俗資料館
③旧倉敷紡績万寿工場	⑫岡山大学資源植物科学研究所	㉑楯築遺跡
④鶴形山公園	⑬安養寺	㉒王墓山古墳
⑤井上家住宅	⑭高梁川東西用水の樋門群	㉓鷲羽山
⑥楠戸家住宅	⑮遍照院	㉔下津井城跡
⑦倉敷アイビースクエア	⑯高瀬通し一の口水門	㉕本荘八幡宮
⑧倉敷川河畔	⑰宝島寺	㉖旧野﨑家住宅
⑨大原美術館	⑱薄田泣菫生家	㉗野﨑武左衛門翁旌徳碑
		㉘村山家住宅主屋
		㉙由加神社・蓮台寺
		㉚熊野神社
		㉛五流尊瀧院
		㉜天石門別保布羅神社
		㉝藤戸寺・藤戸古戦場
		㉞陣屋町天城

白壁のまち倉敷美観地区

① 江戸時代には幕府直轄領として舟運で栄え、明治時代以降は倉敷紡績により飛躍的に発展した、岡山を代表する文化地帯。

日本基督教団倉敷教会 ❶
086-422-0202

〈M▶P. 138, 147〉倉敷市鶴形1-5-15 P
JR山陽本線・伯備線倉敷駅🚶10分、または🚌茶屋町駅前方面行、川崎医大・中庄駅行郵便局前🚶1分

日本唯一のハーモニウムがある西村伊作設計の教会

JR倉敷駅南口から国道429号線(旧国道2号線)を渡り、駅前交差点すぐ東側の倉敷センター街アーケードを400mほど行くと、日本基督教団倉敷教会(国登録)がある。1923(大正12)年、文化学院(東京都千代田区)の創立者で建築家としても知られる西村伊作の設計により建設された。1階は木骨の石造り、2階・3階は木造となっており、2階の礼拝堂には、石積みのスロープをのぼって直接入れるよう工夫されている。

日本基督教団倉敷教会

ハーモニウム

倉敷教会は、1906(明治39)年7月1日に創立された。創立者25人のなかには、林源十郎・大原孫三郎・植物学者で、母校日本女子大学(東京都文京区)の学長となる大橋広らがいた。同志社英学校(現、同志社大学)出身の林は、とくに熱心に活動し、大原財閥を築いた大原孫三郎に聖書をすすめ、さらに岡山孤児院

の設立者石井十次（いしいじゅうじ）を紹介し，大原が受洗するきっかけをつくった。

礼拝堂に入ると，大原孫三郎が寄贈したフランスのミュステル社製のハーモニウムがある。現在，日本に1台しかない，オルガンに似たこの楽器は，2007(平成19)年，教会創立100周年を記念して修復された。

倉敷中央病院（くらしきちゅうおうびょういん）❷
086-422-0210

〈M ▶ P. 138, 147〉倉敷市美和（みわ）1-1-1 [P]
JR山陽本線・伯備線倉敷駅🚌茶屋町駅前方面行，川崎医大・中庄（なかしょう）駅行，または岡山駅・天満屋（てんまや）行倉敷中央病院前🚶1分

大原孫三郎の創設した
「病院くさくない明るい病院」

日本基督教団倉敷教会から東へ300mほど行くと，倉敷中央病院がある。

倉敷中央病院は，1923(大正12)年，倉敷紡績2代社長の大原孫三郎によって創設された倉紡中央病院（くらぼう）を前身とする。大原は，キリスト教的人道主義に基づき，「治療本意(患者のための治療)」を掲げ，「病院くさくない明るい病院」「東洋一の理想的な病院」の建設を心掛けた。療養環境に配慮した倉紡中央病院には広い廊下が設けられ，当時珍しかったステンドグラス，温室や噴水があり，創設当初はオウムも飼っていたという。また，児島虎次郎（こじまとらじろう）が収集した絵画が掲げられ，後藤新平（ごとうしんぺい）の書「天地皆春（てんちかいしゅん）」もみえる。

倉紡中央病院は，1927(昭和2)年に倉敷中央病院と改称し，1934年には財団法人化されて倉紡から独立した。現在は，創設以来の「患者本位」を院是（いんぜ）として堅守しつつ，診療科目27科，センター部門12を有する総合病院として地域医療の最先端で活動している。敷地内南側に，創設当時の管理棟・外来棟・附属医学研究所棟が残っており，それぞれリハビリ病棟・三和保育園美和分室・倉敷中央看護専門学校として利用されている。

倉敷中央病院(建設当時の建物)

白壁のまち倉敷美観地区

旧倉敷紡績万寿工場 ❸　〈M▶P.138〉倉敷市寿町12-1　P
JR山陽本線・伯備線倉敷駅🚶3分

アンデルセン童話の世界

JR倉敷駅北口のすぐ前にアンデルセン広場がある。上層は円形の歩道で，下層の広場中央には時計塔，その周囲に4つのヴァイキング像が立っている。時計塔はデンマークの首都コペンハーゲンの市庁舎を模したもので，「人魚姫」などアンデルセンの4つの童話をモチーフにしたからくり時計が時を告げる。

アンデルセン広場西隣の12万m²におよぶ敷地は，倉敷紡績万寿工場の跡地である。跡地には1997（平成9）年に倉敷チボリ公園が開園したが，経営難のため2008年12月に閉園した。倉敷紡績会社は，吉備紡績買収後，原料・製品の輸送を船舶から鉄道に切り替え，工場を完全電化し，従業員は寄宿舎型から通勤型として男子労働力重視の方針を採った。1915（大正4）年，150万円を投じて3万錘を備えた敷地面積17万6000m²の第1工場を，1918年には1万8953錘，6万2500m²の第2工場を竣工した。その後，幾多の曲折を経て，1954（昭和29）年にクラボウ倉敷工場と改称された。

鶴形山公園 ❹　〈M▶P.138, 147〉倉敷市本町12-1　P（阿智神社）
JR山陽本線・伯備線倉敷駅🚶15分

倉敷のまちを一望できる文化ゾーン

JR倉敷駅南口から倉敷センター街を東へ進むと，えびす商店街に入る。商店街を抜け，東へ100mほど行くと，えびす町と本町の境で，阿智神社の裏参道にたどり着く。神社のまつられている山一帯が鶴形山公園で，倉敷村に町制が施行された1891（明治24）年に，それまでの妙見山から鶴形山に改称され，公園となった。

急な石段をのぼり，右手に入ると倉敷紡績初代社長大原孝四郎寄贈の鐘楼があり，さらに右には観龍寺（真言宗）がある。1866（慶応2）年

向山より鶴形山を望む

素隠居踊の「じじ」「ばば」の面をつけた若者

に，立石孫一郎ら長州奇兵隊の脱退者約100人が倉敷代官所を襲撃した倉敷浅尾騒動の際に本陣とされた寺で，山門に当時の槍傷が残る。境内の鐘撞堂から眼下にみえる南麓一帯が倉敷美観地区のある倉敷川河畔で，大原美術館や古民家の屋根瓦の並ぶ景観は圧巻である。

　観龍寺からしばらくのぼると，樹齢300〜500年と推定される日本一大きい阿知の藤（県天然）がみえる。すぐ右上には犬養毅揮毫の植田年（初代倉敷町長）頌徳碑があり，さらにのぼると山頂に至る。旧倉敷村の総氏神である阿智神社（祭神多紀理毘売命・市寸嶋比売命・田寸津比売命）の境内が広がり，本殿・拝殿・能舞台のほか絵馬殿が立ち並ぶ。春・秋の例大祭では，「じじ」「ばば」の面をつけた若者による素隠居踊が催される。江戸時代，高齢で参拝できない老夫婦のかわりに，若衆が面をつけて参拝したのが始まりと伝えられている。

井上家住宅と楠戸家住宅 ❺❻
086-422-2564（夢空間はしまや）

〈M▶P.138, 147〉倉敷市本町1-40／東町1-20　Ｐ
JR山陽本線・伯備線倉敷駅🚶15分／🚌茶屋町駅前方面行倉敷市民会館前🚶10分

倉敷窓と虫籠窓の比較

　阿智神社南側の石段をおり，吉井旅館前を通って西へ行くと，井上家住宅（主屋〈附 土塀2棟・家相図1枚〉・三階蔵・井戸蔵，国重文）がある。井上家は，江戸時代初期以来，倉敷代官所より町役人に任命された特権的な商人や地主である古禄派13家の１つで，屋号を「宮崎屋」と称した。新田開発に従事し，享保年間（1716〜36）には，酒屋・地主をかねた特権商人であった。9代井上素堂（通称善右衛門）は，倉敷村の年寄役をつとめるかたわら，その子端木とともに歌人としても知られる。

　建物は，元禄年間（1688〜1704）またはそれ以前の建築と推測され，

白壁のまち倉敷美観地区

井上家住宅

主屋は、本瓦葺き・厨子2階造り、親付き切子格子をもつ伝統的町家造りである。2階外壁の7つの倉敷窓（角柄窓）には防火用の土塗り扉がついており、居間の梁・桁には釿の痕が残る。古禄派13家で現存する建物・敷地割はここのみであり、倉敷美観地区内では最古の建築である（日曜日のみ開館）。

井上家住宅から東へ300mほど行き東町に入ると、1869（明治2）年に呉服商として創業したはしま屋（楠戸家）がある。楠戸家は、1891年の『岡山県地主録』にも載る地主でもあった。また、1899年には、初代楠戸徳吉が倉敷商業銀行の設立に参加して取締役となり、その死後は2代徳吉が就任した。明治40年代には、呉服店が楠戸合名会社として発展した。

主屋の呉服店は明治時代中期に完成したもので、倉敷窓にかわって上方（京・大坂）風の漆喰を塗り込めた虫籠窓が用いられている。裏にある米蔵は海鼠壁、土塀は桟瓦葺きで、当時の商家の典型的な建築様式を残している。邸内の細い路地を奥に入ると、米蔵をギャラリー・コンサートホール兼喫茶店として改築した「夢空間はしまや」がある。1996（平成8）年に文化財登録制度が発足したとき、楠戸家住宅米蔵・炭倉・道具蔵・塀が、県内初の国の登録有形文化財となった。

呉服商はしま屋

倉敷アイビースクエア ❼ 〈M▶P.138, 147〉倉敷市本町7-2 [P]
086-422-0011   JR山陽本線・伯備線倉敷駅🚶15分、または
🚌茶屋町駅前方面行倉敷市民会館前🚶2分

大原総一郎の理想の空間「交流・思考・工作」の実現

　井上家住宅の南東100mほどの所は倉敷代官所跡で、倉敷アイビースクエアがある。倉敷アイビースクエアは、倉敷紡績3代社長大原総一郎が提唱した「3つのコウ」=「交流・思考・工作」の実現を目指した文化施設である。浦辺鎮太郎の設計により、第二次世界大戦中に軍需工場となり、戦後放置されたままになっていた倉敷紡績の工場をリニューアルし、1974(昭和49)年に開業、この年の日本建築学会賞を受賞した。蔦(アイビー)のからまる赤レンガ造りのホテルは、イベント会場としても利用されている。付属文化施設として、原綿倉庫を改修し、倉敷紡績の創立から現在までの歴史を展示した倉敷紡績記念館(国登録)、製品倉庫を改修し、2代社長大原孫三郎と親交のあった洋画家児島虎次郎の作品と、ペルシア・イランの考古資料を展示した児島虎次郎記念館(国登録)のほか、西洋美術の流れや吉備地方の文化財を紹介する混棉室を改修したアイビー学館、オルゴールミュゼメタセコイアなどがある。また、かつて、女工の住込みの宿泊施設「分散式寄宿舎」が立ち並んでいた道路東側には、大正時代初期に建てられた、工場付属の従業員大食堂を改築した大型レストランフローラルコートがある。

　倉敷紡績は、1888(明治21)年小松原慶太郎ら3人の若者が、倉敷村の「村おこし」運動を計画し、近代的な紡績所を建設しようと大地主の大原孝四郎を説得、初代頭取(社長)に迎えて設立された。赤レンガ造り、鋸型屋根の工場や原綿倉庫などを建設、三井物産を介してイギリスのプラット社から紡績機械一式を購入し、イギリス人技師T.W.ドランスフィールドの指導で設置した。資本金10万円、

倉敷アイビースクエア

白壁のまち倉敷美観地区

5000錘の規模で出発したが,その後,2代社長大原孫三郎の「労働理想主義」「向上的人道主義」に基づいた革新的な経営の成功と,増設や買収によって急激に成長。現在も全国有数の紡績会社の1つである。

なお,倉敷川から旧工場に至る道路には,原綿を運搬した荷車が通った2列の石畳が今も残っている。

倉敷川河畔 ❽
086-422-1542(倉敷考古館)
〈M ▶ P.138, 147〉倉敷市中央
JR山陽本線・伯備線倉敷駅 🚶15分

名画と出合い、人と出会う歴史的景観

倉敷アイビースクエアから西北に向かうと,倉敷川河畔に,砂糖問屋の主屋と土蔵からなる旅館くらしきがある。その西隣の倉敷考古館は,江戸時代末期に建てられた小山家(浜田屋)の鮮魚を入れる浜蔵を利用し,1950(昭和25)年に開館した。外壁の全面に貼り瓦の海鼠目地瓦張(海鼠壁)が施されており,白壁と黒瓦のコントラストが映える。館内には,明治時代に津山近郊から出土したと伝えられる奈良時代の三彩壺(国重文),吉備地方から出土した石器・骨角器・土器・青銅器・鉄器のほか,インカ帝国以前の南米ペルーの土器,タイの先史資料などが展示されている。

考古館前の中橋を渡って対岸に出ると,倉敷館(国登録)がある。現在は無料休憩所・案内所になっているが,もとは1841(天保12)年に庄屋の植田家が村会所として寄贈した建物で,明治時代以降も倉敷村・倉敷町の役場として利用されてきた。1916(大正5)年に改築されており,隅に角塔を配した木造2階建て下見板貼りの洋館は,白壁の倉敷美観地区にあっては異色だが,それだけに優雅なたたずまいとなっている。

倉敷館の南隣には倉敷民芸館がある。江戸時代の米蔵4棟を改築して,1948(昭和23)年に岡山民

倉敷館(旧倉敷町役場)

白壁と紡績のまち倉敷

芸協会(会長大原総一郎)によって開設された。設計は浦辺鎮太郎,施工は藤木工務店で,ともに大原孫三郎・総一郎父子によって招聘された。1936年に大原孫三郎の寄付によって開設された日本民藝館について,全国で2番目に誕生した民芸館である。建物は1971年に再び改築されて3棟になっており,世界中から集められた日用の陶磁器・漆器・ガラス器・竹細工・染物・皮革加工品約1万点のうち,800点ずつを年3回展示している。

　倉敷民芸館の川向かいには,民芸館の初代館長外村吉之介が自邸に設けた倉敷本染手織研究所があり,染色や織物の伝習が行われている。

大原美術館 ❾
086-422-0005
〈M ▶ P. 138, 147〉倉敷市中央1-1-15
JR山陽本線・伯備線倉敷駅🚶15分,または🚌霞橋車庫行大原美術館前🚶2分

　倉敷館の西100mほどの所に大原美術館がある。大原美術館は,1929(昭和4)年,西洋画家の児島虎次郎が亡くなったことを悼み,その支援者であった大原孫三郎が建設を計画し,総社市出身の薬師寺主計の設計で,翌年,日本初の西洋美術館として開館した。

　開館当初に建てられたギリシア神殿風の本館正面には,ロダンの「カレーの市民」「預言者ヨハネ」のブロンズ像が立っている。館内には,大原美術館設立の基礎となった児島虎次郎の収集品を中心に,

白壁のまち倉敷美観地区

大原美術館本館

エル・グレコ「受胎告知」、クロード・モネ「睡蓮」、パブロ・ピカソ「頭蓋骨のある静物」のほか、ゴーギャン、マティス、ロートレックらの、世界的名画が展示されている。工芸館・東洋館は、米蔵を改築・利用した建物である。工芸館は3室からなり、陶器室にはバーナード・リーチ、富本憲吉・河井寛次郎・浜田庄司、版画室には棟方志功、染色室には芹沢銈介の作品がある。東洋館は、児島虎次郎が収集した中国の古美術などを展示する。1961年に開設された分館では、満谷国四郎・藤島武二・安井曽太郎・岸田劉生・梅原龍三郎・藤田嗣治らの作品のほか、関根正二「信仰の悲しみ」(国重文)、小出楢重「Nの家族」(国重文)などがみられ、また中国・北魏時代の一光三尊仏立像(石造如来及両脇侍立像、国重文)が保管されている。本館と分館の間にある日本庭園は、大原孫三郎の父で、倉敷紡績の創業者孝四郎の別邸跡である。1921(大正10)年に倉敷町に寄贈された際、その雅号にちなんで新渓園と命名された。

大原家住宅 ❿
086-422-0003
〈M▶P.138, 147〉倉敷市中央1-2-1
JR山陽本線・伯備線倉敷駅🚶15分、または🚌霞橋車庫行大原美術館前🚶2分

10棟が国の重要文化財

大原美術館前の今橋は、1926(大正15)年の皇太子(のちの昭和天皇)行啓に際して大原孫三郎が建設し、倉敷市に寄贈したものである。鉄筋コンクリート造りで、欄干には児島虎次郎がデザインした菊と龍の文様が施されており、長さ10m・幅2mと小さいながらも重厚な橋である。今橋を渡ると旧大原家住宅と有隣荘が並んで立っている。大原家は児島屋と号する新禄派の1つで、旧大原家住宅は1795(寛政7)年に主屋の建設が始まり、明治時代初期にほぼ現在の姿となった。主屋(附塀3棟)・内蔵・離座敷・倉・新倉・中倉・内中倉・北倉・壬子倉・西倉が国の重要文化財に指定されている。

大原孫三郎と3つの研究所

コラム 人

「わしの眼は十年先がみえる」

　大原孫三郎は，1880(明治13)年，倉敷に生まれた。倉敷紡績の初代社長大原孝四郎の3男，壮平の孫にあたることから孫三郎と命名された。閑谷学校を経て東京専門学校(現，早稲田大学)に進学したが，中途退学して倉敷に帰郷。1899年，林源十郎の紹介で岡山孤児院の設立者石井十次と出会い，以後，石井の事業を助けた。1902年，倉敷商業補習学校(現，県立倉敷商業高校)の開設に尽力して，みずから校長となり，道徳の授業で『二宮尊徳夜話』などを講義した。1902年からは，青木周蔵・徳富蘇峰・新渡戸稲造・大隈重信らを招いて倉敷日曜講演会を開催，倉敷の文化向上を図った。

　1906年6月，孫三郎は父の後を継いで27歳で倉敷紡績の2代社長に就任した。就任早々，従業員の衛生などのための分散式寄宿舎の建設，12時間労働制の改善など，「向上的人道主義」に基づいた改革を実行。一方で，吉備紡績の買収をはじめ積極的な事業拡大策を実行し，倉敷紡績を6大紡につぐ大紡績会社に成長させた。

　以後，孫三郎はつぎつぎと社会貢献策を実施した。小作問題に関しては，1914(大正3)年，財団法人大原奨農会を組織し，農業資金貸与や小作者救済事業を展開し，自作農の育成を援助した。また，農業技術の発展をはかり，果樹振興の祖小山益太や「白桃」の発見者大久保重五郎らを招いて，向山に果樹園を開いた。所長に，近藤萬太郎を招聘して農学の本格的な研究機関とし，これが1929(昭和4)年に財団法人大原農業研究所(現，岡山大学資源生物科学研究所)となった。石井十次没後には，大阪に石井記念愛染園を建設，その付属施設として大原社会問題研究所(現，法政大学大原社会問題研究所)を開設した。『貧乏物語』の著者河上肇の紹介で高野岩三郎を所長に迎え，以後，大内兵衛・森戸辰男ら著名な経済学者が加わった。同研究所の医学的労働研究部門を独立させて，倉敷労働科学研究所(現，財団法人労働科学研究所)を倉敷紡績万寿工場内に設けた。所長は暉峻義等で，栄養価の高い労研饅頭(通称ローマン)を製造した。現在は，愛媛県松山市のたけうちが製造・販売している。

　1940年，孫三郎はすべての事業から引退し，茶道・華道・書道など趣味三昧の晩年を過ごし，1943年1月に死去した。享年62歳。新しい事業を始めるとき，「わしの眼は十年先がみえる」と口ぐせのようにいい，周囲を納得させた。

今橋と大原家住宅

主屋の白壁には倉敷窓，店の間には倉敷格子が施されている。屋敷地の大部分は，古禄派のうち妹尾屋・俵屋らの土地であった。現在，總一郎の長男で，元倉敷商工会議所会頭の大原謙一郎の居宅である（見学不可）。

『論語』の「徳は孤ならず必ず隣有り」から有隣荘といわれる東邸は，薬師寺主計が設計した洋風建築と，児島虎次郎の主張を取り入れ，薬師寺の恩師である東京帝国大学の伊東忠太が設計した近代和風建築との混成建物で，屋根は中国の孔子廟を模して黄緑色の泉州瓦（谷川窯）で葺かれており，緑御殿とよばれる。1928（昭和3）年に完成し，1935年に大原美術館が財団法人化されたとき，同美術館の管理下に入った。当初倉敷の迎賓館として利用できるように設計され，第二次世界大戦後，昭和天皇も宿泊した。1997（平成9）年から展覧会などで公開されている。

有隣荘の裏手には，中国銀行倉敷本町支店（国登録）がある。中国銀行は，1891（明治24）年に大原孝四郎ら倉紡関係者が設立した倉敷銀行（のち第一合同銀行）を前身にもつ。現在の建物は，1922（大正11）年に薬師寺主計の設計により建築されたもので，今も同銀行倉敷支店倉敷本町出張所として利用されている。正面6本・側面3本の付柱を配したルネサンス風。当時ステンドグラス生産技術の第一人者といわれた木内真太郎がデザインしたドーム型のステンドグラス窓が美しい。

この地域は，1979（昭和54）年に倉敷市倉敷川畔として国の重要伝統的建造物群保存地区に選定されている。

大橋家住宅 ⓫
086-422-0007

〈M ▶ P.138, 147〉 倉敷市阿知3-21-31 Ｐ
JR山陽本線・伯備線倉敷駅🚶10分，または🚌霞橋車庫行大原美術館前🚶5分

大原家住宅の西200mほどの所に大橋家住宅（国重文）がある。大

150　白壁と紡績のまち倉敷

三島毅書「六々亭由来」額

橋家の先祖は、豊臣氏に仕える武士であったが、豊臣氏の滅亡後、京都五条大橋近くに隠棲して大橋姓を名乗ったという。その後、明暦年間(1655～58)に備中国窪屋郡中島村(現、倉敷市中島)に住居を構え、さらに宝永年間(1704～11)に現在地に移住し、代々中島屋平右衛門と称した。寛政～天保年間(1789～1844)、金融業・塩田経営・地主経営などで財をなした新禄派25家の１つに数えられている。

金融業などで財をなした大橋家犬養毅の書簡を展示

主屋(附書斎１棟・屋根塀２棟・普請覚１冊)は「寛政八年」、米蔵は「寛政十一年」の築であることが、1991(平成３)年の解体修理の際、墨書や棟札などによって確認され、江戸時代後期の建築とみられる表門・内蔵とともに、国の重要文化財に指定されている。入母屋造・本瓦葺きで、新座敷内には「六々亭」とよばれ、中島村出身で東宮時代の大正天皇の侍講をつとめた三島毅(中洲)がその名の由来を書した額が掲げられている。米蔵には、五・一五事件(1932年)の約３カ月前にあたる「二月十日」に、岡山出身の29代内閣総理大臣犬養毅が、大橋平右衛門に宛てた書簡などが展示されている。

大橋家住宅から南へ600mほど行くと倉敷天文台がある。1926(大正15)年、倉敷紡績の取締役で倉敷市名誉市民、大原家の親戚にあたる原澄治が、私財を投じて設立した日本初の民間天文台である。「本田彗星」の発見者本田実が、ここで天体観測をしたことでも知られる。開設当初のスライディングルーフ観測室(国登録)は、室内のハンドルをまわすと鉄板張り切妻屋根が左右に開く仕組みで、現在はライフパーク倉敷に移築・復元されている(要申込み)。また敷地内の高さ約５mの白いドームは、1952(昭和27)年の建造で、現在、１階は本田実記念室、２階は原澄治記念室となっており、原が開設時に購入した32cm反射望遠鏡などが展示されている。

白壁のまち倉敷美観地区

岡山大学資源植物科学研究所 ⓬
086-424-1661

〈M▶P. 138, 147〉倉敷市中央2-20-1 Ⓟ
JR山陽本線・伯備線倉敷駅🚌古城池経由水島行中央2丁目🚶1分

大原孫三郎が創設　大麦遺伝資源センター

　倉敷天文台から駅前大通りに出て南へ50mほど行くと、岡山大学資源生物科学研究所の正面入口に至る。大正時代、大原家から寄贈・移植された樹齢350年以上の大ソテツが迎えてくれる。

　1914（大正3）年7月、巨大地主で倉敷紡績2代社長の大原孫三郎が、農地100町歩（約100ha）・宅地3800坪（約1万2500m²）を寄付して、財団法人大原奨農会を設立した。科学的研究に基づく農業技術の改善と、農民の経済的地位の向上を理念とするものであり、先祖への「報恩」の記念事業でもあった。

　初代所長に種子学者の近藤萬太郎を迎え、種芸・園芸・農具気象の3分野で出発し、翌年には化学・病虫の研究が加わった。園芸部門で招聘されたのが小山益太と弟子の大久保重五郎で、地方農業の指導者養成を目標とした農学校の農業講習所（1920年設置）で活動した。その後、しだいに純粋な研究施設にかわっていったが、孫三郎は資金援助を続け、1929（昭和4）年、創立15周年を記念して財団法人大原農業研究所とし、あらたに約100町歩の小作地を寄付して財団の経済的基盤をかためた。研究所は、多くの研究者の活躍の場となった。

　第二次世界大戦後、農地改革によって農地を失い、大原農業研究所は財政難に陥ったが、農林省（現、農林水産省）などからの補助金で存続を得た。さらに岡山大学の設立にともない、全資産を文部大臣に無償寄付することで、1952年、岡山大学農学部附属大原農業研究所として再出発、翌年には岡山大学農業生物研究所、1988年に岡山大学資源生物科学研究所となった。最近では、国際宇宙ステーションでの醸造用大麦の発芽・生育実験に世界で初めて成功するなど、国際的な研究協力に参加し、大麦遺伝資源センターの役割をになっている。

② 倉敷周辺を訪ねる

白壁のまちだけではない倉敷の周辺部の魅力に注目。縄文時代から大正時代までの個性ある歴史を満喫。

安養寺(あんようじ) ⓭
086-422-1110
〈M ▶ P. 138〉倉敷市浅原1573 P
JR山陽本線・伯備線倉敷駅🚗15分

数十体の木造毘沙門天立像群に圧倒される

安養寺(真言宗)は、JR倉敷駅の北約5km、国史跡の福山城跡のある福山南麓に位置する。奈良時代に報恩大師が開いたと伝えられ、古くは天台宗に属していた時期がある。平安・鎌倉時代、現在の浅原一帯には、「朝原寺」と総称される安養寺を含む寺院群が広がり、多くの堂宇が立ち並んでいたと考えられる。鹿ヶ谷の陰謀(1177年)で配流された藤原成親が朝原寺で出家したことが『源平盛衰記』にみえ、日本における臨済宗の祖栄西が京都にのぼる前に修行したともいわれる。

宝物殿では木造毘沙門天立像・木造吉祥天立像(ともに国重文)をはじめ、42体の平安時代作の木造毘沙門天立像が公開されており、荘厳な雰囲気をかもし出している。境内北側には、安養寺裏山経塚群(県史跡)がある。瓦経213枚・土製塔婆型題箋8本・土製宝塔1基が、備中国倉敷安養寺裏山経塚出土品として国の重要文化財となり、大半は安養寺宝物殿に収蔵されている。

安養寺から県道469号線を約3km南下し、国道429号線と合流する浜ノ茶屋交差点を経て、北西の祐安へ向かう。のどかな田園風景が広がるなか、初夏には用水路に小さな水車がまわり、山際には祐安洋館群が一際目立つ。建築家西村伊作らの設計による大正時代の洋風住宅が残る。ただし、現在も個人住宅として使用されているため、内部の見学はできない。

安養寺宝物殿内部

倉敷周辺を訪ねる　153

高梁川東西用水の樋門群 ⓮
086-422-0219（高梁川東西用水組合）

〈M▶P.138, 155〉倉敷市酒津2826ほか ㊅
JR山陽本線・伯備線倉敷駅🚌水江循環線・イオン倉敷行 曙橋🚶15分

近代土木技術の粋による河川改修大工事

　JR倉敷駅の北西2kmほどの所を流れる高梁川は、かつて暴れ川として知られており、1850（嘉永3）年、1892（明治25）・93年の大洪水をはじめ、再三にわたり氾濫を繰り返していたが、政府により、1911年、高梁川河川改修工事が開始された。内務省の直轄で行われたこの工事は、酒津の北にあたる現在の総社市清音古地から河口の連島まで、東西2川に分かれていた高梁川を1川に付け替える大規模なものであった。これにともない、江戸時代以来、水争いの絶えなかったこの地域の取水について、従来の取水慣行を重んじつつ、公平な配分計画を立てた。その結果、酒津の笠井堰から取水した水を南北の配水樋門によって分流させ、現在の倉敷市域の大半および都窪郡早島町に農業用水として供給された。

　15年の歳月と793万円（当時の倉敷町の年間財政規模は約2000円）を費やし、延べ300万人を投入して、1925（大正14）年5月に完工式が行われた。高梁川東西用水の酒津取水樋門・南配水樋門・北配水樋門（土木学会選奨土木遺産）は、表面に花崗岩を貼った鉄筋コンクリート造りである。とくに南配水樋門は、15連のアーチが並ぶ日本最大の農業用樋門と評価される。なお、事務所棟も1926年の建築で、木造2階建ての擬洋風である。内部は原則非公開。

高梁川東西用水樋門群南配水樋門

遍照院 ⓯
086-465-2054

〈M▶P.138, 155〉倉敷市西阿知町464 ㊅
JR山陽本線西阿知駅🚶10分

　JR西阿知駅の北東約1km、旧鴨方往来（県道60号線）沿いに、真言宗御室派準別格本山の古刹遍照院がある。寺伝では、985（寛和

遍照院三重塔

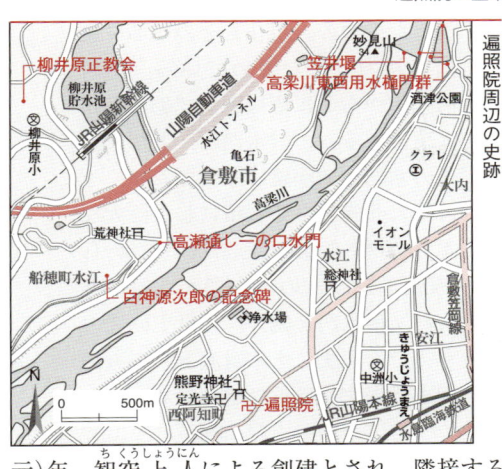

遍照院周辺の史跡

元)年,智空上人による創建とされ,隣接する熊野神社の神宮寺であった。この熊野神社は,市内林の熊野権現を勧請したものといわれる。

遍照院三重塔(附 蟇股,国重文)は,1966(昭和41)～67年の解体修理の際,内部から「応永二十三(1416)年」の墨書銘が発見された。これにより,寺伝の永享年間(1429～41)再建説よりも早い時期の建築と判明した。塔は各部の均整がとれ,壮麗で端正な姿は美しく,日本を代表する三重塔とも評されている。なお寺宝には,平安時代後期の作と考えられる木造聖観音立像(県文化,非公開)がある。

日本を代表する流麗かつ端正な三重塔

高瀬通し一の口水門 ⓰ 〈M ▶ P.138, 155〉 倉敷市船穂町水江
JR山陽本線西阿知駅🚶15分

江戸時代初期,備中松山藩主水谷勝隆・勝宗・勝美が領内の船尾・長尾(現,倉敷市船穂町・玉島長尾)付近の海面を干拓し,新田開発を行った際,灌漑用水確保のために整備し,さらに高瀬舟による舟運の便のために開いた水路兼運河が高瀬通しである。延長は現在の船穂町水江から玉島港に至る約10kmにおよぶ。普請奉行として大森元直が工事の指揮にあたり,パナマ運河開通より約240年早い,延宝年間(1673～81)頃に完成したと考えられている。

高瀬通し一の口水門と二の口水門は閘門式水門で,近代に改修を

ひょっとすると日本一早い閘門式水門?

倉敷周辺を訪ねる

高瀬通し一の口水門

受けたものの、現在もその一部に築造当初の姿をとどめている。JR西阿知駅から北に直線距離で約1.7kmに位置する一の口水門は、上部に木造の水門小屋が設けられており、その下に花崗岩を切石積にした巨大な水門の構造がみえる。ここから350m下流に二の口水門があり、さらに又串水門と続く。近現代史研究のうえでも、また土木遺産としても岡山を代表する貴重な遺構である。

二の口水門の山側(北側)に、白神源次郎の記念碑がある。水江出身の白神は陸軍歩兵第21連隊に所属し、1894(明治27)年7月、日清戦争の前哨戦となる成歓の戦いで、敵弾を胸部に受けながら、絶命するまで進軍ラッパを吹いて軍の士気を高めたといわれた。

近辺には、里木貝塚と涼松貝塚がある。1919(大正8)・69(昭和44)年に調査された里木貝塚(船穂橋の西約750m)からは、紀元前3000年頃の縄文土器や20体近い人骨が出土した。縄文土器は「里木Ⅰ・Ⅱ・Ⅲ式土器」と名づけられ、土器編年の基準となっている。山陽自動車道玉島ICの東にある涼松貝塚も、縄文時代後期の各型式の土器や相当量の人骨の出土で注目された。また柳井原地区には、山下りんが描いたイコン(聖画)を有する柳井原正教会がある。

宝島寺 ⓱ 〈M ▶ P.138〉倉敷市連島町矢柄5633 [P]
086-444-8035　JR山陽本線・伯備線倉敷駅🚌小溝・連島方面行宝島寺🚶10分

中世、連島は高梁川河口のデルタ地帯に属する「島」で、水島灘の北側を占める海上交通の要衝地であった。明暦年間(1655〜58)、阿知村の萱野七郎右衛門らが西阿知新田を開発、元禄年間(1688〜1704)以降は、西之浦など連島南面の開発が段階的に行われ、陸続きとなった。

県道275号線にあるバス停から北へ700mほど行くと、真言宗御室派準別格本山の宝島寺がある。寺伝によれば、859(貞観元)年に開

悉曇学の権威、寂厳上人再興の寺院で書家、

かれ、広大な寺領を有していたが、慶長年間(1596～1615)の火災で伽藍の大半を焼失したという。江戸時代中期には、書家としても著名な寂厳上人を住持として迎え、再興された。寂厳上人の出自は諸説あるが、1702(元禄15)年に備中足守藩士安富家に生まれたともいう。9歳で僧籍に入り、16歳で上洛。悉曇(梵字)に出会い、生涯その研究に邁進した。

寺宝には、寂厳筆写・手沢本及び関係史料(県文化、非公開)があり、鎌倉時代の木造仏頭(県文化)や平安時代の木造天王形立像などは岡山県立博物館に寄託されており、同館で公開されることがある。また仁王門は、簡素な三間一戸の八脚門で、文明年間(1469～87)頃の建造とみられる。

宝島寺から県道275号線に出て西へ行くと、西之浦に厄神社(祭神素戔嗚命)、箟取神社(祭神大綿津見命・豊玉姫命・玉依姫命)がある。西之浦はかつて海運業で栄えた所で、両社は船問屋や船乗りたちの崇敬を集めたという。また、厄神社には薄田泣菫詩碑がある。

宝島寺仁王門

薄田泣菫詩碑(厄神社)

薄田泣菫生家 ⑱
086-446-4830

〈M▶P.138〉倉敷市連島町連島1284 P
JR山陽本線・伯備線倉敷駅🚌小溝・連島方面行大江
🚶5分

大正時代の文学界の巨匠 薄田泣菫の生家

大江バス停から北へ200mほど行くと、明治詩壇の頂点をきわめたとされる詩人・随筆家薄田泣菫の生家がある。

薄田泣菫は本名を淳介といい、1877(明治10)年に当地で生まれた。17歳で上京し勉学した後、帰郷して詩の投稿を始め、その後、

倉敷周辺を訪ねる　157

薄田泣菫生家

『白羊宮』『二十五弦』などの詩集を公刊。象徴派詩人として蒲原有明と双璧をなしたが、随筆に転じた。1912(大正元)年大阪毎日新聞社に入社。芥川龍之介・菊池寛ら新進作家を見出すなど、文学界の発展にも寄与した。1923年病により休職、1945(昭和20)年、疎開先から生家に戻り、死去した。

　敷地内には主屋と庭が残っており、主屋内では、泣菫の原稿や詩集をはじめ、与謝野晶子・永井荷風・志賀直哉ら、交友のあった作家たちの書簡など(おもに複製)が展示されている。

倉敷市立磯崎眠亀記念館 ⑲
086-428-8515

〈M ▶ P.138〉倉敷市茶屋町195　P
JR宇野線・本四備讃線(瀬戸大橋線)茶屋町駅🚶3分

藺草が織りなす芸術ともいうべき錦莞莚

　JR茶屋町駅から西へ250mほど行くと、磯崎眠亀の旧住宅兼仕事場を保存・公開する倉敷市立磯崎眠亀記念館(国登録)がある。かつて県南部の新田地帯は、日本を代表する藺草の産地であり、藺草を主原料とする畳表・花莚・茣蓙などを大量に生産していた。この花莚を発展させたのが磯崎眠亀で、錦莞莚とこれを織る織機を発明した。錦莞莚とは、彼が研究の末に発明した塩基性染色法により着色した藺草を使い、模様挿入機で花莚に見事な絵や文字、模様を織り込んだものである。1881(明治14)年に初めてイギリスに輸出

倉敷市立磯崎眠亀記念館

158　白壁と紡績のまち倉敷

藺草と畳表・花筵

コラム 産

干拓地開発から植えられた藺草

　岡山県南部では，古くから藺草が栽培されてきた。藺草はイグサ科の多年草で，湿地などに生え，高さ70～100cmに成長する。この藺草を編んで畳床にくるむように縫い付けるのが畳表，藺草に色をつけて花柄の模様などを織り込むか，刷り込んだ敷物が花筵である。

　近世，商品作物の奨励によって藺草の栽培が盛んになり，17世紀なかば頃，早島・妹尾などの児島湾干拓地では，藺草の作付けをしていた。江戸時代中期の『和漢三才図会』には，備中（現，岡山県西部）・備前（現，岡山県南東部）が畳表の産地として記されている。明治時代には磯崎眠亀が錦莞莚を創製したことで，輸出産業として発展。輸出用畳表は倉敷市東部から岡山市西部にかけて，花筵は倉敷市西阿知地区を中心に生産された。藺草の刈り取り時期（7月中・下旬頃）には人手が足りず，四国や九州から多くの人が働きにやってきて，その作業風景は夏の風物詩でもあった。

　1964(昭和39)年には作付面積5500haと全国一を誇ったが，水島臨海工業地帯への労働力流出と工場から排出される亜硫酸ガスによる藺草の先枯れ・住宅の洋風化にともなう畳表の需要低下などにより，昭和40年代後半以降，県内での生産は激減し，福岡県・熊本県などに主産地は移った。2007(平成19)年には生産面積が3ha（うち倉敷市2.9ha，早島町0.1ha）となり，現在はかつての一大産地早島町などでわずかに作付けされている程度である。

　畳をはじめとする藺草製品は，肌触りもよく，暖かみや懐かしさを感じさせてくれる。伝統的な製品のよさを，ぜひ見直したいものである。

され好評を博し，その後，高級品として欧米に輸出された。明治天皇への献上品，1900年のパリ万国博覧会への出品作品としても知られる。1874(明治7)年築の木造2階建て・入母屋造の建物内には，錦莞莚や復元織機，眠亀関係資料が展示されている。また，物資運搬用に設けられたスロープ・吹抜け，回転と横滑りにより開閉する雨戸など，家の構造に眠亀の豊かな創意力が反映されていることも見逃せない。

早島町歴史民俗資料館 ⑳
086-482-1512(早島町中央公民館)

〈M▶P.138〉都窪郡早島町前潟240 P
JR宇野線・本四備讃線(瀬戸大橋線)早島駅🚶10分

藺草と旗本の歴史は、早島町にお任せ

　早島町は，県南地域のなかでも藺草の一大産地としてつとに有名である。JR早島駅の西800mほどの所にある早島町歴史民俗資料館では，藺草生産の歴史を紹介するとともに，織機や畳表などの藺草製品を展示している。見学の際は，隣接する中央公民館に申し出る必要がある。

　早島駅の北西約700m，町立早島小学校の西隣に，古い石橋や堀の一部・井戸跡が残されている。かつて早島を治めていた旗本戸川氏の陣屋跡である。書物蔵を改築した戸川家記念館があり，領主戸川氏に伝えられてきた武具・馬具・絵図・屏風・書などを展示している(日曜日・祝日のみ開館)。

　町を東西に走る国道2号線の北側の丘陵上に，国立病院機構南岡山医療センター(旧国立療養所南岡山病院)がある。結核で入院していた朝日茂が憲法に定められた「生存権」の保障，「人間としての生活」の権利を求めて，1957(昭和32)年頃から約10年間，国を相手取って争ったいわゆる「朝日訴訟」「人間裁判」の舞台となった地である。裁判を支える運動は全国に広がった。訴訟終結後の昭和40年代前半に，現在の国道2号線バイパス無津交差点付近に建てられた「人間裁判」記念碑は，1968年の道路敷設工事にともない療養所登り口に移設された。

　戸川家記念館から南西へ600mほど行くと，町立早島中学校東隣に，鉄筋コンクリートにレンガを貼った大正7年建設の旧倉敷紡績早島工場変電所があったが，近い将来撤去される予定である。大正時代の産業遺産として貴重なものである。

　早島町金田から倉敷市中庄にかけて帯江銅山跡が広がる(見学不可)。帯江銅山は，江戸時代から採鉱されていたが，明治時代になって本格的な開発が始まった。1891(明治24)年に鉱山の大半が，『山陽新報』(現，山陽新聞)の主宰もつとめた実業家・政治家の坂本金弥の手に渡り，最盛期には7万tを採掘，3000t余りを精錬した。1930(昭和5)年には休山し，現在はゴルフ場や自動車学校にな

っている。

楯築遺跡 ㉑

〈M▶P.138, 161〉倉敷市矢部　[P]（王墓の丘史跡公園）
JR山陽新幹線・宇野線・吉備線・山陽本線・津山線・赤穂線・伯備線岡山駅🚌庄パークヒルズ行庄新町🚶5分、またはJR山陽本線中庄駅🚗15分

前方後円墳の謎解きの鍵を握る弥生墳丘墓

　JR中庄駅から北へ向かい県道162号線に入って東へ約3km、バラ園南口交差点を左折してさらに3km北上すると楯築遺跡（国史跡）がある。日畑廃寺跡・王墓山古墳、その他の小古墳群を含む一帯が、王墓の丘史跡公園として整備されている。

　楯築遺跡は、3世紀末頃に築造された全長約80mにおよぶ弥生墳丘墓で、墳頂の巨大な立石（列石）が目を引く。墳丘は住宅団地や給水塔建設などで大半が破壊されたが、発掘調査により北東側と南西側に突出部があったことがわかっており、前方後円墳の形状創出の謎を解く鍵を握っていると考えられている。円丘中央には、9×5.5m、深さ1.8mの墓壙が掘られ、木槨のなかに木棺がおかれていたようである。棺内には人の歯の一部、鉄剣1本、勾玉・管玉・ガラス玉などがあった。また、吉備地方特有の特殊壺・特殊器台とよばれる土器の出土や、楯築神社の神体で、「亀石」として伝世する旋帯文（弧帯文）が刻まれた石の存在など、古代の吉備勢力を研究するうえで不可欠の遺跡である。なお、旋帯文石（国重文）は、遺跡のそばに立つ神社収蔵庫の覗き窓から

楯築遺跡

王墓の丘史跡公園周辺の史跡

倉敷周辺を訪ねる

みることができる。

　楯築遺跡の北西700mほどの所に，鯉喰神社(祭神夜目山主命・夜目麿命)がある。桃太郎伝説のモチーフとされる温羅伝説において鯉に変身した温羅が，鵜になった吉備津彦命に食べられた場所と伝えられる。

王墓山古墳 ㉒

〈M ▶ P. 138, 161〉倉敷市庄新町　🅿(王墓の丘史跡公園)
JR岡山駅🚌庄パークヒルズ行庄新町🚶2分，またはJR山陽本線中庄駅🚗15分

史跡公園に整備された古墳

　楯築遺跡の南400mほどの所に，6世紀後半頃に築造された王墓山古墳(県史跡)がある。径約20mの墳丘をもつが，明治時代の破壊・乱掘により旧状が失われており，元来は円墳か方墳であったと推定されている。鏡・馬具・鉄器・須恵器など大量の副葬品が出土し，東京国立博物館に収蔵されている。墳丘そばにおかれている組合せ式の家形石棺は，井原市で産出する貝殻石灰岩製(浪形石)で，横穴式石室に安置されていたものと考えられる。

　王墓山古墳の東側には，白鳳期の寺院跡である日畑廃寺跡がある。建物の礎石群とともに，吉備中枢寺院に独特のデザインの軒丸瓦(吉備式瓦)が出土している。さらにその東側の足守川沿いには，戦国時代の備中境目七城の1つ，日幡城跡がある。備中高松城の南約4kmに位置し，1582(天正10)年の羽柴秀吉による同城の水攻め直前には，毛利氏方の武将上原元将が入城していた。

王墓山古墳家形石棺

③ 港町下津井から藤戸・天城へ

北前船・金刀比羅往来の拠点港と備前岡山藩家老領地，源平合戦の古戦場を結ぶ謡曲「藤戸」の町を歩く。

鷲羽山（わしゅうざん） ㉓
086-479-8660
(鷲羽山ビジターセンター)

〈M▶P. 138, 163〉倉敷市大畠（くらしきし おおばたけ） Ｐ
JR本四備讃線(瀬戸大橋線)児島駅🚌鷲羽山行鷲羽山展望台🚶15分

徳富蘇峰命名の「鍾秀峰」眼下には大小の島々

　下津井は児島半島の南西端にあり，往古より東から西へ集落の連なる港町で，大畠・田之浦・吹上・下津井の4集落を「下津井四ヶ浦」長浜と総称してきた。

　<u>下津井鷲羽山</u>（国名勝）は，大畠と田之浦の間にある花崗岩からなる丘陵で，瀬戸内海国立公園の佳景地の1つとして知られる。徳富蘇峰が「鍾秀峰」と名づけた標高133mの山頂に立つと，眼下には白砂青松の風景が広がる。また，大小の島々をつなぐようにして香川県坂出市まで延びる瀬戸大橋，その下を東西に行き来する昔ながらのポンポン船がみえ，晴天時には，遠く讃岐山地や四国山地までも望むことができる。

　山頂の第1展望台の下には鷲羽山ビジターセンター，第2展望台(観潮台)には鷲羽山レストハウスがあり，ビジターセンターとレストハウスの間には，自然研究路が設けられている。山頂と北の登山口との間には，石室の露出した鷲羽山第1～第3古墳が点在する。

　鷲羽山の沖合に点在する大小の島々は，東から釜島・松島，瀬戸大橋で結ばれた櫃石島，その向こうは，六口島・長島・本島などである。眼下の小島は<u>松島</u>で，その名は「潮待つ島」に由来するといわれ，島の南岸に小さな潮待ちの港をもち，東側丘陵には盗難除けの霊験のある<u>純友神社</u>がまつられている。伝承によると，平安時代，藤原純友の弟純基が当地に城を構え，伊予(現，愛媛県)の純友と呼応して，朝廷の討伐軍に

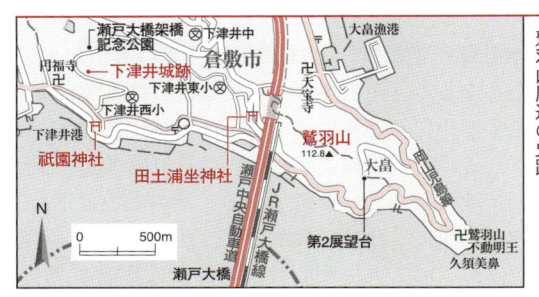

鷲羽山周辺の史跡

港町下津井から藤戸・天城へ　163

抵抗したという。その後，長らく一帯は，塩飽諸島を本拠とする水軍，塩飽水軍の勢力下におかれた。

その東の釜島は「塩釜島」に由来するといわれ，製塩地であったとみられる。島の北西には塩釜明神がまつられ，釜島城跡がある。939（天慶2）年から翌年にかけて，藤原純友は，釜島城に立てこもったと伝えられている。

なお，田之浦の旧下津井電鉄鷲羽山駅跡にあった，南北朝時代の石造地蔵菩薩立像（県文化）は，東約100mの木食上人墓（大畠）の横に移されている。

下津井城跡 ㉔

〈M ▶ P. 138, 163〉倉敷市下津井 P（瀬戸大橋架橋記念公園）

JR本四備讃線（瀬戸大橋線）児島駅🚌下津井行下津井祇園宮前🚶20分

西国を押さえるための城
城の遺材が使用された天城の寺院

下津井港に突出した標高10mの浄山山頂に，祇園神社（祭神素盞嗚尊）がある。その北側に下津井古城跡と考えられる古い石垣が残っている。1336（建武3・延元元）年，九州から東上する足利尊氏が1000余艘の軍船を率いて，吹上に3日間滞在していたと『太平記』にある。祇園神社から西方を眺めると，象岩（国天然）と「平教盛2男能登守教経の踏ん張り岩」で名高い六口島がよくみえる。

祇園神社の北方，城山（89m）一帯の丘陵地は，瀬戸大橋架橋記念公園として整備されており，その南端に近世前期の下津井城跡（県史跡）がある。

宇喜多直家が美作・備前2国を支配した1581（天正9）年頃，下津井城主は，直家の家臣池田出羽守長政であった。関ヶ原の戦い（1600年）後，宇喜多氏にかわった小早川秀秋の頃には，秀秋の老臣平岡石見守が在城。1603（慶長8）年に池田輝政の子忠継が岡山の領主となると，赤穂城（現，兵庫県赤穂市）の城代から移った築城の名手池田出羽守長政が城を預かった。長政は，徳川家康の意を受けて，下津井城の縄張りを行い，常山城（現，玉野市用吉）の資材を用いて改築したといわれている。その規模は東西600m・南北60m，堀割で東西に二分し，東から東の丸，中の丸，堀割，三の丸，二の丸，本丸，西の丸を配し，本丸には天守閣・櫓・門，北側の平地

に城主の居館を配置したと伝承されている。

　その後，城主は荒尾但馬守・池田由之・池田由成と交替したが，代々，ほぼ3万2000石を領した。1638(寛永15)年の一国一城令によって取りこわされ，池田由成は天城陣屋に移った。天城にある正福寺三門・遍照院庫裏，海禅寺本堂の欄間などは，城の遺材で造営されたものと伝えられている。

　浄山の麓から東の下津井吹上1丁目にかけての細い旧県道の両側は，港町下津井の江戸時代以来の姿をとどめており，県の町並み保存地区に選定されている。

　また，浄山の東約1kmの下津井田之浦には，田土浦坐神社(田浦明神，祭神綿津見神)がある。『延喜式』式内社に比定されるが，粒江にも同名の神社があり，確定できない。

本荘八幡宮 ㉕
086-479-9468

〈M▶P.138〉倉敷市児島通生22 P
JR本四備讃線(瀬戸大橋線)児島駅🚌塩生経由通生辻浜🚶15分

　通生辻浜バス停から通生漁港に出て西へ400mほど行くと，水島臨海工業地帯を北西に望む丘陵宮山に，本荘八幡宮(祭神品陀別命・足仲彦命・息長帯比売命)が鎮座する。宮山には，瀬戸内海国立公園の名勝地通仙園があり，4～5月には5万本のツツジが咲き誇る。丘陵西端の岬，宮の鼻には戦国時代の塁跡が残るが，宮山は鷲羽山・宮田山(玉野市)と並ぶ旧石器時代の遺跡があることでも知られる。この一帯は中世には通生荘とよばれる西園寺家の荘園であり，当社は総鎮守として崇敬されていた。のちに分割し，下津井田之浦，大畠，児島阿津・赤崎・味野を通生新荘，下津井吹上・下津井，菰池，児島通生・塩生・宇津野を通生本荘となしたため，所在地から「本荘」八幡宮とよばれるようになった。

　本荘八幡宮は，宮山東方の般若院の鎮守神として，701(大宝元)年に豊前国宇佐神宮(大分県宇佐市)から神霊を勧請，創建されたと伝えられる。1286(弘安9)年8月再建との記録があるが，当社における現存最古の建造物は花崗岩製の鳥居(国重文)で，銘によれば1421(応永28)年に，塩生の豪族松井義泰(帆網藤十郎)の寄進という。三の鳥居として参道に建てられたが，現在は本殿裏の瑞垣内に

名勝地通仙園と古鳥居

港町下津井から藤戸・天城へ

本荘八幡宮鳥居　　　　　　　　　本荘八幡宮

立つ。いわゆる明神形式の鳥居で，高さ2.12m・柱の間隔1.9m，笠木・島木・貫・額束・柱・亀腹は皆揃っているが，一部にはのちの補修の形跡があり，また兵火によるとみられる焼痕も残る。柱は少し内側に傾き，一石からなる笠木と島木は真反りで，両端が垂直に切れている。一の鳥居は，享保年間(1716～36)に造立された大鳥居である。

　本荘八幡宮の東方約500mの山麓に通生山神宮寺般若院(真言宗)がある。同院の「神宮寺由来写」では804(延暦23)年坂上田村麻呂の開基とされ，木造阿弥陀如来立像を本尊とする。1278(弘安元)年，寂弁大徳により再興され，戦国時代には常山城(現，玉野市用吉)の城主上野隆徳・鶴姫夫妻の尊崇を受けていた。また，般若院の南約150mには湊山城跡がある。常山城の支城で，上野隆徳の家臣山田菊次郎が城主をつとめた。1575(天正3)年5月，備中松山城(現，高梁市)を攻略した毛利氏方の小早川・吉川両氏の軍勢に攻められて落城，般若院も焼失した。

旧野﨑家住宅 ❷　　〈M▶P.138, 168〉倉敷市児島味野1-11-19　P
086-472-2001　　　JR本四備讃線(瀬戸大橋線)児島駅🚶20分

江戸時代末期の大庄屋屋敷の一典型

　JR児島駅の北，小田川の下流から3つ目の大正橋の袂，北西側に，優雅な土塀に囲まれた野﨑家別邸迨暇堂，別称迎賓館がある。明治時代後期に建てられた，主屋・蔵・清恬・車寄・大門・中門・東塀，居宅・車夫詰所，胸像台座，有萠亭・有萠亭附属風呂が，国の登録有形文化財となっている。

　迨暇堂から北西へ行くと，門前町である新町の突き当りに，敷地

野﨑武左衛門

コラム **人**

塩浜築成技術で新田開発も推進

　昆陽野武左衛門(のち野﨑)は、1789(寛政元)年に児島郡味野村(現、倉敷市)に生まれる。父貞右衛門が塩浜で失敗、家財を失ったため、貧苦のなかで育った。武左衛門は、児島郡で繁盛していた備前小倉織に注目して、足袋の製造・行商を開始し、その販路を九州から大坂まで広げた。やがて足袋製造業の限界を見極め、親戚筋にあたる播磨屋喜太郎・中島富次郎らの協力を得て、塩田開発に着手した。

　最初に手がけた塩田は、味野村・赤崎村沖合の野﨑浜48町8反歩で、1827(文政10)～29年にかけて開拓された。両村から1字ずつとって野﨑浜とよばれた。また野﨑の姓は、ここから取ったものである。現在のJR児島駅付近が野﨑浜の跡地で、駅東側の児島味野地区は、製塩に使用した石炭殻・コークス滓のアスで埋め立てた所である。武左衛門は、その後、日比村・向日比村沖に亀浜、山田村・胸上村(以上、現、玉野市)沖一帯に、73町9反余歩の東野﨑浜を開いた。現在はその一角で、ナイカイ塩業の山田工場が操業を続けている。

　なお武左衛門は、塩田だけでなく耕地の開発も行っており、福田新田は、現在、水島臨海工業地帯東部地域や後背地となっている。塩田142町歩・田畑200町歩を有する備前きっての大地主となった武左衛門は、塩田と新田開発の功労によって大庄屋格となった。

約3000坪(約1万m²)におよぶ旧野﨑家住宅(県史跡)がある。江戸時代末期から明治時代中期に建てられた玄関棟・味噌蔵など12棟が、旧野﨑家住宅として国の重要文化財に指定されている。

　低い丘陵を背景に、御成門・長屋門が配され、敷地のほぼ中央に、桁行7間・梁間3間半、入母屋造・本瓦葺きの表書院と、入母屋造・本瓦葺きの主屋群があり、向座敷が続く。この主屋の北側に、内蔵・大蔵・書類蔵・新蔵・岡蔵が並び、内蔵の後方に夜具蔵がある。1987(昭和62)年、旧宅の公開にあたり、大蔵の内部を改造

旧野﨑家住宅土蔵群

港町下津井から藤戸・天城へ

旧野﨑家住宅周辺の史跡

して野﨑家塩業歴史館が開設され、製塩具・塩業資料を展示している。また、江戸時代末期の枯山水庭園は、花崗岩を用いて、石組に幽玄の世界を表現しており、観曙亭・容膝亭・臨池亭の3席の茶室がある。この邸宅を建てたのは、「塩田王」として名高い野﨑武左衛門である。

野﨑武左衛門翁旌徳碑 ㉗

〈M▶P.138, 168〉倉敷市児島味野2-2129-2
JR本四備讃線（瀬戸大橋線）児島駅🚶10分

武左衛門を顕彰するオベリスク

旧野﨑家住宅の南西400mほどの所に、野﨑武左衛門翁旌徳碑（石垣・石橋・門柱、国登録）がある。1892（明治25）年、野﨑武吉郎が、「塩田王」とよばれた祖父武左衛門を顕彰するために建てたオベリスク（方尖柱）型の碑で、塩業に従事する当作人や浜子、近隣の農・漁民の労力奉仕によって完成した。設計はフランスで学んだ内務省勧農局の技師山田寅吉、碑銘は貴族院議員時代の武吉郎の同僚東久世通禧の揮毫になる。

JR児島駅から東へ150mほど行った所が、1908（明治41）年に野﨑武吉郎の還暦記念の寄付金で設立された児島郡立商船学校跡である。1913（大正2）年に岡山県立商船学校、1939（昭和14）年に国立海員養成所となり、現在は海技大学校児島分校となっている。また海技大学校の道を隔てた西隣には、野﨑家の塩田の守り神とされた塩釜明神社（旧宅の庭にもある）がまつられている。

海技大学校児島分校の南西、旧味野浜と赤崎浜の児島観光港の東側に旧野﨑浜灯明台が立っている。1863

野﨑武左衛門翁旌徳碑

168　白壁と紡績のまち倉敷

(文久3)年に築造され、灯台の役割と塩釜明神社への献灯の役をかねていた。石積みの基壇上に建てられており、下端で方3.85m、上に向かうに従ってしなやかに胴をしぼり勾欄付きの中台に方1.3mの灯室を組む。頂上には水煙のついた宝珠をいただいている。

村山家住宅主屋 ㉘ 〈M ▶ P.138〉倉敷市児島下の町2-1527-2
JR本四備讃線(瀬戸大橋線)児島駅 🚌 5分

大正橋の南西200mほどの所に倉敷市瀬戸大橋架橋記念館がある。太鼓橋をモチーフにした建物内には、瀬戸大橋の500分の1模型をはじめ、世界各国の橋の模型などが展示されている。

大正橋から東へ約2km、下村川に架かる常盤橋の手前で左折し少し行くと、村山クリニックの裏手に村山家住宅主屋(非公開、国登録)がある。1897(明治24)年、塩業・紡績業で富を築いた高田三家の西高田家の邸宅として建てられたもので、1935(昭和10)～61年には村山外科医院、その後は同家の居宅として利用されてきた。寄棟造・桟瓦葺きで、2階の吹抜けバルコニーは6本の円柱を配したコロニアル様式となっており、白漆喰の外壁も美しい。

常盤橋から北西へ2kmほど行くと、市立琴浦西小学校の北側、王子権現社の境内に、石造総願寺跡宝塔(県文化)がある。「建仁三(1203)年二月十日」銘があり、在年銘の宝塔としては県内最古、全国でも2番目に古いものである。花崗岩製で、高さは2.8m。伏鉢より上部の宝珠までが一石で形成され、その下は低い方形の台石上に方柱状の塔身を載せ、四面に龕をつくって仏像を薄肉彫りにしている。なお総願寺は王子権現社の別当寺で1668(寛文8)年、廃寺となった。

琴浦地区の氏神である鴻八幡宮(祭神誉田別尊ほか)は、村山家住宅の北東約500mの宮山に鎮座する。毎年10月第2週の土・日曜日に行われる秋季例大祭の山車の壮麗さは比類なく、

明治期洋風近代建築の一典型

村山家住宅主屋

港町下津井から藤戸・天城へ

祭り囃子は「しゃぎり」とよばれ，県の重要無形民俗文化財に指定されている。

由加神社と蓮台寺 ㉙
086-477-3001／086-477-6222

〈M▶P.138〉倉敷市児島由加2852 Ｐ／児島由加2855 Ｐ
JR本四備讃線(瀬戸大橋線)上の町駅🚶35分，または児島バスセンター🚌由加山行終点🚶10分

かつての潮待ち参拝地 金刀比羅往来

　由加山バス停は，かつての瑜伽大権現の門前町にある。瑜伽大権現は，江戸時代から大正時代にかけて，讃岐の金刀比羅宮(香川県琴平町)に向かう途中，参詣する両参りでおおいに賑わった。神仏分離令により，1873(明治6)年，由加神社と蓮台寺に分離され，今日に至っている。

　門前町を過ぎて表参道の石段にかかると，三の鳥居のかたわらに仁王門跡を中心とした広場があり，社寺にかかわる石碑列がある。

　参道に立ち並ぶ50余基の石灯籠を眺めながらのぼって行くと，境内に至る。東側の巨大な備前焼の鳥居をくぐると，由加神社本殿があり，さらにその奥へ一段のぼると，蓮台寺本殿が立っている。また，中央参道の東脇には，県内最大の高さ約86cm・口径約41cmの梵鐘を吊るした鐘楼，正面には，明治時代になって建立された高い石段の上に蓮台寺本堂の権現堂がみえる。

　由加神社本殿(県文化)は1674(延宝2)年の造営であるが，豪華な装飾彫刻などは桃山時代の特徴をとどめ，全国的にも珍しい比翼入母屋造となっている。入母屋造の2棟を横に並べて連結させ大屋根としたもので，岡山市北区吉備津の吉備津神社本殿を手本としながら，平入を妻入に向けかえることにより，正面に比翼の優美な姿を呈した独創性がうかがえる。内部は内陣と外陣に分かれ，神がまつられている。1700(元禄13)年の大火で焼け残った唯一の建物である。

　瑜伽山蓮台寺は，神仏分離以後，真言宗御室派準別格本山，733(天平5)年行基開基と伝える。客殿は1801(享和元)年に再建された，桁行9間(約18.8m)・梁間5間(約10.9m)の重層入母屋造・本瓦葺きの大建築で，これに付属した釣屋・御成門・浴室・手洗所とともに県の文化財に指定されている。内部は6間からなる書院造で，障壁画が見事である。

蓮台寺の南側、尾根上の平坦地である「塔の段」には、多宝塔(県文化)が立つ。1670(寛文10)年の暴風雨で倒壊し、そのままになっていたものを、1843(天保14)年、児島郡きっての名大工といわれた、後閑村(現、玉野市後閑)の棟梁大塚清左衛門隆悦が再建した。頑堅な基壇に亀腹をつくり、その上に南面して立てられている。

由伽山境内にある灯籠や玉垣を眺め歩くと、有名な江戸商人初代塩原多助をはじめとして、遠近の豪家富者の名をみつけることができる。

熊野神社と五流尊瀧院 ㉚㉛

086-485-0105／086-485-0027

〈M ▶ P.138〉 倉敷市林684 P／林952 P
熊野神社：JR山陽本線・伯備線倉敷駅🚌天城経由児島行・鷲羽山行林🚶10分、または瀬戸中央自動車道水島IC🚗10分／五流尊瀧院：JR本四備讃線(瀬戸大橋線)木見駅🚶20分、または瀬戸中央自動車道水島IC🚗5分

新熊野権現、修験宗総本山の地

林バス停から南東へ約500m行った所に熊野神社が、さらに400mほど行った所に五流尊瀧院(修験宗)がある。昔の金刀比羅往来(現、県道165号線)は、茶屋町—天城—藤戸から林を経て、由加にある瑜伽大権現へと通じていた。藤戸から塩干峠を南に越えて林へ出ることもできるが、この経路への途中にあるのが、熊野神社と五流尊瀧院である。

明治時代初期までは、熊野神社と五流尊瀧院を一体のものとして、紀州(現、和歌山県)熊野権現に対して新熊野権現とよんでおり、全国に多くの信者や領地をもっていた。その縁起は奈良時代に始まるという。699(文武天皇3)年、修験道の開祖役小角は、呪術をもって民衆を惑わすという科で、伊豆(現、静岡県伊豆半島・伊豆諸島)に流された。このとき、彼の5人の弟子が、紀州熊野の十二所権現の神体を守護して瀬戸内海に逃れ、各地を流れ歩いた後、柘榴浜(現、倉敷市児島下の町)に上陸、761(天平宝字5)年、現在地に社殿が造営されたと伝えられる。また5人の弟子は、建徳院・伝法院・太法院・尊瀧院・報恩院の5院(児島五流)を開いて奉斎したといい、とくに尊瀧院を中心に勢力を伸展した。

その後、藤戸合戦(1184年)の先陣の功で、児島波佐川荘(現、岡

港町下津井から藤戸・天城へ

熊野神社

山市南区灘崎町迫川)などの地頭職を得た佐々木盛綱との間に所領紛争がおこり，1210(承元4)年になって，児島郡東部は佐々木氏領，西部は熊野権現領と定められたが，しだいに戦国武将によって蚕食され衰亡していった。明治時代初期，神仏分離令で熊野神社と五流尊瀧院に分離され，修験道廃止令により五流尊瀧院は，天台寺門派の京都聖護院(現在は本山修験宗総本山)の末寺に属したが，第二次世界大戦後には，修験道を再興して日本修験宗の本庁となった。

熊野神社本殿は，南面して横一列に並ぶ6棟の社殿からなり，12の神座に天照大神以下の神々がまつられている。向かって左から第三・一・二・四・五・六殿と並び，このうち国の重要文化財に指定されているのは，1492(明応元)年再建の第二殿である。第一・三～六殿は，1647(正保4)年に岡山藩主池田光政によって再建されたものと伝え，県の文化財となっている。

第二殿は，桁行2間(3.78m)・梁間1間(2.56m)の春日造である。切妻正面に身舎の屋根と同じ幅の向拝がつく。第二殿の向拝柱は6面をとった方柱で，正面の虹梁上には雲と日輪の彫刻を施した蟇股をおき，全体として力の躍動を感じさせる造りである。第一殿は春日造，第三殿は入母屋造，第四～六殿は流造となっている。第六殿に地主神をまつるのは，紀州熊野権現とよく似た構成である。

熊野神社から五流尊瀧院へ向かう途中，三重塔の南に，後鳥羽上皇の供養塔といわれる五流尊瀧院宝塔(国重文)がある。承久の乱(1221年)で隠岐(現，島根県隠岐郡)に配流された上皇が没した翌年，1240(仁治元)年2月の命日に，息子である冷泉宮頼仁親王と桜井宮覚仁親王が，その冥福を祈って造立したものという。花崗岩製で側面3区格狭間付き，壇上積みの基壇上に高さ3.75mの宝塔が立っている。

尊瀧院ほか四カ院三重塔

　宝塔から熊野神社寄りの小高い広場には，1820(文政3)年再建だが古式を残す尊瀧院ほか四カ院三重塔(県文化)が聳える。その隣の鐘楼には，「康正三(1457)年」銘の梵鐘(県文化)が吊り下がっている。東方上段の旧観音堂(本地堂)には，ヒノキの寄木造で，鎌倉時代初期の作風がいたるところにうかがわれる，木造十一面観音立像(県文化)がまつられている。

　五流尊瀧院から南東へ700mほど行くと，木見集落の諸興寺跡の北に，頼仁親王の墓と伝えられる五輪塔がある。承久の乱後，佐々木盛綱の子信実が守護をつとめていた備前児島郡の熊野権現に配流され，五流尊瀧院を御座所としたと伝える。親王は1264(文永元)年に64歳で没したという。また五流尊瀧院の西約1.2km，瀬戸中央自動車道水島ICの北東，曽原の清田八幡神社(祭神 仲哀天皇ほか)には，頼仁親王の写経といわれる『大般若経』100巻が残されている。当社の本殿(県文化)は江戸時代前期の再建である。桁行3間・梁間2間，入母屋造・檜皮葺きで，擬宝珠高欄付きの縁がめぐらされている。児島地方における代表的な古社とされる。

天石門別保布羅神社 ㉜
086-456-5101
〈M▶P.138〉倉敷市福田町広江726
瀬戸中央自動車道水島IC🚗15分

古代山岳信仰伝承地、磐山

　水島IC西方の相引の西隣が広江で，県道62号線鷲羽山スカイライン北口交差点の北200mほどの所には持命院がある。鷲羽山スカイラインを少し南下すると，岩瀧山という磐境の山がありその南に天石門別保布羅神社(祭神 天手力雄命)がある。『備陽記』によると，古くは天形星社といい，八大龍神をまつっており，この神は修験道の創始者役小角の創建した，三宝荒神に八大龍王が習合したものという。社伝によると，往古悪疫流行の際，疫難除けの神として，広江の矢の鼻に持命院の住持清長法印が勧請した社が始まりという。現在地に遷ったのは，建長年間(1249～56)，法印の霊夢によったといわれている。

本殿と拝殿の間には,「釈塔様(しゃくとうさま)」とよばれる砂岩(さがん)製の層塔残欠(ざんけつ)がある。配流中の冷泉宮頼仁親王が,父後鳥羽上皇崩御(ほうぎょ)の後,岩瀧山にその霊をまつり,追慕のために造立したものと伝えられる。本殿には,「元禄十一(1698)年」銘の棟礼がある。当地に鎮座したのは,天形星社の時期を経て,1870(明治3)年と伝えられている。

　なお,紀州熊野三社になぞらえ,林の熊野権現の社地が本宮(ほんぐう),木見の諸興寺跡が新宮(しんぐう),由伽山が那智(なち)にあたるという伝承がある。

藤戸寺(ふじとじ)と藤戸古戦場(ふじとこせんじょう) ㉝

086-428-1129

〈M▶P. 138, 175〉倉敷市藤戸町藤戸57 Ｐ
JR山陽本線・伯備線倉敷駅🚌児島・彦崎(ひこざき)方面行藤戸寺下🚶2分

佐々木盛綱の伝承譚
源平合戦藤戸古戦場

　藤戸寺下バス停すぐ西側の石垣上に藤戸寺(真言宗)がある。705(慶雲(けいうん)2)年に行基が開いたと伝える名刹(めいさつ)で,千手観音を本尊とする。本堂をはじめ多くの堂塔伽藍を備えていたが,戦国の争乱ですべて灰になったという。その後,1631(寛永8)年,岡山藩主池田氏が再興し,代々藩主の尊崇を受けて栄えた。本堂の裏側に石造藤戸寺五重塔婆(とうば)(県文化)が立っている。花崗岩製で高さ3.55m,1243(寛元(かんげん)元)年10月18日に,源平(げんぺい)将士供養のために造立されたとの銘がある。寺宝には,江戸時代の藤戸合戦古絵図や佐々木盛綱所用という鐙(あぶみ),盛綱の木像などがある。

　藤戸寺の付近は,藤戸合戦の古戦場である。合戦の模様は,『平家(へいけ)物語』に活写(じゅえい)されている。1184(寿永3)年2月,一の谷(いちのたに)の合戦に敗れ西へ逃れた平氏軍は,12月,源氏(げんじ)軍と藤戸海峡を挟んで対陣していた。藤戸寺の眼下を流れる倉敷川や吉岡(よしおか)川の辺りは,当時の海峡の最深部であった。太古以来,児島半島は名前のとおり1つの島であったが,高梁(たかはし)川・旭(あさひ)川・吉井(よしい)川を流下する土砂の堆積によって浅海化が進み,藤戸海峡が形成され,合戦当時には所々

藤戸寺五重塔婆

に浅瀬が存在していたようである。
児島側の平氏軍は、平行盛を大将として殿山・正盛山に布陣し、対岸の高坪山に拠る佐々木盛綱、日間山に拠る梶原景時らの源氏の軍勢を扇で招いて挑発したが、水軍をもたない源氏軍には手の出しようがなかった。ところが、12月6日夜、佐々木盛綱は1人の若い漁師の案内で対岸まで続く一筋の浅瀬を知り、翌朝、敵の扇の招きに応じて、部下とともに騎馬で海を押し渡り、平氏軍の不意を衝いて、先陣の功を挙げた。盛綱はその功によって、源頼朝から児島の地を賜り、その子孫は、加地・田井・飽浦の3氏に分かれて繁栄したという。

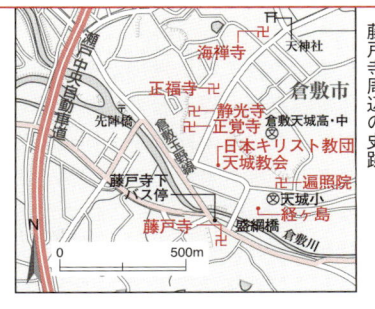

　藤戸寺のすぐ北、倉敷川に沿う市立天城小学校の校庭の続きに、経ヶ島という全山ウバメガシに覆われた小山があり、鎌倉時代の宝篋印塔の残欠がまつられている。この島は、盛綱が藤戸寺で源平戦死者の供養を行った後、経筒を埋めた所で、塔はその上に造立されたものと伝えられる。

　藤戸寺の西約600m、粒江集落の東端に浮洲岩の碑がある。この付近は、かつて藤戸海峡の浮き島で、児島湖ができるまでは、アマモなどの塩生生物が生息していたという。そこに浮洲岩という名石があったが、現在は京都醍醐寺三宝院庭園の主石となり、「藤戸石」とよばれている。室町幕府3代将軍足利義満が、京都北山山荘（現、鹿苑寺）に運んだとも、豊臣秀吉が聚楽第に移したともいわれる名石である。

　さらに西へ足を伸ばすと、種松山の北東麓に西明院（真言宗）がある。境内の先陣堂または先陣庵とよばれる堂が立つ辺りは、天暦山先陣寺跡である。ここは、藤戸合戦の際、佐々木盛綱が真っ先に馬で乗り上げた合戦第一の激戦地で、盛綱は源平両軍の戦死者を慰霊するために先陣寺を建立したと伝えられる。先陣堂から北を望めば有城山がみえる。山腹には御崎宮がまつられており、南麓の「宮の鼻」か、少し西方の「乗り出し岩」の所から、盛綱が海に馬を乗り入れたと言い伝えられている。

港町下津井から藤戸・天城へ

有城山の東には笹無山(ささなしやま)がある。この山には悲しい伝説が残る。藤戸合戦の直後，浮洲岩の辺りに若い男の死体が漂っていた。先陣の功を焦った佐々木盛綱が，同僚に浅瀬の存在を知られることを恐れ，案内役の漁師を殺害したのであった。漁師の母親は盛綱の仕打ちを恨み，「佐々木憎けりゃ，笹まで憎い」と狂ったように笹を引き抜いたといわれ，その怨念のためか，以後この山には笹が生えず，笹無山とよばれるようになったという。この話は謡曲(ようきょく)「藤戸」の題材にもなっている。

陣屋町天城(じんやまちあまき) ㉞　岡山藩家老池田家の陣屋跡

〈M ▶ P. 138, 175〉倉敷市藤戸町天城
JR山陽本線・伯備線倉敷駅🚌児島・彦崎方面行藤戸寺下
🚶2分

　藤戸寺から盛綱橋を渡ると，陣屋町天城の町並みが広がる。四国街道・金刀比羅往来(現，県道22号線)に沿った天城には，江戸時代，岡山藩家老天城池田氏の陣屋がおかれた。町の北方の丘陵，現在の県立倉敷天城高校の一角には，1927(昭和2)年に竣工した武道場(当時，県立天城中学校武道場)が建てられている。現存の県立学校の和風建築として貴重である(国登録)。

　盛綱橋から100mほど直進して左折，西へ向かうと日本キリスト教団天城教会(敷地及び教会堂，県史跡)がある。1890(明治23)年に建てられた擬洋風の教会堂は，現存する教会建築としては県内で2番目に古いものである。東へ向かうと，市立天城小学校の校門前に遍照院(真言宗)がある。庫裏は，天城池田氏初代由成のかつての居城下津井城の単層楼を移したものと伝えられている。

　天城教会から西へ50mほど行き右折，舟入川(ふないり)沿いに600mほど北上すると，寺町の最東端に海禅寺(りんざい)(臨済宗)がある。天城池田家の菩提寺(だいじ)で，本堂の欄間は下津井城の遺構といわれ，墓地の一画には，下津井城主で家老池田氏の笠塔婆が残る。海禅寺の南250mの所にある正福寺(日蓮宗)の三門は下津井城城門を，その南の静光寺(じょうこうじ)(浄土真宗)(じょうどしゅう)の三門は，天城陣屋総門を移築したものという。静光寺には『忠臣蔵』(ちゅうしんぐら)で有名な大石良雄(おおいしよしお)の祖母熊女(くまじょ)の墓(ぼ)も残っている。

備中の道 *Bitchū*

吉川八幡宮本殿及び拝殿

吹屋の町並み

備中の道

◎備中の道散歩モデルコース

新倉敷から笠岡コース　　JR山陽本線ほか新倉敷駅_10_羽黒神社_20_円通寺_10_玉商グランド前バス停_13_JR新倉敷駅_13_JR山陽本線里庄駅_30_仁科芳雄博士生家_30_JR里庄駅_4_JR山陽本線笠岡駅_3_遍照寺多宝塔・小田県庁跡(笠岡代官所跡)_5_JR笠岡駅

山陽道を西へ向かうコース　　1. 井原鉄道井原線吉備真備駅_15_吉備寺_10_箭田大塚古墳_25_吉備真備駅_8_井原鉄道井原線三谷駅_10_閦勝寺_20_下道氏墓_20_吉備大臣宮(吉備神社)・吉備大臣館_15_猿掛城跡(麓まで)_30_三谷駅

2. 井原鉄道井原線矢掛駅_10_矢掛宿_10_井原鉄道矢掛駅_8_井原鉄道井原線早雲の里荏原駅_35_高越城跡_15_刀工女国重宅跡_20_早雲の里荏原駅

備中北部から真庭コース　　岡山自動車道賀陽IC_5_妙本寺_8_清水寺_20_綱島梁川記念碑・記念室_15_大谷1号古墳_10_英賀廃寺跡_5_中国自動車道北房IC

備中高梁駅周辺コース　　JR伯備線備中高梁駅_10_ _20_備中松山城_55_高梁市武家屋敷館_3_頼久寺・頼久寺庭園_3_高梁基督教会堂_5_安正寺_5_道源寺・定林寺_10_薬師院・松連寺_10_JR備中高梁駅

成羽歴史散歩コース　　JR伯備線備中高梁駅_25_山崎氏御殿跡・高梁市成羽美術館_15_龍泉寺_5_桂巌寺_15_柳丁武家屋敷_25_JR備中高梁駅

吹屋歴史散歩コース　　JR伯備線備中高梁駅_50_吹屋ふるさと村郷土館_5_吹屋小学校校舎_5_ベンガラ館・ベンガラ陶芸館_5_吹屋銅山笹畝坑道_5_広兼邸_50_JR備中高梁駅

川上町歴史散歩コース　　JR伯備線備中高梁駅_50_国吉城跡_6_磐窟谷_20_弥高山(県立自然公園)_10_穴門山神社_60_JR備中高梁駅

①羽黒神社	⑬仁科芳雄博士生家	㉖大嘗会主基田伝承地	㊲三尾寺
②円通寺	⑭堂応寺宝篋印塔	㉗綱島梁川記念碑	㊳鯉ヶ窪湿生植物群落
③小田県庁跡	⑮吉備寺	㉘保月山六面石幢・板碑	㊴神応寺六角石幢
④津雲貝塚	⑯閦勝寺	㉙大谷1号墳	㊵野田山遺跡
⑤神島と笠岡沖の島々	⑰猿掛城跡	㉚英賀郡衙跡	㊶方谷庵
⑥金光教本部	⑱矢掛宿	㉛英賀廃寺跡	㊷成羽陣屋町
⑦大宮神社	⑲持宝院	㉜備中松山城	㊸吹屋ふるさと村
⑧旧高戸家住宅	⑳中世夢が原	㉝松連寺	㊹笠神の文字岩
⑨鴨山城跡	㉑高越城跡	㉞頼久寺	㊺国吉城跡
⑩両ун薬師堂	㉒興譲館	㉟恵堂地蔵	㊻穴門山神社
⑪大浦神社	㉓高山寺	㊱井倉洞	
⑫天満神社	㉔吉川八幡宮		
	㉕妙本寺		

港町を西へ ①

玉島港と笠岡港は古くから海上交通の要衝として栄え，その周辺や笠岡諸島には豊かな史跡・文化財がある。

羽黒(はぐろ)神社(じんじゃ) ❶
086-522-2695

〈M▶P. 178, 182〉倉敷市玉島中央町(たましまちゅうおうちょう) 1-12-1 P
JR山陽新幹線・山陽本線新倉敷駅 🚌 沙美・寄島行玉島中央町
🚶3分

備中松山藩主が権現社と別当寺を創建

　玉島中央町バス停から少し南へ行くと，羽黒山(さんあみだやま)(阿弥陀山)に羽黒神社(祭神玉依姫命(たまよりひめのみこと)・素戔嗚尊(すさのおのみこと)・大國主命(おおくにぬしのみこと)・事代主命(ことしろぬしのみこと))がある。1658(万治元)年，備中松山藩主(びっちゅうまつやまはんしゅ)水谷勝隆(みずのやかつたか)が，玉島新田開拓の際に出羽国(でわ)羽黒山の羽黒大権現(だいごんげん)(山形県鶴岡市(つるおか))を勧請(かんじょう)し，開墾の無事成就を祈願したのに始まる。1665(寛文(かんぶん)5)年に勝隆の子勝宗(かつむね)が社殿を改築，阿弥陀山東斜面に別当(べっとう)羽黒山清瀧寺(せいりゅうじ)を建立(こんりゅう)した。羽黒大権現は，1693(元禄(げんろく)6)年の水谷家除封(じょふう)後も明治維新に至るまで，備中松山藩主の祈願所とされていたが，1870(明治3)年，神仏分離令によって羽黒神社と清瀧寺に分離した。清瀧寺の本堂はそのままで，庫裏(くり)だけは羽黒山をくだり，北側に移転したが，1975(昭和50)年に庫裏の1つも旧地に復帰した。

　現在の羽黒神社の本殿は1851(嘉永(かえい)4)年，幣殿・拝殿は1854(安政(あんせい)元)年の再建である。境内には，勝宗の子勝美が寄進した六角石灯籠(どうろう)や，水谷氏3代の遺徳を偲んで勧請された水谷神社，松山藩士熊田恰(くまたあたか)をまつる熊田神社，絵馬殿(えまでん)，北海道・北陸・四国などの商人が寄進した玉垣(たまがき)などがある。

　羽黒山から南西へまっすぐに延びる新町通(まち)りは，1670(寛文10)年に築造された玉島港の新町堤防跡(しんまちていぼうあと)である。江戸時代，玉島は備中国有数の商港として繁栄した。新町通りには，江戸時代中期以降の虫籠(むしこ)

羽黒神社

窓・海鼠壁の商家や土蔵が残り，県の町並み保存地区に指定されている。

羽黒山の東は松山藩の問屋場跡である。港橋を渡って川沿いの道より一本南の道を南西に行くと，倉敷市旧柚木家住宅（西爽亭）（国登録）がある。柚木家は代々備中松山藩に仕え，奉行格の待遇を受けた大庄屋であった。西爽亭は天明年間(1781～89)の建築といわれ，その名は儒学者菅茶山の命名という。藩主が宿泊場所にした建物で，御成門・式台玄関があり，上の間は書院造を構成している。主屋・御成門と庭園内の茶室が国の登録有形文化財となっている。1868(慶応4)年，岡山藩と松山藩が一触即発の状況であったとき，西爽亭の次の間で，松山藩士の熊田恰が，部下の助命を嘆願して自刃した。熊田のおかげで戦火を免れた玉島村民は，1870(明治3)年，羽黒山上に熊田神社を建立した。

円通寺 ❷　〈M▶P. 178, 182〉倉敷市玉島柏島451　P
086-522-2444　　JR新倉敷駅🚌沙美・寄島行玉商グランド前🚶10分

越後からきた良寛が修行をした寺

玉商グランド前バス停のすぐ北側には，倉敷市玉島歴史民俗海洋資料館がある。千石船の10分の1模型など多くの船舶・海運関係資料や，干拓地で使用された農具・漁具などの民俗資料を展示している。

資料館から少し南に行って昭和橋を渡り，住吉山公園の北側を通って坂道をのぼると補陀洛山円通寺(曹洞宗)に至る。開基は行基で，本尊の聖観音菩薩はその作と伝えられ，「星浦の観音」とよばれている。

かつて，玉島湊を見下ろす白華山上には，行基の遺跡と伝えられる朽ち果てた観音堂があった。1698(元禄11)年，柏島村の人びとは，村で疫病が流行るのはこのためだと考え，堂を再建し，加賀の大乗寺(現，石川県金沢市)を退いた徳

円通寺

円通寺周辺の史跡

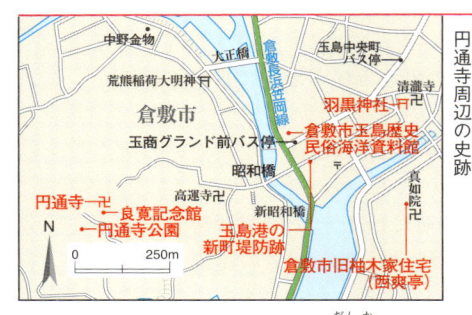

翁良高を招き，中興開山とした。良高が造立した「不許葷酒入境内」の石碑が山門の下に残っている。当初は円通庵と称したが，2世雄禅良英が伽藍と庭園を整備し，円通寺と改めた。円通寺は檀家をもたなかったが，修行の寺として崇敬を集め，玉島商人の援助を受けた。

円通寺は，漢詩人・歌人・書家としても名高い僧良寛が修行をした寺でもある。1769(明和6)年に円通寺10世となった良高の法孫大忍国仙は，1779(安永8)年，越後を巡錫中，出雲崎の光照寺(新潟県出雲崎町)で良寛と出会った。良寛は22歳のとき，国仙の下で正式に出家得度し，一行に随って円通寺で修行を続け，1790(寛政2)年には国仙から，寺の一宇として今も残る高方丈で印可の偈を与えられた。国仙の示寂後は諸国行脚の旅を始め，円通寺を離れて越後に戻った。円通寺の境内には良寛記念館が設けられており，良寛の和歌・漢詩などを展示している。

なお円通寺を含む一帯は，円通寺公園(県名勝)として整備されている。瀬戸内海の展望が素晴らしく，良寛詩碑をはじめ，多くの文人の詩碑・歌碑などが立ち並んでいる。

小田県庁跡 ❸

0865-62-2076(笠岡市立郷土館)

⟨M ► P. 178, 184⟩ 笠岡市笠岡1870　P (笠岡市立郷土館)

JR山陽本線笠岡駅 🚶 5分

笠岡には小田県庁がおかれていた

JR笠岡駅の西方約500m，西の浜の埋立地に遍照寺(真言宗)がある。1977(昭和52)年に区画整理事業により現在地に移転したが，もとは駅の北東約250mの所(現，いちょう公園)にあり，町の中心に位置して末寺を周囲に配し，寺の町笠岡のシンボルとなっていた。

寺伝では，南北朝時代に当地の豪族陶山氏が吉田(現，笠岡市吉田)から笠岡に移したとされる。旧境内地に残る遍照寺多宝塔は，1606(慶長11)年に備中国奉行小堀氏の後援を得て造営されたもので，かたわらには落慶法要のために法華経を読誦したことを記す

遍照寺多宝塔

石碑が立つ。多宝塔は方3間，木造2層・本瓦葺き，内部前面に装飾文様・絵画が極彩色で描かれている。県内に現存する多宝塔のうちでもっとも古く，石碑とともに国の重要文化財に指定されている。また西の浜の境内に立つ楼門には，室町時代の梵鐘（県文化）が伝存する。

遍照寺多宝塔から北東へ100mほど行くと市立笠岡小学校があり，その敷地のうち貫閲講堂や体育館があるやや高い部分が笠岡代官所跡である。笠岡は，1698（元禄11）年に江戸幕府の直轄領となり，1700年5月，初めて代官所が設けられた。以後幕末まで42代170年にわたって代官支配が行われた。代官のうち，14代井戸平左衛門正明（石見〈現，島根県西部〉大森代官を兼務）は，「芋代官」として有名である。

1871（明治4）年11月15日，廃藩置県によって誕生した深津県が，翌年6月7日に小田県と改称されると，当地には小田県庁が設置された。当初，小田県（備中・備後〈現，広島県東部〉のうち東部6郡）のほか，岡山県（備前）・北条県（美作）の2県がおかれ，このうち小田県は約50万石と最大であったが，わずか3年で岡山県に合併された。現在の笠岡小学校の敷地は，小田県庁跡でもあり，小田県庁の門は笠岡小学校正門として使われている。

小田県庁跡から南へ200mほど行くと，社会事業家・僧侶・南画家であった津田白印ゆかりの浄心寺（浄土真宗）がある。

小田県庁跡から北西に200mほど行くと，敬業館の跡がある。敬業館は1797（寛政9）年，地元有志の願い出により，笠岡代官早川

小田県庁跡

港町を西へ

笠岡駅周辺の史跡

八郎左衛門正紀が建設を許可し,翌年に開かれた庶民のための郷学である。648 m²の広大な敷地に,講堂1棟・塾舎2棟・教授の居宅が立っていたと伝えられる。初代教授は小寺清先(櫨園)で,四書五経が教科書として用いられ,最盛期には備前・備後・安芸(現,広島県西部)・豊後(現,大分県)など諸国からも門下生が集ったという。1850(嘉永3)年には土地・建物などが小寺家に払い下げられ,小寺家の私塾として経学の講義を行ったが,1883(明治16)年閉鎖された。現在,塾舎として使用されていた建物が推定復元されている。建物の裏手には,早川八郎左衛門の徳を慕って建てられた「思徳之碑」と「櫨園先生之碑」が立っている。

敬業館跡の南西300mほどの所にある威徳寺(曹洞宗)には,1733(享保18)年に笠岡陣屋で没した井戸平左衛門の墓と肖像画が残る。すぐそばには井戸公園があり,頌徳碑が建てられている。威徳寺の西にある天満神社は,1770(明和7)年におきた笠岡村の小作騒動の際,小作人らが集まって密議した所である。

遍照寺から南へ向かい,隅田川河口の橋を渡ると笠岡市立郷土館がある。1969(昭和44)年に開館し,大飛島遺跡で発掘された奈良三彩や皇朝十二銭,津雲貝塚・関戸の廃寺跡(県史跡)の出土品などを展示している。前庭には笠岡港東浜組と西浜組で使われた力石(笠岡港の力石,県民俗)が,それぞれ8個ずつ残っている。沖仲仕が,これらの石をかつぐことで体と精神を鍛え,力試しをし,時には給金などを決めるのに使われていた。

津雲貝塚 ❹　〈M▶P.178〉笠岡市西大島字津雲
JR山陽本線笠岡駅🚌寄島行大島小学校前🚶3分

市民会館前バス停から北へ150mほど行くと笠岡市立竹喬美術館がある。当館は,日本画家小野竹喬の功績を後世に伝えるために,1982(昭和57)年に開館した。竹喬の作品のほか,竹喬に関するさま

カブトガニ

コラム

約2億年前から姿形をかえない「生きている化石」

地球が誕生してから46億年、生命が誕生してから35～40億年になる。カブトガニは2億年前からその姿や形をかえないまま、現在まで生き続けていることから、「生きている化石」といわれる。クモやサソリと同じく、古生代に栄えた三葉虫から進化したアグラスピスを祖先とする。

現在、地球上には2属4種のカブトガニが生息している。1種は北アメリカ東海岸、3種はアジアの東南海域に生息しており、日本では、瀬戸内海から九州北部にかけて分布する。笠岡では生江浜海岸一帯が、カブトガニ繁殖地として国の天然記念物に指定されていた。1966(昭和41)年から実施された笠岡湾干拓により、生江浜海岸が陸地にかわり、個体数が激減した。1970年に昭和天皇より県知事加藤武徳に対し、「カブトガニの保護はどうなっているのか」との御下問があり、こうした保護への動きのなかで、1971年に繁殖地の1つ神島水道のカブトガニ繁殖地が国の天然記念物に指定された。

しかし、生息地の干潟の変化により、日本におけるカブトガニの生息数は減少している。こうしたなかで、笠岡市は全国に先駆けて「カブトガニ保護条例」を制定し、保護・増殖に取り組み、地域住民による保護運動も盛んである。

縄文時代の人骨が多数出土した重要な遺跡

ざまな資料を収集・公開している。竹喬(本名英吉)は1889(明治22)年、笠岡市西本町に生まれた。1903年に京都に出て竹内栖鳳に師事した後、風景画家としての道を歩み、1979(昭和54)年に亡くなるまでの75年間、日本の自然の美しさを描き続けた。

竹喬美術館の南東約2km、神島大橋のそばに笠岡市立カブトガニ博物館がある。1975(昭和50)年開設のカブトガニ保護センターの役割を引き継いで、1990(平成2)年に開館された、カブトガニをテーマとする世界で唯一の博物館である。生きているカブトガニを観察できるだけでなく、映像によって、生物の進化を楽しく学ぶことができる。

カブトガニ博物館の北東約1.5km、市立大島小学校の西の畑地に、津雲貝塚(国史跡)がある。縄文時代にはこの辺りにまで海が入り込んでおり、人びとが集落を営んでいたと考えられる。津雲貝塚は、1870(明治3)年、津雲池の堤防工事の際に発見された。1915(大正4)年には鳥居龍蔵博士らが予備調査を行い、その後の発掘調査に

港町を西へ

より，170体近い縄文人骨が発見された。とくに1919～20年の清野謙次らによる出土人骨の調査は，埋葬法や抜歯，播火(死者に対して焚火をする風習)など縄文人の風俗や解剖学的な特徴を明らかにし，多くの研究材料を提供した。また，縄文時代後期の土器をはじめ，各種の石器・角製釣針，装身具も豊富に出土しており，一部は笠岡市立郷土館に展示されている。

神島と笠岡沖の島々 ❺

東西からの潮流が出合う歴史豊かな島々

〈M▶P.178〉笠岡市神島ほか 🅿(笠岡市神島公民館)
JR山陽本線笠岡駅🚌神島外浦行中村口🚶1分／笠岡港⛴20分(神島外浦)，26分(高島)，35分(白石島)，55分(北木島)，70分(真鍋島)

　笠岡の沖合には小さな島が点々と連なっている。1970(昭和45)年に，神島大橋が開通して本土とつながった神島，そして高島・白石島・北木島・真鍋島などからなる笠岡諸島である。

　神島には神島霊場八十八カ所がある。笠岡の人今田慧弦の発起により，神島内浦の人池田重郎兵衛の助力によって，1740(元文5)～1744(延享元)年まで5年を要して成就したと伝えられる。道程29kmのなかに，四国の札所と同じ形になるよう巡礼路が設定されており，各札所の本尊の下に四国の札所から持ち帰った土を埋め，その上に堂を建てている。神島内浦の自性院・安養院(ともに真言宗)が2寺共有で所蔵する鎌倉時代中期の絹本著色仏涅槃図(岡山県立博物館に寄託)，神島外浦の日光寺(真言宗)が所蔵する，朝鮮で14世紀頃制作された絹本著色地蔵十王像(岡山県立博物館に寄託)は国の重要文化財に指定されている。日光寺は神島外浦の高台に位置し，ここから眺める瀬戸内の風景は素晴らしい。神島公民館の敷地内に，神島に関する資料を展示する神島史料館がある。

　神島外浦の南方約2kmに高島(国名勝)がある。神武天皇が高島滞在時に吉凶を占ったとされる神卜山があり，この山頂に自然石の記念碑としては最大級の「高島行宮遺阯碑」がある。島内には，旧石器時代から縄文時代，古墳時代などの遺跡が数多く残っている。とくに，王泊遺跡からは，古墳時代の土師器・須恵器・製塩土器などが多数出土し，考古学的に大きな成果をあげた。

真鍋島

神島の南の白石島(国名勝)には、白石踊(国民俗)が伝えられる。1184(元暦元)年、源平水島灘の合戦における両軍の死者を弔うために始まったといわれる。江戸時代中期にほぼ完成したとみられ、島民の回向・盆踊りとして定着し、今日に継承されている。白石踊の特徴は、1つの音頭と太鼓に合わせて、振り付けの異なる男踊・女踊・笠踊など13種の踊りが同時に展開される点にあり、全国的にもまれな民俗芸能である。白石島には神島八十八カ所の奥の院開龍寺(真言宗)があり、島の中央鬼ケ城(128m)の山頂には、鎧岩(国天然)とよばれるアプライト(半花崗岩)の岩脈が絶妙の岩肌をあらわしている。

白石島の南に、笠岡諸島最大の北木島(面積約7.5km^2)がある。北木島の花崗岩は、「北木石」の名で知られ、輝くような白さを特徴としている。徳川秀忠・家光による大坂城修築の際に石垣の材として使われ、寄進者を示す刻印が施された石が残る。北木の石材業は笠岡を代表する産業の1つであり、現在も海面下70mを超えて掘り進め、独特の景観をみせる採石場がある。

北木島の南が、全島が岡山県の「ふるさと村」に指定された真鍋島である。平家の武将真鍋氏が古くから本拠とした島で、島の東部に山城の真鍋城跡が残る。島の西端には、沢津丸の宝塔(県文化)がある。この凝灰岩製の宝塔は、平家方の戦死者追悼のために建てられたものと伝え、地元では「まるどうさま」とよばれている。

真鍋島西方の大飛島には、大飛島洲の南遺跡がある。1962(昭和37)年、市立飛島小・中学校の鉄棒設置工事の際に発見され、その後数回にわたって発掘調査が実施された。奈良三彩の小壺・銅鏡・皇朝十二銭など、奈良時代初期から平安時代中期の品々が多数出土した。大飛島付近は潮の干満によって、東西の潮流がぶつかる場所として知られており、潮待ちに適していた。出土品には、全国的にみても貴重な品々が含まれており、中央朝廷が祭祀に関与した可能

港町を西へ

性が高い。遣唐使の航海の無事を祈る祭祀が行われたとも推測される。津雲貝塚と並ぶ重要な遺跡である。なお、遺物は岡山県大飛島祭祀遺跡出土品として国の重要文化財に指定されており、青銅製品33点・銅銭35枚・三彩小壺3口、須恵器・陶器9点、ガラス小壺片2点・石製品2点は国の所有となり岡山県立博物館が、青銅製品22点・銅銭70枚・鉄製品3点、三彩小壺・蓋22点、須恵器・土師器・陶器99点、ガラス製品6点・玉類2点は笠岡市の所有となり笠岡市立郷土館が保管している。

金光教本部 ❻

〈M ▶ P.178〉浅口市金光町大谷320 P
0865-42-3111
JR山陽本線金光駅 🚶10分

「神も人も共に助かり立ち行く世界」へ
新宗教の門前町

　JR金光駅から南へ500mほど行くと、天理教・黒住教とともに日本三大新宗教の金光教本部がある。金光教は、祟り神とされていた金神と、民間信仰の神々を統合した「天地金乃神」を祭神とし、「取次」により神と人、人と人、人と万物が「あいよかけよ」で「共に助かり立ち行く世界」の実現を目指す宗教である。

　教祖金光大神は1814(文化11)年、金光町占見で生まれ、初名を香取源七といった。12歳のとき、金光町大谷の川手家に養子に入り、大患により死に直面した42歳で神との応答関係をもつようになったといい、1859(安政6)年神伝により農業をやめ、神と人との取次に専念した。1883(明治16)年70歳で死去し、金光教本部裏手の教祖奥城にまつられた。1900年には独立教団としての金光教が誕生した。本部には、教祖金光大神の生活した旧宅(立教聖場。復元)も残されている。

　金光教本部付近は門前町を形成し、春と秋の大祭には参詣者で大変な賑わいをみせる。町並みから南へ少し離れた所には、金光教の教学を研究する金光教教学研究所がある。1936

金光教立教聖場(復元)

(昭和11)年，教師養成機関である教義講究所(現，金光教学院)に研究部が設けられたのを前身に，1954年教祖伝記奉修所などを統合して設立された。教祖・教義研究のほか資料類を保管，さらに『金光教学』を毎年発表している。

大宮神社 ❼

〈M▶P. 178〉浅口市金光町占見1583
JR山陽本線金光駅🚶20分

安倍晴明伝説の地に鎮座する酒と縁結びの神

JR金光駅の北方800mほどの所に，酒と縁結びの神として知られる大宮神社(祭神大己貴命ほか)がある。1666(寛文6)年，岡山藩主池田光政の神仏改正により，近隣の117社が合祀された。

占見には，平安時代中期の陰陽師安倍晴明にまつわる伝説がある。安倍晴明が，唐から陰陽道の書を持ち帰ったとされる吉備真備の子孫を探しに当地を訪れ，大宮神社の東側に居を構えたというものである。また，晴明に占ってもらうために人びとが訪れたことから，占見という地名が生まれたとも伝えられる。現在の総社市には，かつて晴明と同流に属する上原太夫という陰陽道の流れがあり，伝説誕生の原因の1つとなっているかもしれない。

旧高戸家住宅 ❽

0865-45-8040(かもがた町家公園)

〈M▶P. 178, 190〉浅口市鴨方町鴨方240 Ｐ
JR山陽本線鴨方駅🚶30分，または山陽自動車道鴨方IC🚗5分

鴨方藩の文化を今に伝える町並み

浅口市鴨方町は条里制遺構も残るなど古くから開かれていた。中世には室町幕府管領細川家の分家が分郡守護となって鴨山に城が築かれ，この地をめぐる毛利・宇喜多両氏の攻防戦も繰り広げられた。近世期には岡山藩の分家である岡山新田藩領となり，江戸時代末期には陣屋もおかれていた。町内には遙照山塊に源を発する水脈がいくつかあり，酒造業を発達させた。また特産の素麺製造のため，この水流を活用した小麦の水車挽きが盛んでもあった。

旧高戸家住宅

港町を西へ

浅口市役所周辺の史跡

　JR鴨方駅から北へ約2km行くと旧高戸家住宅(県文化)があり、一帯はかもがた町家公園として整備されている。高戸家は奈良屋を屋号とし、鴨方村名主をつとめたこともある旧家で、醤油醸造業や地主経営で財を成した。明治時代には、里正や戸長をつとめる一方、鴨方村議会議員・岡山県議会議員・衆議院議員を歴任した高戸郁三を出した。

　旧高戸家から西へ向かうと、鴨神社(祭神鴨別命ほか)の鳥居がある。随身門石段下に架かる板石6枚を反らせて整えた太鼓橋は、宮の石橋とよばれている。里謡に「鴨方に過ぎたるものが3つある　拙斎・索我・宮の石橋」と歌われた鴨方三奇の1つである。

　鴨神社本殿から左手の小道に入ると、儒学者西山拙斎の墓と顕彰碑がある。西山拙斎は、1735(享保20)年、鴨方に生まれた。16歳のとき、大坂に出て医学と儒学を学び、39歳で帰郷し欽塾を開いた。世の学風の乱れを嘆き、江戸幕府儒官柴野栗山に「答客問」の書を送り、朱子学を正学とする学制の統一を説いた。1790(寛政2)年、この建議が一因となり、老中松平定信は「寛政異学の禁」を出したといわれる。宮の石橋から右手に入ると、拙斎とともに鴨方三奇に数えられる画家田中索我の墓がある。田中索我は、1742(寛保2)年当地に生まれた。京都で鶴沢探索に師事して画法を学び、仙洞御所の屏風・杉戸絵を描いたことで知られる。浅口市立鴨方郷土資料館には、旧高戸家に伝来した孔雀図が所蔵されている。

　鴨神社の西に長川寺(曹洞宗)がある。源頼政の末裔西山宗久が開基、1412(応永19)年英巌章傑が開山した。境内には、浅口郡の分郡守護で鴨山城主細川通薫の墓といわれる墓石が残る。長川寺門前に立つ竜宮門は、1897(明治30)年に廃寺となった正伝寺の山門

を移築したものである。

鴨山城跡 ❾

〈M ► P. 178, 190〉浅口市鴨方町鴨方 P
JR山陽本線鴨方駅🚶60分，または山陽自動車道鴨方IC🚗5分（公園Pまで）

戦国の夢の跡と岡山新田藩の陣屋跡

　長川寺北側の鴨山（168.2m）の山頂に鴨山城跡がある。鴨山城は，浅口郡の分郡知行を受けた細川満国が築いたと伝えられる。以後，細川氏代々の居城とされたというが，近年の研究では，細川氏は城代をおき，当地に赴任しなかったとする見方がある。実際に在城したのは，満国の6代後裔にあたる通薫とその子元通といわれている。毛利氏に属していた細川通薫と元通は，関ヶ原の戦い（1600年）後，同氏に従い周防・長門（現，山口県南東部・北西部）に移り，明治維新に至った。

　長川寺のすぐ南西に鴨方藩陣屋跡がある。現在は黒住教鴨方大教会所となっており，石垣と井戸のみを残す。鴨方は江戸時代初期には幕府直轄領であったこともあるが，のちに岡山藩池田家の支配となり，池田光政が2男政言に本藩新田高のうち2万5000石を分知して支藩とした。1684（貞享元）年に幕府から朱印が下り，諸侯に列せられ，参勤交代も行った。藩主は岡山城下の天神山に本邸を構えて居住し，立藩初期には家臣も本藩からの「人分け」により成り立っていた。1868（明治元）年に鴨方藩と改称，翌年，版籍奉還後には藩主政保が鴨方藩知事に任命され，1871年廃藩置県で東京へ移住させられた。同年には鴨方県となり，1878年深津県に併合された。

　JR鴨方駅の南約1km，六条院中地区の山懐に明王院がある。備中国内天台宗の総本寺として知られる明王院は，入唐の途次，伝教大師（最澄）が立ち寄って開創し，その後，慈覚大師（円仁）が秘密灌頂の道場としたと伝えられる。源平争乱の時期には，安徳天

鴨山城跡

港町を西へ

皇の行在所「穴泉の御所」がおかれたともいわれる。寺宝には、室町時代の画僧吉山明兆の作と伝えられる絹本著色仏涅槃図（県文化）がある。

両面薬師堂 ❿

〈M▶P.178〉浅口市鴨方町益坂
JR山陽本線鴨方駅🚌遙照山荘行終点🚶10分、または山陽自動車道鴨方IC🚗15分

朝庶民の信仰と南北の遺風をめぐる

浅口市全域から北方にみえる大きな山が遙照山（405.5m）である。山上には、かつて幾つかの寺院があった。両面薬師堂は、厳蓮寺跡に立つ。堂内の礫岩には表面（南）に薬師如来が、裏面（北）に釈迦如来が刻まれ、2仏1体をなすことから、両面薬師の名でよばれる。両脇に日光・月光菩薩を従えており、目の病に効くといわれ、「目」などの文字を記した紙が堂の壁などに貼り付けられている。

遙照山の西尾根続きの竹林寺山（365.5m）に、国立天文台岡山天体物理観測所がある。1960（昭和35）年、東京大学東京天文台岡山天体物理観測所として開設され、現在は文部科学省所管となり、全国の研究者に共同利用されている。設立当時、東洋一といわれた口径188cmの反射望遠鏡などを備えている。隣接する岡山天文博物館には、プラネタリウムやデジタル映像設備もある。

遙照山から県道382・64号線を鴨方駅方面へくだると、本庄に木ノ元延命地蔵尊像（石造地蔵菩薩立像、県文化）がある。地元ではゆるぎ地蔵として知られる。作者は在地の工人といわれ、高さ210.5cm、鎌倉時代末期の丸彫石仏としては県内に2例をみるだけである。また南北朝分裂期の北朝の年号である「正慶元（1332）年」銘がある。

大浦神社 ⓫
0865-54-2408

〈M▶P.178〉浅口市寄島町7756　Ｐ
JR山陽本線里庄駅🚌寄島行早崎🚶5分

神功皇后伝説の寄島

早崎バス停から西へ300mほど行くと、市立寄島中学校北側の住宅地に、大浦神社（祭神応神天皇・仲哀天皇・神功皇后）がひっそりとたたずんでいる。当初、寄島沖に浮かぶ三郎島にまつられていたが、鴨方城主細川通薫により現在地に遷された。10月第1土・日曜日の秋季大祭では、神輿・千歳楽が練るほか、競馬神事が行われることで知られる。

寄島（三郎島）は寄島町の南東端に位置する。寄島の名前の由来となった三郎島は，1962（昭和37）年に干拓が始まるまでは瀬戸内海に浮かぶ島であった。仲哀天皇の后である神功皇后が，新羅出兵の帰りに立ち寄ったので，寄島とよばれるようになったという。江戸時代，寄島は鴨方藩領であったことから，1868（明治元）年，その外港として早崎港が築造された。塩や素麺を移出し，北海道などの魚肥を移入していた。寄島の西端に高く聳える青佐山（249.4m）山頂には青佐山城跡があり，1863（文久3）年に岡山新田藩が築いた砲台跡が山腹に残る。

　早崎バス停から約1.3km北上すると，福井山前バス停の北側に龍城院（天台宗）がある。838（承和5）年，慈覚大師による開基と伝えられる。寺宝は，阿弥陀如来立像・阿弥陀如来坐像，香木に33体の仏像が彫刻された壇像，涅槃図・法華経8巻など数多い。

天満神社 ❶❷　〈M ▶ P.178〉浅口郡里庄町里見6270
　　　　　　　JR山陽本線鴨方駅🚶40分

民芸の地に残る陶製狛犬

　JR鴨方駅から国道2号線を南西へ約1.8km，手ノ際交差点で右折して約1.2km北上すると，本村の天満山に天満神社（祭神菅原道真ほか）がある。菅原道真が大宰府（現，福岡市太宰府市）へくだる途中に泊まったと伝えられるこの地に，1529（享禄2）年，小祠を建てたのに始まるという。当社には大原焼の狛犬が伝わる。阿形は高さ40cm，吽形は38.5cm，彩色の剥落が著しい。陶製の狛犬は，JR里庄駅近くの八幡神社にもある。

　大原焼の始まりは，奈良時代に遡るともいわれる。生産が盛んになったのは明治時代に入ってからで，製品は焙烙などの日用品に加え，蛸壺などの漁具もあった。専業の窯元もあったが，多くは農家の副業的な生産によっていた。製品は窯元がかついで近隣に売り歩き，四国方面に移出されたこともある。里庄駅の北東400mほどの所にある里庄町歴史民俗資料館では，さまざまな種類の大原焼をみることができ，このほかに当地域の民具なども展示されている（日曜日のみ開館）。

　また里庄町里見の大原地区には，大原踊りとよばれる盆供養の踊りが伝わっている。起源については詳らかでないが，1805（文化2）

港町を西へ

年に大原から伊勢参宮の際、二見浦(三重県伊勢市二見町)で前踊を踊ったものに由来するとの説もある。

仁科芳雄博士生家 ⓭　日本物理学界の恩人の生家

0865-64-4528　〈M ► P.178〉浅口郡里庄町浜中717　P
JR山陽本線里庄駅🚶30分

「日本の現代物理学の父」とよばれる仁科芳雄は、1890(明治23)年、浅口郡新庄村(現、里庄町)で生まれた。東京帝国大学工学部卒業後、理化学研究所に入ると同時に、東京大学大学院に進学した。1921(大正10)年から7年間ヨーロッパに留学、帰国後は理化学研究所主任研究員となり京都大学にも出講して、ノーベル物理学賞を受賞した湯川秀樹や朝永振一郎を指導したほか、1935(昭和10)年に理化学研究所内に原子核実験室を設け、サイクロトロンを完成させたことでも知られる。1946年戦後初めての文化勲章を受章、1951年に死去した。

里庄町新庄・浜中から笠岡市関戸にかけては、江戸時代、摂津麻田藩(現、大阪府豊中市)の飛び地領で、新庄・浜中の有力な庄屋が交代で代官をつとめた。最後の代官仁科存本は仁科芳雄の祖父で、役務をとった居宅は代官屋敷とよばれ、分家にあたる芳雄の生家は下屋敷とよばれていた。里庄駅の南西約2kmの所にある仁科芳雄博士生家は、1978(昭和53)年里庄町に譲渡され、解体修理後、日曜日のみ一般公開されている。

また、生家の北約300mの所には仁科会館があり、仁科芳雄に関する諸資料を展示するとともに、科学講演会・理科教室やロボットコンテストなども実施している。

仁科芳雄博士生家

② 山陽道を西へ

高梁川以西の旧山陽道にも多くの史跡が残る。なかでも旧矢掛宿には「両本陣」が揃っていて，全国的に珍しい。

堂応寺宝篋印塔 ⑭

〈M ▶ P.178〉倉敷市真備町辻田堂応寺
JR伯備線・井原鉄道井原線清音駅 🚌 矢掛行川辺東町 🚶 20分，または井原鉄道井原線川辺宿駅 🚶 35分

在銘の宝篋印塔として県内最大

　JR清音駅から西へ向かい，高梁川に架かる川辺橋を渡ると真備町川辺である。川辺橋西詰から左折するとまもなく，西へ向かう旧山陽道になり，この辺りが川辺の渡しであった。かつて土手はなく，水害に何度も見舞われた。旧山陽道を西に行くと左手に川辺宿本陣跡の石碑があり，さらに100mほど行くと右手に川辺宿脇本陣跡の碑が立つ。高梁川の水運が発達した近世には，川辺宿は多くの人で賑わったものと思われる。本陣跡から東へ約400mの所には川辺一里塚跡がある。

　川辺東町バス停の西から北へ400mほど行くと，水田のなかに満願寺宝篋印塔（県文化）がある。高梁川の洪水を受けた真言宗の満願寺は，再建されず真備町辻田の森泉寺に合併された。宝篋印塔は土中に埋没していたが，1724（享保9）年に発見され，寺跡にそのまま残されている。花崗岩製で塔身はほぼ立方体。月輪内に薬研彫りされた金剛界四仏種子が配され，鎌倉時代末期～南北朝時代の造立とされている。満願寺宝篋印塔から北へ約700m行くと，堂応寺宝篋印塔（国重文）にたどり着く。堂応寺の建物はなく，地名として「堂応寺」が残る。宝篋印塔は，花崗岩製で基礎・塔身・笠・相輪とも揃っている。基礎は4面とも無地のままで，正面に年号と「勧進上人覚圓起立之」の刻銘があり，塔身の4面に如来と菩薩の名が刻まれている。素朴で雄大，どっしりとして重々しい。「正和三（1314）年」銘があり，在銘のものとしては県内最大である。

堂応寺宝篋印塔

山陽道を西へ　195

川辺の町から北西方の山際に行くと，白壁の土蔵や由緒ある屋敷が散在する。市立岡田小学校の敷地が，1万石の小藩伊東氏の岡田藩陣屋跡であり，碑が建てられている。また，その西隣には倉敷市真備ふるさと歴史館があり，岡田藩関係資料のほか，当地に疎開していた作家横溝正史の遺品なども展示されている。

吉備寺 ⓯　〈M▶P.178〉倉敷市真備町箭田3652-1 **P**
0866-98-0154　井原鉄道井原線吉備真備駅🚶15分

下道氏、のちの吉備氏ゆかりの古刹

井原鉄道吉備真備駅より北へ200mほど行き，国道486号線に出て300mほど西進すると右手に小川があり，「吉備公墳」の石柱がある。ここから約200m北へ進むと，左手に吉備寺（真言宗）がみえる。飛鳥時代の創建といわれているが，開基は不明。元禄年間（1688〜1704）に，真蔵寺の名から吉備寺に改められた。建物は江戸時代に建造されたものという。吉備氏の菩提寺といわれ，箭田大塚古墳の出土品のほか，墳内から出土した白鳳期の蓮華文鬼瓦・四葉蓮華文鐙瓦・花枝文字瓦（国重文）が保存されている。境内には，礎石も残されており，一帯は箭田廃寺跡とよばれている。また，寺に隣接して整備された中国庭園まきび公園内に立つ八田神社の裏手に，吉備公廟とよばれるものもある。

まきび公園から約600m南西へ向かい，箭田西口バス停すぐ西の北に入る道を進んで行くと，200mほどの所に堂があり，「寛元四（1246）年」銘の石造線刻阿弥陀如来坐像（県文化）がある。箭田西口バス停からさらに南西に行き，国道486号線を西に進むと，宮の鼻バス停右手の小山の上に熊野神社があり，その後方に黒宮大塚がある。弥生時代後半のものらしく，古墳時代に至る時期のものである。さらに国道を西に少し進むと右手に「坂根」と書いた小さな標識が

吉備寺

箭田大塚古墳

ある。ここから北に入ると，200mほどの所に毘沙門天像への案内標識があり，山道をのぼって行くと石造毘沙門天立像がある。尾崎石田にある石槌山(165m)頂上の大岩に彫られ，室町時代後期，毛利氏の守護神として制作されたと考えられている。ベンガラが施されている。

　吉備寺から北へ700mほど行くと，箭田大塚古墳(国史跡)がある。6世紀後半に築造された直径54mの円墳で，横穴式石室の全長は19.1mにおよび，県内三大巨石古墳の1つに数えられる。刀剣・馬具・金環などが出土しており，被葬者は当地で絶大な権力を振るった有力豪族と考えられる。箭田大塚古墳から東へ500mほど行くと吉備真備公産湯の井戸がある。吉備真備の産湯の井戸は，矢掛町の吉備真備公園にもある。

　吉備真備駅の西隣，備中呉妹駅から小田川を渡って西へ少し行くと八高廃寺(県史跡)がある。箭田廃寺と共通する瓦が出土しており，塔心礎が残る。

　備中呉妹駅の北を走る国道486号線を西進すると，川向こうに大きな岩がみえてくる。これが琴弾岩である。晩年，当地に戻った吉備真備は，この岩の上で琴を奏でながら余生を送ったといわれている。毎年，仲秋の名月の夜に，真備を偲んで地元の人たちにより琴弾祭りが盛大に行われている。

圀勝寺 ⓰　〈M▶P.178, 200〉小田郡矢掛町東三成1344
0866-82-0629　　　井原鉄道井原線三谷駅🚶10分

吉備氏(下道氏)ゆかりの寺　ツバキの大木をみる

　井原鉄道三谷駅の南を走る国道486号線を東に行くと，山裾の道が左手に迫る。標識に従って山道をのぼると下道氏墓(国史跡)に着く。ここから，1699(元禄12)年に銅製の骨蔵器がみつかり，陰刻銘から下道朝臣圀勝・圀依の兄弟が，708(和銅元)年に母を火葬にして納骨したものであることが判明した。この銅壺(国重文)は，現在，圀勝寺に所蔵されている。下道氏は，矢掛・真備両町にまたが

山陽道を西へ　197

捧澤寺石門

る地域の有力豪族で、奈良時代には朝廷の下級官吏をつとめた。銅壺銘にみえる下道圀勝は吉備真備の父で、真備は、735(天平7)年に唐より帰朝した後、僧玄昉とともに聖武・孝謙両天皇の下で厚く信任され、吉備朝臣の姓を受けた。

　三谷駅から西へ向かうと小川に突き当る。川沿いに北へ400mほど行くと圀勝寺(真言宗)がある。圀勝寺は、吉備真備の創建といわれ、江戸時代には備中松山藩主板倉家の祈願所とされた。得道寺中蔵坊あるいは地蔵院と称していたが、1730(享保15)年、下道圀勝にちなんで圀勝寺と改められた。真備の菩提寺となっている。

　再び山裾の道を東へ800mほど行くと、藤乃棚に吉備真備をまつる吉備大臣宮(吉備神社)があり、学問の神として地域の人びとに親しまれている。毎年5月5日には吉備公祭が開かれ、多くの人びとで賑わう。隣接する吉備真備公園には大きな吉備真備像があり、土塁のある辺りが吉備公館跡と伝えられ、ここにも産湯の井戸がある。公園内の吉備大臣館には、この地域から出土した天平年間(729〜749)の瓦などが、目の前に聳える猿掛城跡からの出土品とともに保管・展示されている。

　吉備大臣宮の西に流れる小川に沿って山道を2kmほどのぼって行くと、緑深い鷲峰山(399.2m)の山中に捧澤寺(真言宗)がある。寺伝では、聖徳太子の開基とされる。備中における山岳仏教の中心寺院の1つとして栄え、多くの人びとの信仰を集めた。1957(昭和32)年の火災以後、現在も山門・堂宇は再建途上のままである。寺の石門近くに大きな石造阿育王塔が立つ。寺宝の絹本著色愛染明王像2幀・絹本著色地蔵菩薩像(いずれも国重文)は南北朝時代の作といわれ、現在、岡山県立博物館に寄託されている。

猿掛城跡 ❼

〈M ▶ P. 178, 200〉 小田郡矢掛町横谷・真備町妹 P
井原鉄道井原線三谷駅🚶30分（城跡の麓まで），または井原鉄道井原線備中呉妹駅🚶30分

庄氏から毛利氏、そして花房氏の城へ

　吉備大臣宮の南に，小田川が西から東へ流れている。この川を見下ろすように聳える猿掛山（239m）の頂上一帯が猿掛城跡である。備中呉妹駅からは小田川に沿って西へ約2.6km，三谷駅からは東へ約1km行くと福頼橋があり，これを渡ってすぐ東に行けば登山口に着く。かなり険しい山であるが，登山道が整備されており，山頂からの眺望が素晴らしい。南から北に，六の壇・井戸・一の壇と続き，南側に寺丸，井戸の西側に太夫丸・小丸・堀切などがある。

　猿掛城は，一の谷の合戦（1184年）で平家方の大将平重衡を生け捕りにした庄家長が軍功として備中草壁荘の地頭職を得て，のち庄為助のときに築城し，以後370年余り，庄氏が居城した。戦国時代には備中地方が毛利氏の支配となり，毛利元就の6男元清（地元では穂〈井〉田元清とも称された）が入城した。羽柴秀吉の備中高松城水攻め（1582年）のときには，元就の孫輝元が本陣をおいたという。関ヶ原の戦い（1600年）後，代官として小堀正次が入るが，元和の一国一城令（1615年）により廃城となった。なお，三谷駅から国道486号線を西へ2kmほど行くと，旧矢掛宿の町並みに入る手前，行部地区西端の丘陵上には茶臼山城跡があり，堀をめぐらし矢倉をあげ，一の丸・二の丸・三の丸をつくっていたという。

　福頼橋を渡って，南へ1kmほど行くと福頼神社（祭神素戔嗚命・大国主命）がある。天正年間（1573～92），庄氏にかわった毛利氏により再建されたという。地元では，「ふくよりさん」とよばれて親しまれている。本殿の左手に明治時代に建築したという廻り舞台が残っている。かつては農村歌舞伎などが上演され，福頼信仰（病

福頼神社山門

山陽道を西へ

矢掛の史跡

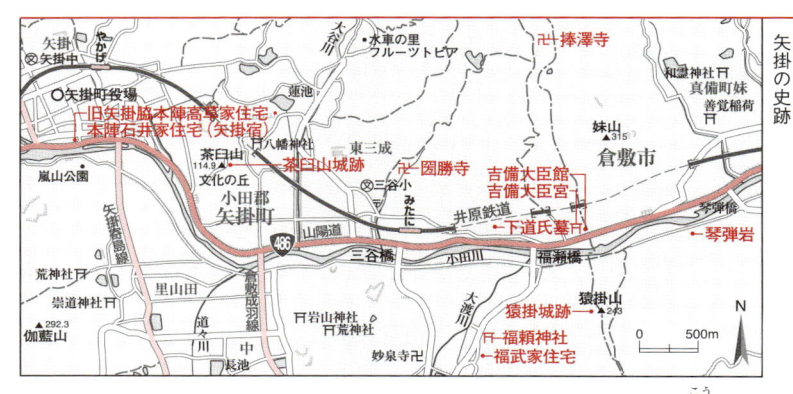

気・厄除け・安産などの祈願所となり，信者により多くの「講」がつくられた）とともに大いに賑わったという。

さらに南へ500mほど行くと，かつての横谷村大庄屋の邸である福武家住宅がみえてくる。壮大な敷地と江戸時代末期に建てられた主屋・長屋門（県文化）とが，往時の繁栄を偲ばせてくれる（内部は非公開）。この屋敷の東に隣接して高札場，邸の東側の畑のなかに庄氏・花房氏の館跡がある。福武邸から西にある道路を南へ1.5kmほど行くと，洞松寺（曹洞宗）に至る。1412（応永19）年に庄元資が喜山禅師を開基として建てた寺で，曹洞宗の中本山とされ，盛時には末寺・孫寺をあわせると1278カ寺を数えたという。境内を構成する建造物として，洞松寺本堂，開山堂，位牌堂，禅堂ほか9棟1基が国登録となっていて大規模なたたずまいが禅宗寺院の荘厳な面影を伝えている。寺宝には洞松寺文書43通（県文化）などがある。

矢掛宿 ⑱

0866-82-2100（矢掛町教育委員会）

〈M▶P. 178, 200〉 小田郡矢掛町矢掛
井原鉄道井原線矢掛駅 🚶10分

豪商の本陣から両替商の高草家へ

井原鉄道三谷駅から旧山陽道（国道486号線）を西へ3kmほど行くと矢掛宿の町並みに入る。矢掛宿は，西国大名たちが参勤交代で陸路をとるようになり繁栄した。幕末に江戸幕府13代将軍徳川家定の御台所となった篤姫（天璋院）の一行が本陣に泊まったという。町並みは東西に約1kmで，その南側・北側に町家が並んでいた。その南側に小田川が西から東へ流れ，高梁川にそそぐことから，高瀬舟などの水運にも利用された。

井原鉄道矢掛駅の南600mほどの所に旧矢掛脇本陣高草家住宅，そ

旧矢掛脇本陣高草家住宅

の西300mほどの所に旧矢掛本陣石井家住宅がある。本陣・脇本陣がともに残っているのは全国的にも珍しい。

本陣石井家は、矢掛村の大庄屋で代々酒造業を営んだ。参勤交代の際に陸路を通ることが義務づけられてから、山陽道は西国大名が頻繁に往来し、安永年間(1772〜81)以降は年平均15大名が泊まったという。また西国巡察使や長崎奉行らも宿泊し、今も当時の宿札(木製151・紙製272枚)が残っている。屋敷地は、間口20間(約36.4m)・総面積959坪(約3164m²)。東半を占める主屋(附 隠居所、番所・洗場及び風呂場、家相図)は入母屋造・本瓦葺き、御成門(附土塀2棟)を入ると座敷が続き、上段の間は武家屋敷の書院造に町家の趣を取り入れている。この3棟のほか、裏門(附土塀)・内倉・西倉・米倉・酒倉・絞り場・麹場・中門とも江戸時代末期から明治時代初期の建築で、すべて国の重要文化財に指定されている。

脇本陣高草家は大庄屋役で、両替商を営み、主として大名の家臣が宿泊した。江戸時代後期から明治時代初期に建てられた、主屋(附塀・供部屋・長塀・古図)・表屋・表門・蔵座敷・内倉・大倉・中倉・米倉・門倉が国の重要文化財となっており、毎週水曜日と日曜日に公開されている。

なお、毎年11月第2日曜日には矢掛宿場祭りが行われ、大名行列や飛脚駅伝などで賑わっている。

町並みの西のはずれから美山川に沿って北へ行くと、奈良興福寺の高僧で、池や櫓をつくるなどの社会事業でも知られる玄賓ゆかりの地、僧都に至る。美山川

旧矢掛本陣石井家住宅

山陽道を西へ

西側の小高い山の麓にある玄賓の供養塔からさらに進み、川を渡って北へ700mほど行くと古刹大通寺(曹洞宗)に着く。鎌倉時代後期創建のこの寺には、高峰山を借景とする江戸時代後期の池泉鑑賞式庭園石寿園(大通寺庭園、県名勝)があり、寺宝には、平安時代中期の木造不空羂索観音菩薩坐像(県文化)がある。

持宝院 ⑲
0865-65-0053
〈M▶P.178〉笠岡市走出1304 P
井原鉄道井原線矢掛駅🚌笠岡駅前行北川🚶20分

小田氏により持宝院へ頂見寺の梵鐘が

矢掛宿の町並みを抜け国道486号線を西へ約2km、川面バス停から北へ700mほど行くと、温羅退治で知られる吉備津彦命をまつる鵜江神社がある。ここから北の宇内に鵜成神社があり明和年間(1764〜72)の義民妹尾宇平次が境内の御鋒神社にまつられている。

国道486号線をさらに西へ約1.5km行くと、毎戸バス停近くに毎戸遺跡がある。古代の駅家跡といわれ、「馬」と墨書された土師器などが出土している。毎戸という地名は、「駅家戸」の転訛と考えられている。

毎戸から西へ向かうと井原鉄道小田駅に至り、その北方900mほどの丘陵上に神戸山城跡がある。当地の豪族小田氏の居城跡で、本丸・二の丸馬場・三の丸があったという。なお、室町時代の禅僧・歌人である正徹は小田氏の祖小松康清の子で、小田駅のかたわらに顕彰碑が建てられている。

小田駅の南西約600m、観音橋の手前から南は小田川、北は神戸山城跡の辺りが、矢掛宿と七日市宿の間に設けられた間宿、堀越宿の中心地であり、今もわずかに古い町並みを残す。また中小田には、郡上・郡前といった字名があることから、古代の小田郡衙跡ではないかといわれている。

観音橋を渡ると笠岡市に入る。市立北川保育所のある交差点を右折し、西に行くと標識があり、そこを左に折れ、しだいに西へ向かう道を1kmほど行くと薬王寺持宝院(真言宗)に至る。平安時代初期創建の当寺には、1427(応永34)年に備中都宇郡矢部村(現、倉敷市矢部)の観音寺より寄進されたという絹本著色両界曼荼羅図2幅と「建長三(1251)年」銘の梵鐘(ともに県文化)が伝えられている。この梵鐘は、荏原荘(現、井原市西江原町付近)の地頭那須資泰

が，現在の井原市野上町にあった頂見寺に寄進したものである。その後の戦乱で行方知れずとなっていたが，戦国時代中期の1551（天文20）年頃，宇喜多氏と庄氏の戦いのときに東方約10kmの猿掛山麓の小田川に沈んでいたのがわかり，地元民が引き上げて秘蔵していたのを，走出の領主小田乗清が買い取って持宝院に寄進した。

中世夢が原 ⑳
0866-87-3914
〈M▶P.178〉井原市美星町三山5007 P
井原鉄道井原線矢掛駅🚌20分

吉備高原に中世の集落が出現

矢掛の町並みの西のはずれから県道35号線を約10km北上すると，矢掛町上高末から美星町鳥頭にかけて鬼ヶ嶽（国名勝）とよばれる峡谷が続く。花崗岩の断崖や奇岩で知られるこの渓谷には，ラジウム冷泉の鬼ヶ嶽温泉がある。吉備津彦と戦った温羅が負傷するたびに，ここで傷を癒したと伝えられる。

鬼ヶ嶽温泉から県道35号線を5.5kmほど西進すると，県道48号線と合流する。さらに2.5kmほど南下すると，五万原遺跡がある。吉備高原南西端部にあたる標高400mの丘陵上，弥生時代後期の人びとが水田を拓いて生活していた集落の跡で，3基の竪穴住居跡から壺・高杯・石鏃などが出土した。また遺跡も含む周辺は，歴史公園の中世夢が原として整備されている。室町時代の三斎市や職人の家・武士の城館などが再現されており，中世の生活景観を知ることができる。近くには，備中神楽の伝承・紹介のために設けられた吉備高原神楽民俗伝承館や，美星天文台もある。

三山の西方，黒忠には平山城の小笹丸城跡がある。城域は東西150m・南北120mで，主郭・曲輪・土塁・竪堀・虎口・武者隠し・井戸などの遺構が確認されている。

高越城跡 ㉑
〈M▶P.178〉井原市東江原町・高越町 P
井原鉄道井原線早雲の里荏原駅🚶35分

戦国時代の魁北条早雲が出た城

井原鉄道早雲の里荏原駅の北東約1km，東平井公民館の前に「刀工女国重宅跡」の碑がある。わが国唯一の女性刀鍛冶，荏原国重こと大月源は天明年間（1781〜89）に当地で生まれ，16歳で父と死別。引き取られた伯父の遺言により，病弱な夫にかわり刀工となった。短刀や脇差の制作を主としていたという。短刀の銘には「天明三年二月　大月女源」反対側に「備中国荏原住国重」と刻まれて

山陽道を西へ　　203

いる(個人蔵)。

東平井公民館から北西へ向かい，市立荏原小学校裏手の道を東へ約1kmのぼって行くと，高越城跡にたどり着く。

標高172.6mの城跡から南を望むと小田川が眼下に広がり，笠岡・矢掛・井原の市街地が見渡せる。本丸を含めて3段の郭で構成され，堀切などの残存状況もよく，一帯は公園として整備されている。

高越城は，鎌倉時代末期，蒙古襲来に備えて宇都宮貞綱が築いたと伝えられる。戦国時代，備中の伊勢氏が那須氏にかわって荏原荘を治めるようになると，この城を居城とした。相模国小田原(現，神奈川県小田原市)を本拠に，後北条氏5代の基を築いた伊勢新九郎盛時(北条早雲)も，当城で生まれ育ったといわれる。

早雲の里荏原駅から国道486号線を西に進み，西江原町との境付近で右手の旧山陽道に入り，橋の手前で右折して1.5kmほど北上すると，長谷に古刹法泉寺(曹洞宗)がある。境内に伊勢新左衛門盛定・新九郎父子の供養塔がある。摺り袈裟，平安時代中期作で一木造の木造釈迦如来坐像(県文化)，また法泉寺文書21通(附伊勢盛時禁制札1面，ともに県文化)などもある。

法泉寺からさらに3kmほど北上すると，野上町頂見に千手院(真言宗)がある。戦国時代中期頃まで存続した山岳仏教寺院頂見寺の1坊といわれ，薬師如来坐像が見事である。

興譲館 ㉒

0866-62-0124

〈M ▶ P.178〉井原市西江原町2257-1　P
井原鉄道井原線井原駅🚶20分

歴史と伝統を連綿とはぐくむかつての郷校

井原鉄道井原駅から北東へ1.5kmほど行くと興譲館高校に着く。1853(嘉永6)年，庶民の子弟教育を目的に，領主一橋家の代官友山勝次が有志を募り，備中川上郡九名村(現，井原市美星町明治)出身の漢学者阪谷朗廬を館長に迎えて開いた郷校興譲館を前身とし，現在は県の史跡に指定されている。創建当時の姿をとどめているのは講堂・書斎と校門で，また朗廬の手植えといわれる紅梅は，150有余年を経て今なお樹勢盛んである。なお，校門には朗廬と親交のあった渋沢栄一揮毫による扁額がかかっている。

興譲館高校から県道166号線を約4km北上すると，才児に荏原荘の地頭那須氏一族の菩提寺永祥寺(曹洞宗)がある。境内には，屋

興譲館校門

島の合戦(1185年)の際，那須与一宗隆が扇の的を射るために破り捨てた片袖が奉納されたという袖神稲荷がまつられている。

興譲館高校の西を流れる小田川に沿って北へ約500m行くと，昭和時代初期の上海で内山書店を開き，郭沫若や魯迅らと親交のあった内山完造の頌徳碑がある。碑銘は，中日友好協会会長の廖承志の揮毫である。この近くから小田川を渡って南西へ200mほど行くと，市立井原小学校の校門脇に池田筑後守長発の銅像がある。この辺りは旗本池田氏の陣屋のあった所で，石柱や略歴を記した碑もある。長発は井原池田氏10代当主で，1863（文久3）年に外国奉行となり，フランス軍士官を攘夷派浪士が殺害した井土ヶ谷事件の収拾を図るため，遣欧使節正使として大陸に渡った。フランスのナポレオン3世に謁見し，事件の謝罪と横浜鎖港の交渉にあたったが，帰国後，鎖国の無意味を江戸幕府に具申し，奉行を罷免された。その後，許されて勝海舟とともに軍艦奉行をつとめた。

市立井原小学校から国道313号線を南へ進み，右折して西に行くと善福寺(曹洞宗)がある。寺伝によると，1396(応永3)年足利義満の開基といわれる。数度の火災のため，その由来は不明。当寺には「応永十五(1408)年」銘の鹿苑院殿石塔婆があり，義満の供養塔といわれている。

また，善福寺釈迦堂(県文化)は，井原の庄屋で陣屋の役人もつとめた柳本甚左衛門正勝が1666(寛文6)年に寄進したもので，井原市で確認されている最古の建造物である。

早雲の里荏原駅から南の国道486号線に出て右折し，青木交差点を左折して馬越橋を渡る。県道290号線を進むと木之子小・中学校がある。さらに500mほど行き，木之子工業団地前交差点を左折して南へしばらく行くと「金剛福寺と鳥羽踊りの里」と書いた石柱と看板がある。そこから西へ細い道をおりると金剛福寺(真言宗)であ

山陽道を西へ　205

る。奈良時代の創建で、本尊の木造千手観音立像(県文化)はヒノキの寄木造、平安時代末期の作と推定されている。

　井原駅から北の国道486号線に出て、西へ1kmほど行くと、右手に金敷寺(真言宗)と金鴨寺(真言宗)がみえる。両寺はもともと1カ寺であったが、明治時代以前に火災があり、6坊のうち1坊が金鴨寺、残る5坊が金敷寺となった。この両寺の共用である山門に、平安時代後期の作としては珍しい木造金剛力士立像(県文化)がまつられている。また東に金敷寺裏山墳丘墓があり、男性の人骨や吉備地方特有の特殊器台、壺の破片がみつかっている。弥生時代末期から古墳時代初期にかけて築造された、東西約10m・南北約9m・高さ約1m、やや方形の方墳である。

高山寺 ㉓
0866-67-1425
〈M ► P.178〉 井原市高屋町1801　P
井原鉄道井原線子守唄の里高屋駅 🚶15分

草深い山中の古刹へ

　金敷寺・金鴨寺からさらに西に行くと、県の西端高屋町に至る。高屋町は、江戸時代、山陽道高屋宿がおかれた所で、今も町並みにその名残りをとどめる。井原鉄道子守唄の里高屋駅を南に出た所に「中国地方の子守唄」の発祥地を記念して、子守り姿の銅像と詩碑が建てられている。

　子守唄の里高屋駅から国道313号線を東に行き、高屋大橋を渡って左手に県道103号線を進んで行くと、高屋郵便局がある。さらに北に進んで高屋幼稚園の所から道を右にとって行くと、しだいに山道になり、1.5kmほど進んだ経ヶ丸山山頂近くに高山寺(真言宗)がある。奈良時代、僧行基が開基したといわれる古刹で、真言宗大覚寺派の別格本山である。

　寺宝として、木造地蔵菩薩立像・木造不動明王坐像(ともに国重文)が伝えられている。前者はサクラの一木造で、1954(昭和29)年の解体修理の際、1707(宝永4)年におきた近畿・中国地方大地震の状況を記した慰霊文と、宝永の大噴火の状況を記した文書が胎内から発見された。後者は山城(現、京都府南東部)の禅法寺から移されたもので、同じく解体修理の際、「嘉吉二(1442)年」の作と判明した。また、本尊の木造愛染明王坐像のほか、木造十一面観音立像(県文化)もあり、これらは霊宝館において予約公開されている。

三原の渡り拍子

コラム
芸

山間地に連綿と伝わる神事儀礼

　県南西部に位置する井原市の最北端，芳井町東三原・西三原に，室町時代から伝わる神事儀礼が三原の渡り拍子（糸崎八幡神社・中山天神社の神事，県民俗）である。毎年11月第2土曜日に糸崎八幡神社（祭神誉田和気命・息長帯比売命）で，翌日の日曜日に中山天神社（祭神少彦名命）で神幸の先払いとして行われる。天狗の面をつけた猿田彦役を先頭に，襷・鉢巻に尾長鶏の羽でつくった赤熊をかぶった男衆が，鉦や太鼓を叩いて跳び踊る。これは，1年間の平安無事と収穫への感謝の意を込めて，足拍子をとりながら，歌い舞う踏歌の一種で，闘鶏楽でもある。

　子守唄の里高屋駅から国道313号線を東進して井原市街地に戻り，薬師交差点から約2.5km北上すると芳井町に入る。簗瀬には，桜渓塾跡がある。阪谷朗廬が，人材育成のため，伯父山鳴大年の協力のもと，1851（嘉永4）年に開いた漢学塾であり，全国から塾生が集まったという。今は，桜渓塾跡公園として，整備・管理されている。

　北隣の吉井には，行基の開基という鎌倉時代作の木造不動明王立像（県文化）を所蔵する成福寺（真言宗），室町時代の画聖雪舟終焉の地と伝えられる重玄寺（臨済宗）がある。重玄寺は，もとは北に1kmほど行った天神山の山中にあったが，昭和30年，火災に遭った後，1974（昭和49）年に現在地に移った。重玄寺は1441（嘉吉元）年に足利直冬の孫とされる足利義将の請願により千畝周竹を開山として創建された。千畝は近衛家の出身と伝えられ，同寺には近衛家・天皇家ゆかりの宝物が伝わる。

　小田川沿いに北上すると天神峡（県名勝）に至る。春はヤマザクラ・ツツジ，夏は青葉，秋はモミジ，情感あふれる冬景色と四季それぞれに美しい。

高山寺山門

山陽道を西へ

③ 備中北部から真庭へ

日本海へ通じる吉備中央町・北房地域には、吉川八幡宮や妙本寺など多くの神社・仏閣・史跡があり興味深い。

吉川八幡宮 ㉔　〈M ▶ P.178〉加賀郡吉備中央町吉川3932　P
0866-56-7419　　岡山自動車道賀陽IC🚗10分

室町時代後期の優麗な特色を残す本殿

　賀陽ICから東へ8kmほど行くと、21世紀の森きびの丘みどりの館・吉備高原ニューサイエンス館などのある吉備高原都市に至る。ニューサイエンス館の西500mほどの所で県道307号線に入り南下すると、吉川八幡宮（祭神応神天皇・仲哀天皇・神功皇后）がある。社伝によると、京都の石清水八幡宮の別宮として、1096（永長元）年に創建されたという。平安時代末期、この辺りは「石清水八幡宮領備中国吉川保」とよばれ、石清水八幡宮の荘園であった。

　1750（寛延3）年造営の随神門（県文化）をくぐると、雄大な本殿（国重文）がある。桁行5間・梁間2間の単層入母屋造・杮葺きで、1395（応永2）年に再建されたと伝えられている。江戸時代の大修理や屋根の葺き替え、また1996（平成8）年から3年におよぶ全解体修理が行われたが、室町時代後期の優麗な特徴が色濃く残されている社殿である。拝殿（附 元治元〈1864〉年銘棟札、県文化）は、本殿に直角に連なる特殊な切妻造の構造をしている。

　当社の秋季大祭が当番祭（県民俗）である。10月1日、祭りの当番をつとめる10歳前後の男児2人を選ぶ「当指し」から始まり、参社行列や「走り競べ」が行われる第4日曜日の大祭、翌日の終了神事である「波区芸揚げ」まで約1カ月にわたって行われる。古代から伝承された、氏子の繁栄と豊穣を神に祈る庶民の祭りとして、貴重なものである。

　吉川八幡宮のすぐ東側に高塚古墳があ

吉川八幡宮随神門

る。6世紀に築造された全長26mの帆立貝式古墳で、吉備高原北部に位置する古墳としては有数の大きさである。伝説では、吉川の豪族楽々森彦の墓ともいわれている。吉川八幡宮の北に広がる標高320m・面積6 km²のなだらかな平原は、八丁畷の準平原面（県天然）とよばれる。吉備高原のなかにあって、100万年前に隆起・形成された原平面が河川の浸食を受けず、そのままの姿をとどめている。

妙本寺 ㉕
0866-55-5012 〈M▶P.178〉加賀郡吉備中央町北1501 P
岡山自動車道賀陽IC 🚗 5分

西日本の日蓮宗の拠点鮮やかな番神堂も必見

賀陽ICから国道484号線を北東へ約1.2km、右折して南東へ800mほど行くと、西日本における日蓮宗の原点ともいわれる古刹具足山妙本寺（日蓮宗）がある。1275（建治元）年、地頭として鎌倉より下向した伊達弾正朝義が龍ノ口（現、神奈川県藤沢市）で日蓮に帰依・改宗し、寺号を授かって創建したと伝える。本堂（県文化）は単層宝形造・茅葺きであったが、1991（平成3）年、創建当時の屋根といわれる入母屋造に改修された。正面中央3間には蔀戸、その両脇には花頭窓があり、室町時代の建築様式がよく残されている。

本堂の右手奥には、ひときわ鮮やかな番神堂（国重文）がある。法華経の三十番神をまつるため、鎮守堂ともよばれる。縁起によると、妙本寺を再興した日具僧正の「番神問答抄」の解釈に感嘆した京都吉田神社の神官卜部兼倶が、1497（明応6）年に寄進したものという。桁行1.75m、梁間1.5mの一間社流造で、屋根は箱棟付き柿葺き、正面向拝に唐破風がつく。規模は小さいが、装飾画模様・彫刻は雄麗で安土桃山時代の特色をよく示している。なお本堂の裏手にある墓地からは、備前焼壺・大甕37個（附瀬戸褐釉印印花文瓶子、県文化）が出土している。おもに骨壺として使用され、大きさは約10cmから約30cmと多様で、平安時代から室町時代まで

妙本寺

備中北部から真庭へ　209

のものがまとまって発掘されたのは珍しい。

　妙本寺から北へ約5km，国道484号線沿いに立つ案内板に従って山道に入り，1.5kmほどのぼると清水寺（天台宗）がある。寺伝によると，1168（仁安3）年，平 清盛が大檀那となり伽藍を造営したとされている。本堂の左手にある宝塔は平清盛供養塔（県文化）と伝えられるが，様式から鎌倉時代後期か南北朝時代のものと推定される。また，「正和五（1316）年」銘の梵鐘（県文化）は，258.4cmと丈長だが，姿はきわめて美しい名鐘である。

大嘗会主基田伝承地 ㉖　〈M▶P.178〉加賀郡吉備中央町豊野　岡山自動車道賀陽IC🚗25分

地元住民の要望で保存された主基田

　清水寺から国道484号線に戻り北上，県道57号線を経て県道31号線に入り，西へ4kmほど行くと吉備中央町役場賀陽庁舎に至る。ここから県道369号線を約2km北上すると，矢野川沿いの水田に大嘗会主基田伝承地がある。主基田とは，天皇が践祚大嘗祭の際に献上する米を栽培した斎田のことで，西日本の各地から占いにより選定された。水田は平安時代からの主基田といわれ，県道からみるとはっきりとした円形（直径25m）で他の水田と峻別できる。周囲の水田より数十cm高く，矢野川から直接水が流れ込むようになっている。地元ではこの丸い形の水田を「ゆりわ田」とよび1981（昭和56）年の水田圃場整備事業の際には，地元住民の強い要望により，昔のままの形で保存された。1990（平成2）年，今上天皇の即位の礼にも，この水田から収穫した新米が庭積机代物として献上された。

大嘗会主基田伝承地

綱島梁川記念碑 ㉗　〈M▶P.178, 211〉高梁市有漢町有漢10343-2　ⓅF　岡山自動車道有漢IC🚗8分

　大嘗会主基田伝承地から南下，吉備中央町立豊野小学校のある交

綱島梁川記念碑

差点を右折して，県道156号線を北西へ7kmほど行くと，有漢社会教育センターの敷地内に綱島梁川記念碑が立つ。

綱島梁川（本名栄一郎）は，1873（明治6）年，有漢町有漢市場に生まれ，17歳で高梁教会においてキリスト教の洗礼を受けた。19歳のとき，上京して東京専門学校（現，早稲田大学）に学び，坪内逍遙や大西祝の影響を受けた。卒業後は倫理哲学界で活躍し，時代をリードする宗教思想家としてたたえられた。しかし病に倒れ，1907年，35歳で亡くなった。

記念碑には，梁川の絶筆となった「労働と人生」の一節が直筆で刻まれている。また，有漢社会教育センターには綱島梁川記念室が設けられ，梁川の日記や原稿が展示されている。

有漢社会教育センターの北400mほどの所に，高梁市立有漢西小学校がある。ここは1904（明治37）年に設立された私立有漢教員養成所の跡地で，校門の門柱には山県有朋の揮毫により「叢萬邦無比之精神」が刻まれている。

時代をリードした宗教思想家

保月山六面石幢・板碑 ㉘

〈M▶P.178, 211〉高梁市有漢町上有漢 P
岡山自動車道有漢IC 5分

市立有漢西小学校から県道49号線を約2km北上すると，県道沿いに出雲（現，島根県東部）の一畑薬師の薬師如来をまつってある古い医王堂があり，その東側に秋庭氏累代の墓がある。隣接する水田に散在していた石灰岩製の五輪塔が集められ，現在，約30基が立ち並んでいる。秋庭氏は，承久の乱（1221年）後，備中国有漢郷の地頭職を与えられ，

有漢の史跡

備中北部から真庭へ　211

保月山六面石幢

見事な仏像が刻まれた国内最古の石幢と板碑

内山下の臥牛山に松山城を築いた。

　医王堂の北約500m、有漢IC出口には、石の風車で知られるうかん常山公園がある。さらに県道49号線を約1km北上し、上有漢郵便局手前の細い坂道を約1kmのぼると、道沿いに保月山六面石幢・板碑(臍帯寺石幢及び石塔婆、国重文)がある。

　六角の各面に全12仏の仏像が刻まれた石幢は高さ約2.7m、「嘉元四(1306)年」銘があり、年代の判明する石幢としては国内最古のものである。板碑は高さ3.15m・幅43cm、表面に釈迦如来・阿弥陀如来・地蔵菩薩を刻み、「嘉元三年」銘がある。ともに、鎌倉時代後期を代表する大和(現、奈良県)の石工井野行恒(伊行経)の作銘をもつ。秋庭氏によって招かれた行恒が制作したものとみられ、彫刻は立体感に富み、まれにみる名作といえる。また、有漢ICから約200m南下すると、石造遣迎二尊板碑(県文化)がある。高さ98cm・幅29cmの板碑の上部に釈迦如来と阿弥陀如来が刻まれ、「嘉元四年」とある。作風などから、これも井野行恒の作と推測されている。

大谷1号墳 ㉙　〈M▶P.178〉真庭市上中津井
中国自動車道北房IC🚗15分

県北部にある大型首長墓

　市立有漢西小学校から県道49号線を約2.5km南下すると、国道313号線に出る。右折して約7km北上し、案内板に従って西へ約500mのぼると大谷1号墳(県史跡)がある。谷奥の見通しのよくない南向きの斜面に独立して築かれた7世紀後半の一辺約22mの方墳である。吉備地方における代表的な終末期古墳の1つといわれ、斜面を利用した3段築成の墳丘の前面に2段の外護列石をもつ構造を特徴とする。1988(昭和63)年と1993(平成5)年に発掘調査が行われ、石切横穴式石室の内部からは四注式家形陶棺とともに、見事な金銅装双龍環頭飾太刀、金銅製・鉄製の鏃、各種の須恵器などがみつかっている。大谷1号墳の1.5km東側の山裾には、定北古墳

大谷1号墳

(7世紀中頃に築かれた一辺約25mの方墳),定東塚古墳と定西塚古墳(7世紀前半から中頃に築かれた一辺15m〜25mの方墳),さらに定4号墳と定5号墳(小規模な方墳)とあわせて5つの古墳からなる定古墳群があり,大谷・定古墳群として国の史跡となっている。これらの古墳は,外護列石をもつ段構造の方墳という共通した構造があり,吉備地方を代表する累代の首長墳と考えられている。古墳は復元・整備され,副葬品は真庭市下畝部にある北房ふるさとセンター(水・土曜日のみ開館)に保管・展示されている。

なお,旧北房町中津井地区は,旧暦12月25日,北房の鰤市が立つことで知られる。江戸時代から続く伝統的な市であり,今も大勢の人で賑わう。

英賀郡衙跡・英賀廃寺跡 ㉚㉛

〈M ▶ P.178〉真庭市上水田
中国自動車道北房IC🚗4分／🚗7分

英賀郡内唯一の古代寺院跡

大谷1号墳から国道313号線に出て約2km北上すると,中津井川の東側に英賀郡衙跡に比定される小殿遺跡がある。1975(昭和50)年の調査では,2間×4間以上の掘立柱建物など3棟の遺構が確認されている。また奈良時代の須恵器や瓦片が出土しており,郡衙跡と考えられている。

さらに国道313号線を北に約2km進むと英賀廃寺跡がある。英賀廃寺は,白鳳期に建立されたとみられる英賀郡内唯一の古代寺院跡で,200aの範囲から,重鋸歯文・連珠文をめぐらした吉備式の重弁蓮華文軒丸瓦の破片や硯などが多数出土した。1978(昭和53)年の調査では,金堂跡は検出されなかったが,15.6m四方の乱石積基壇をもつ全国屈指の大きさを誇る塔跡が確認された。

英賀廃寺跡のすぐ東側には赤茂瓦窯跡があり,同寺の屋根瓦を焼成していたと考えられる。3遺跡の出土品は北房ふるさとセンターに展示されている。

備中北部から真庭へ　213

④ 高梁川を遡る

この地は吉備高原を刻み，北から南に流れる高梁川を通し，日本海・中国山地と瀬戸内海を結び，文化を築いてきた。

備中松山城 ㉜　〈M ▶ P.178, 215〉　高梁市内山下1　P
0866-22-1487　JR伯備線備中高梁駅🚶80分，または🚌吉川方面行自然動物園前🚶50分

高梁川沿いの谷から見上げる日本一高い山城

　高梁川の中流にある高梁は，山間に抱かれるように川の流れに沿って南北に細長い城下町である。江戸時代を中心に昭和時代初期までは高瀬舟が行き来し，物資の集散地としての賑わいをみせていた。市街地の北にある**臥牛山**(大松山・天神の丸・小松山・前山)には，日本でいちばん高い所に築かれた山城の**備中松山城**(国重文)が聳え，東の山裾には城塞さながらの石垣を構えた寺院が連なっている。

　備中松山城は，承久の乱(1221年)後に有漢郷(現，高梁市有漢町)の地頭となった秋庭重信が，1240(延応2)年，臥牛山系の大松山(470m)の峰に砦を築いたことに始まると伝えられている。その後，南峰の小松山(432m)にも曲輪が広がり，城主が上野氏・庄氏・三村氏とかわるなかで，さらに出丸・出城が設けられて山一円が要塞と化した。関ヶ原の戦い(1600年)後は，備中国奉行小堀正次・政一(遠州)父子が城番をつとめたが，1617(元和3)年に備中松山藩が立藩され，池田氏が入城。以後，水谷氏・安藤氏・石川氏と藩主が交替し，1744(延享元)年には板倉氏が入り，明治維新まで続いた。なお，1681(天和元)～83年にかけて，水谷勝宗が城の大改修を行っており，現存する天守・二重櫓・三の平櫓東土塀は，当時の遺構である。また国の史跡に指定されている**備中松山城跡**は，中世から近世にかけての城跡全体，**小松山城跡・天神の丸跡・大**

備中松山城

214　備中の道

松山城跡・大池・下太鼓の丸跡・中太鼓櫓跡・相畑城戸跡・切通及び番所跡を含むものである。

　大手門跡から南東の桝形に出ると，延長9.7m・厚さ0.68m・高さ1.5m，本瓦葺き・白漆喰塗り仕上げの三の平櫓東土塀（国重文）があり，壁面には四角形の矢狭間が2つと丸型の筒狭間が3つ備わっている。さらにのぼった本丸の上段にある天守（国重文）は，棟高約10m・建築延面積267.991m^2。2重2階の土蔵造で，屋根は入母屋造・本瓦葺き，1階には囲炉裏と装束の間，2階には城の守護神をまつった御社壇がある。外壁には，単窓・庇付き窓・折回り出窓など，さまざまな様式の格子窓を30ヵ所設けて外観に変化をつけている。天守から20m隔てた二重櫓（国重文）は，天守と同じく天然の巨石を櫓台とした2重2階の土蔵造で，南北2つの出入口は，北が後曲輪，南が天守裏に通じている。出窓の下には石落とし用の付上げ戸があり，箱狭間・天狭間などの防御装置が1・2階あわせて20ヵ所設けられている。

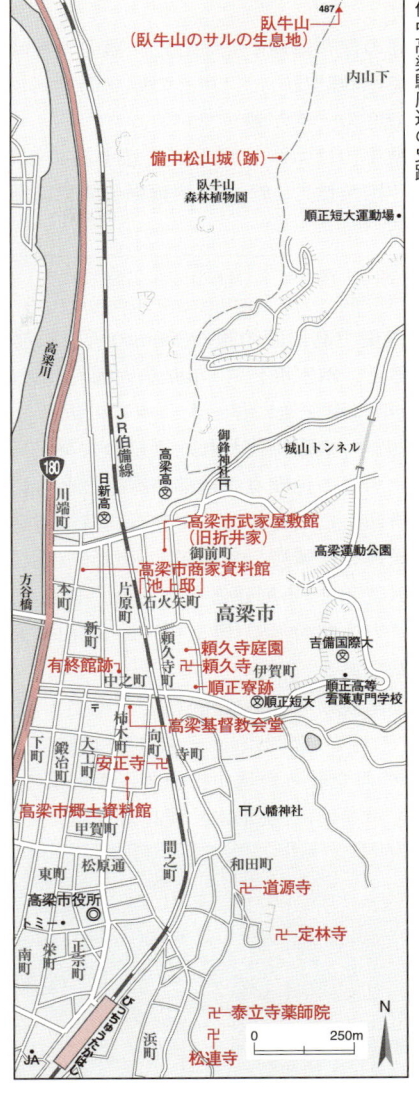

　また1998（平成10）年には，本丸正面の南御門，東御門・腕木御門・路地門，五の平櫓，六の平櫓土塀などが復元され，2003年には，

備中高梁駅周辺の史跡

高梁川を遡る　215

天守の保存修理が完了した。藩主の常時の居館と藩庁をかねた御根小屋跡(県史跡)は，現在の県立高梁高校の敷地にあたり，石垣や御殿の庭の一部が残っている。

臥牛山はニホンザルが生息することで知られ(臥牛山のサル生息地，国天然)，麓の自然動物公園ではその集団生活の様子を観察できる。

松連寺 ㉝
0866-22-3042
〈M ▶ P. 178, 215〉高梁市上谷町4102
JR伯備線備中高梁駅 🚶10分

重厚な石垣の連なる寺院の数々

JR備中高梁駅の東約300mの所に松連寺(真言宗)がある。寺伝によると，812(弘仁3)年弘法大師(空海)により創建され，1657(明暦3)年に現在地に移った。本堂の天井と船戸(県文化)は，文禄の役(1592年)の際に使われた軍船の大将宇喜多秀家の御座所のものである。当寺の住職宥海僧都が秀家とともに乗船し，航海の安全と戦勝を祈願したことから，本堂再建時に寄進された。

松連寺と隣接して泰立寺薬師院(真言宗)がある。寺伝によると，986(寛和2)年創建と伝えられ，1624(寛永元)年に本堂が建築された。方3間の本堂(県文化)は，桃山様式をもつ江戸時代初期の唐様建築である。

薬師院から北へ300mほど行くと，境内に水谷勝隆・勝美の菩提寺定林寺(曹洞宗)，そのすぐ北側に，幕末の戦禍から玉島(倉敷市)の町を救った備中松山藩主板倉家の家老熊田恰矩芳の墓所がある道源寺(もと法華宗，現在は単立，1595〈文禄4〉年創建)と続く。

さらに300m先で線路を渡ると，藩主板倉氏の菩提寺安正寺(曹洞宗)などが並んでいる。

安正寺の向かいにある高梁市郷土資料館は，1904(明治37)年に建てられた高梁尋常高等小学校の

松連寺

備中高梁の民俗

コラム 芸

出雲・備後にもつながる暮らしに根づいた文化

備中神楽

高梁・成羽を中心に行われる備中神楽(国民俗)は、備中地方のみならず、美作地方の西部から備後東部(現、広島県比婆郡)にまで渡り、広く荒神神楽ともいわれ、源流は島根県の出雲神楽の系統に属すると伝えられている。

江戸時代末期、川上郡上日名村(現、高梁市成羽町)の御崎神社の神官西林国橋によって、『古事記』『日本書紀』の神話をもとに芸能的な要素を取り入れた神代神楽としてできあがった。

神降ろしの神事として榊舞を行い、つぎに猿田彦舞で清め、王子神楽・神代神楽・剣舞を経て、蛇舞まで夜を徹して、五穀豊穣と家内安全を願って演じられる。

渡り拍子

渡り拍子は、岡山県西部から広島県東部一帯にかけて伝承される民俗芸能である。秋祭りに華やかな装束を身にまとい、頭に飾りを施した冠り物を着け、鉦の拍子に太鼓を打ち鳴らしながら、跳ね踊る。高梁市では、備中町・川上町・宇治町などで行われている。

備中松山踊り

毎年8月14〜16日の夜、盆踊りとして、JR高梁駅前通りを中心に備中たかはし松山踊りが行われる。備中松山藩主水谷勝隆の時代に始まったと伝えられ、菅笠に浴衣掛けで、三味線と太鼓の囃子にあわせて踊る。

2種類の踊りからなり、「地踊り」は町家の繁栄を願い、五穀豊饒を祈る庶民の踊りで、「仕組踊り」は伊勢(現、三重県)の踊りを取り入れた武士の踊りとして始まったものといわれている。

木造2階建て校舎を活用したもので、江戸時代から昭和時代まででの生活用具などを展示している。

頼久寺 34
0866-22-3516

〈M ▶ P. 178, 215〉高梁市頼久寺町18 P
JR伯備線備中高梁駅 徒15分

備中国奉行小堀政一(遠州)が築いた庭

高梁市郷土資料館の北約150m、紺屋川に出る角には、1889(明治22)年に建てられた県内最古の教会建築、高梁基督教会堂(県史跡)がある。また、川を挟んですぐ北西の市立高梁幼稚園の敷地は、備中松山藩の藩校有終館跡である。

紺屋川沿いに少しのぼると、左手にみえる順正短期大学の敷地が順正寮跡(県史跡)である。キリスト教の信者福西志計子が、1896(明治29)年、県内最初の女学校として順正女学校を創設したときの校舎(のちに寄宿舎)が現存する。

高梁川を遡る 217

頼久寺

　順正短期大学の西隣に頼久寺(臨済宗)がある。寺伝によると，1339(暦応2・延元4)年，足利尊氏が諸国に命じて建立した安国寺の1つ，備中安国寺が前身という。永正年間(1504～21)に備中松山城主上野頼久が伽藍を一新し再興に努めたことから，その死後，頼久の名を加えた天柱山安国頼久禅寺と称した。

　頼久寺庭園(国名勝)は，ここに仮の居を構えた備中国奉行小堀政一(遠州)の手によって，1605(慶長10)年頃につくられたものと伝えられ，「鶴亀の庭」といわれている。平庭の禅院式枯山水蓬莱庭園で，はるかに愛宕山を借景として取り入れ，白砂敷の中央に鶴島，後方に亀島を配し，サツキの大刈り込みで青海波を表現している。中庭には，1339年12月，西念の勧進により造立された石灯籠がある。寺宝のうち，鎌倉時代の絹本著色釈迦三尊像(国重文)は奈良国立博物館に，室町時代の絹本著色寂室元光頂相(県文化)は高梁市歴史美術館に寄託されている。

　頼久寺から北に向かうと，土塀が続き，城下町の面影を色濃く残す町並みになる。県が「ふるさと村」に指定し，景観を保存・整備している石火矢町である。この一帯はかつての武士の屋敷地で，高梁市武家屋敷館は天保年間(1830～44)に建てられた160石馬回り役の旧折井家を公開し，武具などを展示する資料館を併設する。

　石火矢町から100mほど西の本町通りには，商家が立ち並ぶ。高梁市商家資料館「池上邸」は，小間物屋・両替商・高瀬舟の船主・醤油醸造業などを営んだ商家池上家の屋敷を資料館として活用している。

恵堂地蔵 ㉟　〈M ▶ P.178〉高梁市落合町阿部3403
　　　　　　JR伯備線備中高梁駅🚌成羽行地蔵堂前🚶すぐ

　JR備中高梁駅から約1.5km南下し，高梁川に架かる落合橋を渡

ると、まもなく左手に尼子十勇士の1人、山中鹿之介の墓がある。羽柴秀吉の中国侵攻の際、鹿之介は主君尼子勝久とともに播磨上月城（現、兵庫県佐用町）で毛利勢と戦い敗れた。勝久は自害したが、鹿之介は捕らえられ、1578（天正6）年、毛利氏の本陣に送られる途中、ここ阿部の渡しで殺された。

鹿之介の墓から西へ2.5kmほど行くと、恵堂地蔵（県文化）がある。石灰岩の板石に地蔵菩薩立像が半浮彫りされており、「正和二癸丑（1313）」年の造立銘をもつ。

また、市の北部巨瀬町の祇園山（550m）にある祇園寺（真言宗）には、花崗岩製の石造宝塔（県文化）がある。総高358cm、塔身の四方を長方形に彫りくぼめ仏像を彫り、「延文二（1357）年」の銘もみえ、完全な形で残されている。

成羽川沿いにたたずむ石造地蔵菩薩

井倉洞 ㊱

〈M▶P.178, 219〉 新見市井倉 **P**
0867-75-2224　JR伯備線井倉駅🚶10分

県の北部、中国山地と南部の平野との中間に位置する吉備高原は、地形学上は準平原といわれ、新見市南東部一帯を中心に石灰岩台地のカルスト地形が広がっている。JR井倉駅の南東約900mの所にある井倉洞は、滝の流れ落ちる観音嶽とよばれる絶壁に開口する総延長1.2kmの鍾乳洞である。高梁川支流の上流域に広がる鍾乳洞と変成岩による変化に富んだ美しい自然景観のうち、豊永の満奇洞・宇山洞、豊永赤馬の秘坂鍾乳穴、金谷の縞嶽、真庭市下呰部の諏訪の穴とともに阿哲台（県天然）と総称され、県立自然公園の一部をなしている。

井倉洞周辺の史跡

高梁川を遡る

井倉駅から南へ向かい高梁川を渡ると，県道50号線に入る。8kmほど北上した標高400〜500mの草間台地には，窪地に架かる高さ38m・幅17mの石灰岩でできた巨大な天然の橋，<u>羅生門</u>(国天然)がある。また，その東方には，佐伏川中流の石灰岩の岸壁から約6時間おきに増加し冷泉が湧き出してくる，<u>草間の間歇冷泉</u>(国天然)がある。間歇温泉は全国各地にみられるが，冷泉は珍しく，ここで間歇的に水量が増加する原因についてはまだ解明されていない。

> 石灰岩の台地を侵食した自然の造形

<u>三尾寺</u> ㊲

0867-74-2773

〈M▶P.178, 219〉 新見市豊永赤馬4676 [P]

JR伯備線井倉駅🚗30分

> 山深く閑静な木立にたたずむ古刹

　<u>三尾寺</u>(真言宗)は，727(神亀4)年に行基によって開かれ，807(大同2)年弘法大師が中興の祖となり，真言密教の道場として栄えたが，応仁の乱(1467〜77年)によって焼失したと伝えられている。その後，1599(永禄2)年に，呰部荘(現，真庭市下呰部)の丸山城主庄兵部大輔勝資によって本堂が再建され，さらに1604(慶長9)年には，備中国奉行小堀政一(遠州)から寺領10石の寄進を受けて保護されたという。

　<u>本堂</u>(県文化)は，室町時代末期の特徴をもつ単層入母屋造・茅葺き，桁行5間(11.8m)・梁間4間(9m)の簡素な構造であり，蟇股に唯一彩色した彫刻が施されている。

　収蔵庫には，中央に本尊の<u>木造千手観音坐像</u>，その左に不動明王，右に毘沙門天の<u>両脇士像</u>(いずれも国重文)が安置されている。本尊は像高132.8cm，ヒノキの寄木造，漆箔で内刳りがある。寺伝によると，千手観音像は行基が，両脇士像は弘法大師が自刻してまつったといわれている。本尊・脇士像ともに鎌倉時代中期の特徴がうかがえる。3体とも常時拝観はできない。

三尾寺

鯉ヶ窪湿生植物群落 ㊳

〈M▶P.178〉新見市哲西町矢田 P
JR芸備線矢神駅🚶60分,または🚗10分

吉備高原の自然をはぐくむ湿性植物の自生地

　JR芸備線野馳駅から国道182号線を西に2kmほど行くと二本松峠に至る。備中と備後(現,広島県東部)の国境で,明治時代の歌人若山牧水の歌碑が造立され,牧水二本松公園として整備されている。1907(明治40)年,牧水が,早稲田大学在学当時,宮崎へ帰省する際,高梁から新見を経て恋人のいる広島県に向かう途中で当地の旅籠熊谷屋に泊まり,碑に刻まれた「幾山河　こえさりゆかば　寂しさのはてなむ国ぞ　けふも旅ゆく」の歌を詠んだと伝えられている。

　野馳駅から矢神駅に向かって国道182号線を約2km北上し右折すると,哲西町矢田の阿弥陀堂に矢田石仏(県文化)がある。花崗岩の前面を長方形に浅く彫ったなかに,高さ63cmの阿弥陀如来像が線刻されており,「文永二(1265)年八月廿日」の紀年銘がみえる。

　矢田石仏から2kmほど南東の山間に向かうと,標高約550mの吉備高原北西端に,鯉ヶ窪湿生植物群落(国天然)が広がる。この湿原は「西の尾瀬」といわれ,春には寒地性植物のリュウキンカ,初夏にはビッチュウフウロ・オグラセンノウなどの稀少植物やサギソウなどが花開く,貴重な湿性植物の群落である。また,ハッチョウトンボなど稀少な昆虫の生息地でもある。

神応寺六角石幢 ㊴
0867-92-6531

〈M▶P.178〉新見市神郷下神代1610 P
JR芸備線・伯備線備中神代駅🚶30分,または🚗5分

中世荘園の時代の文化を残す石造物

　JR備中神代駅から神代川に沿って約2km南下し右折すると,市立神代小学校の南西に神応寺(単立)がある。境内に立つ六角石幢(県文化)は総高120cm,「康応二(1390)年三月　廿一日」の紀年銘がある。安山岩製の幢身だけが造立当初のもので,ほかは近世の宝篋印塔を組み合わせている。六角柱の背面以外の5面には,立仏像が陽刻されている。

　備中神代駅からJR伯備線に沿って約13km北上,新郷駅を過ぎ,さらに2kmほど西に行った神郷高瀬には,石造薬師三尊像(県文化)がある。今は「高瀬のお薬師さん」として信仰されているが,もとは広島県神石郡神石高原町笹尾の東福寺にまつられていたもので,江戸時代に高瀬の人が招き入れたと伝えられている。花崗岩

高梁川を遡る　221

製の薬師如来坐像は像高95cm，日光・月光菩薩の脇侍は43cmの高さで，「嘉元二二(1306)年正月日」の銘がある。

野田山遺跡 ❹

〈M ▶ P.178〉新見市哲多町成松194
JR伯備線石蟹駅🚗15分

自然豊かな地域に弥生時代の生活の跡

鯉ヶ窪湿生植物群落から県道50号線を東に進むと，哲多町に入る。荒戸山の南麓にある荒戸神社は，1324(正中元)年の勧請と伝えられる。三間社入母屋造・平入・檜皮葺きの本殿(県文化)は，1707(宝永4)年の建造。

荒戸山の南約6km，蚊家にある天王八幡神社(祭神素盞嗚命ほか)の社叢は，金螢発生地(県天然)である。鞘翅目ホタル科のヒメボタルを当地の方言で，キンボタルとよんでいる。陸生のマキガイを餌にするため，山間に生息する。

哲多町を南北に走る本郷川と並行する県道33号線沿いの成松地内には，弥生時代中期中葉の集落跡野田山遺跡(県史跡)がある。竪穴住居跡が確認され，住居跡からは磨製石斧，打製・磨製石包丁のほか，弥生土器が出土した。竪穴住居は現在復元され，製鉄遺構もみられる。

方谷庵 ❹

〈M ▶ P.178〉新見市大佐小南281 P
0867-98-2964
JR姫新線刑部駅🚶15分

幕末の藩政改革を成し遂げた山田方谷

JR刑部駅から南西へ1.2kmほど行くと金剛寺(臨済宗)があり，境内に方谷庵(県史跡)が立つ。備中松山藩の財政再建と藩政改革を成し遂げた，政治家・教育者・漢詩人山田方谷が，母の故郷小阪部に隠棲した後，1872(明治5)年に外祖父母をまつるために建てた簡素な平屋の茶室風小庵である。継志堂ともいい，方谷は当地で静かに晩年を過ごした。刑部駅の北約800mの方谷公園内に方谷が開いた私塾小阪部塾跡・勝海舟による題字の「方谷山田先生遺蹟碑」がある。

JR伯備線方谷駅は山田方谷に由来し，その偉業をたたえて人名を駅名として採用した珍しい例である。また方谷駅から北東へ佐伏川・津々川沿いに遡った高梁市中井町西方の生誕地は方谷園として整備され，園内に山田方谷の墓と山田家歴代の墓がある。

中世新見荘の文化財

コラム

中世の山間村落の姿を残す 備中国新見荘

　平安時代末期に後白河法皇ゆかりの最勝光院領として新見荘はでき、鎌倉時代には、京都の東寺に本所職が寄進された。承久の乱(1221年)後に鎌倉幕府によって地頭がおかれ、1271(文永8)年には下地中分が行われ、東方を地頭が西方を領家が支配する形となった。年貢の徴収をめぐり、領主と在地の争いや代官の派遣をめぐってやりとりが繰り広げられ、農民による土一揆などもおこり、領主の支配はおよばなくなり、戦国時代に荘園の終わりを迎えた。荘域は新見市金谷から高梁川沿いに旧神郷町北部高瀬を含む地域に比定される。

　新見荘関係の史跡を訪ねる前に、JR新見駅南側の高台にある新見市美術館に立ち寄ると、新見荘の領主であった京都の東寺を中心にした関連資料をみることができる。現在、京都府立総合資料館に所蔵されている「東寺百合文書」(国宝)のなかには、中世の地方女性が書いた手紙として珍しい「たまかき書状」がある。これは、東寺から派遣されていた代官祐清への想いをしたためた、新見の荘官惣追捕使福本刑部丞盛吉の妹たまかき(たまがき)の手紙である。直務代官として新見に派遣された僧祐清は、飢饉にもかかわらず厳しい年貢催促をしたため、農民らの抵抗に遭い、1463(寛正4)年、上市谷内で殺害された。手紙の内容は、身の回りの世話をしていたたまがきが、荘園領主東寺に宛てて祐清の形見を求めるものである。西方の伝福本盛吉邸跡には、「たまがき碑」が建てられている。なお祐清の葬儀は、ほど近い善成寺(廃寺)で執り行われた。

　新見駅の北西2kmほどの山腹にある江原八幡神社は、1469(文明元)年に百姓らが大寄合を開き、代官の排斥を求めて「大鐘を撞き、土一揆をひきならし」た、土一揆の拠点として「東寺百合文書」に登場している。また、上市地内の国道180号線と中国自動車道とが並走する区間の西側には、地頭方政所跡がある。

　新見荘故地内には、いずれも県の重要文化財に指定されている石造物が数多くある。新見市金谷の石造宝台寺五輪塔は、高さ151cmの花崗岩製で、基礎正面に「元徳二(1330)年」の銘がある。

　同じく金谷の青龍寺(真言宗)の石造延命地蔵菩薩坐像、正田の石造延命地蔵(朝間地蔵)・石造延命地蔵(昼間地蔵)、西方の石造延命地蔵菩薩立像(夕間地蔵)は地蔵信仰の習俗を物語る。「正平十二(1357)年」作の3体は、いずれも和泉砂岩製で、同じ様式がみられる。唐松の石造延命地蔵は「正平十二(1357)年」銘があり、俗に「腰折れ地蔵」ともよばれている。

高梁川を遡る　223

❺ 成羽川を遡る

高梁市西部のこの地域には，陣屋町成羽や銅とベンガラの里吹屋の町並みなどに多くの史跡・文化財が点在している。

成羽陣屋町 ㊷
0866-42-4455（成羽美術館）

〈M ► P. 178, 225〉 高梁市成羽町成羽・下原　P（成羽美術館）
JR伯備線備中高梁駅🚌成羽方面行成羽🚶1分

舟運で栄えた山崎氏5000石の陣屋町

　成羽バス停西側の近代的建築物は高梁市成羽美術館（通称，成羽町美術館）である。日本を代表する建築家安藤忠雄の設計により，1994（平成6）年11月に完成した。館内には成羽町下原出身で，倉敷の大原美術館の絵画収集に功績のあった洋画家児島虎次郎の作品や，彼が収集したエジプト・ペルシア・中国などの古美術品が展示されている。別室には，成羽の化石層（県天然）から産出したシダ・イチョウ・モノチス貝などの化石が展示されている。

　近代まで舟運で栄えた成羽は，平安時代の『和名抄』では「奈之波」と訓まれている。鎌倉時代，成羽郷の地頭河村四郎秀清は，成羽美術館背後の鶴首山に鶴首城を築いたという。『太平記』には南北朝時代の当地の武士として成合氏がみえ，室町時代には京都天龍寺領の成羽荘となっている。なお近年では，鶴首城の築城は，1533（天文2）年頃成羽荘に入った三村家親によるという説が有力である。

　成羽美術館から総門橋を渡り北詰を西に折れると，堤防上に，1801（享和元）年に建立された金比羅常夜灯がある。かつては積み荷の上げ下ろしで賑わった河岸の様子を偲ばせるものである。さらに吹屋往来（現，県道300号線）を北へ約300m進むと，三村氏居館跡がある。現在は北東隅に土塁の一部を残すだけだが，戦国時代，

高梁市成羽美術館

備中の道

成羽の史跡

三村家親が居館として築き，1617(元和3)年には成羽に封ぜられた山崎家治が入り，俗に成羽城とよばれた。家治の子豊治が陣屋を完成させてからは別邸となり，御茶屋と称された。

山崎豊治は1658(万治元)年，5000石の交代寄合(旗本)となり，四国丸亀(現，香川県丸亀市)から入部し陣屋(御殿)を完成させた。山崎氏御殿跡は，現在の成羽美術館・高梁市役所成羽地域局・市立成羽小学校の辺りで，東から御作事門・大手門・御庫(蔵)門があった。陣屋の西側の蓮池は，江戸時代末期に書院に設けられた回遊式庭園の名残りである。陣屋町の面影は，美術館の東方約500mの柳丁武家屋敷の町並みにみることができる。

三村氏居館跡の西南約1kmの源樹寺(曹洞宗)は，三村元親が父家親の菩提を弔うために創建した寺という。成羽美術館の東約700mの龍泉寺(真言宗)には，「元亨四(1324)年」銘の石造龍泉寺方柱碑や，平安時代前期の木造聖観音菩薩立像，室町時代(14世紀)の木造南無仏太子立像(いずれも県文化)がある。その東方の桂巌寺(曹洞宗)は，1659(万治2)年に山崎豊治が父家治の法名桂巌院から寺号を定め，創建した山崎氏の菩提寺で，山﨑家墓所(県史跡)がある。

成羽美術館から国道313号線を西へ2.7kmほど行き，佐々木上バス停付近から成羽川対岸を望むと，右手の山の中腹に「木口小平生家」の看板がみえる。木口小平は，日清戦争(1894〜95年)にラッパ手として従軍し，胸に銃弾を受けた後もラッパを離さなかったとして，1904(明治37)年からの尋

石造龍泉寺方柱碑

成羽川を遡る　225

常小学校修身教科書にも載り，称賛された。三村氏居館跡の西側にある小平園には小平の顕彰碑がある。

吹屋ふるさと村 ❹ 〈M▶P.178, 226〉 高梁市成羽町吹屋 P
JR伯備線備中高梁駅🚌吹屋行終点🚶すぐ

銅とベンガラで栄えた鉱山の町

成羽から羽山渓を経由して北西へ12kmほど行くと，標高550mの吉備高原西部の吹屋に至る。吹屋は，江戸時代から明治時代にかけて銅山開発，さらに，江戸時代中期からはベンガラ生産が行われ，おおいに繁栄した鉱工業地である。

戦国時代，吹屋は尼子氏と毛利氏の争奪の舞台となった。尼子氏の家臣吉田六郎兼久は吹屋銅山を経営したが，銅山争奪戦によって討死したといい，後述の郷土館西の小道を北に約100mのぼった所に，兼久の墓と伝えられる宝篋印塔が残る。江戸時代には幕府直轄領となり，銅山も幕府直轄とされ，代官のもとで元禄年間（1688〜1704）には泉屋（住友家），享保〜天保年間（1716〜1844）には福岡屋（大塚家）が経営にあたった。

当時の繁栄は「吹屋よいとこ金吹く音が，聞こえますぞえ窓坂（吹屋から成羽に向かう下り口）へ　吹屋よいとこ金掘るところ，掘れば掘るほど金が出る」と，俗謡にも謡われた。

吹屋銅山は，17世紀なかばに，備中倉敷代官の提唱で吉岡銅山とよばれるようになった。石見大森銀山や佐渡金山でも業績を挙げた，山師吉岡の名にちなんで改めたのだという。明治時代以降は三菱（岩崎家）が経営にあたり隆盛をきわめたが，1972（昭和47）年に閉山，その2年後にはベンガラ生産も廃業となった。

吹屋往来の街道に沿って，町家の母屋や土蔵などが立ち並ぶ一帯が吹屋ふるさと村で，国の重要伝統的建造物群保存地区に選定されている。赤褐色の石

吹屋ふるさと村周辺の史跡

広兼邸

州瓦を葺き、赤いベンガラ格子や白漆喰壁をもつ切妻造・入母屋造・平入・妻入のものが混在し変化のある町並みを形成している町家は、江戸時代末期から明治時代初期のものが多い。町並みの中央にある入母屋造・平入の郷土館は、1879(明治12)年に石見国の宮大工の手によって建てられた、ベンガラ窯元の支配人片山嘉吉の屋敷である。郷土館の向かいに、片山家の本家にあたる旧片山家住宅があり、主屋・宝蔵・米蔵・弁柄蔵仕事場及び部屋は国重文となっている。町並みの西端にある吹屋資料館は明治時代中期の建築で、1955(昭和30)年に成羽町と合併するまで吹屋町役場として、また合併後1973年まで成羽町役場吹屋支所として使用されていた。地区の北にある吹屋小学校校舎(本館・東校舎・東廊下・西校舎・西廊下、県文化)は、1909(明治42)年に吉岡銅山本部敷地跡に吹屋尋常高等小学校として建てられたもので、現役の小学校としては日本最古といわれる。

　吹屋から南に行くと、中野にベンガラ館がある。ベンガラとは、酸化第二鉄を主成分とする赤色の顔料である。その原料は磁硫鉄鉱石からとれる中間製品緑礬(ローハ)で、伊万里焼・九谷焼・輪島塗など、陶器・漆器の赤色顔料や木材の防腐剤として珍重された。吹屋では、1707(宝永4)年から生産が始まり、明治・大正時代にかけて繁盛した。当地のベンガラや銅は駄馬の背に積まれ、吹屋往来を通って成羽の廻船問屋まで運ばれ、さらに高瀬舟に積み替えられて、成羽川・高梁川をくだり、玉島港(現、倉敷市)から大坂や西国へ移出された。ベンガラ館は、明治時代、この谷間に4カ所あった水車を動力とするベンガラ工場を復元したもので、ベンガラの製造工程を紹介している。隣接して登り窯を備えたベンガラ陶芸館があり、ベンガラを使った陶器づくりが体験できる。またベンガラ館東方の吹屋銅山笹畝坑道は、坑内の一部が一般公開されている。笹畝坑道から南に進むと広兼邸がある。中野村大野路の庄屋をつとめ、

小泉銅山経営とベンガラ生産によって財をなした広兼家が、1810（文化7）年に建築した、城と見紛うばかりの楼門と石垣を構えた屋敷で、時おり映画などの撮影にも使われている。

吹屋から西へ約3.5kmくだると、坂本に西江家住宅がある。吹屋は天領でありながら代官屋敷はおかれておらず、坂本村の大庄屋西江家が、鉱山経営を行いながら代官を兼務した。江戸時代後期に建てられ、郷倉として使われていた穀蔵（西江家資料館）のほか、主屋・書庫・道具蔵・味噌蔵・門・門座敷・隠居座敷・旧馬小屋及び男部屋が、国登録となっている。

笠神の文字岩 44

〈M▶P.178〉高梁市備中町平川 P
JR伯備線備中高梁駅🚌坂本行惣田🚶40分

惣田バス停から県道437号線を成羽川左岸沿いに西へのぼり、田原ダムを越えて2.6kmほど行くと、笠神文字岩展望公園が川底の笠神の文字岩（国史跡）を見下ろす場所にある。この文字岩は、1307（徳治2）年、難所であった笠神龍頭の上下の瀬10余カ所を開削し、船路を開いた記念に建てられた石碑である。開削工事の目的は、成羽川上流の備後東城（現、広島県庄原市東城町）や備中北部で生産された鉄をはじめとする物資輸送のためであった。伊勢内宮領となった神代野部御厨（現、岡山県新見市哲西町上神代・神郷下神代）から、1202（建仁2）年、鉄3000挺が内宮に貢納されている。

碑文によると、地元の四郎兵衛らが発起人となり、成羽善養寺（廃寺）の尊海が大勧進として浄財を集め、善養寺の本山である奈良西大寺から派遣された実専を奉行とし、石工の伊行経によって制作されたことがわかる。

1797（寛政9）年に当地を訪れた美作国久世（現、真庭市久世）の代官早川八郎左衛門正紀は、この

笠神文字岩展望公園

鎌倉時代の水運開発の記念碑

備中の道

銘文を読んだ後,文字岩に隣接した岩に,所感と「たき河に　幾百と勢か遍にけらし　徳治の文字の残る石ふみ」の和歌を刻んでいる。なお文字岩と歌石は,1968(昭和43)年,約500m上流に新成羽川ダムが完成したことによって通常は水面下となり,姿をみることはできない。このため,展望公園には文字岩と歌石のレプリカがおかれている。時おり岡山県立博物館で見ることができる。

新成羽川ダムによって生まれた備中湖から岩谷川沿いに山道を4kmほど北東にのぼると,「永徳三(1383)年」銘の銅鰐口(県文化)を所蔵する観音寺(真言宗)がある。また,黒鳥(備中町布賀)の高梁市備中地域局から約4km谷川沿いに上布賀の中地区にのぼる。字堂ノ峠の薬師堂脇には,「至徳四(1387)年」銘の石造方柱碑(県文化)がある。

国吉城跡 ㊺

〈M ▶ P.178〉高梁市川上町七地　P
JR伯備線備中高梁駅🚌地頭行終点🚗10分

成羽町から国道313号線を川上町に入ると,領家・地頭という歴史的地名が並んでいる。当町は,古代には弟翳郷,中世には手荘(15世紀には京都相国寺領)とよばれていたが,いつの頃か,下地中分によって領家方・地頭方に分けられたと考えられる。

川上バスセンターから南へ4kmほど行き,高梁市役所川上地域局から県道299号線に出て西へ2kmほど進み,右手に折れ,さらに2km山道をのぼると国吉城跡がある。国吉城は,元弘年間(1331～34)安藤太郎左衛門元理によって築城されたと伝えられる(『備中府誌』)。1567(永禄10)年には備中松山城主三村元親の叔父三村政親が在城していたが,1574(天正2)年,毛利氏の軍に破れた。毛利氏はここに口羽春吉を入れたが,1611(慶長16)年廃城となった。城は「く」の字状に屈曲した横矢斜の連郭式山城で,南北に連なる8曲輪と,西側より南側へまわり込んでいる「馬場」とよばれる脇郭からなる。

国吉城跡から北に進むと,川上町七地から備中町布瀬へと続く渓谷に,磐窟川の浸食によって形成された鍾乳洞(磐窟洞)のある磐窟谷(国名勝)がみられる。

戦国時代備中兵乱の激戦地

成羽川を遡る

穴門山神社 ㊻　〈M▶P.178〉高梁市川上町高山市1035　P
0866-48-3700　　JR伯備線備中高梁駅🚌地頭行終点乗換え高山市行終点🚶30分

松山城主池田氏の尊崇を受けた式内社

　磐窟谷から川沿いに南西へ進むと高山に出る。南西端に県立自然公園に指定されている弥高山(654m, 県名勝)があり, 雲海と日の出の名所として有名である。ここから西へ1kmほど行き, 町はずれを北に入ると, 穴門山神社の細い参道が森のなかに続く。

　穴門山神社(祭神天照大神・倉稲魂神・足仲彦命・穴門武姫命)は,『延喜式』神名帳に記載された「備中国下道郡穴門山神社」に比定される。社号は, 本殿脇にある鍾乳洞に由来するといわれる。1632(寛永9)年秋に社殿を焼失したが, 1637年, 備中松山城主池田出雲守長常によって再建された。本殿(県文化)は三間社流造で, 安土桃山時代の建築様式を残し, 装飾性にすぐれている。そのほか, 拝殿附棟札6枚も近年県文化に指定された。

　鬱蒼とした樹木が繁る約10haの穴門山の社叢(県天然)は, 1930(昭和5)年の調査では438種類の植物が確認されている。

穴門山神社

美作の道

Mimasaka

復元された津山城跡の備中櫓

勝山の町並み

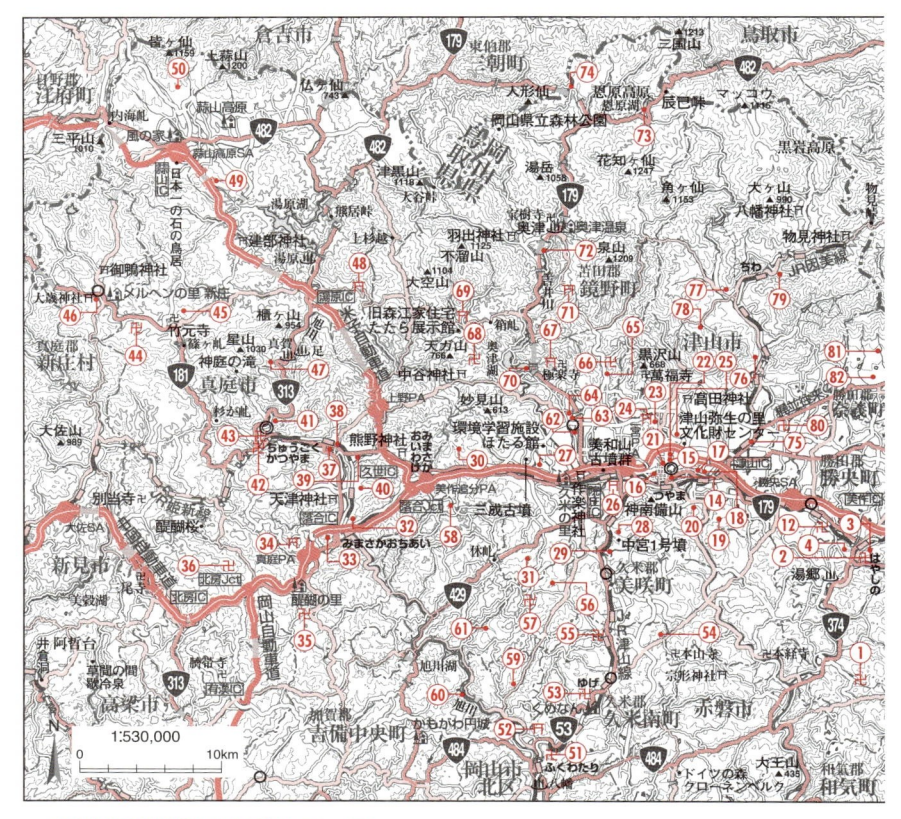

◎美作の道散歩モデルコース

1. JR因美線・姫新線・津山線津山駅 50 安養寺 30 林野城跡 70 三星城跡 40 江見廃寺 40 伝宮本武蔵宅跡 80 竹山城跡 50 古町宿 85 JR津山駅
2. JR因美線・姫新線・津山線津山駅 10 津山城跡 10 衆楽園 20 美作国府跡・総社宮 25 JR津山駅 4 JR因美線・姫新線東津山駅 20 美作国分寺跡 20 JR東津山駅
3. JR姫新線久世駅 5 久世代官所跡 10 旧遷喬尋常小学校校舎 10 JR久世駅 6 JR姫新線中国勝山駅 5 明徳寺・化生寺 60 高田城跡 60 JR中国勝山駅
4. JR津山線福渡駅 5 志呂神社 20 誕生寺 30 両山寺 20 JR津山線亀甲駅
5. 中国自動車道院庄IC 5 ペスタロッチ館(片岡鉄兵文学記念室・鏡野郷土博物館) 10 香々美新町宿 1 桝形城跡(地蔵堂前登山口 90 山頂) 5 円通寺 20 たたら記念館 15 奥津歴史資料館 5 奥津渓 20 院庄IC
6. JR因美線高野駅 5 萬福寺(堀内三郎右衛門の墓) 15 新善光寺 5 新野東の宝

篋印塔 20 諸神社 10 30 大別当城跡 10 菩提寺 30 40 JR津山駅

①長福寺
②安養寺
③林野城跡
④三星城跡
⑤江見廃寺
⑥天曳神社
⑦古町宿（小原宿）
⑧伝宮本武蔵宅跡
⑨林家住宅
⑩道仙寺
⑪土居宿
⑫東光寺
⑬梶並神社
⑭津山城跡
⑮衆楽園
⑯寺町通り界隈
⑰箕作阮甫旧宅
⑱津山洋学資料館
⑲美作国分寺跡
⑳日上天王山古墳
㉑岡山県立津山高等学校本館・十六夜山古墳
㉒美作国府跡
㉓神楽尾城跡
㉔中山神社
㉕沼弥生住居跡群
㉖高野神社
㉗院庄館跡
㉘佐良山古墳群
㉙比丘尼塚
㉚岩屋城跡
㉛久米廃寺跡
㉜川東車塚古墳
㉝下市瀬遺跡
㉞木山神社・木山寺
㉟勇山寺
㊱清水寺
㊲久世宿
㊳旧遷喬尋常小学校校舎
㊴五反廃寺
㊵篠向城跡
㊶高田城跡
㊷明徳寺
㊸化生寺
㊹宇南寺
㊺姫笹原遺跡
㊻新庄宿
㊼徳右衛門御前
㊽大庭八社
㊾大山神門
㊿蒜山原
(51)豊楽寺
(52)志呂神社
(53)佛教寺
(54)片山潜生誕地
(55)誕生寺
(56)唐臼墳墓群
(57)両山寺
(58)幻住寺
(59)竹内流古武道発祥の地
(60)旭川ダム
(61)岸田吟香生誕地
(62)片岡鉄兵詞碑
(63)竹田遺跡
(64)大野の整合
(65)香々美新町宿
(66)円通寺
(67)小田草神社・小田草城跡
(68)弘秀寺奥の院
(69)布施神社
(70)久田原遺跡・苫田ダム
(71)泉嵓神社
(72)奥津渓
(73)恩原ダム・恩原遺跡
(74)人形峠
(75)堀内三郎右衛門の墓
(76)医王山城跡
(77)万燈山古墳
(78)改政一揆義民の碑
(79)矢筈城跡
(80)新善光寺
(81)日本原
(82)岡・城が端古墳
(83)諸神社
(84)大別当城跡
(85)菩提寺

① 因幡往来を行く

美作東部は古くから仏教が栄え、関連の歴史遺産も多い。近世には因幡往来・出雲往来が通過し、交通の要所だった。

長福寺 ❶　〈M▶P.232〉美作市真神414　P
0868-74-2026
JR山陽新幹線・宇野線・吉備線・山陽本線・津山線・赤穂線・伯備線岡山駅🚌 林野駅行小原🚶35分

県内最古の木造建築である三重塔

　小原バス停手前の福本交差点を右折し、県道414号線を約2.4km進むと案内標識がみえ、左折すると長福寺(真言宗)に至る。長福寺は寺伝によれば、757(天平宝字元)年に現在地の北東1.8kmの真木山山頂に創建され、盛時には僧坊数十カ寺を数える山上伽藍を誇ったという。中世に入って一時荒廃したが、僧円源が入山して復興し、天台宗を広めたという。三重塔(国重文)は、このときに建立されたもので、方3間、柿葺きの純和様の建築である。「弘安八(1285)年」銘の棟札をもち、県内現存最古の木造建築である。1928(昭和3)年、寺が麓に移転した後も山上にあったが、1950年の解体修理を機に、現在地に移築された。

　寺には、国指定重要文化財の木造十一面観音立像がある。像高251cm・ヒノキの寄木造で、全体に保存が良く、肉体のさりげない動きや衣の襞の複雑な流れに、宋風を加味した鎌倉時代以来の写実的表現が認められる。このほかにも鎌倉時代末期作の絹本著色不動明王像、室町時代の絹本著色両界曼荼羅図2幅・伝増吽筆十二天像12幅(いずれも国重文)などがある。

　長福寺から県道414号線へ出て約2km南下、左折して河会川沿いに東へ約7km行くと、滝宮トンネルを抜けた北東に天石門別神社(祭神天手力男命)がある。本殿(県文化)は、1697年(元禄10)年に津山藩主森長武により再建され、入母屋

長福寺三重塔

美作の道

造・銅板葺きの一間社(いっけんしゃ)で、正面に向拝(こうはい)をもつ。外観は床が高く、屋根と軸部の均衡(きんこう)がとれた見事なものである。

福本交差点から国道374号線を北へ約4km、東郷橋を渡り400mほど行った丁字路を右折し、しばらく進むと<u>安蘇の宝篋印塔(あそのほうきょういんとう)</u>(県文化)がある。銘文により、1325(正中(しょうちゅう)2)年に性忍(しょうにん)が造立したことがわかっており、紀年銘のある石塔としては、美作地方最古のものである。

安蘇の宝篋印塔

安養寺(あんようじ) ❷ 〈M ▶ P.232, 235〉 美作市林野48
0868-72-0229　JR因美線(いんび)・姫新線(きしん)・津山線津山駅 🚌 大原行上本町(かみほんまち) 🚶 5分

上本町バス停から左手の坂をのぼると、<u>安養寺</u>(真言宗)がみえてくる。聖徳太子(しょうとくたいし)の創建と伝えられ、高福寺と称していた。1573(天正(てんしょう)元)年に焼失し、その後安養寺と改め、1663(寛文(かんぶん)3)年、現在地に移されたという。本尊の<u>木造十一面観音立像</u>(国重文)は平安時代後期の作で、像高109.3cm、ヒノキの寄木造、漆箔(しっぱく)、彫眼(ちょうがん)。狭い額、鼻から眉(まゆ)の稜線、心持ちつり気味の半眼に開いた眼、起伏を抑えた口唇(こうしん)など面相はおだやかで、調和のとれた仏像になっている。このほか、江戸時代初期につくられたとされ、市の名勝に指定されている庭園などがある。

安養寺の南西約500mの所に建物が市の文化財に指定されている<u>美作市歴史民俗資料館</u>があるが、平成25年9月以降修理のため閉館しており、再開館時期は未定。小規模ながら本格的なルネサンス様式を取り入れた建物である。

資料館から南へ1kmほど行き、吉野(よしの)川を渡ると湯郷温泉(ゆのごう)に至る。「鷺(さぎ)の湯」

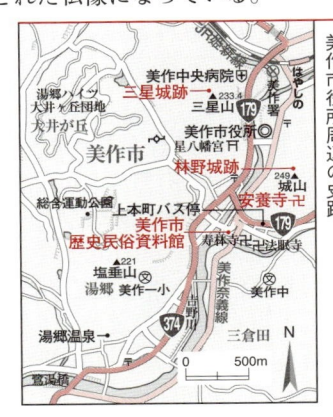

美作地方東部の古刹

美作市役所周辺の史跡

因幡往来を行く　235

の別称は、比叡山の円仁(慈覚大師)がシラサギに化身した文殊菩薩に導かれて発見したという伝説に由来する。

林野城跡と三星城跡 ❸❹

〈M▶P.232, 235〉美作市林野／明見
JR津山駅🚌大原行上本町🚶30分／津山駅🚌大原行栄町🚶40分

美作地方東部の大規模山城

安養寺の北、標高249mの城山には中世の山城林野城跡がある。吉野川と梶並川の合流点に位置する林野城は、16世紀中頃、出雲(現、島根県東部)の尼子晴久の家臣川副久盛が城番として在城し、その後、備前東部などを支配下においた浦上宗景配下の江見氏らが入城した。城跡には、安養寺のすぐ南側にあるハローワーク美作の前からのぼって行き、約30分で頂上部に出る。曲輪・堀切・竪堀・土塁・井戸・櫓台跡などが残っており、瓦が散布していることから、瓦葺きの建物が存在したと考えられる。

林野城跡から梶並川を挟んで、約900m北西の三星山(233m)に、三星城跡がある。安養寺より国道179号線に出て北へ約1km、美作中央病院手前の案内標識を左折し、明見三星稲荷の鳥居をくぐり山道をのぼって行く。三星城には後藤氏が入城し、天文〜天正年間(1532〜92)の後藤勝政・勝基の時期には、美作東部の在地武士を結集し、その要となった。浦上氏没落後は、反宇喜多直家勢力の拠点となったが、1579(天正7)年、宇喜多直家の攻撃により落城したとされる。城跡には、曲輪・土塁・竪堀跡などが残されている。

なお、林野城跡と三星城跡は市の史跡に指定されている。

江見廃寺 ❺

0868-76-0001(大聖寺)

〈M▶P.233〉美作市藤生
JR津山駅🚌大原行作東BS前🚶5分

壬申の乱の論功行賞として建立された寺院

作東BS前バス停から県道5号線を北へ進み、中国自動車道の高架をくぐると、右側に市立江見保育園がみえる。保育園西方の細い道を約300m直進すると、ゲートボール場に至るが、この付近が白鳳期の寺院跡である江見廃寺で、片隅に礎石が残る。礎石は長径2m・短径1.6m、塔心礎と考えられている。また、川原寺式瓦に類似した複弁七弁蓮華文の軒丸瓦が出土している。この瓦が出土する寺院は、672年の壬申の乱において大海人皇子方に加わった豪族に対して、論功行賞として建立が許されたといわれている。

大海廃寺の塔心礎

　江見保育園から県道5号線を北東へ約8km，濱橋を渡り西へ向かうと，畑の間に小さな薬師堂がみえ，堂前に長径1.66m・短径1.51mの大海廃寺の塔心礎がある。発掘調査が行われ，塔・金堂・南門・築地などの遺構が確認され，講堂・中門と推定される遺構が検出された。大海廃寺も白鳳期の寺院跡とみられ，江見廃寺と同様に川原寺式瓦に類似した複弁七弁蓮華文軒丸瓦が出土している。

　濱橋の南西約3km，脇田橋を渡り右折し，案内板に従って約5km進むと，大聖寺(真言宗)に至る。738(天平10)年行基の創建と伝えられ，1600(慶長5)年に焼失したが，1613年，宥源法印のときに本堂が再建された。現在，山内には本堂をはじめ，多数の伽藍が立ち並んでおり，近年は「あじさい寺」としても知られている。

天曳神社 ❻　〈M ► P.233〉 美作市宮原1044
JR津山駅🚌大原行豆田🚶40分

高校生も伝承する獅子舞

　豆田バス停の角をすぐ右折し東へ約2.5km，宮原を渡ったすぐ右手に天曳神社(祭神猿田彦命)がある。10月上旬頃の秋季例祭の2日間には，宮原獅子舞(県民俗)が行われる。約300年前に播磨国赤穂(現，兵庫県赤穂市)から伝えられたとされ，獅子の頭・腹・尾に1人ずつ入り，3人で舞うのが特徴である。乱舞する獅子と，軽妙可憐な仕草で舞を盛り上げる鼻高・奴・お多福などが共演する，表情豊かな獅子舞である。保存会には，近隣の県立林野高校の同好会の生徒も参加し，活動している。

　豆田バス停から県道5号線を約1.7km北上，沢田バス停の少し手前で右折して約500m行くと，山際の墓地に高さ188cmの石造宝篋印塔(県文化)がみえる。塔身正面に「貞和五(1349)年」の紀年銘がある。また，沢田バス停から北上し壬生バス停を過ぎて，つぎの信号を左折し，約180m先の植木橋を渡りすぐ左折，270mほど進むと粟野集落の入口に着く。集落入口から130mほどで左折すると，

因幡往来を行く　237

正面の丘陵上に石造宝篋印塔（県文化）がある。相輪の一部が失われ，残存高は148cm，基礎東面に「文和丙申五(1356)年四月日大願主渡辺（以下不明）」の造立銘がある。

古町宿（小原宿） ❼
ふるまちしゅく（おはらしゅく）
0868-76-0001（大聖寺）
〈M▶P. 233, 238〉美作市古町
智頭急行智頭線大原駅 🚶 5分

鳥取藩池田家の本陣が残る宿場町

　智頭急行大原駅から西に進み，国道373号線を越えて150mほど行くと旧因幡往来に出る。旧因幡往来は，因幡国（現，鳥取県東部）鳥取城下から坂根宿（現，岡山県西粟倉村坂根）・古町宿（小原宿）を経由して，釜坂峠から播磨国平福宿（現，兵庫県佐用町平福）へ抜ける道で，鳥取藩主の参勤交代に使用された。

　旧因幡往来を南に約220m行くと，脇本陣涌元家がある。文政年間（1818～30）の建築と伝えられる。脇本陣の南120mほどの所に本陣有元家がある。有元家は宝暦年間（1751～64）本陣御用を命じられたが，現存の建物は寛政年間（1789～1801）の建築といわれる。往来に面して御成門を構え，御殿は桁行4間・梁間4間半の平屋建，入母屋造・木羽葺きの数寄屋造である。往来沿いの家並みには，袖壁（火返し）の施された主屋や海鼠壁の土蔵などが立ち並び，宿場町の旧状をとどめており，県の町並み保存地区となっている。なお，本陣・脇本陣とも内部は公開されていない。

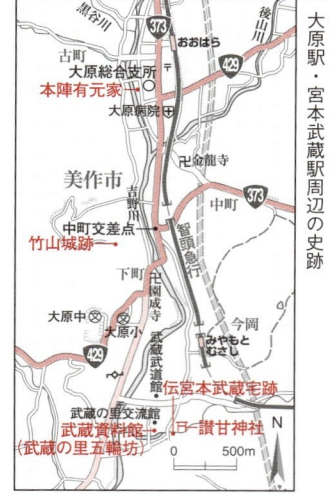

古町宿本陣有元家

大原駅・宮本武蔵駅周辺の史跡

大原駅から、国道373号線を1kmほど南下すると、西方にテレビ塔などが立つ山がみえてくる。剣豪宮本武蔵の父平田無二斎が仕えたとされる新免氏の居城竹山城跡である。城跡へは中町交差点の手前で右折し、約1.6kmの登山道をのぼる。曲輪や南尾根上の二重堀切や竪堀などの遺構が残されており、市の史跡に指定されている。

伝宮本武蔵宅跡 ❽
0868-78-4600(武蔵の里五輪坊)

〈M ▶ P. 233, 238〉美作市宮本946
智頭急行智頭線宮本武蔵駅 🚶10分

剣豪宮本武蔵の里

智頭急行宮本武蔵駅から西へ100mほど行き左折、旧因幡往来を700mほど南下すると、左手に讃甘神社(祭神大己貴命・須佐之男命・天葺根命・倉稲魂命)がある。宮本武蔵は当社の神主が太鼓を打つ姿をみて、二刀流を着想したと伝えられている。

讃甘神社と宮本川を挟んで南隣に伝宮本武蔵宅跡(県史跡)がある。武蔵の父平田無二斎が建てた屋敷の跡と伝えられる。現在も平田氏の子孫が居住しているという。

讃甘神社の西隣、宿泊・研修施設である武蔵の里五輪坊には武蔵資料館がある。宮本武蔵晩年の筆といわれる達磨頂相図など、武蔵関連の資料や刀剣・武具類などが展示されている。

林家住宅・道仙寺 ❾❿
0868-78-3419(道仙寺)

〈M ▶ P. 233〉美作市中谷556・後山56 [P]
JR津山駅 🚌 後山行中谷口 🚶15分／🚶25分

修験の霊場茅葺きの大型住宅と

中谷口バス停からすぐに左に曲がり、350mほど進み右折して高下橋を渡り、さらに約700m坂道を北上すると、林家住宅に着く。緩い斜面上に広がる約3300m²の敷地内には、主屋(附板絵図)・長屋門(附板絵図)・衣装倉・米倉(いずれも国重文)が立ち並んでいる。江戸時代中期の大型農家の姿をよく残し、

林家住宅

因幡往来を行く

主屋・長屋門は、板絵図銘から「天明六(1786)年」の建築と判明する。主屋は桁行13間・梁間5間、入母屋造・茅葺き、意匠は地味であるが実用的な構えである。長屋門は、桁行11間・梁間3間、入母屋造・茅葺き。衣装倉・米倉は、ともに土蔵造の2階建てである。なお、建物内部は公開されていない。

　中谷口バス停から国道429号線を東へ約300m行って左折、1kmほど進んで、正面にJA集荷場がみえる交差点を右折し、さらに400mほど進むと道仙寺(真言宗)に至る。この寺は修験の霊場　後山(1345m)を管理する寺である。寺伝では、建長年間(1249～56)、僧徹雲法印により開かれたという。後山修験行事としては、毎年4月18日に開戸式、大護摩法要が行われる大祭は9月7・8日、閉戸式は11月7日にある。

土居宿　⓫　〈M▶P.233〉美作市土居
JR姫新線美作土居駅 🚶 2分

　JR美作江見駅から国道179号線を東へ約2km、左折して県道365号線を約3.5km進むと杉坂峠に至る。美作国と播磨国との境にある杉坂峠は、中世には、畿内から出雲へ向かう主要ルートの1つとして重視された。峠にあった関所跡は、「杉坂の関の跡」として美作市の史跡に指定されている。

　1604(慶長9)年津山藩主森忠政は、播磨国境越えの経路を北の室生坂越えから南の万能乢に付け替え、土居宿は出雲往来の播磨国から美作国に入って最初の宿場となり、整備された。JR美作土居駅の南東約200mに本陣跡(安東家)、南約100mには復元された西惣門、西惣門からさらに約200m西に土居一里塚(県史跡)がある。東・西惣門の間は約700mあり、19世紀初めには200軒を超える家屋が並んでいた。今は目立った建造物は残っていないが、往時の雰囲気を感じさせてくれる。

　土居宿の東、市立土居小学校のグラウンド奥には、尊王攘夷派の同志を募るために作州路を遊説していたが盗賊に間違えられて農民たちに追われ、土居宿で自刃した尊王攘夷派の土佐藩(現、高知県)浪士ら4人を葬る四つ塚や、1864(元治元)年の禁門の変で長州藩(現、山口県)側に参加し死亡した、土居村出身の志士安東鉄

幕末動乱ゆかりの宿場町

美作の道

馬の顕彰碑もある。

　美作土居駅から県道46号線を約5km進み，角南地区の案内標示に従って右折し250mほど直進すると，民家の裏に大日堂がある。堂内には木造大日如来坐像（県文化）がまつられている。平安時代末期の作ながら，完全な一木造で，漆箔の手法の内に平安時代前期の余風を遺し，温和な雰囲気をうかがわせる。

東光寺石造地蔵菩薩立像 ⓬
0868-38-3024

〈M ▶ P. 232〉勝田郡勝央町東吉田1073 ｐ
JR姫新線勝間田駅 🚶18分

難病に御利益がある「吉田の油地蔵」

　JR勝間田駅前の信号から北へ200mほど行くと旧出雲往来に至る。勝間田は出雲往来の整備にともない，参勤交代の宿場として本陣などの施設が設置された。本陣などの建物は現在残っていないが，道の両脇に立ち並ぶ古い町家が，往時の繁栄を偲ばせてくれる。

　勝間田駅から滝川沿いの県道361号線を南東へ約700m，右折して中橋を渡り，三差路の中央の道を100mほど行き右手の坂をのぼると東光寺（真言宗）がみえてくる。門前の小さな地蔵堂に石造地蔵菩薩立像（県文化）が安置されている。高さ186cm・最大幅60cmの花崗岩に，蓮華座に立つ像高98cmの地蔵菩薩立像を彫り出している。銘文から，1380（康暦2）年2月29日に円仏が願主となって造立されたことがわかる。もとは東光寺の参道入口に立っていたが，1924（大正13）年に現在地に移された。難病に御利益があるとされ，地蔵の縁日に油供養を行っていたことから「吉田の油地蔵」とよばれ，信仰を集めている。

東光寺石造地蔵菩薩立像

梶並神社の当人祭 ⓭
〈M ▶ P. 233〉美作市梶並121
JR姫新線勝間田駅🚗30分

　JR勝間田駅から県道67号線を約4km北上，国道429号線に出て東へ2kmほど行った所で左折し少し行くと，観音寺に北接する丘

因幡往来を行く

陵に植月寺山古墳がある。墳長約91mという美作地方では最大級の前方後方墳である。後方部後端の辺約40m・高さ約8.7m、前方部前端の復元幅約36mと推定される。出土遺物はないが、前方後円(方)墳がつくられ始める、3世紀終わりから4世紀初め頃の古墳と考えられている。

　観音寺から国道429号線に戻り東へ約5.5km、真加部交差点を左折し県道7号線を北へ約10km進むと、市立梶並小学校の北に梶並神社(祭神高靇神)がある。創建は古いと伝わるが、現在の本殿は1856(安政3)年の再建である。毎年10月第1土曜日には当人祭(県民俗)が行われる。氏子のなかから選ばれた当人が、1週間から10日間、家族を近づけず食事は自炊し、毎朝水垢離をとって身を清め、神社に参拝する信仰の生活をし、祭礼の当日、裃・烏帽子姿で行列を従えて神社へ向かう。このとき、当人にまたいでもらうと無病息災に暮らせるという信仰があり、氏子たちは約200mの参道にひれ伏して行列の通過を待っている。当人は、氏子たちをまたぎながら神社に到着すると、拝殿に入り、神拝の後、本殿内陣に入って牛玉様を納め、本殿神前へのお供え、直会の行事、丑の時参りなどの行事が行われる。翌日未明、水垢離をとるなどして神事を終え、再び行列を従え神社をあとにする。当人はこののちも1週間の精進を行う。

「生き神様」の当人が背中をまたぐ

② 津山盆地を訪ねる

吉井川中流域の津山盆地は古代以来，美作国の中枢であり，近世には城下町となり，西国小京都の1つに数えられる。

津山城跡 ⑭
0868-22-4572（鶴山公園観光案内所）
〈M ▶ P.232, 245〉津山市山下 Ｐ
JR因美線・姫新線・津山線津山駅🚶10分

「日本さくら名所100選」選定地の1つ津山城跡

　JR津山駅で降りると，幕末の津山藩医で，ロシア・アメリカとの外交交渉に活躍した洋学者箕作阮甫の銅像が駅頭にある。駅から北へ，吉井川に架かる今津屋橋を渡る。橋の北詰，船頭町と河原町は，かつては高瀬舟の津や蔵が設けられ，殷賑をきわめた所である。

　今津屋橋から500mほど直進すると，津山城跡（国史跡）に至る。津山城は，織田信長の小姓森蘭丸・坊丸らの末弟森忠政が，美濃国金山城（現，岐阜県可児市兼山）から信濃国海津城〈川中島城〈現，長野県長野市〉〉を経て，1603（慶長8）年，徳川家康・秀忠父子から美作国一円18万6500石を受封し，翌年から1616（元和2）年まで12年かけて築城した平山城である。当地はもと鶴山といったが，森忠政が和訓相通ずる津山（港津の畔にある山という地形からの連想か）に改めたと伝えられ，城は鶴山城の別称をもつ。忠政は院庄・日上・鶴山の3カ所の候補地のなかから，吉井川に面して東西に出雲往来（出雲街道）林田宿・富川宿を控えた古代以来の水陸交通の要衝で，津山盆地中央部に位置する当地を選んだ。東の丹後山との間の深い谷を宮川が南流し，西南麓を吉井川が東流する独立丘陵の鶴山は，要害の地であった。

　5層4庇の天守閣をはじめとする城郭は，1875（明治8）年に破却されたが，城跡は1900年に津山町有となり，鶴山公園として公開された。春は艶やかなサクラが咲き，夏は吹く風に青葉がさやぎ，秋は錦秋に

復元された津山城跡の備中櫓

彩られ，冬は雪の石垣が墨絵を思わせる。近江国穴太(現，滋賀県大津市)衆の手になる石垣の反りは美しい。「日本の歴史公園100選」「日本さくら名所100選」選定地の１つでもある。2005(平成17)年には，本丸南側に忠政の長女が嫁いだ因幡国(現，鳥取県東部)鳥取藩主池田備中守長幸にちなむ備中櫓が復元された。

　鶴山は古くは小篠山とよばれ，嘉吉年間(1441～44)，美作国守護山名教清の一族で守護代の山名忠政が築城した。その後，山名氏の勢力は衰退し，森忠政の築城直前の鶴山には鶴山八幡宮・日蓮宗妙法院があり，両社寺の周辺には屋後(八子)町があって寺内町的なたたずまいであった。

　本丸跡から望見できる城南の市街地は，築城以前は氾濫原であった。森忠政は吉井川左岸に堅固な堤防を築き，出雲往来や同川左岸に沿い，東西に長い城下町の整備を進めた。田町・椿高下・南新座・上之町など城周辺と城下縁辺部を武家地とし，その間には坪井町・木知ケ原町(現，堺町)・福渡町・勝間田町や，美濃職人町(現，美濃町)・鍛冶町・吹屋町・細工町・上紺屋町・下紺屋町・桶屋町・魚町(現，元魚町)など，出身地名や職業名を冠する町がつくられた。出雲往来の城下東西入口には多くの寺院を集め，城下を通る出雲往来東西約３kmの範囲には，城への直進を阻むために18カ所の鉤曲がりを設けた，軍事色の強い城下町であった。なお，森氏は1697(元禄10)年に除封となり，翌年，越後高田騒動で改易されていた松平光長の養嗣子であった長矩(のち宣富)が津山藩10万石に封ぜられ，明治維新まで続いた。

衆楽園 ⓯　〈M▶P. 232, 245〉津山市山北628　P
0868-23-6507　　JR津山駅🚌市内循環バス衆楽園🚶１分

旧津山藩別邸庭園　四季の変化が美しい

　津山城跡の南麓には津山郷土博物館(国登録)がある。1933(昭和8)年建築の旧津山市庁舎を利用した館内では，新生代第三紀(6500万～170万年前)から現代までを，テーマ別に常設展示するほか，特別展示も行っている。おもな展示物にパレオパラドキシア骨格復元模型，古墳時代の陶棺・人物埴輪，島根県加茂岩倉遺跡出土の36号鐸と同笵鋳型で鋳造された袈裟襷文銅鐸，近世期の大身槍熊毛槍鞘付附黒熊毛鞘(ともに県文化)などがある。また，町奉行日

津山市役所周辺の史跡

記・江戸日記・国元日記などの松平藩政期の史料を愛山文庫として所蔵、大年寄をつとめた玉置家の文書も寄託されている。西隣には1926（大正15）年に建てられたイオニア様式の津山基督教図書館（国登録）がある。現在は森本慶三記念館となり、敷地内にはつやま自然のふしぎ館や歴史民俗館がある。

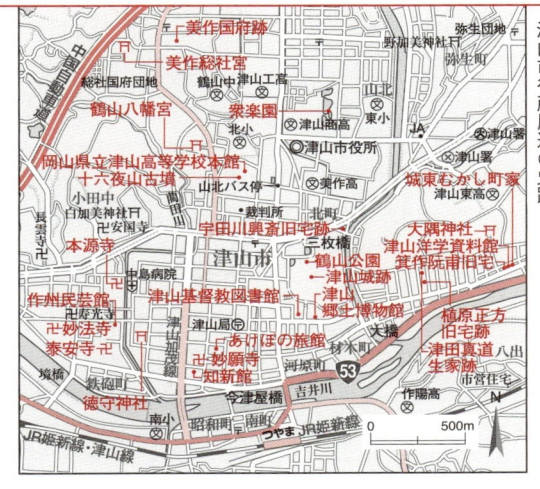

城跡の北麓、三枚橋の西詰には宇田川興斎旧宅跡がある。興斎は、本草学者飯沼龍夫（慾斎）の子で、のち、江戸詰の津山藩医宇田川榕菴の養子となり、家督を相続。外科医のかたわら、幕府天文方の訳官として外交文書の翻訳にもあたった。

興斎旧宅跡から600mほど北進すると、衆楽園（旧津山藩別邸庭園、国名勝）がある。津山藩主森長継が、明暦〜寛文年間（1655〜72）に築造した林泉回遊式庭園である。1870（明治3）年、藩は衆庶遊楽の意を込めて衆楽園と名づけ、一般開放した。津山城跡や中国山地を借景とした庭園は、サクラ・ツツジ・スイレン・カエデ・淡雪が、広大な水面に映り四季の変化が美しい。1815（文化12）年に改修された京都仙洞御所庭園と酷似しており、同御所庭園は衆楽園を模したとも考えられる。

衆楽園

津山盆地を訪ねる

寺町通り界隈 ⑯
0868-24-6106（知新館）
0868-24-6690（作州民芸館）

〈M ▶ P. 232, 245〉津山市南新座・西今町・戸川町・宮脇町・西寺町・小田中　**P**（作州民芸館など）
JR津山駅 🚶20分

城下三大寺など、多くの寺が並ぶ一角

　JR津山駅の北の今津屋橋を渡り、西へ約600m進むと知新館（国登録）がある。1937（昭和12）年、地元有志が平沼騏一郎元首相の古希を記念してその生家を復元したもので、中級武家屋敷の造りを伝える。

　知新館から北へ進むと、中世の出雲往来の宿名を残す戸川町に出る。ここから西寺町にかけての市街地の西端部には、森忠政による城下整備の際、10余カ寺の寺院が集中的に配置された。妙願寺（浄土真宗）は、忠政の津山入封にともない、旧領美濃国金山（現、岐阜県可児市兼山）から移転した。寺宝の妙向尼画像（県文化）は、織田信長と石山本願寺との和睦に尽力した忠政の母妙向尼をたたえ、1621（元和7）年、京都の西本願寺から当寺に贈られたもので、類例の少ない近世初期の婦人像である。妙向尼消息（県文化）は、当時の大名家ゆかりの女性の直筆書簡として貴重である。

　知新館から西へ200mほど進み、丁字路を北へ向かうと徳守神社（祭神天照大神）がある。社記によれば、天平年間（729～749）の勧請と伝え、中世には田中郷富川宿の鎮守であった。1539（天文8）年、尼子・山名両氏の兵火を被り焼失、1604（慶長9）年、森忠政が津山城築城の手斧始として社殿を再建し、城下の総鎮守とした。1664（寛文4）年に森長継が再建した現在の社殿（本殿は県文化）は中山造で、桃山様式よりさらに精巧華麗な江戸時代初期の神社建築として典型的な建物である。毎年10月23日（現在は10月第4日曜日）に行われてきた当社と上之町の大隅神社の秋の祭礼は城下最大で、幕末からはだんじり（飾り山車）が繰り出すようになり、津山だんじり（28基、県民俗）の草分けとなった。

　徳守神社の北西200mほどの所に本源寺（臨済宗、本堂など5棟は国重文、森家一門墓7基・石灯籠2基・参道は県文化）がある。当寺は、足利尊氏が1339（暦応2）年に神戸郷（現、津山市神戸）に創建した安国寺を前身とする。森忠政が城下整備にあたって小田中に移したが、1607（慶長12）年に竜雲寺と改めて現在地に再移転され、

宇田川氏3代墓所(泰安寺)

さらに忠政の五十回忌にあたる1683(天和3)年にその法名にちなんで本源寺と改称した。森氏の菩提寺で、森忠政と一族の墓である7基の大型五輪塔が残る。森氏除封後に入部した松平氏は、当寺を泰安寺・妙法寺とともに城下三大寺とした。なお、現在、小田中にある安国寺は、1689(元禄2)年英田郡角南村(現、美作市)善福寺がこの地に移転したもので、1770(明和7)年に現寺院名に改称した。同寺の梵鐘(県文化)は、1745(延享2)年下高倉村(現、津山市)の畑地から掘り出されたもので、「永和三(1377)年」の銘がある。

徳守神社の西隣の西寺町には、城下整備時に20余カ寺がおかれた。妙法寺(日蓮宗)は、嘉吉(1441〜44)あるいは永禄(1558〜70)年間に鶴山に創建されたという寺(妙法院)を、津山城築城の際、南新座に移し、1617(元和3)年現在地に再遷したという。1653(承応2)年建立の本堂(県文化)は、蓮長寺(奈良市油阪町)本堂と類似性をもつ法華伽藍の代表的建築で、宗派内の交流がうかがわれる。寺宝の「慶長十八(1613)年」銘の鰐口には、「作州津山富川村」とみえ、津山という地名の初見史料である。

泰安寺(浄土宗、本堂・表門は県文化)は、忠政の入封時に、美濃国金山の涅槃寺が忠政の転封に従い、美濃金山・信濃川中島・津山、と移されたもので、松平氏時代に藩主の菩提寺となり、1739(元文4)年泰安寺と改めた。境内には、藩主松平宣富が葬られているほか、宇田川興斎の妻子の墓と、多磨霊園(東京都府中市。当初は浅草の誓願寺長安院に埋葬)から改葬された宇田川玄随・玄真・榕菴の墓が並んで立つ。宇田川氏3代はいずれも津山藩医で、日本の洋学発展の基礎を築いた。宇田川玄随は、杉田玄白らに触発されて蘭学に転身し、日本初の西洋内科医学書『西説内科撰要』を刊行。玄真は、外科医学書『医範提綱』を著し、箕作阮甫・緒方洪庵らに教授。榕菴は、植物学書『植学啓原』や化学書『舎密開宗』を著し、

津山盆地を訪ねる　247

オランダ商館付き医官シーボルトと交遊を重ねたことで知られる。

箕作阮甫旧宅と津山洋学資料館 ❶❶
0868-31-1346/0868-23-3324

〈M▶P.232, 245〉津山市西新町6 P／川崎823 P
JR津山駅🚌市内循環東回り西新町🚶1分／東新町🚶1分

　津山城跡の東裾を流れる宮川に架かる宮川大橋を東に進むと、旧出雲往来である。道が直角に曲がった鉤曲がりは、城下の雰囲気を漂わせ、両側には往時を偲ばせる出格子窓・海鼠壁、中二階、袖壁などを残す商家が軒を連ねる。大橋から800mほど行った城東むかし町屋(旧梶村家住宅主屋・付属屋・座敷・洋館・裏座敷・表門・東蔵・西蔵・茶室、国登録)は幕末から昭和時代初期に建てられた複合的な商家で、国の重要伝統建造物群保存地区の中心施設である。

　城東むかし町屋の西隣に、津山洋学を開花させた美作出身の洋学者の業績を紹介する津山洋学資料館がある。江戸時代後期から明治時代初期にかけて活躍した洋学者たちの胸像群に導かれて館内に入ると、宇田川玄随・玄真・榕菴や箕作阮甫らが著した木版刷刊本や用いた医療器具が展示されているほか、江戸時代の診療室を復元した展示室、洋学関係書を収蔵する図書室がある。

　津山洋学資料館の西に隣合って箕作阮甫旧宅(国史跡)がある。幼少期の阮甫が暮らした住居が解体・復元されている。阮甫は1823(文政6)年江戸に出て宇田川玄真から蘭学を学んだ後、津山藩医から幕府天文方の翻訳員・蕃書調所教授に任ぜられ、洋学者として初めて幕臣に列せられた。彼の子孫には、箕作省吾・秋坪・麟祥をはじめ、日本の近代化を支えた学者が多い。

　旧出雲往来の北側、丹後山の南麓に上之町の家並みが東西に延びる。町の西端近くには、伊予国松山藩(現、愛媛県東半部)で水練術の神伝流(同古式泳法は県民俗)を学び、その10代宗師となった植原正方(六郎左衛門)旧宅跡がある。神伝流とは、江戸時代初期、肥後国熊本藩(現、熊本県北半部)に始まった操船法・水馬・渡河などの兵法である。また、その向かいに、幕末・明治時代の思想家津田真道生家跡がある。津田は近代法学の祖の1人で、明六社の結成に尽力した。幕命で西周らとともに学んだオランダのライデン大学フ

津山藩医から幕臣に列せられた箕作阮甫の旧宅

248　美作の道

津山洋学資料館

イッセリング教授旧邸には、2人の顕彰板が設置されている。

通称 東寺町を600mほど東進すると大隅神社(祭神大国主神)がある。もとは東の古大隅にあったが、森忠政が津山城築城の際、城の鬼門守護神として現社地に遷した。宮川以東の城下の総鎮守であり、徳守神社とともに秋大祭(10月第4日曜日)の津山だんじりで知られる。

美作国分寺跡 ⑲
0868-26-1431(国分寺)

〈M ▶ P.232〉津山市国分寺296ほか P(国分寺)
JR津山駅🚌馬桑・行 方方面行新兼田橋🚶15分、またはJR因美線・姫新線 東津山駅🚶20分

全国に建立された国分僧寺の1つ

JR東津山駅から東へ向かい、新兼田橋を渡って南へ1kmほど行くと、741(天平13)年、聖武天皇の詔により、全国に建立された国分僧寺の1つ美作国分寺跡(国史跡)がある。方2町(400m²)の寺域の中央に南門・中門・金堂・講堂が南北一直線に並び、回廊が中門と金堂を結んで広い内庭を形成し、その南東外に塔を配する、国分寺式の伽藍配置をもつ。出土した8世紀なかばの瓦は創建時のものとみられ、美作国府の瓦に近い平城宮様式である。官寺設置の目的は、仏教による国家鎮護を対外的に誇示することにあったが、のちには白鳳期以降、各地の豪族らによって創建された寺院が担っていた地域支配のための宗教的機能の結集の場に性格をかえて、平安時代末期頃まで存続した。国分寺公会堂付近が金堂跡と推定され、現在の国分寺(天台宗)の境内とその周辺には、国分僧寺の礎石と伝える巨石が6つ残る。

国分寺跡の西約450mの所に美作国分尼寺跡がある。寺域は「尼寺」の転訛とみられる字人神を中心とする、方1町程度と想定されている。国分僧寺と同笵の瓦が出土することから、創建・廃絶時期も同時期と考えられる。

津山盆地を訪ねる 249

日上天王山古墳 ⑳   〈M ► P. 232〉津山市日上
JR因美線・姫新線東津山駅🚶35分

加茂川流域の首長墓と考えられる前方後円墳

　美作国分尼寺跡から約500m西進すると，吉井川と加茂川の合流点を望む丘陵上に日上天王山古墳(県史跡)がある。4世紀前半に築造された前方後円墳で，墳長57m，前方部幅26m・後円部径32mの規模をもつ。被葬者は，美作東部において初めて前方後円墳の築造をヤマト政権から認められた，加茂川流域の首長と考えられる。日上天王山古墳の被葬者との系譜上のつながりがあるか否かは不明だが，北東約6kmの丘陵に近長四ツ塚2号墳(前方後円墳，5世紀前半)，北約3kmの丘陵に正仙塚古墳(前方後円墳，5世紀後半)があり，首長系譜は推移したとみられる。

　日上天王山古墳に北接して，5世紀後半～6世紀前半に100基近くの円墳や方墳が築造された日上畝山古墳群(県史跡)がある。東約1kmの所には5世紀後半築造の西吉田北1号墳があり，朝鮮半島中南部の加羅(加耶)辺りから伝わったとみられる国内2例目の古墳時代の鉄鐸が出土している。

　これらの古墳がある日上の北東約1kmの河辺上之町は，1652(承応元)～85(貞享2)年に実施された「百姓村の山上り」策によって生まれた集落の1つである。狭隘な山間地を抱える津山藩は水田が少なかったため，平坦地の村落を丘陵地へ移転させた後，跡地の新田開発を行い，1697(元禄10)年の森氏改易時までに実高を25万9328石に増加させた。河辺上之町の東西には，石積みの桝形が設けられ，城下の東の関門とした。

岡山県立津山高等学校本館と十六夜山古墳 ㉑
0868-22-2204(県立津山高校)

〈M ► P. 232, 245〉津山市椿高下62
JR津山駅🚶20分，または🚌東一宮車庫行，沼・スポーツセンター行山北🚶2分

津山尋常中学校本館として竣工された木造擬洋風建築

　JR津山駅から鶴山通りを北へ進み，山北バス停を西に折れると，市街地を見下ろす高台に，岡山県立津山高等学校本館(旧岡山県津山中学校本館，国重文)がある。1895(明治28)年に山下の仮校舎で産声をあげた岡山県津山尋常中学校の本館として，1900年に竣工した。木造2階建て，寄棟造・桟瓦葺きで，正面玄関にポーチを

美作の道

岡山県立津山高等学校本館

設け，中央に塔屋を配している。同中学校の初代校長は，28歳の菊池謙二郎である。菊池は水戸学の研究者としても知られ，東京大学予備門・帝国大学時代に夏目漱石・正岡子規と親交があり，『吾輩は猫である』の八木独仙のモデルと目されている。草創期の教師には，のちに『万朝報』『中国民報』などで健筆を振った田岡嶺雲や，俳壇で親友の子規に比肩される津山出身の大谷是空らがいた。

　津山高校の校地には，十六夜山古墳がある。江戸時代に武家地とされていたこともあり，あいつぐ削平を受けているが，5世紀末に築造された前方後円墳で，墳長約60m。築造当時，ヤマト政権は，吉備国中枢の傘下にある東半部（のちの備前・美作）の中・小首長層を離間させては懐柔し，その版図を拡大しつつあった。美作では，4世紀には現在の津山市域の東部・西部に巨墳が築かれたが，5世紀末には各地の墳墓が小型化した。にもかかわらず，突如，吉備にはまれな二重周濠をもち，当時の畿内の祭祀を特徴づける石見型埴輪をともなう十六夜山古墳が市域中央部に築かれたことは，被葬者が大王家とかかわって急成長を遂げた新興首長であることをうかがわせる。8世紀初め美作国が新立され，近くに国府が設置されることから，以後もこの古墳の被葬者周辺と当地が，美作の政治的枢要をになったと想定される。

美作国府跡と神楽尾城跡 ㉒㉓

0868-22-4390（総社宮）／0868-28-3730（神楽尾城保存協力会）

〈M▶P. 232, 245〉津山市総社427／小原790ほか　🅿（神楽尾公園）
JR津山駅🚶25分，または🚌西田辺・上横野行国府跡🚶1分／🚌東一宮車庫行小原
または，西田辺・上横野行総社🚶50分

ヤマト政権が重視した美作国

　国府跡バス停東の台地が美作国府跡である。7世紀後半の苫田郡家（郡衙）を転用した後にこれを移転させ，跡地に政庁を新設，13世紀前半に廃絶したと考えられている。遺跡からは「厨」「少目」銘

津山盆地を訪ねる

墨書土器，円面硯，風字硯，檜扇などが出土している。ヤマト政権は，塩・鉄の産出，海上交通の利を背景とする吉備国を三分した。備前国南・北部では道路体系が異なるため，さらに713(和銅6)年北部を割いて美作を分国した。政権が美作を重視したことは，当時の国府の多くが瓦葺き建物ではないにもかかわらず，美作国府が平城宮様式の瓦を使用していることからもうかがえる。

美作の語源については諸説あるが，713年の分国の際，備朔(備前の北方の意)と命名し，同年の嘉字2字化の官命に従い同音の美作として，遅くとも9世紀なかばには美作と読み替えたものであろう。

国府跡の西側丘陵に美作総社宮(祭神大国主神)がある。総社は国司遙任制の一般化にともない，11世紀後半に，全国的に国府の近傍に成立した。中山造の本殿(附 棟札6枚，国重文)は1562(永禄5)年，安芸国吉田城(現，広島県安芸高田市吉田町)主であった毛利元就が再建し，1657(明暦3)年に津山藩主森長継が修築したものである。

総社宮から南東へ700mほど行くと，鶴山八幡宮(祭神応神天皇・神功皇后・玉依姫命)がある。初め鶴山にあったが，津山城築城の際，八出の覗山に移転し，1608(慶長13)年現在地に再遷された。1669(寛文9)年に修復された本殿(附宮殿1基・棟札5枚，国重文)は中山造で，桃山風の特徴を残す。拝殿・釣殿及び神供所並びに末社薬祖神社社殿(県文化)は，16世紀末の建立である。

国府跡バス停の北西400mほどの所に神楽尾公園がある。ここから30分ほどのぼると，標高308mの神楽尾城跡に至り，本丸跡・二の丸・三の丸・馬場跡・土橋・武者溜り・井戸跡・堀切跡が現存する。築城者・年代は不明だが，南北朝の動乱以後，山名・赤松両氏が争奪を繰り返した。戦国時代には毛利・宇喜多両氏が対立し，1579(天正7)年，宇喜多方が毛利麾下の当城を陥落させた。

中山神社 ㉔
0868-27-0051
⟨M ▶ P.232⟩ 津山市一宮695　P
JR津山駅🚌西田辺行中山神社前🚶1分

中山神社前バス停で降りると，天を突く大鳥居と鬱蒼たる社叢が目に入る。中山神社(祭神鏡作命・大己貴命・吉備津彦命)は，社伝に706(慶雲3)年鎮座とある。『延喜式』「神名帳」所載の美作

美作一宮(『一遍上人絵伝』)

一宮であり、二宮の高野神社とともに『今昔物語集』『宇治拾遺物語』にもその名がみえる。当社地を流れる鵜ノ羽川、高野神社の主神鸕鶿草葺不合命、大隅神社の社号などは、中国・華南の鵜飼いの習俗を受容した薩摩・大隅(ともに現、鹿児島県)の隼人と当地との交流を暗示する。折口信夫・池田彌三郎らは、『古今和歌集』にみえる「吉備の中山」を当社に比定し、平安時代、吉備津神社(岡山市北区吉備津)の社格が上昇するとともに、「備中の中山」にある同社を指すようになったという。なお『一遍上人絵伝』には、1285(弘安8)年、時宗の開祖一遍が当社に結縁した様子が描かれている。本殿(附宮殿3基・棟札2枚、国重文)は、1559(永禄2)年、出雲国富田(月山)城(現、島根県安来市広瀬町)の城主尼子晴久が再建したものである。入母屋造・妻入の建物で、以後の美作国の神社建築の範となり、中山造の様式が生まれた。

「神名帳」所載の美作一宮尼子晴久再建の本殿

中山神社は、中世以降、農耕牛馬の守護神として農民の尊崇を受け、近世には門前市が活況を呈し、正徳年間(1711〜15)以降、明治時代中期を全盛期として牛馬市も立った。

中山神社の北約3.5km、東田辺の黒沢山(668m)山頂の萬福寺(真言宗)は、714(和銅7)年創建と伝えられる。陸奥国柳津の円蔵寺虚空蔵堂(カ一万、福島県河沼郡柳津町)・伊勢国朝熊山の金剛證寺(知一万、三重県伊勢市)とともに日本三大虚空蔵霊地の1つで、「福一万」の霊地とよばれる。旧暦1月13日(現在は2月最終週の金・土・日曜日)の祭礼に13歳の子どもが参詣すると、「福・知・力」を授けられるという十三参の風習は今も盛んである。

沼弥生住居跡群 ㉕
0868-24-8413
(津山弥生の里文化財センター)

〈M▶P.232〉津山市沼・紫保井・志戸部　P(津山弥生の里文化財センター)
JR津山駅🚌沼・スポーツセンター行沼住居跡入口
🚶3分

津山盆地を訪ねる

沼弥生住居跡群

弥生時代中期の集落跡
竪穴住居・高床倉庫が復元

　津山市街の北東約2kmの低丘陵上に沼弥生住居跡群がある。竪穴住居跡5棟,作業小屋と推定される長方形竪穴跡1棟,高床倉庫跡2棟からなる弥生時代中期の生活・生産単位をなす集団の集落跡と考えられている。現在は竪穴住居・高床倉庫などが復元されて遺跡公園となっており,南に接する津山弥生の里文化財センターでは,住居跡群の75分の1模型や出土土器・石器などを展示している。

　出土した鉇は,大陸からの搬入素材を加工したものとみられる。前3世紀に津山盆地で生活する人びとに伝わった水稲耕作は,小規模で不安定ななかに開始されたが,紀元前後には周辺丘陵地をも含めた本格的開発が進み,人口もふえたことが集落遺跡の飛躍的増加からわかる。一丁田遺跡は弥生時代前期,沼遺跡・押入西遺跡などは中期,大田十二社遺跡・上原遺跡・一貫東遺跡などは後期の集落遺跡であり,天神原遺跡・京免遺跡は,前・中・後期にまたがる環濠集落遺跡として知られる。

高野神社 ㉖　〈M ▶ P.232〉津山市二宮601　P
0868-28-1978
JR姫新線院庄駅🚶9分,またはJR津山駅🚌奥津・石越方面
行金光下🚶5分

当社からの冬至の日の出線にあたる神南備山

　JR院庄駅から東へ700mほど行くと,高野神社(祭神鸕鶿草葺不合命)がある。社伝によれば,当地の南東約2.5kmの神南備山山頂に降った神を美和山にまつったのが当社の始まりというが,平安時代後期以前に,苫東郡高野郷(現,津山市高野)の高野神社を遷移させたものである可能性もある。11世紀に成立した『経信卿母集』後記にみえる「うなての杜」(境内林の通称。雲梯は灌漑用水路の意)が初見で,神南備山は,当社からみた冬至の日の出線上にあたるため,雲梯の水利権の掌握者は冬至を年初として月日を知り,農耕の順序を人びとに教えたと考えられる。平安時代後期以降ある時

代まで「こうや」と音読され，のちに「たかの」と訓読された。

社宝に，11世紀初めの美作守藤原行成あるいは10世紀末の同藤原佐理の筆になるという木造神号額，「応保二(1162)年」銘の木造随身立像，平安時代前期と後期の木造獅子二対(いずれも国重文)がある。神門に接して，江戸時代の大庄屋の屋敷である立石邸が当時の面影を残している。

高野神社と国道179号線を隔てて北東300mほどの所に，4世紀に築造された美和山古墳群(国史跡)があり，古墳公園となっている。全長85mの前方後円墳の1号墳(胴塚)，径40mの円墳の2号墳(蛇塚)・3号墳(耳塚)からなり，被葬者は院庄・鏡野の沃野の首長層と考えられる。1号墳は，戦国時代に国人立石氏が城塞(美和山城)に改築した。美和山古墳群の北西2kmの所にある，4世紀後半〜5世紀前半築造で9基からなる田邑丸山古墳群も，古墳公園として整備されている。最大の1号墳は4世紀後半に築造された径37mの円墳で，類例の少ない車輪石形銅器2点を出土した。

院庄館跡 ㉗
0868-28-0719(作楽神社)
〈M▶P.232〉 津山市神戸433 P
JR姫新線院庄駅 ⧖16分

戦国時代まで機能した美作国守護所

JR院庄駅の北西約1.3km，中国自動車道院庄IC西方の松林の一角に作楽神社(祭神後醍醐天皇・児島高徳)がある。院庄の名は，神戸郷の一部を後鳥羽上皇の荘園としたことによるともいう。当社一帯は，院庄館跡(国史跡)である。1184(元暦元)年，守護に梶原景時，ついで和田義盛が任ぜられ，その後，北条氏家督・同氏一門へ継承し，守護所は戦国時代まで機能し続けた。井戸と掘立柱建物の柱穴を検出，青磁・白磁・墨書磁器，勝間田焼や備前焼の杯・甕などが出土した。

当地は，児島高徳伝説地としても知られる。元弘の変(1332年)に敗れた後醍醐天皇は，隠岐(現，島根県隠岐郡)配流の途次，美作国守護所に宿泊した。児島高徳は天皇を救出しようと，夜間，守護所の庭に忍び入ったが警護の厳重さにはたせず，桜樹の幹を削って，みずからを中国春秋時代の越王勾践の軍師范蠡(『国語』)になぞらえた「十字の詩」を刻み，その忠誠をあらわしたという(『太平記』)。1868(明治元)年に津山藩主松平慶倫が政府に建議し，1871年に創建

されたのが作楽神社であり，社号はサクラの同音異字である。当社は氏子をもたず，天皇制国家主義思想の宗教的教化の役割をはたした。社宝には，鎌倉時代中期の太刀銘国行(国重文)がある。

足利尊氏・直義は，夢窓疎石のすすめに従って，元弘の変以来の戦死者の霊を弔うとともに国土安穏を祈願し，暦応～貞和年間(1338～50)，全国の守護の菩提所である五山派の有力禅院に安国寺の通号を与えた。尊氏らは，同寺の統制を通じて守護を掌握することを企図した。美作国安国寺は，院庄館跡の南西600mほどの所にあった。その後，安国寺の寺号は英田郡角南村(現，美作市)より小田中に移った善福寺が継ぎ，安国寺跡は元禄年間(1688～1704)に流失し，今は吉井川に安国寺瀬の名が残るのみである。

佐良山古墳群と比丘尼塚 ㉘㉙

〈M▶P.232〉津山市皿／福田30
JR津山線佐良山駅🚶10分／🚙10分

美作地方に特徴的な陶棺が出土した後期群集墳

JR佐良山駅北西の笹山西麓には佐良山古墳群がある。横穴式石室をもつ径15m以下の円墳を主とした180基以上からなる後期群集墳で，その多くから美作地方に特徴的な陶棺が出土している。このうち，中宮1号墳は，6世紀前半に築造された当地方最古の横穴式石室をもつ帆立貝式古墳である。

佐良山駅から国道53号線を950mほど南下すると「殉教五人衆道」の道標があり，さらに東に踏切を越えて約300m進むと，東・西塚2墳からなる剣戸口古墳がある。1666(寛文6)年備前国岡山藩の廃仏興儒策が行われた際，1669年に本久寺(和気町佐伯)の日蓮宗不受不施派の日勢が，4人の比丘尼とともに，東塚の石室の壁に「南無妙法蓮華経」と題目を彫って，抗議の断食を行い，入水入定した。このため，本墳を比丘尼塚ともいう。

笹山北方の神南備山の南麓，皿から種・荒神山を経て吉井川畔に至る道は，中世の出雲往来である。鎌倉幕府討幕に失敗して隠岐国へ流刑となった後鳥羽上皇と後醍醐天皇がたどった配流の道でもあり，沿道には彼らに付会した貴種流離譚が多い。種の後醍醐天皇駐蹕場跡と伝えられる所には，「聞きおきし久米の佐良山越えゆかむ　道とはかねて思ひやはせし」(『増鏡』)の歌碑が立つ。その東の荒神山城本丸跡(298m)までは，麓から徒歩30分である。1570

美作の首長墳

コラム

ヤマト政権による美作首長群の序列・格付け認定

　美作は狭隘な山間地であり、他地域の首長との交流ルートが限られることから、美作の前方後円・後方墳の築造(設計)企画と吉備中枢の備前地方、さらには畿内の前方後円墳のそれとの比較を通じて古墳時代の政治構造を解明しようとする研究が進められている。

　墳墓の築造企画は広汎な地域・時間幅で波及し、多様なあり方を示す。不動産である墳墓の形態的類似度は情報伝達の方法やあり方を反映しており、その形態差を把握することによって、その背後にひそむ集団間の政治的関係・秩序を捉えることができる。畿内の大型前方後円墳の築造企画の変遷と美作の諸古墳のそれがほぼ軌を一にして連動するからである。畿内で更新された築造企画情報が順次、吉備中枢の、続いて美作地方の類型墳にもたらされ、さらにそれから派生した変形版の墳墓も順次変更が行われた。その情報は吉井・旭両川とその支流を使う数ルートを通じて得られた。墳墓の規模は地形にあわせた任意のものではなく、まず畿内の政権中枢の意向に基づいて規模が設定され、それにあわせて造営地が選択されたと考えられる。墳形にかかわりなく後円部径や後方部対角線が基準長とされ、その8等分値の倍数の正数分比で縮小される。墳墓の規模は副葬品の鏡の量とも比例することから、被葬者間に存在した政治的格差・序列を表わしている。築造企画の配布からは中国諸王朝と周辺諸国間の冊封・朝貢関係にも似た政治秩序が垣間見える。

　たとえば、前期古墳では浦間茶臼山古墳(岡山市)は箸墓古墳(奈良県桜井市)の2分の1の、日上天王山古墳は5分の1の、植月寺山古墳は3分の1の、美野中塚古墳(ともに勝央町)は5分の1の、それぞれ(非)類型墳である。美和山1号墳は行燈山古墳(奈良県天理市)の3分の1の、殿塚古墳(勝央町)は6分の1のそれぞれ類型墳である。神宮寺山古墳(岡山市)は佐紀陵山古墳(奈良市)の4分の3の、天神山古墳(瀬戸内市)は2分の1の、川東車塚古墳(真庭市)は3分の1の、奥の前1号墳(津山市)は渋谷向山古墳(天理市)の4分の1の、それぞれ類型墳である。中期古墳では金蔵山古墳(岡山市)は佐紀陵山古墳の4分の3の、吉井・吉野川の舟運を掌握した被葬者を想定させる月の輪古墳は2分の1の(非)類型墳である。これに続く十六夜山古墳(津山市)は、畿内の政権中枢のいずれの墳墓の築造企画に規定されたものだろうか。解明が待たれる。

(元亀元)年に宇喜多直家麾下の花房職秀(職之)が築城した。

津山盆地を訪ねる

③ 出雲往来・大山往来を行く

大庭・真島両郡域は，出雲往来・大山往来・落合往来・東城往来や旭川の舟運により，山陰・瀬戸内・畿内につながった。

岩屋城跡 ㉚ 〈M ▶ P.232〉津山市中北上 P
JR姫新線美作追分駅 🚶 80分

《嘉吉の乱で勝利し，美作国守護となった山名教清が築城》

JR美作追分駅から約2km東進して岩屋川沿いに北上し，駐車場横の登城口から登山道を約30分のぼると，岩屋山頂(483m)の岩屋城跡(県史跡)に至る。東・西・北の三方は山谷によって画され，南は出雲往来(出雲街道)に面する美作中西部の要衝である。

岩屋城は，1441(嘉吉元)年の嘉吉の乱で播磨・備前・美作3国守護の赤松満祐一族に勝利し，美作国守護となった山名教清が同年から築城したと伝える。応仁の乱(1467～77年)の際，赤松政則(満祐の甥の子)の将中村五郎左衛門が，当城を攻略した。

1520(永正17)年，備前国三石城(現，備前市三石)主浦上村宗は，主君赤松氏に背いて赤松氏方の美作の拠点である当城を攻略し，中村則久を在城させた。1544(天文13)年，出雲国富田(月山)城(現，島根県安来市広瀬町)主尼子国久の攻撃を受けると，中村則治(則久の子)は尼子方に降った。尼子方の芦田正秀は，宇喜多直家の誘いに応じて則治を倒したが，元亀年間(1570～73)，正秀も直家に滅ぼされた。1581(天正9)年，毛利輝元により岩屋城は陥落。翌年，輝元と羽柴秀吉の和睦がなって，備中国川辺川(現，高梁川)以東は宇喜多秀家領となり，岩屋城もその支配下におかれたが，1590年，野火のために焼失した。周囲に陣城が多数認められる。

久米廃寺跡 ㉛ 〈M ▶ P.232〉津山市宮尾
JR姫新線美作千代駅 🚶 30分

《特異な伽藍配置をもつ久米廃寺》

JR美作千代駅の北西約1kmの所に三成古墳(国史跡)がある。5世紀前半に築造された前方後方墳で，久米川流域を経済基盤とした集団の首長墓と考えられる。

美作千代駅の東約2.5km，道の駅久米の里の東隣，久米川左岸の丘陵南裾に久米廃寺跡(県史跡)がある。7世紀後半に創建され，平安時代前半に廃絶した氏寺と推測されている。緩傾斜地形を生かして東に金堂，西に講堂を配し，これらを回廊で囲繞する美作の古

代寺院としては特異な伽藍配置をもつ。久米廃寺跡の東に，7〜8世紀の久米郡衙跡が隣接する。古官道沿いに寺と郡衙が一体化して構築されたことは，宗教にも国家の意思が働き，寺院が郡司層による人民支配の装置としても機能していたことをうかがわせる。

　久米廃寺跡の南約2km，稼山(262m)東斜面には稼山古墳群がある。4世紀前半〜7世紀の前方後円墳約60基と横穴式石室をもつ約60基の円墳からなり，うち1基には鉄鏃(矢尻)が副葬されていた。稼山の南西に延びる尾根の北西側の山裾には，紀元前2世紀の庄原遺跡(福岡県添田町)にははるかにおよばないが，7世紀前半に操業した大蔵池南製鉄遺跡，稼山の南東から東斜面には，平安時代末期から鎌倉時代初期の祭祀遺跡とみられる稼山集石遺構がある。

　稼山南麓の桑下は，1866(慶応2)年の第二次幕長戦争に敗れた石見国浜田藩(現，島根県浜田市)が，美作国の飛び地領に移って鶴田藩を立てたとき，藩主の居館がおかれた所である。現在，居館跡は公園になっており，石垣・土塁などが残る。桑下の西約2km，油木北の奥の前1号墳は，4世紀後半に築造された墳長65mの前方後円墳で，全国3例目の鉄製鎧・竪矧板皮綴短甲が副葬されていた。

川東車塚古墳と下市瀬遺跡 ㉜㉝

〈M▶P.232〉真庭市田原／下市瀬
JR姫新線美作落合駅🚶10分／🚶30分

真庭郡内最大の前方後円墳

　JR美作落合駅の北西400mほどの所にある西原浄水場横から給水塔を目指してのぼると，その西側の檜林のなかに，4世紀後半に築造された旧真庭郡内最大の前方後円墳で，墳長62mの川東車塚古墳(県史跡)がある。旭川と備中川の合流点を望む丘陵上に位置することから，被葬者は両川流域を支配した首長と考えられる。

　川東車塚古墳の対岸には，中国自動車道落合IC建設にともなって発掘された，弥生時代中期から江戸時代におよぶ下市瀬遺跡がある。小銅鐸をともない，弥生時代後期の井戸周辺から木器や装飾の多い土器が出土していて，水辺の祭祀が行われた可能性が高い。また，川湊の倉庫群と推測される平安時代の建物跡などが広がる。

　下市瀬遺跡から国道313号線を約3km北上した高屋には，710(和

銅3)年の創建という天津神社(祭神 天児屋根命 ほか)がある。社宝に，木造で「天正廿(1592)年」銘をもつ獅子頭と鼻高面(ともに県文化)がある。当社と上河内の熊野神社(祭神伊弉諾命・伊弉冉命など)の両社家は，中世以降，真島注連太夫座の太夫頭として美作西6郡の社男務職(神楽太夫の統率者)を独占し，郡内各地での神楽興行権を保持した。熊野神社は，984(永観2)年，美作国守藤原佐理が勧請したと伝えられ，社宝に室町時代の木造獅子頭(県文化)がある。

木山神社と木山寺 ㉞
0867-52-0701/0867-52-0377

〈M ▶ P.232〉真庭市木山1265-1/木山1212 P
JR姫新線美作落合駅🚌哲部・高梁バスセンター行
木山鳥居🚶30分

牛馬殖産・農耕植林の神として信仰を集める神社

木山鳥居バス停から西北へ1.5kmほど行くと，杉木立のなかに木山神社(祭神素盞嗚尊)の里宮がある。515(継体天皇9)年，あるいは816(弘仁7)年の創建といい，古くは木山牛頭天王社，または京都祇園社(現，八坂神社)の例に倣い感神院と号した。山の神信仰を背景とする牛馬殖産・農耕植林の神として信仰を集め，戦国時代には赤松義則・満祐，尼子晴久，毛利元就・輝元ら，諸豪族の尊崇が篤かった。1962(昭和37)年，当社は境内山麓に遷座した。

1577(天正5)年の火災で全山焼失後，1581年に再建された木山(414m)山頂の奥宮へは里宮の北または南からの道をのぼる。桃山風の本殿(県文化，修理中)は中山造の特徴をもちつつも，屋根は備中国の神社に多い入母屋造・平入である。随身門には，「応永三(1396)年」銘の木造門客人神立像(県文化)が安置される。

奥宮本殿と並んで，木山神社の別当寺であった木山寺(真言宗)がある。815(弘仁6)年の開基とされ，1868(慶応4)年の神仏分離令により

木山神社奥宮

独立した。木山南麓は落合往来や大山往来(大山道)に面し,旭川の川湊にも近かったため,両社寺は備前・備中・備後・伯耆・出雲からも参詣があった。

旧落合町の南端の吉にある法福寺(真言宗)には,吉念仏踊(県民俗)が伝わる。毎年8月16日夜,本堂前で講中の男性のみが,追善供養のために仏名と「南無阿弥陀仏」の名号を唱えて踊る。

勇山寺と清水寺 ㉟㊱

0867-52-0454(勇山寺)

〈M ▶ P.232〉真庭市鹿田482/関4849
JR姫新線美作落合駅🚌惣部・高梁バスセンター行
勇山寺🚶5分／美川局前🚶60分

江戸時代には木山寺の末寺であった勇山寺・清水寺

勇山寺バス停の東の山麓に勇山寺(真言宗)がある。寺伝によれば,聖武天皇の勅願により726(神亀3)年に創建され,1190(建久元)年,源頼朝の命で美作国守護梶原景時が再興したという。鎌倉時代には,関白九条道家が創建した東福寺(臨済宗,京都市東山区)の末寺の1つとなり,九条家領の荘園となった。当地は備前・備中両国の国境に位置していたため,戦国時代には諸将のせめぎ合いが絶えず,当寺も播磨国守護赤松則村の兵火に罹って衰微し,江戸時代には木山寺の末寺であった。寺宝に,室町時代の木造薬師如来坐像(国重文),平安時代後期の木造不動二童子像(不動明王坐像および制咤迦・矜羯羅両童子像の3体,国重文)がある。

勇山寺から国道313号線を約3 km北上すると,備中川左岸の沖積地に郡遺跡がある。南北に規格化された,奈良〜平安時代の掘立柱建物10棟・総柱建物7棟や倉庫群,鉄滓をともなう工房の跡が発掘され,平瓦・丸瓦・軒丸瓦・軒平瓦や円面硯も出土したことから真島郡衙跡と考えられている。

勇山寺から国道313号線を約3.5km西進して備中川を渡り,支流関川沿いに約4 km北上,山道をさらにのぼると,清水寺(真言宗)がある。寺伝によると,736(天平8)年越智泰澄の開基と伝えられ,江戸時代には木山寺の末寺であった。3度の火災に遭っており,現在の本堂は,1673(寛文13)年に再建されたものである。寺宝に,室町時代初期の寄木造の仁王尊2体と「応永十一(1404)年」銘の青銅製の鰐口(ともに県文化)がある。鰐口と「正和五(1316)年」の銘があったという梵鐘には,「美作国関郷」と刻されている。

出雲往来・大山往来を行く

久世宿と旧遷喬尋常小学校校舎 ㊲㊳
0867-42-7205（旧遷喬尋常小学校）

〈M ► P. 232, 266〉 真庭市久世 🅿／鍋屋17-1 🅿

JR姫新線久世駅 🚶1分／🚶10分

3倍の町予算を投じて建設された擬洋風建築

　旭川の氾濫原にあたる久世は，近世，出雲往来・大山往来の交わる宿場として繁栄した。旭川には河岸がおかれ，大庭・真島両郡の物資を岡山城下に積み出す拠点であった。1604（慶長9）年，牛馬市が公認され，大山市（現，鳥取県大山町）・一宮市（現，津山市一宮）との連鎖市として賑わった。

　1727（享保12）年以降，当地を含む美作西部は，津山藩の減石にともない幕府直轄領に編入され，原方上町に久世代官所がおかれた。松平定信が老中に就いた1787（天明7）年，早川八郎左衛門正紀が出羽国尾花沢（現，山形県尾花沢市）代官から，美作国久世・備中国笠岡代官兼任に転じ，寛政の改革（1787〜93年）に準じて，14カ年にわたり荒廃農村の復興に尽力した。在任中4回，留任願いが幕府に出されたほど名代官として領民に慕われた。JR久世駅から南へ200mほど行った久世代官所跡に彼の銅像がある。南隣の重願寺（浄土宗）の山門は，代官所表門を転用したものである。

　久世代官所跡から国道181号線を800mほど東進すると，江川三郎八の設計になる旧遷喬尋常小学校校舎（国重文）がある。1907（明治40）年，当時の町予算の3倍にあたる約1万8000円を投じて建設された洋風建築である。中央棟の東西に左右対称の両翼棟がつく外観だけでなく，2階中央の講堂には2重折り上げの格天井を配するなど，内装にも当時の技術の粋が集められており，教育にかける当時の熱意がうかがわれる。校名は，『詩経』の一節「出自幽谷

旧遷喬尋常小学校校舎

美作にみる部民制

コラム

ヤマト政権下の美作を描出する部民地名

　部民制は中国，直接的には百済の「部制」を変容させて導入した大化改新以前の支配組織である。地方首長統率下の集団（カキ）がヤマト政権のほか，大王一族や中央豪族など特定の主家に政治的に隷属し，人質ともいえる奉仕人（トモ）を提供して労役に奉仕させるとともに，その生活物資および政権や主家の求める物資を貢納するという構造をもち，数種類あった。この支配・隷属関係は5世紀なかば以降成立し，6世紀なかばに「部（民）制」と表現するようになった。大王・王族および王宮に，隷属・奉仕する部民を子代（または名代）といい，大王らの個人名や王宮名を部名とする。王統譜の原形が成立した6世紀なかばの安閑・宣化期に王族や王宮の存在を「実証」するために命名された。

　美作には健部（景行皇子／真庭市藤森付近）・日下部（仁徳皇子／津山市・真庭市）・丹治比部（丹比柴籬宮／苫田郡）・財部（反正皇子／英多郡）・白髪部（清寧天皇。のちに光仁天皇の諱を避けて真髪部〈真壁〉と改称／英多郡・美作市・鏡野町）・壬生部（乳部の意で，607〈推古天皇15〉年設置の，皇太子に伝領されるあらたな名代／美作市）などが分布した（カッコ内の市町は分布地。郡名のみは比定地不詳。以下同じ）。豪族を主家とし，その氏名を称することを政権に認められた部民を部曲という。美作には中央豪族関係の巨勢部（美作市）・賀茂部・久米部（ともに津山市），渡来氏関係の秦部（英多郡・久米郡）・勝部（津山市）などが分布した。特定の技術をもって宮廷に隷属・奉仕する部民を品部という。美作には紡織に携わった綾部（勝田郡・津山市）・服部（苫田郡）・倭文部・錦織部（ともに津山市），埴輪・土器生産にあたった土師部（英多郡・苫田郡），武器製作にかかわった弓削部（久米南町）・矢矧部（苫田郡），狩猟にかかわった鷹取部（勝央町〜津山市）などが分布した。6世紀なかばの欽明期には政権の直轄地である屯倉（官家・御家，屯田・御田）の田地の耕作に従わせる田部が設定された。美作における屯倉や田部にかかわる地名としては見明戸・種字三倉・垂水字三田双・目木（いずれも真庭市），粳保字上三田・東田辺・西田辺（いずれも津山市），河原字三宅田（勝央町），三倉田・今岡字三宅（ともに美作市）などがある。

　5世紀前半に造山古墳（岡山市）を造営した吉備の大首長の恣意的で無限の収奪に憤る中小首長層に着目したヤマト政権は，列島域で展開していた限定的収奪の制度としての部民制を吉備にも持ち込む。中小首長層を部民制に組み

込んで,在地での彼らの政治的自立を幾分許容しつつ,直轄支配の拠点を吉備域に拡大し,大王家と競合する危険性を孕む吉備の大首長の政治的自立を失わせた。吉備一族の部族連合の中枢部である備前・備中南部平野には,美作以上に部民が濃密に分布した。

遷于喬木」(ウグイスが谷から出て喬木に遷る,転じて卑しい地位から高い地位にのぼる,の意)から採った。

五反廃寺 ㊴ 〈M ▶ P. 232, 266〉真庭市三崎
JR姫新線久世駅🚌津山行五反🚶3分

白鳳期の軒丸瓦が出土 忍冬文などをあしらった

五反バス停の南約300m,旭川左岸の沖積地を俯瞰する台地に<u>五反廃寺(大庭寺跡)</u>がある。1町(約109m)四方の寺域が想定され,白鳳期初期のものと推定される,蓮蕾文・忍冬文・菊花状文様をあしらった軒丸瓦は,県内には類例のない高句麗・新羅系の瓦である。蘇我氏の保持する技術が,当地におよんだことが垣間見える。

当遺跡には,1915(大正4)年に「<u>白猪屯倉址</u>」碑が建てられた。『日本書紀』欽明天皇16(555)年条に,蘇我稲目らを遣わして吉備5郡に白猪屯倉をおいたとみえ,『続日本紀』天平神護2(766)年条・神護景雲2(768)年条に,美作国人白猪臣大足や大庭郡人白猪臣證人らが大庭臣への改姓が許されたとあることから,当地を屯倉跡に比定して建碑された。しかし,平城宮跡出土木簡によって,備前国邑久郡・児嶋郡に複数の「白猪部」が存在したことが明らかになり,屯倉の設定地を美作に限ることはできなくなった。

篠向城跡 ㊵ 〈M ▶ P. 232, 266〉真庭市三崎
JR姫新線久世駅🚌津山行五反🚶50分

山名・赤松両氏が争奪を繰り返した城

五反廃寺の南東約1km,笹向山(419m)に<u>篠向城(篠吹城・篠茸城)</u>跡がある。テレビの中継塔の立つ所が本丸跡であり,曲輪・竪堀・土塁などが残る。北麓を出雲往来,西麓の旭川右岸を大山往来が走る交通の要衝である。大庭字大日から登山道が延びる。

築城年代は不詳だが,『太平記』によれば,1361(延文6)年から1441(嘉吉元)年にかけて,山名・赤松両氏が争奪を繰り返した。嘉吉の乱(1441年)後は山名氏の手中にあったが,文亀年間(1501〜04),高田城(現,真庭市勝山)主三浦貞連が攻め落とした。1576(天正4)

年，毛利輝元が三浦氏を滅ぼすと，輝元の家臣宇喜多直家が領有したが，直家が輝元に背いて織田信長に従ったため，1581年，輝元麾下の吉川元春による岩屋城（現，津山市中北上）攻めの過程で落城。翌年，輝元と羽柴秀吉の和睦がなって，直家の女婿江原親次が在城した。文禄・慶長の役（1592・97年）の際，親次は宇喜多秀家に従って渡海，1598（慶長3）年朝鮮の釜山浦で病死し，廃城となった。

高田城跡 ❹ 〈M ▶ P. 232, 266〉 真庭市勝山 P
JR姫新線 中国勝山駅 🚶 60分

尼子氏らが争奪戦を繰り広げた城

勝山は古くは高田といい，近世には河岸が設けられ，出雲往来や東城往来，大山往来の枝道が分岐・交差する交通の要衝として繁栄した。JR中国勝山駅前から西へ延びる新町商店街の十字路で北へ折れると，町並み保存地区に入る。造り酒屋をはじめとする，商家や土蔵が立ち並ぶ。瓦屋根・白壁・梲・腰板・海鼠壁・連子窓や牛馬をつなぐ鉄環，店の入口にかかる暖簾など商家の風情が漂う。

家並みがまばらになる城内の市役所南側から遊歩道を北上すると，高田城跡に至る。急崖をもって臨む天剣を利用した山城であり，如意山（332m）を本丸，堀切の南の太鼓山（勝山，261m）を出丸とし，大総山と総称する。旭川が北・西・南を環繞して流れ，外堀の役割をなす。

高田城は，嘉慶～明徳年間（1387～94）頃，地頭として入部した三浦貞宗が築城したという。貞宗は，相模国三浦郡（現，神奈川県横須賀市・三浦市・三浦郡）を本貫とする鎌倉幕府の有力御家人三浦義明の後裔を称した。当地は要地であっただけに，戦国時代には近隣諸勢力の争奪の的になった。1548（天文17）年，10代貞久のとき，尼子晴久の将宇山久信の手に落ち，1559（永禄2）年には，貞久の子貞勝が城を奪還したが，1565年，備中国から侵攻した毛利氏方

高田城跡

出雲往来・大山往来を行く

真庭市役所周辺の史跡

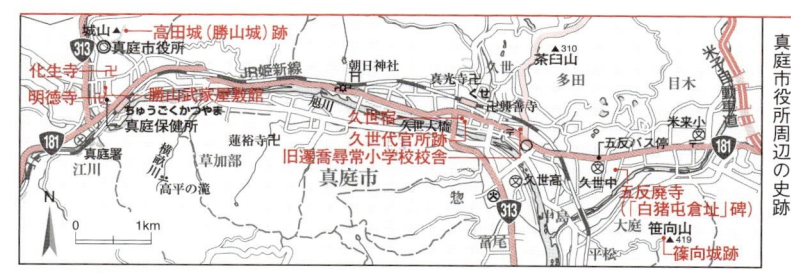

の三村家親によって再び陥落した。翌年，家親が宇喜多直家に暗殺されたのに乗じて，13代貞広が城を再奪還したが，1576（天正4）年，毛利・宇喜多連合軍の攻勢の前に開城，三浦氏は滅亡した。1582年の備中高松城（現，岡山市高松）における合戦の後，宇喜多秀家が当城を領有。1603（慶長8）年，森忠政が美作に入封すると城代がおかれたが，1615（元和元）年の一国一城令で廃城となった。

森氏除封後，大庭・真島両郡は松平氏領・幕府直轄領を経て，1727（享保12）年両郡とも幕府直轄領となった。1764（明和元）年，三浦氏と同祖異系あるいは江戸幕府2代将軍徳川秀忠の庶子の末裔という三河国西尾藩（現，愛知県西尾市）主三浦明次が移封され，真島郡92村・大庭郡1村，2万3000石の藩主として立藩（勝山藩），高田城跡に築城して勝山城と称した。軍事施設にかかわる瑞祥地名であろう。以後，藩主居館や政庁を，武家地・町場・寺社が囲む陣屋町が形成された。

中国勝山駅の北約5kmの所に，「日本の滝百選」に選定された神庭滝（国名勝）がある。高さ約140m（落差約110m）・幅約12mの西日本随一の瀑布であり，周辺は県立自然公園に指定されている。

明徳寺と化生寺 ㊷㊸
0867-44-2062（化生寺）

〈M ► P. 232, 266〉 真庭市勝山730／勝山748
JR姫新線中国勝山駅 🚶 5分／🚶 10分

美作の聖観音坐像を安置する明徳寺　殺生石伝説にまつわる化生寺

JR中国勝山駅の北西約300m，真庭保健所の西側に明徳寺（臨済宗）がある。高田（現，勝山）は，1290（正応3）年，寂室元光が誕生した地であるという。当地を訪れた同時代の禅僧で『元亨釈書』を著した虎関師錬は，「偉なる哉，師の似たることや，清淑の気，篤き一人を生ずる者か」と語ったという。元光は，1320（元応2）年に入元して，浙江省天目山幻住庵の中峰明本らに隠遁禅を学び，帰国後，諸国を遍歴，備前・美作の間に幽棲し，1361（康安元）年，

266　美作の道

近江国守護佐々木氏頼が創建、寄進した永源寺(臨済宗永源寺派本山、滋賀県東近江市)の開山となった禅僧である。

1703(元禄16)年、元光の遺徳を偲ぶ当地の人びとが、生誕伝承地である勝山南東麓に建てた草庵が明徳寺の前身とされる。1740(元文5)年、紀伊国高野山金剛峯寺(現、和歌山県高野町)から廃院となっていた神村(現、真庭市久世)の神林寺明徳院の号を得、1764(明和元)年三浦明次の勝山城築城の際、現在地に移されて寂室山明徳寺と号した。本尊の木造聖観音坐像(県文化)は像高42cmの一木造、藤原時代前期の作で、頭には花冠を着け、腕には宝相華をつけた腕釧を丁寧に彫り出している。小像ながら体軀に大きな気宇が宿り、腰裳の襞には、どこか天平文化の余風すら感じさせる。尊顔も愛らしさのうちで、どこか崇高な強さを秘めている、県内の仏像中、まれにみる傑作である。

明徳寺から100mほど北進すると、家老格の屋敷である勝山武家屋敷館に着く。さらに北へ200mほど行くと、『御伽草子』によって流布した殺生石伝説にまつわる化生寺(曹洞宗)がある。康治年間(1142〜44)、三浦貞宗の祖義明によって下野国那須野ヶ原(現、栃木県那須町)で射殺された鳥羽上皇の寵妃化生前(玉藻前。妖狐の化身)は、殺生石と化して人びとに災いをなしていた。1395(応永2)年、那須野ヶ原を通りかかった禅僧源翁(玄翁)心昭が杖でこの石を一打して妖狐の霊を教化すると、越後・美作・豊後3国の高田(現、新潟県上越市・岡山県真庭市勝山・大分県豊後高田市)に飛散したという。しかし、なおも石が妖気を放ったので、高田荘地頭の三浦貞宗は源翁を招いて調伏し、この霊石を勧請して鎮守とした。のちに源翁を開山として化生寺を創建、石を境内に移して玉雲権現としてまつったという。

真庭市南西部の岩井谷には別当寺(真言宗)があり、「延徳二(1490)年」銘の木造獅子頭(県文化)を所蔵する。

宇南寺 ㊹　〈M▶P.232〉真庭市美甘字河田1278
0867-56-2262　JR姫新線中国勝山駅🚌新庄 行平島下🚶10分

平島下バス停から南進して新庄川を渡ると、高台に宇南寺(真言宗)がある。宇南寺は、弘仁年間(810〜824)に弘法大師(空海)が、

出雲往来・大山往来を行く

あるいは1190(建久元)年,その孫弟子覚鑁が開基したという。元弘の変(1331年)に敗れた後醍醐天皇が,隠岐国(現,島根県隠岐郡)配流の途次寄宿し,その際,住持宥恕が本堂で「天下太平玉体帰幸」を祈願したことから,本堂を太平堂とよぶようになったと伝える。桁行5間・梁間4間,単層入母屋造の簡素・雄壮な現在の本堂(県文化)は,1510(永正7)年の再建であるが,室町時代初期の様式を残す。

1691(元禄4)年に編纂された美作西部6郡の官撰地誌『作陽誌』には,室町・戦国時代,美甘荘(現,真庭市美甘・真庭郡新庄村)の農民の代表52人が毎月28日に当寺に集まり,村政の運営を討議・決裁し,酒食をとって散会したとあり,これを「宇南寺寄合」と称したという。惣村制下における中世農民の自治的な団結の様子がうかがえる。

> 後醍醐天皇が配流の途次寄宿 中世農民の自治的な宇南寺寄合

平島下バス停から国道181号線を2kmほど東進すると,江戸時代には宿駅であった旧美甘村の中心部である。市立美甘小学校のすぐ北に竹元寺(真言宗)があり,県内最古,白鳳期の作風を残す銅造聖観音立像(県文化)を所蔵する。

宇南寺本堂

姫笹原遺跡 ⑮

〈M ▶ P.232〉真庭市美甘字森谷 P
JR姫新線中国勝山駅🚌新庄行美甘上🚶40分

> 稲のプラント・オパールと籾殻が検出された遺跡

竹元寺から国道181号線に出て西へ約150m,右折して県道447号線を約3km北上すると,森谷川左岸に姫笹原遺跡がある。縄文時代中期(4500年前)の土器片から,稲のプラント・オパール(イネ科植物の葉の珪酸体細胞化石)と籾殻の一部が検出され,水稲・陸稲未分化の稲作の実施が証明された。雑穀栽培とともに稲作を行っていたらしい。県内では,日本最古とされる縄文時代初期(6000年前)

の朝寝鼻貝塚（岡山市）についで古い稲作遺跡である。

新庄宿 ㊻

〈M▶P.232〉真庭郡新庄村字上町・本町・中町ほか　P
JR姫新線中国勝山駅🚌新庄行新庄下町または新庄上町🚶5分

> 江戸時代に出雲往来の宿駅として栄えた村

　美甘荘に包摂されていた新庄村域は，応永年間（1394〜1428）に分立したという。村名は本庄に対する追加開墾地や，あらたに設置した荘園を指す。江戸時代には出雲往来の宿駅で，寛文年間（1661〜73）に出雲国松江藩と支藩広瀬藩（現，島根県松江市・安来市広瀬町）の本陣・脇本陣がおかれて新庄宿として栄えた。出雲往来最大の難所である国境の四十曲峠（770m）を挟んで北西麓には，対向集落として伯耆国板井原宿（現，鳥取県日野町）が形成された。

　新庄下町バス停から西の新庄川を渡ると宿駅跡で，本陣跡・脇本陣・商家・旅館・寺院などがある。町並みは全国24の「歴史国道」の１つ「出雲街道『新庄宿』」に，町並みの中央から往来両端に移された用水路のせせらぎは「新庄宿の小川」として，「日本の音風景100選」に認定されている。

　旧新庄宿から村道を北西へ３kmほど行った嵐氣には，承久の乱（1221年）に敗れ，隠岐国へ配流される途次に後鳥羽上皇が詠んだ，「みやこ人たれふみそめて通いけむ　むかひの道のなつかしきかな」（『後鳥羽院御集拾遺』）の歌が刻まれた後鳥羽上皇旧跡碑が立つ。

　旧新庄宿から北へ２kmほど行くと，御鴨神社（祭神味耜高彦根命ほか）がある。『六国史』にみえながら『延喜式』神名帳に載らない国史見在社の１つで，『日本三代実録』貞観17（875）年条に，「従五位下御鴨神に従五位上を授く」とあるのは当社のことという。初め，新庄川支流の浦手川上流にあり，「かむなび（神の坐す森や山）」である宮座山（794m）を神体として拝殿があったが，1419（応永26）年字神集に，1679（延宝７）年字古宮に，1710（宝永７）年虫身壇に遷座したという。古くから虫身名など10名主によって宮座が構成され，順次，当屋となって祭事を行った。

徳右衛門御前 ㊼

〈M▶P.232〉真庭市仲間字牧
JR姫新線中国勝山駅🚌湯原・蒜山行牧🚶5分

　牧バス停から国道313号線を約300m北上すると，西傍の崖上に徳

出雲往来・大山往来を行く

右衛門御前(墓)がある。徳右衛門は，1720(享保5)年の会津南山御蔵入騒動・1722年の越後頸城質地騒動・1723年の出羽長瀞質地騒動と並ぶ幕藩制解体初期の全藩強訴で，1726～27年におきた山中一揆(騒動)の指導者であった。

山中は，狭義には一揆の中心となった湯本・小童谷・三家(いずれも旧湯原町〈現，真庭市〉)の3触(触は大庄屋の管轄区域)を，広義には旭川上流と新庄川流域を指す。3度の江戸藩邸の焼失が津山藩財政の逼迫を，18世紀初めの天災地変の続発が領内農民の疲弊を加速させるなか，享保の改革(1716～45年)を遂行中の幕府は，1725(享保10)年，津山藩に国目付を派遣して強力な監察指導を行った。翌年，藩が年貢の4%増徴などの財政再建・農村支配強化策に着手する最中，幼少の藩主松平浅五郎が急死し，領地は5万石に半減されることになった。他領になると噂された大庭・真島両郡の郷蔵米を藩が売却しようとしたことから，仲間村牧分の徳右衛門・見尾村の弥次郎らを指導者とする一揆が発生し，城下を目指した。

一揆が全藩に広がると，藩は農民の要求を一旦は認めた。しかし，藩主の従弟松平長熙への相続が認められると，幕府による懲戒処置に怯えた藩は，態勢を立て直して苛酷な弾圧を加えた。徳右衛門・弥次郎ら51人は処刑され，2カ月におよぶ一揆はあえなく潰えた。犠牲者は義民として伝承され，義民弥次郎の碑(湯原)，土居河原碑・義民堂(禾津)，妙典塚(黒杭)，田部義民の墓(西茅部)，首なし地蔵(津山市二宮)など各地に供養塔が立つ。

大庭八社 ㊽ 〈M▶P.232〉真庭市 社 P
JR姫新線中国勝山駅🚌湯原・蒜山行 社口🚶45分

社口バス停から社川沿いに東へ約1.5km進むと社に至る。古代，大庭郡に属した当地には，『延喜式』神名帳(927年)に載る美作国式内社10社11座のうち，7社8座までが集中する。理由は不詳だが，863(貞観5)年苫田郡が東西2分割された際，布施郷の一部(現，苫田郡鏡野町富地区)が大庭郡から苫西郡に転属したため，同地の横見神社を大庭郡社に遷座させ，あわせて大庭郡各郷にあった諸神を勧請したのであろう。『延喜式』編纂の60余年前のことであるから，これらの諸社は早くから中央に認識されていたらしい。

集落西端から社川沿いに1kmほど東進すると、右岸の字宇和佐には、1188(寿永4)年に創建された神宮寺大御堂があり、その東約200mには、同一境内に莵上神社(祭神 岐 神)・久刀神社(祭神久那止神)・壱粟神社(2座、祭神大市姫命)・長田神社の4社5座が、左岸の字加佐見山には横見神社(祭神大山津見命)が鎮座する。さらに約1km遡上すると、字谷口大社に、相殿で形部(刑部)神社(祭神阿多都姫命)・佐波良神社(祭神佐波良命)の2社がある。

大山神門 ㊾　〈M ► P.232〉真庭市藤森・蒜山西茅部　P

JR姫新線中国勝山駅🚌湯原・蒜山行湯原温泉🚗30分

湯原温泉バス停から湯原湖南岸へ出て県道322号線を約13km西進すると、かつての真島郡建部郷(庄)の名を唯一残す建部神社(祭神日本武尊)に着く。ここから藤森川沿いに北西へ約4km遡上すると、鳥居凪(610m)に至る。

鳥居凪には、秀峰大山(1727m)を正面に見据える形で大山神門が立つ。神門は、大山の四方に配されており、東門が鳥取県倉吉市関金町、北門が同県米子市淀江町、西門が同県日野郡日野町に建てられ、当地の南門は、1821(文政4)年に再建されたものである。

大山信仰は、山の神・農耕神・牛馬守護神に寄せる農民の信仰に始まり、中世には阿弥陀信仰や地蔵菩薩信仰が付加され、近世以降、さらに御崎信仰(ここでは智明権現〈大神山神社、鳥取県大山町〉の末社下山明神の使令である狐〈狼ともいう〉に対する信仰)が加わるにおよんで盛んとなり、大山に至る四方からの街道(大山往来)が発達し、多くの旅人や牛馬が往来した。

神門は、大智明権現参詣の道標でもあったが、神社に登拝できない老人や女性と子どもは、この遥拝地に立って参詣にかえたという。今は、蒜山西茅部側からのぼるのが便路である。

大山の四方に配された門の1つ南門

大山神門石門

出雲往来・大山往来を行く

蒜山原(ひるぜんばら) ㊿
0867-66-4667(蒜山郷土博物館)

〈M▶P. 232, 273〉真庭市蒜山上長田(かみながた)・上徳山(かみとくやま)・西茅部(にしかやべ)・中福田(なかふくだ) **P**

JR姫新線中国勝山駅🚌蒜山行上長田🚶15分(蒜山郷土博物館まで)

日本の原風景、「文化的景観」重要地域に選定

蒜山原は、第三紀鮮新世(せんしんせい)(3500万～2300万年前)末～第四紀更新世(こうしんせい)前期(170万～72万年前)の蒜山火山群の噴出によって、中国山地との間の窪地(くぼち)となり、水系は山陰側(さんいん)へ流れていた。更新世中期～末期(72万～1万年前)の大山火山の噴火にともなう火砕流(かさいりゅう)が水を堰き止めて湖をつくり、湖底に洪積層(こうせきそう)が堆積(たいせき)した。さらに、東から谷頭浸食(谷の最上流部で行われる浸食作用。これにより河川は流路を上流側へ拡大・伸長させる)した旭川が山陽(さんよう)側へ排水して乾固化した後、旭川の下刻作用によって河岸段丘(かがんだんきゅう)と沖積(ちゅうせき)平野が形成され、盆地と高原が形成された。日清(にっしん)戦争後の1898(明治31)年から1917(大正6)年まで、蒜山原は陸軍省の軍馬放牧場となり、今も三平山(みひらやま)(1001m)などにはそのための土塁が残る。1936(昭和11)年再度陸軍省に買収され、第十師団の演習場となった。敗戦後、農林省所管の緊急開拓地となり、引揚者らの入植が行われた。1954年頃から夏大根の生産とジャージー種乳牛による酪農業が盛んとなった。1963年蒜山三座(上蒜山(かみ)〈1202m〉・中蒜山(なか)〈1122m〉・下蒜山(しも)〈1101m〉)と蒜山原は大山隠岐国立公園に編入され、観光開発も進んだ。蒜山原は、上山(うえやま)の千枚田(せんまいだ)(美作市)・児島湾(こじま)(岡山市・都窪郡早島町(つくぼ・はやしまちょう))・牛窓湾(うしまど)(瀬戸内市(せとうち))とともに、日本の原風景を伝えるものとして、文化庁により「文化的景観」重要地域に選定された。

　上長田バス停から約1km北上すると、下蒜山東麓(よう)に6世紀前半の円墳16基からなる四ツ塚古墳群(よつづか)がある。西端の丘陵上に一直線に並ぶ1～4号墳(国史跡)の4基から名づけられた。1号墳は径24mで横穴式石室をもち、須恵器(すえき)・馬具(ばぐ)・武具などが出土し、これらの多くは東京国立博物館に収蔵されている。13号墳は径19mで墳丘上に円筒(えんとう)・形象(けいしょう)埴輪(はにわ)が並び、周溝をめぐらせている。一帯は史跡公園として整備され、公園内の蒜山郷土博物館には、四ツ塚古墳群の出土品や福田(ふくだ)神社の大宮踊(おおみやおどり)に関する展示がなされている。

　四ツ塚古墳群から約2km北進すると、ナイフ形石器・削器(さっき)・楔(くさび)

蒜山原周辺の史跡

形石器などの、4万5000年以上前の旧石器時代前期の旧石器が出土した戸谷遺跡がある。蒜山高原スポーツ公園の東側の東遺跡からは、隠岐産の黒曜石や鳥取県青谷町産の安山岩を用いた旧石器時代末期（1万6000年前）の尖頭器や、縄文時代草創期（1万4000〜1万2000年前）の細石刃・細石核やその製作跡が出土した。なお石器の分析から、シベリア起源の北方系集団が2万年前に北海道に出現し、東北地方の日本海側を南下、1万3000〜4000年前には、中国山地を含む山陰地方に移住したことが明らかになっている。

蒜山IC内の中山西遺跡や西茅部田代遺跡では、2万2000年前の旧石器時代〜縄文時代早期（8000年前）の狩猟用陥穴跡が発見され、前者からは県内初の縄文時代早期の竪穴住居跡も検出された。蒜山原南端の丘陵地（現在は米子自動車道が通過）にある下郷原和田遺跡からは、弥生時代後期から古墳時代初期の竪穴住居跡群とともに、碧玉・管玉や、その工房跡が出土した。米子自動車道蒜山IC内にある西茅部城山東遺跡では、規模と規格性から、奈良時代の真島郡衙とかかわる公的施設と推測される倉庫群や建物遺構が検出された。

上長田バス停から5kmほど西の中福田バス停の北隣に、中世、京都祇園社（現、八坂神社）領の布施荘西半部にあたる福田郷の大宮であった福田神社（祭神大己貴命）がある。「大宮様」の名で親しまれ、鎌倉時代につくられた「皇仁庭」の面相の舞楽面（県文化）を所蔵する。旧暦7月14日から7日間（現在は8月3日から7日間）の盂蘭盆に当社を中心に行われる大宮踊（国民俗）は、平安時代以前から伝わるものという。豊作を祈る田遊に念仏踊が加わった、単調で古拙な音頭と複雑な振りが、成立年代の古さと発展の跡を物語る。

出雲往来・大山往来を行く

④ 津山往来とその周辺を行く

法然ゆかりの誕生寺，唐臼墳墓群，山上伽藍の両山寺・幻住寺，岸田吟香・片山潜生誕地など多彩な探訪地が位置する。

豊楽寺 ㉛　〈M▶P. 232, 283〉岡山市北区建部町豊楽寺223
0867-22-1880　JR津山線福渡駅 🚶30分

平安時代中期の土仏が寺の由緒を物語る

JR福渡駅の約300m南で，旧津山往来は東へ転ずる。上り坂を1.4kmほど進むと石引屼に至り，屼から北西の頂部に位置するのが，静謐山豊楽寺(真言宗)である。寺伝によると，709(和銅2)年に玄昉が開基し，その後，鑑真が堂塔伽藍を整えたとされ，本堂裏の経塚(土仏塚)から出土した平安時代中期の土仏は，寺の由緒を物語る。往時は本堂・五重塔ほか16の堂宇と22の坊があったが，永禄年間(1558～70)，宇喜多直家麾下の松田左近将監(元輝カ)が，日蓮宗への改宗を強要，これをこばんだために破却された。近世には，津山藩主森忠政が復興を進め，現存の本堂は1686(貞享3)年に落成したものである。入母屋造・妻入，向拝付き，正面3間・側面4間，桟瓦葺きの壮重な建物で，薬師瑠璃光如来を本尊とする。

なお豊楽寺には，「正平七(1352)年」を最古とする約40点(県文化)の古文書が伝えられており，これらの文書から在地国人層の動向や，周辺地域の名田などを知ることができる。

豊楽寺

志呂神社 ㉜　〈M▶P. 232, 283〉岡山市北区建部町下神目1818 Ⓟ
0867-22-1405　JR津山線福渡駅🚗5分

JR福渡駅から北へ5kmほど行くと，志呂神社がある。社伝では713(和銅6)年の創建とされ，志呂宮の名で親しまれている。祭神は事代主神，相殿に大国主命をまつる。現在の本殿は，1848(嘉永元)年の造営で，平面方3間(実尺方4間)，入母屋造・妻入。屋

志呂神社

根に千木・鰹魚木をおき，正面に唐破風付き向拝を設けた，やや変形した中山造の建物である。旧弓削荘（現，久米南町の南部・岡山市北区の一部）の一宮で，明治時代前期頃まで，旧弓削荘内数社の神輿が参集する立会祭が行われていた。毎年10月19日に行われる秋の大祭には，旧荘内の久米郡久米南町京尾から，米粉を蒸してつくる女性器，男性器を模した「フト」「マガリ」と「チョウギン（丁銀）」が供えられる。この神事は，地元では京尾御供とよばれ，志呂神社御供として県の無形民俗文化財に指定されている。

当社所蔵の古文書のなかに，1302（正安4）年の「志呂宮御祭頭文次第写」がある。弓削荘内中・南部の109名を穀村分と神目分の各20頭に編成した宮座の単位組織で，名の名称の大部分は，地名・屋号・姓として今も残っている。宮座も昭和30年代まで維持され，4頭ずつ交替で祭礼の当番をつとめていた。

米粉を蒸した「フト」「マガリ」「チョウギン」を供える神事

佛教寺 53

0867-28-2181

〈M▶P.232〉久米郡久米南町仏教寺84　P

JR津山線弓削駅🚗10分

　JR弓削駅から国道53号線を約1.3km南下，右折して山道をのぼると，医王山佛教寺（真言宗）がある。寺伝によれば，草創は713（和銅6）年，9世紀に真言密教の道場になったという。また，南北朝時代には，文観が薬師三尊の御正体を寄進したといい，薬師如来を本尊とする。近世には津山藩主森忠政の庇護を受け，寺領が寄進されている。

　1636（寛永13）年，美作地方が旱魃に見舞われた際，森長継は，郡奉行と村役人に「佛教寺で龍神に雨乞いをせよ」と命じた。即日大雨の霊験を得たため，長継は堂宇を再建，慈雨の礼に奉納された踊りがバンバ踊（県民俗）の始まりと伝えられ，昭和時代に入って4度と，1994（平成6）年に請雨祈願が行われ，慈雨を得て踊りが奉納されている。境内には「文和三（1354）年」銘の石造宝篋印

慈雨の礼に奉納されたバンバ踊

佛教寺

塔(県文化)があり、三村家親の供養塔と伝えるが、誤伝である。同じく、境内奥には佛教寺鎮守社本殿(県文化)があり、室町時代にさかのぼると考えられる県内で数少ない三間社流造の指定例として貴重である。また収蔵庫には、阿形像に「建長元(1249)年」の胎内墨書銘をもつ木造金剛力士像2軀(県文化)がある。

片山潜生誕地 54

〈M ► P.232, 278〉久米郡久米南町羽出木385
JR津山線弓削駅 15分

JR弓削駅から国道53号線を約1.2km、右折して県道52号線に入り北東へ4kmほど行った所が片山潜の生誕地で、波多神社石鳥居の北方に、黒い屋根と白壁の片山潜記念館が立つ。記念館の左の民家が潜の生家藪木家(資料館管理者)、右が母の実家桜井家である。

片山潜は、1859(安政6)年、羽出木村の庄屋藪木国平の2男として生まれ、幼名を菅太郎といった。幼少から向学心厚く、学制発布(1872年)後、誕生寺内に設置された成立小学校へ通った。1880(明治13)年、岡山県師範学校(現、岡山大学教育学部)に入学して神目村の親戚片山幾太郎の養子となるが、翌年には退学して上京。1884年に渡米、苦学の末にアイオワ大学大学院を修了する。その後、1897年、日本初の労働組合「鉄工組合」の本部役員となる。99年からは社会主義に傾斜して、1901年社会民主党を結成。06年日本社会党を組織するなど、日米で活躍。1917年ロシア革命がおこるにおよんで、1919年、アメリカ共産党の結成に参画、

片山潜記念館

社会主義者片山潜の生誕地

1921（大正10）年からはモスクワに渡り、コミンテルン常任執行委員として反戦運動に従事した。1933（昭和8）年、同地で死去。葬儀に際してはスターリンも棺をかつぎ、クレムリン宮殿の赤い壁に葬られた。片山潜記念館のかたわらにも墓碑があり、館内には遺品などが展示されている。

誕生寺 ⑤⑤

0867-28-2102　〈M▶P.232, 278〉久米郡久米南町誕生寺里方808　Ｐ
JR津山線誕生寺駅 🚶10分

法然上人誕生の地に立つ寺

JR誕生寺駅の北西700mほどの所に誕生寺がある。法然上人誕生地（県史跡）とされる地に立つこの寺は、浄土宗の特別寺院で、山号を栃社山と号す。寺伝によれば、1193（建久4）年、浄土宗の開祖法然の弟子であった法力房蓮生（熊谷直実）が、法然生誕の地に師が自刻したとされる御影像を持参し、その生家跡に一堂を建て念仏道場を開いたことに始まる。建物は、永徳年間（1381〜84）に戦火で焼失、再建後の1578（天正6）年、日蓮宗徒により再度破却された。近世には、御影堂（附 棟札3枚、国重文）・山門（国重文）に加え、阿弥陀堂・客殿・華頂殿・観音堂が再建されている。

寺宝には、石造宝篋印塔・石造五輪塔、木造阿弥陀如来立像・木造清涼寺様釈迦如来立像、繡帳阿弥陀三尊来迎図、櫓時計（いずれも県文化）がある。

誕生寺では、毎年4月第3日曜日（もとは旧暦4月19日）、中将姫の現身往生を再現する二十五菩薩練供養（県民俗）の際に、法然の父漆間時国と母秦氏の供養があわせて行われる。時国は美作国久米郡稲岡荘（現、久米南町・美咲町の一部）の押領使で、預所の明石定明と対立し、定明の夜襲を受けて深傷を負い、死に際して子の勢至丸（のちの法然）の出家を望んだとも伝えられる。このほかにも当地には多くの伝承があるが、本尊の木造阿弥陀如来立像（鎌倉時代後期）の胎内印仏に「法然上

誕生寺

津山往来とその周辺を行く

誕生寺周辺の史跡

人御生所御本尊」とあること,『法然上人絵伝』(14世紀初頭)中の誕生寺の記載などから,誕生寺が法然ゆかりの寺であることは疑いをいれない。

唐臼墳墓群 56 〈M ▶ P. 232, 278〉 久米郡美咲町打穴西
JR津山線 亀甲駅 🚗15分

古墳〜奈良時代の葬制の変化がわかる遺跡

美咲町打穴西に,古墳時代後期の横穴式石室をもつ円墳3基と,奈良時代の火葬墓1基からなる唐臼墳墓群(県史跡)がある。古墳〜奈良時代にかけての葬制の変化を知るうえで,貴重な遺跡である。

墳墓のうち最下段の3号墳は,鉄釘などの発見から木棺墓と考えられ,斜面尾根沿いの2号墳には美作地方に多い陶棺での埋葬がみられた。1号墳は羨道部がかなり破壊されているが,6〜7世紀にかけて数回の埋葬が認められ,3基のなかでは墳丘・石室とももっとも大型である。

1号墳からやや離れた最上段の火葬墓は,方形2段に築成された盛り土からなる。盛り土の四辺は2段とも石列が配され,中央部に,蔵骨器を収める穴をうがった花崗岩製の外容器がある。外容器の上面は平坦で,現在は隣にその蓋石を天地逆においている。ほかにも火葬墓はあったようで,打穴地内の普光寺(天台宗)にも小型の外容器が残っている。

唐臼墳墓群のうち火葬墓

両山寺 ❺₇ 〈M▶P. 232, 278〉 久米郡美咲町両山寺454　P
JR津山線亀甲駅🚗20分

白山信仰、最澄・空海にかかわる伝承のある寺

　久米郡の最高峰二上山(689m)の東峰弥山に，山上伽藍の両山寺がある。真言宗の別格本山で山号は二上山，正観音菩薩を本尊とする。頂上には開基とされる泰澄大僧正(越の大徳)の石碑があり，白山信仰との関連が考えられる。さらに伝教大師(最澄)・弘法大師(空海)の両者にかかわる伝承もあり，初め天台・真言の二宗兼学道場として24坊を数えたが，のちに真言宗となったという(『久米郡誌』)。伽藍は，1565(永禄8)年の兵火で焼失(『作陽誌』)，現在の山門と唐破風付き入母屋造の本堂は，江戸時代前期の再建である。

　両山寺には，南朝年号である「正平十八(1363)年」銘をもつ大型(径54.5cm)の鰐口(県文化)があり，当地坪和郷は，この頃南朝に与していたと考えられる。焼失した五重塔の跡地には，室町時代の石造五智如来坐像5軀(県文化)があり，塔にまつられていた諸仏と伝えられている。また，毎年8月14日の深夜に行われる二上山護法祭(県民俗・国選択)は，民俗学上貴重とされる奇祭である。

　大坪和西の八幡神社(祭神誉田別命，大祭は毎年10月の第2日曜日)と境の境神社(祭神素盞嗚命，大祭は毎年体育の日)では，秋の大祭で獅子舞(県民俗)と宮棒が奉納される。前者は勇壮な雄型の舞，後者は優美な雌型の舞で，元来は一対の獅子舞であったといわれる。なお八幡神社の獅子頭は，「貞享二(1685)年」の銘文があり，県の文化財に指定されている。

両山寺

幻住寺 ❺₈ 〈M▶P. 232〉 久米郡美咲町北2638　P
0867-27-3010　JR姫新線美作千代駅🚗15分

　JR美作千代駅から南西へ約5km行くと，夢中山幻住寺(曹洞宗)がある。山門をくぐると，鐘楼・観音堂・参拝道場・庫裏とあり，

津山往来とその周辺を行く　　279

幻住寺

観音堂は桁行4間・梁間3間の入母屋造・平入，正面に向拝がつく。開基は不詳だが，もと髻山と号し，1433(永享5)年，大叟樹元の中興開山という。

室町時代に幻住庵とよばれ、在地国人層の信仰の対象に

「幻住寺文書」によれば，室町時代，この寺は幻住庵とよばれ，江原佐次・中村則久ら在地国人層が信仰の対象としていた。江原佐次は中山手城(現，美咲町中)，ついで篠向城(現，真庭市三崎)の城主となった。

また，休屾トンネルを抜けた所で右折し，通谷川沿いに北西へ7kmほど行くと，岡山県総合畜産センターがあり，その南東約500mには文明年間(1469～87)の築城と伝える萩丸城跡がある。

竹内流古武道発祥の地 (59)

〈M►P. 232, 283〉岡山市北区建部町角石谷
JR津山線福渡駅🚗20分

総合武術竹内流の発祥の地

旭川第2ダムにそそぐ滝谷川沿いに北東方向へ約4km行くと，竹内流古武道発祥の地(県史跡)である。竹内流は，1532(天文元)年，一之瀬城(現，久米郡美咲町中垪和)の城主竹内久盛が創始したといわれる武道である。久盛は一族とともに毛利氏方に属し，北進する宇喜多氏に対抗していたが，落城して帰農した。2代久勝・3代久吉は武術家として諸国武者修行を続け，後水尾天皇・霊元天皇より日下捕手開山の称号を受けるなどして，総合武術としての竹内

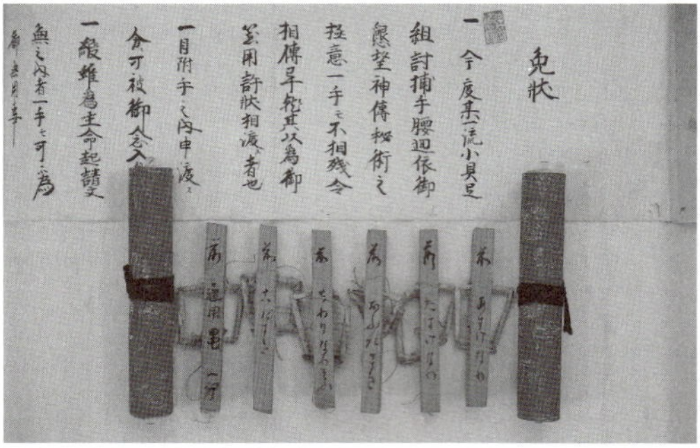

竹内流免状と捕手捕縛縄各種

美作の護法祭

コラム

神が人間に憑依するという奇祭

　護法祭は、神（護法善神）が人間（護法実・護法種）に憑依するという奇祭である。中世に始められ、西日本の各地に伝えられていたともいわれるが、現在は、久米郡美咲町の二上山両山寺（両山寺）・久米南町の宮本山両仙寺（北庄）・龍光山清水寺（上籾）の3カ所で行われるのみである。これらは現在中止されている美咲町八幡神社・天子山恩性寺（上口）の護法祭とあわせて、美作の護法祭として県の無形民俗文化財となっている。中世の山岳仏教・修験道との関連が推測されており、行事の進行に付随して吹かれる法螺貝の音は、得もいわれぬ神秘性を感じさせる。

　護法祭には犬護法と烏護法があり、現在伝承されているものはすべて烏護法である。行事は盆の8月13〜15日のいずれかの日の深夜に行われる。7日前から精進潔斎を重ねていた護法実は、護法祭の当日の深夜、山主から祈り付けを受ける。すると、護法善神（ごーさま）が護法実に憑依し、護法実はまるでカラスのように飛び跳ねる。境内の石垣の上にも飛び上がった（護法飛び）という。これを「ごーさまのお遊び」といい、警護役の少年たちが周辺を走り回る。護法実は時折、境内の休石に腰掛けて休養し、時がくると、自分が祈り付けを受けた場所に戻ってうずくまる。すかさず、山主が太鼓を一打ちすると、憑きが落ちる。すなわち護法善神が遊離するのである。不思議なことに、警護役の少年たちは汗だくで疲れ果てているのに、護法実は汗もかいていない。また、護法実役の言によれば、祈り付けの途中からお遊びの間は、まったく記憶がないとのことである。

　一方、犬護法の次第は明らかではない。『作陽誌』の本山寺（美咲定宗）の「護法社」の項に、「此人忽ち狂躍を示し、或いは咆吼忿噴の状、獣族の如く」と記されているのは、犬護法を連想させる。また、久米郡久米南町の佛教寺と岡山市北区建部町の豊楽寺では、かつて護法祭が隔年で行われていたが、これは犬護法だったといわれている。

護法祭「祈り付け」

流を完成した。竹内流は捕手腰之廻、拳法体術、棒術・杖術、殺活法などから構成され、これらのうち棒術は、近郷の神社で祭礼時に神輿を警護する「宮棒」としても伝承されている。

流派は，久盛が居住した和田村石丸(現，岡山市北区建部町和田南)を長男久治が継いで，竹内畝流を創始した。竹内流を確立した2代久勝は角石谷村の竹内原に，ついで3代久吉が天狗山の中腹に道場を移転して今日に至る。2代久勝は「武家奉公留」(仕官せず)を家憲とし，以来，庶民の処世護身術として流儀を広め，多くの門人を育成した。門人帳によると，江戸時代328人，明治時代2270人を数え，入門者は近郷はもとより，西は筑後・肥後(現，福岡県南部・熊本県)，東は三河(現，愛知県中部・東部)の範囲におよんでいる。なお，宗家は竹内藤一郎，1837(天保8)年からの分家は藤十郎を称して，現在も流派を伝承している。

旭川ダム ❻⓿
0867-22-0113(旭川ダム統合管理事務所)

〈M▶P. 232, 283〉岡山市北区建部町鶴田南・加賀郡吉備中央町神瀬
JR津山線福渡駅🚗5分

V字谷を利用した重力式コンクリートダム

岡山市北区建部町と加賀郡吉備中央町の境に旭川第一ダムがある。旭川が吉備高原を穿入蛇行することにより形成されたV字谷を利用した，高さ45m・堤長210mの重力式コンクリートダムで，1954(昭和29)年の秋に完成した。ダムによって形成された旭川湖の全長は18.5km，湖面約4.2km²におよぶ。1934(昭和9)年の室戸台風・大旱魃を背景に，第二次世界大戦前から建設計画があった。戦後県営事業で，治水・灌漑・発電・都市用水など多目的のダムとして建設された。旭川ダム建設の際，戦後の改正土地収用法が初めて適用され，旧旭町の230世帯が立ち退き，田畑48haが潰地した。

旭川ダム下流

岸田吟香生誕地 ❻❶

〈M▶P. 232, 278, 283〉久米郡美咲町栃原字大瀬毘
JR津山線福渡駅🚗30分

岸田吟香(本名銀次)は，1833(天保4)年，中垪和谷村大瀬毘の岸

田秀治郎の子として生まれた。大瀬毘には岸田吟香生誕地の碑が建てられ,旭川湖畔の栃原バス停近くに顕彰碑と胸像がある。

吟香は19歳で江戸に出て,津山藩儒昌谷精渓に入門,ついで昌平黌に学び,大坂では中国語も学んでいる。脚気で帰郷するが,治癒後は再び江戸に出て尊王の志士と交流,安政の大獄(1858年)では一時身を潜めていた。1865(元治元)年,眼病を患い,津山藩の洋学者箕作秋坪の紹介で,アメリカ人宣教師・医師ヘボンの治療を受け,これを縁に日本初の和英辞書『和英語林集成』の編集を助けた。翌年,ジョセフ・ヒコ(浜田彦蔵)とともに民間最初の邦字新聞『海外新聞』を創刊し,ヘボン処方の目薬「精錡水」も販売した。1868(慶応4)年には『横浜新報・もしほ草』を発行,1873(明治6)年には,東京日日新聞社に入社する。翌年の台湾出兵では,わが国最初の従軍記者となった。その後,東亜同文会などの設立にかかわり,日中貿易・親善にも尽くし,各種辞書の著述や刊行,社会福祉事業なども手がけた。画家の岸田劉生は彼の4男である。

なお,旭川上流の旦土は,幕末の蘭学者でシーボルトの娘楠本いね(オランダおいね)の師として知られる石井宗謙の生誕地で,碑が建てられている。

旭川ダム周辺の史跡

美作出身の新聞記者・事業家、岸田吟香の生誕地

岸田吟香胸像と顕彰碑

津山往来とその周辺を行く

❺ 伯耆往来を行く

津山城下から伯耆往来の北上する鏡野。穀倉地帯の北には、タタラ製鉄と木地師で栄えた広大な森が広がる。

片岡鉄兵詞碑 ❻②
0868-54-7733（ペスタロッチ館）

〈M▶P. 232, 285〉苫田郡鏡野町竹田663-7 P
JR因美線・姫新線・津山線津山駅🚌石越・奥津温泉行寺元 🚶5分

鏡野町で生まれた片岡鉄兵の詞碑と記念室

　寺元バス停から香々美川を渡り北へ400mほど行くと、鏡野町役場の南隣にあるペスタロッチ館（鏡野町総合文化施設）の前庭に、片岡鉄兵詞碑が立っている。小説家の片岡鉄兵は、1894（明治27）年、鏡野町寺元に生まれた。川端康成・横光利一らとともに新感覚派の重要なメンバーで、のちプロレタリア文学に転向した。代表作に、新感覚派時代の『幽霊船』『綱の上の少女』などがある。胸像の下には、川端康成の揮毫により「海と大空の中の一点のわたしを孤独と思え」と鉄兵の好んだ言葉が刻まれている。また、2003（平成15）年開館のペスタロッチ館1階の鏡野町立図書館内には、片岡鉄兵文学記念室が設けられ、年譜・著書・自筆原稿・通知簿・修業証書などが展示されている。

　なお鏡野町は、6〜7世紀に鏡作部によって開拓されたともいわれるが、町名は、町の中心部に位置した香美郷・野介郷も意識している。津山市院庄から鏡野町南部にかけては平坦な水田地帯で、昭和時代末期まで方格状の条里地割が広範囲に残っていたが、圃場整備や宅地化により、遺構はほとんど失われている。

竹田遺跡と大野の整合 ❻③❻④

〈M▶P. 232, 285〉苫田郡鏡野町竹田560・520-1ほか
JR津山駅🚌石越・奥津温泉行寺元 🚶10分／🚶10分

1500万年前の海底地層大野の整合

　鏡野町役場から北上すると、町立鏡野中学校から大規模農道を挟んだ北側の小丘に竹田遺跡がある。縄文時代の住居跡、弥生時代の墳丘墓・住居跡、中世の城跡などからなる複合遺跡である。縄文時代早期中葉の集落跡では、二重杭穴列をもつ6棟の住居跡がみつかっており、石鏃や石器、押型文土器が出土した。遺跡保存運動により北端部が現場保存され、出土品はペスタロッチ館2階の鏡野郷

鏡野町役場周辺の史跡

土博物館に民具などとともに保管・展示されている。

　竹田遺跡の北方、国道179号線に至るまでの香々美川右岸にみえる縞模様の断崖は**大野の整合**(県天然)である。約1500万年前(新生代第三中新世)、この辺りが海であった頃、川からの土砂の流入が繰り返され、早く沈んだ砂による砂岩とその上の泥による頁岩とがつぎつぎに重なり、約20層の級化成層(互層)が、長さ約180m・高さ32mにわたり形成されている。この北に並ぶ鏡野町のシンボル**男山**(260m)・**女山**(205m)は、玄武岩からなる。周囲の第三紀層を貫いて第四紀に噴出した新しい火山岩で、女山には県内でも珍しい六角柱の節理を露出している。

　男山の北には**赤峪古墳**がある。4世紀前半の築造と推定される、全長45m、後円部径28mの美作でも小型に属する前方後円墳で、斜面全体に葺石が施されている。中国製の青蓋作盤龍鏡(龍虎鏡)が出土した。

　なお、鏡野町域で最古の首長墳は、吉井川に臨む下原の**観音山古墳**である。古墳時代前期に築造されたこの全長43mの前方後円墳の墳丘上からは、肥沃な鏡野盆地を眼下に一望できる。

大野の整合

伯耆往来を行く　285

このほか町内には，500基近い古墳が盆地を取り巻く丘陵上や低台地に分布し，古墳の形式や出土品から，山陰や備南をはじめ，畿内との交流がうかがわれる。

香々美新町宿と円通寺 ⑥⑥
0868-56-0013(円通寺)

〈M▶P.232, 285〉苫田郡鏡野町香々美新町／鏡野町寺和田1466 P
JR津山駅🚌石越・奥津温泉行吉原乗換え，かがみの町営🚌(不定期)越畑行香々美🚶5分／円通寺🚶5分

江戸時代のたたずまいの残る香々美新町　空海の創建，美作の高野

伯耆往来の津山城下から最初の宿場である香々美新町宿は，今も江戸時代のたたずまいをよくとどめている。当宿の大庄屋をつとめた中島家の明治時代初期の当主中島衛は，自由民権運動に参画，『美作雑誌』の刊行や国会開設請願に奔走し，養蚕・製糸などの興業にも貢献した。宿場のなかほどの中島家屋敷跡には中島衛顕彰碑が立ち，背後の山腹には墓碑がある。また，毎年7月23日夜(現在は7月第3日曜日夜)，地蔵堂前で新町の地蔵踊りが行われる。天正年間(1573〜92)頃に始まったと伝えられ，病気・火災などの厄除け，安産にも霊験あらたかという。

宿場の北東に聳える桝形山(645m)に桝形城跡がある。山頂が方形の桝形を連ねた土塁で囲む平坦地となっており，この名がある。築城時期は不明であるが，毛利氏の美作侵攻時に，同氏麾下の小早川隆景が修築したという。曲輪が10段以上連なる雄大な山城で，1579(天正7)年，毛利氏方の城将福田勝昌が500騎で籠城した際，宇喜多直家が2万余りの大軍で攻め，激しい攻防戦が行われたが，落城しなかった。桝形城は，伯耆往来を押さえる要衝であった。

桝形山西麓には宝寿山総持院円通寺(真言宗)がある。815(弘仁6)年弘法大師(空海)の創建といい，古来，美作の高野，または二宮高

円通寺の金銅板貼山伏笈

野神社の奥の院とも称された。寺宝に、「永禄十二(1569)年」の墨書銘をもつ金銅板貼山伏笈(県文化)があり、垂迹美術の貴重な基準作例として県立博物館に寄託されている。また境内には、経瓦・不動明王画像などの寺宝を展示する鏡野町郷土館(要予約)がある。

香々美から越畑まで香々美川沿いの約16kmは、『万葉集』に詠まれた150余種の植物のうち、104種もの植物がみられることから、近年、歌碑が建てられ、「万葉のみち」として整備されている。北東に角ヶ仙(1153m)を望む鏡野町の奥座敷、越畑には茅葺き民家が残り、ふるさと村に指定されている。また、タタラ製鉄の炉を縮小復元したたたら記念館がある。

小田草神社と小田草城跡 ❻❼
0868-54-0620

〈M ▶ P. 232, 285〉苫田郡鏡野町馬場字597　P
JR津山駅🚌石越・奥津温泉行馬場🚶10分

馬場バス停から北東へ800mほど行くと、旧郷社の小田草神社(祭神高皇産霊神・神皇産霊神)がある。中世、野介荘の総鎮守で、美作中央部では高野神社につぐ大社であった。社伝によると、寿永年間(1182〜84)、源頼朝の再建という。小田草城主の斎藤二郎が寄進した鐘(県文化)があり、北朝年号の「貞治七(1368)年」銘がみられる。同じ鏡野町内の中谷神社(祭神伊邪那岐命ほか)には、藤宮が弘秀寺に寄進した南朝年号の「文中三(1374)年」銘の鰐口があり、同じ地域内での南北朝勢力の対立をうかがわせる。藤宮は中納言藤原藤房とも、美作権守藤原公頼ともされる。

小田草神社の背後の山上には、斎藤氏の居城小田草城跡がある。戦国時代、斎藤近実は、尼子・毛利・尼子・宇喜多と所属をかえて存続していった。小田草城の築城・廃城時期は不明である。

弘秀寺奥の院 ❻❽
0868-54-2829

〈M ▶ P. 232〉苫田郡鏡野町中谷字寺山3414　P
JR津山駅🚌不定期バス(日曜日・祝日・振替休日運休)富振興センター前行近衛殿🚶30分

近衛殿バス停から北へ3kmほど入ると寺山で、その奥に弘秀寺奥の院、かつての天楽山弘秀寺があり、観音堂と山門のみが残って

土豪斎藤氏の小田草城跡

弘秀寺木造十一面観音立像

県内最大の弘秀寺木造十一面観音立像

いる。724(神亀元)年,行基の開創と伝えられ,平安時代には,山上大伽藍をなしたという。盛時には12の塔頭寺院,7つの堂塔があり,弘秀寺はこれらを含む広大な寺域の総称とみられる。寺山の東方,大成にある現在の弘秀寺(真言宗)は,かつての法華山大円寺で,唯一存続している支院である。

奥の院の本尊の木造十一面観音立像(県文化)は,穏和優美ななかにも素朴な野趣をうかがわせる,ヒノキの寄木造の平安時代末期の優品で,像高3.03mの県内最大の木像である。観音堂内にあったが,山門の鎌倉時代初期に造立された木造金剛力士像2軀(県文化)とともに,現在は大成の弘秀寺に移され,毎月18日の縁日にのみ開扉されている。

麓の近衛殿は,近衛経忠にちなむ地名である。南北朝動乱の時代,前関白左大臣近衛経忠は,花山院師賢・法大寺為忠を従え,旧知の弘秀寺住職明憲法印を訪ねて南朝再建を画策したが,北朝方の襲撃に遭い落命したとも,病死したともいう。その後,藤原藤房が訪れて,経忠・為忠の菩提を弔ったと伝えられる。この地には,経忠の墓とされる関白塚や藤原藤房の墓碑がある。

近衛殿の南東約4.5km,中谷川と吉井川の合流点にあたる湯指は,「山家なれども湯指は名所,津山通いの舟が着く」と「湯指小唄」に歌われた,高瀬舟の吉井川本流起点の船着場である。盛時には7〜8艘の舟があり,物資の集散地として賑わったという。たび重なる洪水で川湊の名残りをとどめなかったが,近年,葛下橋のすぐ上流の一角に玉繰り石が整然と2段に築かれ,常夜灯も再現されて,往時を偲ぶことができる。また,背後の山(約360m)は毛利氏方の葛下城跡で,鏡野町内には,このほかにも桝形城・沖構・日上城・目崎城・西屋城など,約30カ所におよぶ中世城郭跡が確認されている。

湯指の南東方，山城の金剛頂寺(真言宗)は，703(大宝3)年鑑真の開基という。寺宝の木造神像は，奈良東大寺再建のため諸国を勧進していた重源が，この寺に熊野権現を勧請した際にまつられたものという。

布施神社 ⑥
0867-57-2022
〈M ▶ P.232〉 苫田郡鏡野町富西谷220　P
JR津山駅🚌富振興センター行終点🚶5分

古式の神事を伝える布施神社お田植祭り

宮原バス停から北西へ300mほど行くと，布施神社(祭神素盞嗚尊ほか)に至る。古くは，現在の富・奥津・上齋原・中谷地区を庄域にしたという富美荘の総鎮守であった。

毎年5月5日に行われるお田植祭り(県民俗)は，古式を伝える神事として有名である。獅子練りに続き，荒起こし・代掻き・鍬代・田植えが行われた後，殿様と従者福太郎が拝殿から登場する。福太郎は殿様に山盛りの飯を食べさせようと滑稽なしぐさをし，見物人を笑わせるが，殿様はけっして笑わない。殿様が笑うと，その年は不作になるという。往古の祭礼はすこぶる盛んで，参集者の宿泊のための仮屋が今の仮屋橋付近に立ち並んだという。富の宮原か大坂の川口かといわれ，33の神輿が出たという伝説がある。また戦国時代の天文年間(1532～55)，神軍祭で飲酒の勢いで刃を交え，死者百余人を埋めたという戦人塚が裏山の山頂に残る。

布施神社の背後は，ヤマメの渓流釣りで有名な白賀渓谷である。山深い富地域はやませみ生息地(県天然)に指定され，周辺地域はヤマネ(国天然)やオオサンショウウオ(国特別天然)の生息地でもある。

富振興センターバス停の南100mほどの所に，大地区から解体・移築された旧森江家住宅(国重文)がある。17世紀後半の建築とみられ，広間型3間取りの入母屋造・茅葺きで，この地方の典型的な山地農家形式の中型住宅である。内部には，民具などの民俗資料が展示されている。また隣

布施神社のお田植祭り

伯耆往来を行く

には，炉を備えた生産施設である高殿(たかどの)を模した外観をもつたたら展示館がある。

宮原バス停から北西へ8kmほど行くと，のとろ原キャンプ場・のとろ温泉の近くに鍛冶屋谷たたら遺跡(県史跡)がある。谷川を挟んで手前に，鉱山事務所である元小屋(もとごや)や坑夫の住居などの建物跡の削平地の段があり，川向こうの植林地内には高殿跡や砂鉄置場，生産された鉄塊を冷やして砕くための金池(かないけ)などが明確な遺構をとどめている。当地域のタタラ資料は，たたら展示館でみることができる。

久田原遺跡と苫田ダム ❼

0868-52-2151(苫田ダム管理所)
0868-52-0888(奥津歴史資料館)

〈M▶P. 232, 285〉苫田郡鏡野町久田下原(しものはら) **P**
JR津山駅🚌石越・奥津温泉行久田 🚶10分

奥津湖に沈んだ久田の遺跡群

苫田ダムの建設にともない，水没地区となる久田下原の吉井川左岸の水田地帯が発掘調査された。この際に発見されたのが久田原遺跡であり，7万8800m²の範囲から縄文時代～江戸時代の遺構と遺物が確認された。古墳時代の遺構から羽口(はぐち)や鉄滓(てっさい)が出土し，また，古代の掘立柱(ほったてばしら)建物33棟や，中世の掘立柱建物34棟の付近に11基の鍛冶炉群が検出されており，製鉄との深い関わりを思わせる。

南に隣接する久田堀ノ内(ほりのうち)遺跡は，中世城館跡を主とする縄文時代晩期～江戸時代の複合遺跡である。中世の掘立柱建物27棟・土壙墓(どこうぼ)2基などが発見され，多量の備前焼(びぜん)・雷文帯青磁(らいもんたいせいじ)・白磁(はくじ)・明銭(みんせん)などが出土したことから，遺構の大半は室町時代のものとみられる。遺構は湖底に水没した。主要出土物は，奥津温泉街の奥津歴史資料館に展示されている。

1957(昭和32)年，国と県により，治水・生活工業用水・農業用水の確保を目指して建設計画がなされた苫田ダムは，水没地区住民470戸(旧奥津町の4割)のみならず，町を挙げての長年の反対抗争を経て，2004(平成16)年ようやく竣工をみた。その規模は，堤高74m・堤長225m，貯水量7810万m³(奥津湖)で，吉井川水系初の大規模な多目的ダムとなった。

泉 嵓神社(いずみいわじんじゃ) ❼

〈M▶P. 232〉苫田郡鏡野町養野(ようの)1107 **P**
JR津山駅🚌石越・奥津温泉行女原(おなばら) 🚶40分

泉山(いずみやま)(1209m)の西方山中に，旧郷社泉嵓神社(祭神大山祇命(おおやまつみ))が

木地師とタタラ製鉄

コラム

木地師とタタラ製鉄の栄えた中国山地

　岡山県北部の中国山地一帯は，近世にはタタラ製鉄と木地生産が盛んであったが，両者は森林資源をめぐって競合関係にあった。

　木地師は，燃料として膨大な森林（木炭）を消費するタタラ製鉄に追われ，しだいに中国山地脊梁部近い最奥地に移動していた。また，木地製品そのものも瀬戸物（陶器）に押され，近代に入ると，その多くはまったくの副業となり，まもなく消滅した。木地師の多くは，江戸時代後期にはすでに定住・帰農した。

　県最北端の木地集落として有名な苫田郡鏡野町上齋原赤和瀬にはうたたねの里がある。1850（嘉永3）年頃の建築と推定される，広間型3間取りの木地民家旧小椋家（屋号中古屋）が，赤和瀬集落内から移築・復元され，山菜食堂となっており，隣接する木地師の館には，木地挽き轆轤や木地盆などが展示されている。

　一方，タタラ製鉄は，近世に藩や豪商によって岡山県北郡で盛んに経営された。しかし，原料採取のため真砂山を切り崩し，流水による比重選鉱を行う際，濁水と土砂流出が生じ，これが下流の水田をはじめ，染織業や醸造業などに与える影響がしだいに問題とされ，吉井川上流筋での操業条件は厳しくなっていった。そして，明治時代後期に，九州の八幡製鉄所（福岡県北九州市）が操業し，製鉄が鉄鉱石と溶鉱炉の時代となると，タタラ製鉄は急速に終焉を迎えた。

　鏡野町富西谷には，たたら展示館や鍛冶屋谷たたら遺跡，同町越畑にはたたら記念館など，小規模な展示施設や見学可能な遺跡がある。また，同町上齋原遠藤は県内最後のタタラ製鉄稼業地で，西洋式タタラ（企業タタラ）を導入して第一次世界大戦頃まで操業した。タタラ谷・カナクソ谷地名や金屋子神社・山の神など多くの小祠が点在し，現在の集落形成にも山内集落が骨幹となっているなど，操業時の面影を伝えている。

霊峰泉山の泉嵓神社
西屋城の攻防戦

ある。女原バス停から吉井川を渡った養野地区の山中に鎮座する。823（弘仁14）年に創建されたという古社だが，元来は泉山の神霊をまつった神籬の社であろう。古くは上の宮・中の宮・下の宮の3社からなり，上の宮は射水山口権現と称したが，1872（明治5）年に3社をあわせて現在地に移転した。

　女原集落の西隣，西屋集落背後の台形状をなす小高い山には西屋城跡（514.9m）がある。天正年間（1573～92）の初め，毛利輝元は，備前の宇喜多直家の家臣苫口利長が守るこの城を，葛下城（現，鏡

伯耆往来を行く　　291

野町山城)の城主中村頼宗らに攻撃させたが落ちなかった。1582年春の再攻でついに落城し,在番の小田草城(現,同町馬場)主斎藤近実は,医王山城(現,津山市吉見)に逃れた。落城の際,泣いたために毛利氏方にみつかり命を落とした,城主の幼ない息子「若子様」などの悲話が伝えられる。これら西屋城関係者の落命の地には,江戸時代以後に建てられた墓碑があり,西屋の杉橋近くの国道沿いには,夜泣き・夜尿症に利益のある若子様,吉井川対岸の杉には,下の坊(若子様の乳母)・上の坊(西屋城の武将)らの墓が史跡として残っている。

奥津渓 72

〈M ▶ P.232〉苫田郡鏡野町奥津川西 P
JR津山駅🚌石越・奥津温泉行小畑🚶10分

奥津温泉街の下流側,大釣橋を中心として約3kmにわたって続く奥津渓(国名勝)は,吉井川が長い年月をかけて花崗岩を浸食してできたV字谷であり,蛇行する急流の各所で瀑布や深淵を形成し,奇岩絶壁の岩場は板状節理をなし,素晴らしい峡谷美をみせている。川沿いの歩道を散策すれば,天狗岩・女窟の断崖・琴淵・臼淵の甌穴群・鮎返しの滝・笠ヶ滝・般若寺の太子岩・石割桜からなる奥津八景を目の当りにできる。なかでも河床に大小数十個の甌穴(ポットホール)がみられ,最大のものは径4.5m×3.9m・深さ3mにおよぶ。河流の選択浸食によってできたくぼみを転石が削磨し,瓶状や釜状の穴となったのが甌穴で,その生成には10万〜50万年の歳月を要しているという。なお奥津の地名は,筏流しの川湊によるという。

奇習足踏み洗濯(洗濯ダンス)で有名な奥津温泉は,美作三湯の1つで,伯耆往来の宿場でもあり,近代は奥津牛の牛市で賑わった。奥津は,宇喜多秀家の従兄弟浮田左京亮(宇喜

奥津渓

甌穴で有名な奥津渓と美作三湯奥津温泉

七色樫

多詮家，のち坂崎直盛）や津山藩主の入湯も伝える古くからの湯治場である。木喰上人，与謝野鉄幹・晶子や松崎天民をはじめとする多くの著名人が訪れており，1948（昭和23）～53年頃には，棟方志功が上齋原とともに奥津も訪れ，独特の画風の絵を残している。また，奥津を舞台にした小説『秋津温泉』は，備前市出身の藤原審爾の代表作である。

奥津温泉の西の羽出地区は，近代にはこの谷だけで羽出村を形成していた深い谷で，当時は人形峠ルートよりも近い田代峠（943m）越しの陰陽連絡道路が通り，その南麓の宿場として賑わったという。谷口に近い中分には，七色樫（県天然）がある。ブナ科ウラジロガシで，1年間に葉の色が七変化することから，虹の木ともいう。また奥地に推定樹齢1000年の羽出西谷若曽の大栩があり，木地師の活動の盛んだった時代を彷彿とさせる。

羽出中分の羽出神社（祭神伊弉諾尊・伊弉冉尊）で毎年5月10日に行われるお田植え祭り行事は，代を搔いた後，「向かいの山で鳴くヒヨドリは，朝草刈りの目を覚ます」など，7・7・7・5調の田植え歌に合わせて，幼児が境内の田に見立てた円形の砂場をまわり，苗に見立てた杉枝を周囲から植える。

恩原ダムと恩原遺跡 ❼³ 〈M▶P. 232, 295〉苫田郡鏡野町上齋原字恩原
🅿
JR津山駅🚌石越行終点🚶80分

石越から吉井川沿いに北東に向かう国道482号線は，かつては因幡道とよばれ，県境の辰巳峠（約785m）を越えると鳥取市佐治町に達する。また辰巳峠の北西，中津河川の上流には，1985（昭和60）年，環境庁（現，環境省）により「日本名水百選」に選ばれた湧水岩井と岩井滝がある。

恩原高原の中心である吉井川の源流に，1928（昭和3）年に完成し

世界的に珍しいバットレス工法の恩原ダム

伯耆往来を行く　293

た恩原ダムはバットレス(扶壁)ダムで、近代化遺産として貴重である。バットレスダムは、水圧などの荷重をスラブや連続アーチにより支持し、さらにこの力をバットレスにより基礎地盤に伝達させるダムで、比較的コンクリートの使用量が少なくて建設できた。しかし、薄い構造で凍結融解による凍害を受けやすいことから温度応力の熟考を要し、維持管理にコストがかかること、また施工自体の繁雑さのため、世界でも1909(明治42)～40(昭和15)年代に10数カ所、国内でも9カ所建設されたのみの珍しいダムで、中国電力管内では3カ所ある。恩原ダムをはじめ、下流の入発電所までの昭和時代初期に建設された36カ所の水力発電所施設は、2006(平成18)年、文化庁により近代化遺産として登録有形文化財に登録された(平作原発電所恩原貯水池堰堤・余水路)。

　ダム湖である恩原湖周辺の表土露出地を中心に、10カ所の旧石器時代の遺跡が確認されており、付近の緩傾斜地一帯は未調査ながら遺跡を包含する可能性をもつ。10カ所の総称である恩原遺跡群(県史跡)の最古の文化層は、約2万2000年以上前のもので、日本最古の石組み炉跡が発見された。出土した細石核や荒屋型彫器は、東北日本の細石刃文化とのつながりが注目されている。

人形峠 ❼

0868-44-2328
(人形アトムサイエンス館)

〈M ▶ P.232, 295〉 苫田郡鏡野町上齋原・鳥取県東伯郡三朝町木地山 P

JR津山駅🚌60分

わが国初のウラン鉱床の発見地　人形峠

　恩原ダムの西約5.5km、鳥取県境の人形峠(739m)は、1955(昭和30)年に日本初のウラン鉱床が発見され、以来、付近には核燃料研究開発関連施設が立地している。日本原子力開発機構人形峠環境技術センター内の人形峠科学の森プラザには、2つの展示施設がある。人形峠アトムサイエンス館では、原子力発電の仕組みがわかりやすく紹介されている。また、スペースデブリは、望遠鏡で監視できない直径1m未満の人工衛星の破片や小隕石・チリの軌道をレーダー観測し、スペースシャトルなどの安全を保守する宇宙のゴミ(デブリ)監視システムの紹介展示館であり、レーダードームも近くにある。人形峠から林道を南西に約10kmで、岡山県立森林公園に至る。入口付近の標高840m、広さ334ha、冬季の閉園期間以外は豊かな自

然を楽しめる。

　森林公園への途次、人形峠から4kmほどの所で、1905(明治38)年に現在の人形峠ルートにかわるまでの旧伯耆往来が交差している。付近にあった人形仙国一山鉄山でのコレラによる死者の供養塔三十七人墓が立つ。わが国は1879(明治12)年と86年に約10万人の死者を出すコレラの流行に見舞われ、1879年には街道沿いのこの鉄山にも蔓延し、山内人口200人のうち62人が感染、37人が一夏で亡くなった。

　県最北端の豪雪地帯である上齋原村は、寛文年間(1661〜73)に才原村が南北に分かれ上才原村として成立したといい、以来、2005(平成17)年の鏡野町・奥津町・富村との合併まで単独で立村していた。往古、原野を開拓し村を開いたとき、国土経営の神である大国主命を齋祀り「齋原村」と称したともいうが、南北朝時代の史料には「才原」「サイ原」と記されている。元来、「サイ」は、塞ぐ・辺境などの意味をもつ「塞」からきたものと考えられる。標高約500mにあるかつての上才原村の主邑上齋原は、伯耆往来の美作側の最北の宿場であり、元禄年間(1688〜1704)にはすでに37軒の町家が形成されていたといい、現在の集落形成に名残りをとどめている。鏡野町内では上齋原のみ、大阪・神戸と倉吉からの高速バスが停車する。わが国で唯一のウランガラス専門の小展示館で、工房・ギャラリーも備える妖精の森ガラス美術館やかみさいばら温泉がある。

6 因幡道を行く

美作・因幡を結ぶ因幡道(因幡往来)には，東から志戸坂峠，黒尾峠，物見峠(加茂往来)，辰巳峠を越える4路があった。

堀内三郎右衛門の墓 ㊵
0868-26-0546(萬福寺)

〈M ▶ P. 232〉津山市高野本郷1945 P
JR因美線高野駅 大 5分

高倉騒動の中心人物、堀内三郎右衛門の墓と顕彰碑

JR高野駅の北東約200m，線路際の萬福寺(日蓮宗)に，1698(元禄11)年，津山藩で最初におきた惣百姓一揆である高倉騒動の中心人物堀内三郎右衛門の墓と顕彰碑がある。

藩主森氏が改易され，美作国は1年間幕府領となり，年貢率は五公五民にさがった。しかし，新藩主松平氏が六公四民に復したため，農業生産力の増大によって自立しつつあった農民は，これに反対し，大庄屋たちに1696(元禄9)年と98年の年貢引合(比較)目録の郡代所への提出を嘆願した。藩側に立つ大庄屋が多いなか，高倉触(触は大庄屋の管轄区域)の堀内三郎右衛門だけは「半着物に藁を帯にして」終始農民の要求を代弁した。藩は農民の勢いに押されて減免の嘆願書を一旦は認めたが，騒動が沈静化すると，翌年，三郎右衛門を含む8人を斬罪，うち3人を獄門に処し，予定通り年貢徴収を強行した。なお，三郎右衛門の生家のあった下高倉西にも顕彰碑が立つ。

高野駅の南東約1.5km，河面の清瀧寺(真言宗)は，弘仁年間(810〜824)，弘法大師(空海)の開基と伝える。本尊の二十七面千手千眼観世音菩薩立像は10世紀後半の作で，国の重要文化財に指定されている善勝寺(滋賀県栗東市御園)・妙楽寺(福井県小浜市野代)の千手観音像と同じく，1000本の小手を背中から胴にかけて真横に突き出すように配し，正面の顔の両側面にも顔を配する珍

堀内三郎右衛門の墓

296　美作の道

しい像容である。

医王山城跡 ❼⓺ 〈M▶P.232〉津山市吉見
JR因美線美作滝尾 🚶40分

尼子氏の美作侵攻の拠点の1つ

　JR美作滝尾駅から北へ向かい加茂川を渡り，150mほど行った所で左折すると岩尾寺(真言宗)に至る。当寺の駐車場横から25分かけてのぼると，標高340mの医王山城(祝山城・岩尾山城)跡に着く。加茂川に面して屹立し，西は深い谷が入り込む，天然の要害である。南北20m・東西18mの本丸のほか，二の丸・三の丸・曲輪・土塁などの遺構がある。

　医王山城の築城年代は不明だが，南北朝時代には山名・赤松両氏が争奪を繰り返し，1532(天文13)年，出雲国(現，島根県東部)の尼子氏が美作侵攻の拠点とした。尼子氏滅亡後，毛利氏が当城を領有し，1580(天正8)年に宇喜多氏の攻撃を受けたが，毛利氏は死守した。1582年，毛利輝元と羽柴秀吉の和議により美作が宇喜多氏に帰したため，当城も同氏が領有した。

万燈山古墳 ❼⓻ 〈M▶P.232〉津山市加茂町塔中606
JR因美線美作加茂駅 🚶30分

美作最大の横穴式石室をもつ古墳

　JR美作加茂駅から1kmほど北進して加茂町の中心街を抜けると，加茂・倉見両川の合流点を見下ろす山麓の老人憩の家めぐみ荘の背後に，美作最大の横穴式石室をもつ万燈山古墳がある。6世紀後半に造営された径24mの円墳で，全長11mの石室からは石棺1・陶棺1・木棺7の計9棺と，20体以上の人骨が発見されており，7世紀初頭までの追葬が認められる。また馬具・鉄鏃のほか，鉄滓を伴出したことから，被葬者たちは鉄生産関係者と推定される。

　万燈山古墳の東約300m，文殊堂(松渓庵)の裏手墓地に，南北朝時代に造立された花崗岩製の石造無縫塔と石造宝篋印塔(ともに県文化)がある。当地は，京都嵯峨の天龍寺(臨済宗，京都市右京区)末寺の，法音寺の跡地である。1762(宝暦12)年，天龍寺が本山の古記録と照合・調査し，前者を天龍寺の開山夢窓疎石の，後者を法音寺の開祖宝山のものと認定したという。

因幡道を行く

改政一揆義民の碑 ⑱

0868-42-2483(真福寺)

〈M ► P.232〉津山市加茂町行重1700　P

JR因美線美作加茂駅🚶50分

美作東部に広がった改政一揆発頭人らを慰霊

　加茂町の中心街の西方で倉見川と分かれる欠場川沿いに南西へ2.5kmほど行くと，真福寺(真言宗)の境内に改政一揆義民の碑がある。この碑は，1866(慶応2)年に当地で始まり，美作東半部域に広がった改政一揆の発頭人直吉(直吉郎)らを慰霊し，その快挙を偲んで1956(昭和31)年に建てられた。

　開国による経済変動と幕長戦争(1864・65年)などの幕末の政争による収奪強化が農民を窮迫させるなか，世直し一揆が連鎖的に全国各地に波及した。1861(文久元)年以来の年貢増徴，3年来の自然災害が，美作国東半部域の農民を蜂起させた。農民たちは「野非人(無籍者。流浪して物乞いをする者)拵え」をし，身分の壁を越える共同闘争を展開したが，津山藩側は手当米で慰撫して藩政一新の要求を退けた。直吉は一揆後の1867(慶応3)年永牢となり，翌年大赦により出獄するが，同年死去した。

　中心街から倉見川沿いに4kmほど北上すると，芙蓉寺(単立)の対岸の傾斜地に，8世紀なかば頃に操業したキナザコ製鉄遺跡がある。美作では6世紀後半の大蔵池南製鉄遺跡(津山市神代)に続く製鉄遺跡例で，製鉄炉や湯溝状遺跡が残る。

矢筈城跡 ⑲

〈M ► P.232〉津山市加茂町知和・山下　P(千磐神社・JR美作河井駅)

JR因美線知和駅，またはJR因美線美作河井駅🚶60分

美作・因幡を結ぶ因幡道を扼する戦略拠点

　JR知和駅の東約1kmの千磐神社脇から，またはJR美作河井駅の南側からのぼると，美作と因幡(現，鳥取県東部)を結ぶ西麓の因幡道を扼する戦略拠点であった矢筈城(高山城)跡(県史跡)に着く。城跡には，本丸・二の丸・三の丸・成興寺丸・土蔵丸・馬場の跡が残る。なお，矢筈山(756m)の名は，矢筈(矢の上端の弓弦にかける部分)の形状に似る，山頂北面の大岩壁にちなむ。

　1532(天文元)年，因幡国知頭郡智土師郷(現，鳥取県智頭町)の淀山城主草苅衡継が築城して以後，半世紀間，草苅氏の居城だった。因幡国守護山名氏の被官であった草苅氏は，衰えた山名氏にかえて出雲国(現，島根県東部)尼子氏に従ったため，当城は尼子経久・晴

久の美作侵攻の拠点の1つとなった。尼子氏滅亡後、草苅重継は毛利氏に従い、美作・因幡への侵攻をはかる羽柴秀吉方の宇喜多直家らの攻撃を受けたが、守り切った。1582(天正10)年、羽柴秀吉と毛利輝元の和睦によって美作は羽柴氏方の宇喜多氏の支配に服したが、重継ら毛利氏方の国人層は首肯せず、各地で攻防戦を展開した。1584年、毛利輝元の命により、重継は安芸国(現、広島県西部)に移った。

新善光寺 ⑳

〈M ▶ P.232〉津山市中村393 Ｐ
JR因美線・姫新線・津山線津山駅🚌馬桑・行方方面行上村
🚶 5分

上村バス停から400mほど南進すると、新善光寺(真言宗)に着く。831(天長8)年、空海が信濃国善光寺(長野県長野市)の本尊の導きによって尊像2体を安置し、開基したという。『一遍上人絵伝』には、弘安年間(1278〜88)、美作遊行中の一遍が当寺に立ち寄ったとある。1382(永徳2)年、土豪今井兼重が善光寺の脇立本尊を勧請し、新善光寺と称したという。七堂伽藍は1573(天正3)年に類焼、翌年、兼重の末孫で宇喜多氏の家臣今井兼忠が再建したという。

上村バス停から国道53号線を2kmほど東進すると、津山市役所勝北支所前の国道脇に、「康永二(1343)年」銘をもつ新野東の宝篋印塔2基(県文化)がある。中世、新野保とよばれた当地は、1224(貞応3)年、承久の乱(1221年)の功により足利義氏に新恩地として給付されたと『吾妻鏡』にみえる。この塔の立つ地は観音堂と称し、堂跡からは古備前の壺や中国南宋産の青磁碗が出土した。基礎の開蓮華装飾は、造立当時、近江国(現、滋賀県)で流行していた蓮華文様が、播磨国(現、兵庫県南西部)を経て美作に流入した好例の1つである。

勝北支所から北東へ約3km、市立広戸小学校近くに、戦国時代末期頃の豪族居館跡とみられる河原山城跡や国司尾館跡があり、国人の広戸氏や矢筈城主草苅氏との関係を推測させる。土塁や曲輪・虎口の保存状態はよい。

信濃国善光寺本尊の導きで空海が開基

日本原(にほんばら) ⑧

〈M▶P.232, 302〉津山市日本原，勝田郡奈義町上町川・勝央町鳥羽野

JR姫新線・津山線津山駅🚌馬桑・行方方面行日本原または上町川🚶5分

幾多の舞台になった原野

　津山市東端部・奈義町西部から，国道53号線を挟んで勝央町北部に広がる台地を日本原という。正徳年間(1711〜16)頃，廻国巡礼を終えた五兵衛が，広戸野とよばれた当地に茅屋を建てて因幡道の旅人を泊め，湯茶を振舞ったが，いつしか人びとはその茶屋を「日本廻国茶屋」，当地を「日本野」とよぶようになったという。『東作誌』が，1740(元文5)年に死んだとする五兵衛の墓碑銘を掲げるが，彼の墓石は，奈義町境近くの国道北側にある。

　当地は，隆起扇状地が連続する乏水性の地形と火山性の強酸性黒色土壌(黒ぼく)に妨げられて，新田開発の進んだ江戸時代にも，人跡まばらな雑木の生い茂る原野として顧みられなかった。1739(元文4)年，享保の改革(1716〜45年)による年貢増徴と西日本をおそった蝗害を背景として，那岐山南麓の農民2000人余りが「野非人拵え」をして引き起こした元文非人騒動の舞台は，この原野である。この無籍者に扮するという行動様式は，1825(文政8)年の文政非人騒動，1866(慶応2)年の改政一揆にも踏襲されている。奈義町滝本(旧北吉野村)の町道沿いには，元文一揆義民之慰霊碑が立つ。

　1879(明治12)年，初代勝北郡長として当地に来任した元鳥取藩士安達清風は，北海道開拓使に出仕した際の経験を生かし，岡山・鶴田・鳥取藩の失禄士族の授産のため，当地の開拓に着手した。清風の病死によって事業は挫折したが，彼の創設した変則中学有功学舎は，林園書院・作東義塾・勝間田農林学校と名をかえ，所を移しながら，社会主義者片山潜ら多くの逸材を世に送った。日本原東バス停の東約100m，国道53号線の北傍には安達清風頌徳碑が立ち，国道の南側には彼の屋敷跡がある。

　1909(明治42)年，日露戦争(1904〜05年)後の軍備拡張のなかで，当地は陸軍演習地として接収された。第二次世界大戦後，1946(昭和21)年からは連合国軍(イギリス＝インド・オーストラリア・カナダ軍)が駐留し，朝鮮戦争(1950〜53年)中はカナダ軍が使用した。

美作の道

美作の荘園

コラム

皇室・公家領から国衙・足利氏・北条氏領へ

8～16世紀に存在した田地を中心とする私的所有地を荘園という。美作国は旭・吉井両川が開析した，中国山地と吉備高原との間の沈降帯に点在する盆地列からなる。耕地が旭川流域の盆地に限られる西部や，吉井川流域および河岸段丘上に耕地が広がる中部では規模の大きい荘園が，吉井川支流が丘陵間につくる狭い低地の東部には小荘園が多数成立した。平安時代初期の826（天長3）年和気氏が神護寺（京都市右京区）に寄進した佐良荘（のちに長岡荘に包摂）を嚆矢として，平安時代後期から多数の荘園が成立する。分類すれば，皇室領としては六勝寺・六条院・法金剛院・安楽寿院・長講堂の諸領が，官務家領としては主殿寮・大炊寮の2領が成立した。公家領では近衛・冷泉・徳大寺・勘解由小路・万里小路・勧修寺・九条・洞院・久我などの家領がみえる。社寺領としては北野社（現，北野天満宮）・鴨御祖社（現，下鴨神社）・賀茂別雷社（現，上賀茂神社）・石清水八幡宮・日吉社（現，滋賀県大津市日吉大社）・祇園社（現，八坂神社）・尊勝寺・東福寺・相国寺・真如寺・本圀寺・仁和寺・法勝寺など，公家と関係深い山城国（現，京都府南部）の社寺の所領が多く，大社寺領は高野山領と紀伊熊野本宮・那智山・新宮（いずれも和歌山県）領のみである。

当国の特色の1つは，国衙領が広範に存在したことであり，皇室領や官務家領は国衙領の便補保（平安時代中期～鎌倉時代に，貢納物弁済〈弁補・便補〉のために国衙領内につくられた特定地で，のちに荘園化した）として成立した。鎌倉幕府の美作国守護梶原景時が目代を兼ねたことは，幕府による国衙領支配策の一端である。室町時代には国衙領は美作国国衙領の名の下に一括され，万里小路家領となった。同時期には赤松・山名の二大守護勢力の進出が著しいが，そこには京都・出雲を結ぶ要衝の支配だけではなく，国衙領支配の野望も看取できる。室町時代中期からは嘉吉の乱による守護赤松氏の没落による影響か，東半部には幕府御料所が広がる。2つ目の特色は，足利氏の所領が多いことである。北条氏縁故の足利義氏（鎌倉時代前・中期の武士）が新野保（現，津山市）を与えられたことを機に足利氏の進出が始まり，1213（建保元）年頃から当国は得宗領，やがて北条氏一門領になったといわれる。

奈義町役場周辺の史跡

1952年，連合国軍が撤退すると，警察予備隊（のち保安隊）に使用され，1963年に陸上自衛隊演習地として再接収された。中部方面総監部が統括する演習場としては，琵琶湖西岸の饗場野(あいばの)(滋賀県高島(たかしま)市)と並ぶ規模をもつ。旧帝国陸軍の新野廠舎（旧県立日本原高校校地）周辺の新興集落字日本は，1955年の勝北町発足の際，旧陸軍演習場名にちなんで大字日本原として独立，成立した。

岡・城(おか・じょう)が端(はな)古墳(こふん) ❽❷　〈M ► P. 232, 302〉勝田郡奈義町広岡
JR津山駅🚌馬桑・行方方面行広岡🚶10分

最古期に属す文字が描かれた土器が出土

　広岡バス停から北へ1kmほど行くと，杉神社の西方に岡・城が端古墳の跡がある。本古墳の横穴式石室からは「耴（取）」と篦書(へらが)きされた須恵(すえ)器の杯蓋(つきぶた)（県教育委員会寄託）が出土した。6世紀後半から7世紀前半の製造と推定され，土器に書かれた文字としては最古期に属し，漢字の普及時期を考えるうえで，貴重な手がかりを与えた。

　広岡バス停から東へ向かうと，豊沢(とよさわ)バス停の北約400mの所に，弥生時代中期から古墳時代初頭の竪穴(たてあな)住居跡が検出された御崎野(みさきの)遺跡がある。また，豊沢バス停の南西約1kmの所には，野田(のだ)遺跡があった。弥生時代中期の集落跡が発見され，現在は記念碑が立つ。

諾神社(なぎじんじゃ) ❽❸　〈M ► P. 233, 302〉勝田郡奈義町成松(なりまつ)94-2　🅿
0868-36-5665　JR津山駅🚌馬桑・行方方面行豊沢🚶12分

　豊沢バス停から北へ1kmほど行くと，諾神社（祭神伊弉諾尊(いざなぎのみこと)）がある。もとは美作・因幡（現，鳥取県東部）国境の那岐山(なぎさん)(1255m)山頂にあった古社で，風雪のため社殿がしばしば破損したため，両国の山麓に勧請(かんじょう)した。因幡側の那岐神社は，西宇塚(にしうづか)(現，鳥取県智頭

302　美作の道

町)を経て，天徳年間(957〜961)，現在地である大背(同前)に再遷したという。美作側は860(貞観2)年，豊田庄名木山城主有元満佐が成松の「不老の杜」に遷したといい，863年には従五位上の神階が授けられた。1916(大正5)年，陸軍の日本原演習場の拡張にともなって現在地に遷された。

諸神社の鳥居前には，幕末の備前国岡山の国学者・歌人平賀元義の奈義神山之碑があり，「並々に思ふな子ども　水尾の御書に載れる神の御山ぞ」(『平賀元義歌集』)の歌が刻んである。水尾の御書とは，『日本三代実録』清和天皇紀のことである。清和天皇は京都の水尾山陵に葬られたことから，水尾帝の別称がある。元義は，天保年間(1830〜44)からたびたび美作，ことに勝田郡を訪ねて各地を詠った。

美作・因幡国境の那岐山にあった古社両国の山麓に勧請

大別当城跡 84
0868-36-8080(那岐山麓山の駅)
〈M▶P.233, 302〉　勝田郡奈義町高円　P
JR津山駅🚌馬桑・行方面行高円🚶40分

高円バス停から那岐山・菩提寺登山道を約4km北上すると，路傍に大別当山遠望台の標柱がある。ここから遊歩道を南へ200mほどのぼると，大別当山(584m)の大別当城跡に至る。

大別当城は，菩提寺の南西に連接する鉢巻山(740m)の菩提寺城，那岐山頂の西約500mの大見丈城(1160m)，そこから1kmほど南西の支峰，細尾城(900m)，那岐山主脈を東へ約3km(黒尾峠の西)の奈義能仙城(830m)とともに，美作菅家の宗族有元氏の居城だった。美作に下向した菅原道真の子孫知頼から5代目にあたる有元満佐を祖とする菅家七党は，室町・戦国時代を通じて美作国北東部の国人として活動した。『太平記』や『美作太平記』(皆木保実著，文化・文政年間〈1804〜30〉成立)は，虚実織り交ぜながら天皇と武家の権力争いに参加した菅家七党の動きを伝えている。

菅原道真の子孫、美作菅家七党の居城

大別当山の南麓，高円の最奥部に有元家庭園がある。有元家は，慶長年間(1596〜1614)，この地に居を構えて藩内の51人の大庄屋の首席をつとめた。津山藩森家は，戦国時代の国人の系譜につながる家を上位とする家格秩序を制度化し，大庄屋を通じて地方支配を行った。有元家の池泉観賞式庭園は，1655(明暦元)年に焼失した居宅の再建とあわせて造営され，遠山が借景となっている。美作の民家庭園としては，津山市二宮の立石家庭園，美作市古町の有元家庭

因幡道を行く　303

園(旧大原本陣)と並ぶものであるが、いずれも非公開となっている。

　有元家庭園から約1km北上して北西への道を分け入ると、那岐山登山道の脇に、三穂太郎伝説を秘めた蛇淵の滝がある。三穂太郎は、菅原仲頼と、のちに大蛇であることを知られて蛇淵に姿を消した娘との間に生まれ、那岐山と京都の間を3歩で往来したという伝説上の巨人である。平安時代後期に成立した武士団の棟梁は、中央貴族の子孫との婚姻によるつながりを背景に、中・小領主層との間に主従関係を成立させたが、さらに勢力を伸張するために、巨人創国譚をみずからの祖先伝説に付会したと考えられる。三穂太郎が、有元満佐と同一視されるようになったのは、このためであろう。

菩提寺 ㉟
0868-36-5870
〈M▶P.233, 302〉勝田郡奈義町高円1528　P
JR津山駅🚌馬桑・行方方面行高円🚶70分

浄土宗開祖法然得度の寺　境内に聳える全国4位のイチョウ

　大別当城跡入口から約1km東進すると、菩提寺(浄土宗)に着く。持統天皇の治世(686～697)に役小角が、あるいは天平年間(729～748)に行基が開基したと伝えられる。平安時代には七堂伽藍を備え、36坊を誇り、中世には菅家七党の尊崇を受けた。しかし、1336(建武3)年に播磨国(現、兵庫県南西部)の守護新田義貞勢の、1533(天文2)年には出雲国(現、島根県東部)の戦国大名尼子経久勢の兵火によって寺運は衰え、江戸時代なかばには荒廃していたという。

　菩提寺は浄土宗の開祖法然(幼名勢至丸)得度の寺でもあり、昭和時代中期までは、久米郡久米南町の法然生誕地に立つ誕生寺と同じく、二十五菩薩練供養(来迎会)が行われていた。宗門は法相・天台・浄土・真言と変遷し、1877(明治10)年、浄土宗として再興された。

　参道の左右には堂塔や僧坊跡を偲ばせる段丘状の遺構があり、平安時代末期の土器片が出土した。本堂東側には、スギの疎林に囲まれて、菅

菩提寺のイチョウ

広峯信仰と熊野信仰

コラム

中世の霊山詣で

姫路城（兵庫県姫路市）から北方に指呼できる広嶺山（312m）上の広峯（峰）神社は、インド・祇園精舎の守護神牛頭天王が朝鮮半島を経て玄界灘の波濤を越えて備後国鞆津（現、広島県福山市鞆町）に垂迹した。さらに播磨国明石浦（現、兵庫県明石市）を経て広嶺山に勧座してまつられたという。その後、869（貞観11）年山城国の京郊北白川の東光寺（現、岡崎神社）を経て、元慶年間（877～885）祇園感神院（現、八坂神社）にも勧請されたという。27社家の頂に立つ大別当家広峰氏は、凡河内氏の出で、鎌倉幕府の御家人となり、南北朝時代には北朝方となって軍功をあげた。室町・戦国時代には播磨の守護大名赤松氏に属して武勲をあげ、社威を保って近世を迎える。信仰面では現兵庫県域をはじめ、近隣10余カ国におよぶ広大な地域で崇敬され、その隆盛ぶりを14世紀なかばに成立した播磨国の地誌『峯（峰）相記』は「自国他国歩ヲ運デ崇敬スルコト熊野御岳ニモオトラズ。万人道ヲアラソイテ参詣ス。結縁ノ為ニ是モ一度詣デテ候シ」と記す。当社および社家の1つ肥塚家の文書によって本県域の信仰圏がわかる。なかでも美作は、南北朝時代の1347（貞和3）年から戦国時代の1545（天文14）年に至る檀那職譲状・檀那在所注文案などに美作の各市町村域の旧村・字・小字名が御師（御祈禱御師の略）の檀那（信者）の居住する荘園・名・村として、名主・領主・小土豪と思われる檀那の氏名とともに記され、その信仰ぶりがうかがえる。比定地不詳の地名も多いが、旧勝山町域には檀那が濃密に分布する。また、街道がつながる小坂部郷・多治部郷（現、新見市大佐小坂部・大佐田治部）や智土師郷（現、鳥取県智頭町）の檀那の名もみえる。

御師とは特定の社寺に属し、参詣者をその社寺に案内し、祈禱・護符の授与・宿泊などの世話をする者をいう。御師を師とし、参詣者を檀那とする師檀関係はしだいに恒常化した。檀那は参詣時に御師に米銭などの財物を施与することから、中世以降、御師の間では檀那とその在所を、所領と同様に一種の財産とみなし、参詣の案内をする特権を檀那職・御師職とよび、坊舎・所従・資財・雑具などとともに、檀那の相続・譲与・売買・入質がしきりに行われた。

一方、美作にも普及した熊野信仰では、御師と檀那の間に御師の配下に属して檀那を御師の所に嚮導する先達が介在した。「熊野那智大社文書」中の檀那文書には檀那として江見氏一族、菩提寺の檀那（菅家一党か）、西美甘新荘・本庄の小田名字（姓）、田中郷や越畑の名主集団などがみえる。

因幡道を行く　305

美作の鉄道遺産

コラム

近代鉄道の名残り

　県内の鉄道敷設は1890(明治23)年から翌91年にかけて、山陽鉄道(現、JR山陽本線)が有年(兵庫県赤穂市)から三石(備前市)・岡山・倉敷・福山(広島県福山市)におよんだのに始まり、美作のそれは、1898年中国鉄道津山線(現、JR津山線)の岡山・津山(現、津山口)間が開通したことに始まる。県南部の鉄道と異なって、技術革新の遅れた美作の鉄道には、鉄道遺産が多い。

　JR津山駅にある津山扇形機関車庫・転車台(近代化遺産)は1936(昭和11)年に設置され、現存する機関車庫では梅小路機関車庫(京都市)につぐ規模である。機関車庫は17線を収め、県内唯一の現役である転車台とともに現在も稼働している。JR因美線の美作河井駅転車台(近代化遺産)は明治時代に輸入されたもので、1872(明治5)年に開通した新橋・横浜間の鉄道に導入されたものと同一仕様であり、完全現存するものとしては国内唯一である。鳥取方面からきたラッセル車の折り返し用に用いられていた。

　因美線の美作滝尾駅舎(国登録)は、美作の駅舎では1931(昭和6)年に設置された旧片上鉄道の吉ヶ原駅舎(美咲町)についで登録されたものである。因美南線(津山・美作加茂間)の開通した1928(昭和3)年に設置された、木造平屋の切妻屋根・釉薬桟瓦葺き建物である。木製改札口は、JR西日本旅客鉄道会社管内でも珍しい。同線の知和駅舎も、同線の美作加茂・美作河井間が開通した1931年に設置された鉄道文化財である。津山線の弓削駅舎は、中国鉄道津山線の開通時に設置されたもので、県内現存最古の木造駅舎である。なお、美作河井駅では、1997(平成9)年に急行「砂丘」が廃止されるまで、通票(タブレット)の受け渡しが行われており、列車集中制御装置(CTC)が導入される1999(平成11)年までは、美作加茂駅でも機械式(腕木式)信号機とともに、通票が用いられていた。

家武士団の墓と伝えられる、鎌倉～室町時代の石造五輪塔・宝篋印塔群が林立している。境内東隅には、勢至丸の杖が芽吹いたとも、勢至丸が逆さに植えたものとも伝えられる菩提寺のイチョウ(国天然)が聳え立つ。推定樹齢約900年、樹高42m・幹周囲13.5mで全国第4位の巨木である。寺の南東麓小坂の幸福寺跡にある阿弥陀堂には、県内に4基残る重制無縫塔の1つで、南北朝～室町時代初期の石造無縫塔(県文化)がある。

美作の紙

コラム

楮などの自生で早くから紙を生産 8世紀の文書に産地として「美作」の名

　6世紀中頃，欽明天皇の御代から一部の屯倉で，田部(屯倉の農民)を戸籍に編付することが始められたという。おそらくこのような記録を残す必要から紙が必要となり，和紙が漉かれるようになったと考えられる。

　美作地域における部民制の濃密な痕跡は，ヤマト政権が中央貴族層の進出を抑制して直接支配に乗り出したことを窺わせるから，紙漉きの基盤は早く確立していたであろう。楮や檀の自生する美作や備中(現，岡山県西部)は，早くから紙を生産した。737(天平9)年頃の「写経勘紙解」(「正倉院文書」)には，紙の産地として美作・越(北陸地方)・出雲(現，島根県東部)・播磨(現，兵庫県南西部)・美濃(現，岐阜県)の5カ国がみえる。『延喜式』によれば，紙屋院(平安時代，紙を製造した部局)のための製紙原料の求めに応じて，紙麻(楮)を備前(現，岡山県南東部)は50斤，備中は90斤，美作は70斤貢納している。1081(永保元)年の「美作国前雑掌久米成安解」(「東寺百合文書」)に，「上紙肆帖」の代価として40石の米を送進したとある。

　当時の紙の用途は，戸籍・財政報告書などの公文書と，鎮護国家のための仏教にかかわる写経とであった。貴族も書・漢文・和歌などに紙を用いた。『権記』や『江家次第』には備中紙の記事が，『兵範記』には紙の産地として備中・備後(現，広島県東部)がみえる。鎌倉時代の新見荘(現，新見市)は紙を貢納し，『看聞御記』『大乗院寺社雑事記』などにも，当時屈指の高級紙・備中檀紙がみえる。『御湯殿上日記』によれば，1477(文明9)年，二条政嗣が美作国守護赤松政則から得た美作紙を朝廷に献上し，『実隆公記』によれば，1511(永正8)年，三条西実隆は鷹司政平から美作紙100枚を得ている。『蔭涼軒日録』にも美作紙や(備中)甲斐田紙(甲斐田村は矢田村(現，新見市哲西町矢田)の枝村の1つ)がみえる。室町時代には，美作紙と称する優美な良紙が京都に出廻っていたことがわかる。長い平和のときを迎えた江戸時代には，庶民も加わって文化・教育活動が盛んとなり，紙の大量消費時代が始まった。

　津山の製紙業は，現津山市北町の宮川筋に，数十軒の紙漉き屋が御北紙を製造したのに始まる。1679(延宝7)年，藩主森長武は楮苗を頒布して領内各村の家毎に植栽させ，1687(貞享4)年，藩主森長成は国外積み出し禁止品目中に，紙と楮をあげている。1859(安政6)年の木村青竹の『紙譜』には，備中は檀紙・奉書の，美作は奉書の産地とみえる。1903(明治36)年，小学校令が改正されて，

因幡道を行く　307

小学校の国定教科書制度が発足した際の国定教科書に洋紙が用いられるようになったのを機に,和紙はその座を洋紙に譲った。

現在,美作地方の和紙生産はほとんど絶えたが,津山市北部の横野(の)では,技術的伝統,良質の三椏(みつまた),宮川の清流という好条件を生かして,金箔(きんぱく)を間に挟んで保存するための箔合紙(はくあいし)(県郷土伝統工芸品)を製造し,石川県金沢市に出荷している。

あとがき

　『岡山県の歴史散歩』は今回で3度目の企画である。1976年・91年に引き続いて今年(2009年)刊行にこぎつけることができて，いささか安堵しているところである。

　新しい意欲的企画の提案を受け，今から約7年前に執筆者を選考して編集会議を開いて発足した。しかし，その進行はなかなか期待通りにはゆかず，刊行を心待ちにしていた県民の皆様に多大の御迷惑をおかけすることとなった。何卒御寛恕賜りたいと思う。

　この間，地域は変化し，とくに平成の大合併によって行政単位が大きくかわり，また不況の影響で文化施設も閉鎖されていったところもある。不幸中の幸いというべきか，本書はこの大変化の跡の姿を正確に記録することができている。本書に記録された歴史文化遺産が破壊されたり，消滅したりすることなく，保護・保存・整備されていくことを強く要望したい。

　本書は執筆者が現地に足を運び，その土地柄と歴史文化遺産に直接対面してまとめ上げている。どうか本書を片手に県内各地を散策していただきたい。物言わぬ文化遺産からの歴史的証言，先哲の高い志や熱き思いに触れていただき，人生の回顧と展望をはかっていただくことを念じてやまない。

　末尾ながら，ご協力賜った方々に心からお礼を申し上げる次第である。

　　　2009年7月

　　　　　　　　　　　　　　　　　　　『岡山県の歴史散歩』編集代表
　　　　　　　　　　　　　　　　　　　太田健一

【岡山県のあゆみ】

自然・風土と県民性

　岡山県にとって，中国山地は父親であり，瀬戸内海は母親であるといわれる。鳥取県と岡山県の県境に立つ中国山地は，大山火山帯に続く蒜山火山群を含む標高1000～1200ｍの山地であり，まるで緑の屏風を立てたように屹然と聳え，日本海の寒風をさえぎってくれる。そして南の香川県との間に横たわる瀬戸内海は，適度の暖気と湿気を与え，豊富な海の幸をもたらしてくれる。温暖な気候と晴天が続く地中海性気候は，岡山県に与えられた天の恵といえよう。

　県内は中央を東西に延びる吉備高原によって県北と県南に区分され，さらに中国山地を源流として瀬戸内海に流れ込む吉井川・旭川・高梁川によって，人と物の交流が行われて県の一体性を保持してきた。

　県域は，古代の７～８世紀において備前国・備中国・美作国三国の分立をみ，それぞれ異なった風土によって，人びとの気質にも微妙な違いが生み出されたといわれる。一般的に備前者は小利口，作州者は同郷人で結束，備中者はすぐ人の足を引っ張るといわれる。18世紀初めに著された『人国記』は，県内の三国人の気質についてつぎのように指摘している。備前人は「上下トモニ利根ノ故ニ，利根ヲ先トシテ万事執行フニ依テ」と称し，天性において利口である備前生まれの人びとは，万事を理屈・理論でとりしきろうとすると評している。県北の作州人は「百人ガ九十人ハ万事ノ作法卑劣ニシテ欲心強ク(中略)片意地強ク我ハ人ニマサラン事ヲ思」っていると記し，欲心と頑張りを指摘している。高梁川によって南北が結ばれる備中の人びとは「意地強ク，侍ヲ初トシテ百姓男女マデモ勇気，義理ヲハゲマス心常ニアリ」とし，勇気をもって意地を貫く一徹者が多いと評している。

　これはあくまで近世初期の県民性の評価であるが，他国の人からみた岡山県人は，利口であるが頑固であるという評価が生まれていたのであろう。その後，年月を経過した現代では，「燃えろ岡山」が県民運動のスローガンとして掲げられてはいるが，理性が感情にまさる岡山県人のあり方を象徴していると酷評する他県の人も多い。なんとかして寛容さと情熱的行動力を高め，この汚名を返上することが県民の課題となっている。

原始・古代

　岡山県の歴史はいつ始まったのであろうか。紀元前２～３万年の旧石器時代の遺跡が県北の上齋原村(現，鏡野町)の標高800～1000ｍの恩原高原にあり，ナイフ形石器が発見されている。また県南の鷲羽山でも，数多くの四国産サヌカイト製の石片が採集されており，約２～３万年前には，すでに人びとが住んでいたことが判明する。

　紀元前約１万2000年頃には瀬戸内の海進が進み，瀬戸内海が出現した。黄島・黒

島(ともに瀬戸内市)では,押型文土器を使用する人びとがあらわれ,県西部の津雲貝塚(笠岡市)では170体の人骨が出土し,抜歯の習俗が行われていたことが判明している。

縄文時代晩期(約2500年前)に北九州に伝えられた水稲耕作は,やがて瀬戸内地域へ伝播していった。津島江道遺跡や百間川遺跡(ともに岡山市)では,小区画の水田遺構が確認されており,沖積地の開発が進むとともに人びとが定着し始め,しだいにムラの形成と統合が進んだものと考えられる。この結果,2世紀後半から3世紀前半には楯築弥生墳丘墓(倉敷市)が現出し,特殊壺・特殊器台を使用した,吉備地方に君臨した首長が歴史上に存在したことが判明した。

やがて古墳時代に入ると,4世紀末から5世紀にかけて吉備地方に巨大な前方後円墳が築造されていく。造山古墳(岡山市,墳長360m),作山古墳(総社市,墳長286m),両宮山古墳(赤磐市,墳長192m)の順に築造され,造山古墳は全国で4番目,作山古墳は9番目の規模である。このような古墳の被葬者とみられる吉備の大王を支えた経済的基盤は,稲作とともに地域の特質を生かして獲得していた鉄と塩であった。『日本書紀』に記録されているヤマトの大王に対する吉備の反乱伝承は,強力な経済的基盤をもった吉備政権がヤマト政権に正面から対抗していた5世紀の状況を如実に物語っていると思われる。

5世紀から7世紀にかけて,中央政権であるヤマト政権による支配体制が進行していく。663年の白村江の戦いで敗戦した後,中央政府の命令で外敵の侵入に備えて鬼ノ城(総社市)や大廻り小廻り(岡山市)が築造される。また,689(持統天皇3)年の浄御原律令発布後に吉備の分国が実施され,備前国・備中国・備後国が成立し,さらに713(和銅6)年には,備前国の北半部を割いて美作国が立てられた。

古代律令国家は,各国に国・郡・郷による行政機構を立ち上げて執政していく。『和名抄』によると,現在の総社市金井戸一帯にあった賀夜郡に備中国府が設置され,備中国分寺・国分尼寺は総社市上林に創建された。この近くには山陽道の宿駅として津峴駅・河辺駅(ともに現,倉敷市)があり,25疋の駅馬を備えて,都と九州大宰府(現,福岡県太宰府市)を結ぶ交通上の重要な役割をになっていた。

また,人民に対して一定の田地を班給し,そのかわりに納税と兵役の義務を負担させた。『延喜式』によると,備前国の調としては,橡糸・練糸・絹・糸・塩のほか瓶や壺類が指定され,備中国の調には,縹帛・緋糸・緑糸・黄糸のほか絹・鍬・鉄・塩が指定された。さらに美作国の調としては,糸類のほかに鍬・鉄が指定されている。平城宮跡から発見された木簡には,児島郡の塩・水母,御野郡の錢・白米,邑久郡の塩・醬油・白米,都宇郡の楡蟹,賀夜郡の鍬・鉄・白米,浅口郡の塩,英多郡の鉄・鈹・黒葛・白米,勝田郡の茜・白米,苫田郡の大豆・白米などが記載され,当時の地方特産物と調物の具体像を知ることができる。

この時期の律令国家の地方政策として重要なものに,神祇官が中心となって進め

た式内社の設定がある。神祇官によって1年の豊穣を祈願して祈年祭が執行される際に、幣帛を受ける神社として選定されたのが『延喜式』神名帳に登載された式内社であり、美作・備前・備中にあわせて55社設置された。そのうち、名神大社としてとくに重視された神社は、美作の中山神社、備前の安仁神社、備中の吉備津彦神社(現、吉備津神社)であった。現在、比翼造の本殿と拝殿が国宝に指定されている吉備津神社は、当時この地方の豪族であった賀陽氏が代々神官をつとめた。現在の社殿は1425(応永32)年に再建されている。

平安時代に入ると、荘園が発達し、やがて武士勢力が登場してくる。県内の荘園では備前東部の香登荘(八条院領〈現、備前市〉)、片岡荘(石清水八幡宮領〈現、岡山市〉)、豊原荘(後白河院領〈現、瀬戸内市〉)、備前御野郡の鹿田荘(藤原摂関家領〈現、岡山市〉)が著名である。鹿田荘では10世紀末に、荘園領主である摂関家と国司藤原理兼が抗争を繰り返す事件がおこっており、交通の要衝にあって、海運や商業が盛んであった鹿田荘の富をめぐっての領主と国司の争奪戦があったことが判明する。

厳島神社(広島県廿日市市)は平家一門の栄華を今に伝えているが、平清盛の祖父正盛と父忠盛はともに備前の国司をつとめ、海賊討追に努めながら瀬戸内地域の武士を組織化した。天皇・院・摂関家の抗争に端を発した1156(保元元)年の保元の乱、1159(平治元)年の平治の乱では、源氏や平氏が武力を提供して政界進出を図り、最後は忠盛の子清盛が勝利して平氏の全盛時代を迎えた。この過程で、平氏方の武将として備前・備中に本拠地をおいていた難波経遠や妹尾兼康が活躍をした。兼康は鹿ヶ谷の陰謀(1177年)で捕らえた大納言藤原成親を責める役割をはたしたことで知られるが、在地にあっては、高梁川の湛井十二カ郷用水(約18kmの水路)を開鑿するなど、民政に心を砕いた領主であった。

平氏一族は1183(寿永2)年の水島合戦、1184(元暦元)年12月の藤戸合戦を経て、1185(文治元)年の壇ノ浦(現、山口県下関市)での最後の決戦に敗れて滅亡するに至った。

中世

源頼朝は1185(文治元)年、源義経らの追捕を理由に、全国に守護・地頭の設置を朝廷に求め、やがて1192(建久3)年には征夷大将軍となって鎌倉に幕府を開いた。平氏の勢力基盤であった美作・備前・備中へも、梶原景時や土肥実平らの関東武士が守護に任命されて統治にあたった。また、1221(承久3)年の承久の乱後は関東武士が新補地頭として任命された。備前国伊福郷(現、岡山市)の松田氏、備中荏原荘(現、井原市)の那須氏、同国有漢郷(現、高梁市)の秋庭氏、美作国粟井荘(現、美作市)の富永氏らが代表的存在で、在地に根拠をおいて封建領主化し、戦国時代には国人領主として台頭した。また、彼らによって地方の産業経済の発展が図られ、『一遍上人絵伝』の備前福岡の市の場面には、米・魚・反物・下駄や伊

部焼の甕が商品として販売されている様子が生き生きと描かれている。このような定期市は、備中新見荘(現、新見市)・備前国鹿田荘や西大寺観音院(岡山市)にも立てられた。また中国山地の砂鉄と県南の手工業技術が結合して、備中青江(現、倉敷市)の刀工、阿曽(現、総社市)の鋳物師、備前長船(現、瀬戸内市)の刀工、伊部(現、備前市)の備前焼が繁栄した。

1333(元弘3)年鎌倉幕府が滅亡し、建武の新政と南北朝時代を迎えると、児島高徳に代表される悪党とよばれる地方武士集団が活躍するようになった。室町幕府3代将軍足利義満の応永年間(1394〜1428)には、各地に有力な守護大名の成立をみた。播磨(現、兵庫県南西部)・美作・備前三国には赤松義則、備中には細川満之が君臨した。しかし、応仁の乱(1467〜77年)をきっかけに下剋上の戦乱の世に突入すると、備前・備中の支配をめぐって、赤松氏より浦上氏へ、浦上氏より宇喜多氏へと権力は移行していく。1582(天正10)年には、西下してきた羽柴秀吉と連合した宇喜多秀家の軍勢によって、毛利氏方の清水宗治の居城備中高松城が水攻めに遭い、この攻略の成功によって、秀家は備中東部と備前・美作両国をあわせた57万石の領地を支配することとなった。秀家は1589年には、秀吉の養女(前田利家の4女)豪姫を娶って豊臣・前田家と縁戚関係を結び、五大老に任ぜられるに至った。

戦乱の続いた中世には、備中吉備津宮(現、吉備津神社)の神職賀陽氏出身の栄西が活躍し、大覚妙実の布教によって日蓮宗が各地に伝わり、とくに備前では松田氏や宇喜多氏の庇護を受けて、備前法華といわれるほどの隆盛をみた。

近世

備前福岡(現、瀬戸内市)の豪商たちと県南の穀倉地帯の富をつかんだ宇喜多直家は、備作地方の統一に成功した。しかし、その子秀家は、1600(慶長5)年の関ヶ原の戦いで西軍に加担して敗北し、八丈島(現、東京都)に流されて宇喜多家は断絶した。のち、備前国・美作国は、西軍を裏切って東軍に寝返った小早川秀秋に与えられたが、1602年秀秋が嗣子がないまま死去し、わずか2年で断絶した。このため、美作国には森忠政が津山藩18万6500石の藩主として、備前国には姫路藩(現、兵庫県姫路市ほか)主池田輝政の2男忠継が、28万石の岡山藩主として入封した。1615(元和元)年には忠継が死去し、輝政の3男忠雄が備前国と備中国領分で32万石を領有した。備中国は近世初頭から細分化されて、備中松山藩(現、高梁市ほか)・新見藩(現、新見市)・足守藩(現、岡山市)のほか、幕府直轄領・旗本領・大名領の飛地が混在した。1600〜19(元和5)年には備中国奉行として、小堀正次・政一(遠州)が備中松山城に在城して国務をつかさどったが、1642(寛永19)年には、倉敷代官所や笠岡代官所が設置され、代官による地方支配体制が確立した。

1632(寛永9)年になると、鳥取藩主池田光政(輝政の嫡孫)が、幼少の池田光仲(忠雄の長男)と国替えとなって岡山藩に入封し、改革にあたった。すでに岡山城下町の建設は宇喜多直家の時代より始まっていた。直家は石山と称する丘陵に築城し、

岡山県のあゆみ

旭川に京橋・中橋・小橋を架橋して城下に山陽道を通し，領内の福岡や西大寺・郡（ともに現，岡山市）などから商人・職人をよび集めて，福岡町（のち上・中・下之町）・西大寺町・児島町・紙屋町・磨屋町などの町づくりを行った。さらに，光政が入国して侍屋敷や町家が拡大・整備されて，城下62町が完成した。また，後世に名君と称された光政は，1669（寛文9）年に藩士の子弟を教育する岡山藩校（国学，岡山学校），さらに1670年には，庶民の子弟を教育する郷学として閑谷学校を設置して学問を奨励した。しかし他方では，日蓮宗不受不施派を大弾圧して暴君の印象も後世に残すこととなった。

　光政の長男綱政によって，元禄年間（1688～1704）前後に新田の造成事業は大きく展開した。すでに近世初頭の寛永年間（1624～44）に旭川河口域の新田が開発され，灌漑用水として西川が開削されていたが，それをふまえての大事業であった。児島湾の北岸，旭川・吉井川の河口に倉田・沖・幸島新田が干拓され，旭川と吉井川を結ぶ運河として倉安川の開削をみた。これらの土木事業は，藩士津田永忠の差配によって執り行われていった。綱政は文化事業にも熱心で，閑谷学校を完成させるとともに，岡山城天守閣の北側に，旭川を挟んで後園（のちの後楽園）を築庭し，さらに菩提寺として曹源寺を造営した。

　18世紀以後，農民的商品生産の展開によって産業経済が発達し，南北の交流とともに全国市場への参加が促進された。高梁川の高瀬舟は新見と玉島港（現，倉敷市）を結び，旭川の高瀬舟は美作国勝山（現，真庭市）と岡山城下を結び，また吉井川の高瀬舟は，美作国の津山城下と備前国西大寺・金岡（ともに現，岡山市）を結んで人と物を輸送した。そして南部を代表する日生・牛窓・金岡・三蟠・日比・下津井・玉島・笠岡などには，北海道・北陸から西廻り航路で北前船が渡航し，海産物や綿作の肥料となる鰊粕・干鰯などが大量に提供され，かわりに繰綿・木綿・古着・塩などの物資を積み帰っていった。このような全国的な交流によって，かなりの規模をもつ豪商・豪農が成長した。中農から足袋業を営み，大規模塩田開発によって全国一の製塩業者に駆けあがった野﨑武左衛門や，広範な綿作を背景に，綿仲買商から紡績業に転身した倉敷の大原壮平・孝四郎・孫三郎の3代にわたる活動などは，目を見張るものがある。

　天保年間（1830～43）にすでに動揺していた幕藩体制は，幕末のペリー来航（1853年）をきっかけにしてさらなる危機を迎える。岡山藩では1854（安政元）年には「安政の札潰れ」（藩札価格が10分の1に切り下げられる）が発生し，1856年には，前年に布達した倹約令に関連して「渋染一揆」がおこる。備中松山藩では財政危機を克服するため，藩校有終館学頭山田方谷が元締吟味役として藩政改革にあたっていた。こうした危機的状況のなかで，長州藩（現，山口県）と手を結んだ倒幕の気運が醸成される一方，民間宗教として金光教・黒住教が登場して民衆救済にあたった。また県内各地で，三余塾（〈現，倉敷市〉。犬飼松窓が創設）に代表される私塾が，

篤志ある豪農・豪商の手によって経営され，やがて明治維新を迎えた。

近代・現代
　1868(慶応4)年，戊辰戦争が始まった。岡山藩はいち早く薩長方の官軍に加わって錦の御旗を立て，旧幕府方の備中松山藩(現，高梁市ほか)・津山藩(現，津山市ほか)・姫路藩(現，兵庫県姫路市ほか)を征討していった。征討の途中，神戸三宮(現，兵庫県神戸市)において神戸事件がおこり，金川に陣屋をおく岡山藩家老日置帯刀(号，雲外)の家臣滝善三郎が責任をとって切腹し，事件を収束させた。
　1871(明治4)年の廃藩置県によって，岡山県・深津県(のち小田県と改称)・北条県がおかれ，長州藩(現，山口県)出身の石部誠中，佐伯藩(現，大分県佐伯市)出身の矢野光儀，薩摩藩(現，鹿児島県鹿児島市ほか)出身の渕部高照が新政府より地方官に任命されて赴任した。政府は地方官を通じて中央集権国家を構築するための新政策を実施していくが，地域の民衆との間でさまざまな衝突を生んだ。北条県では1873年，徴兵令をきっかけにして解放令反対・新政反対の「美作血税一揆」が発生したが，その過程では，地域の豪農・豪商層が多数襲撃される世直し一揆の形態を強くあらわした。笠岡に県庁をおいた小田県では，蛙鳴群(有志の結社)に結集した知識層・豪農層によって「奉矢野権令書」が公表され，臨時民撰議院の開設が要求された。板垣退助ら士族中心の上流民権に対して，このような下からの民権運動を下流民権といい，これを真正面から受け止めた開明的な矢野は，村会・郡会(大区会)・県会の開設を実現していった。この動きは政府の忌避するところとなり，1875年末には小田県は廃県となった。翌年に北条県は岡山県と合併し，備後6郡を広島県に分属して現在の岡山県が成立した。
　新岡山県の県令は旧岡山県令高崎五六(薩摩藩出身)が継続した。高崎は地租改正事業の最終局面で抵抗する県民を弾圧し，政府の方針を貫徹し，その強腕は「鬼県令」の異名で恐れられた。この対立は1879年の岡山県会開設後も続いていく。国会開設を求めて闘われた自由民権運動では，山陽新報を中心にして結集した県会議員が1880年1月，全国に先駆けて元老院に国会開設請願書を提出した。県民と県令・政府の対立は殖産勧業や教育問題，児島湾開墾や宇野湾問題でも顕著にみられた。美作地方では，立石岐，中島衛らの豪農を中心にして，1880年には郷党親睦会が設立されて相互扶助が推進され，やがて美作自由党に結集していった。県民は藩閥政府とつながった特定政商の進出や，権力による地域的差別政策に反対し，それとの対決姿勢を鮮明にしていったのである。
　その後における岡山県の発展については1つの特質が指摘できる。その特質は近世期を通じての産業経済の発達，私塾教育の普及による民富思想や公利公益思想に支えられた，「官」より「民」を優先させる取り組みである。
　この特質に支えられて発揮された岡山県の特徴の1つは，近代の紡績業の生成と展開にみることができる。瀬戸内地域で繰り広げられた綿作を背景に，明治10年代

岡山県のあゆみ　　315

初めより岡山紡績・下村紡績・倉敷紡績・玉島紡績などがつぎつぎと設立され，多数の女子労働者を集めて操業を開始した。とくに倉敷紡績は2代社長大原孫三郎が，分散式寄宿舎や労働科学研究所を設立して労働者の福祉の増進に努め，近代産業の理想像を提示した。

特徴の第2は，教育県としてふさわしい教育機関の充実である。岡山県が教育県として長野・山口県に比肩していたことは，郷学閑谷学校や私塾の存在にみられる庶民教育の普及と知的水準の高さであり，維新期の文明開化に大きな刺激を与えたものに，キリスト教思想の普及があったことがあげられる。このような積み重ねの努力によって，明治10年代後半から同30年代にかけて各地に女学校が設立されて，女子中等教育が普及した。また，第六高等学校（現，岡山大学）の誘致も，中四国地方で唯一実現したものと思われる。

その第3は，社会福祉事業の際立った展開である。石井十次の岡山孤児院，アダムス女史の花畑施療院（のち博愛会），藤井静一の安部倉織悔会，土光午次郎の南野学園，津田白印の甘露育児院（笠岡市），大石平の菩薩会孤児院（美作市）などは，特定の篤志家の無償の奉仕とともに，不特定多数の善意に支えられて初めて可能となった。このような民間社会事業に刺激されて，米騒動（1918年）勃発直前の1917（大正6）年，県知事笠井信一は，全国に先駆けて貧民救済のために済世顧問制度を実施した。この制度は，救貧より防貧を優先させた施策で，のち大阪府および政府に採用された。このほか，野﨑家や大原家の育英事業，野﨑武吉郎の児島商船学校の設立，大原孫三郎の大原社会問題研究所（現，法政大学大原社会問題研究所）や大原美術館の設立などは，現代の企業メセナにつながる先駆的な取り組みとして評価しうるものである。

大正～昭和時代にかけて岡山県は，軍事都市化と重化学工業化の途を歩んだ。第十七師団の設立のほか，三井造船玉造船所，三石耐火煉瓦，柵原鉱山，三菱重工業水島航空機製作所の設立などが進み，軍事的色彩を濃くした県へと変貌していく。

岡山市は1945（昭和20）年6月29日，139機（うち1機は撮影機）からなるB29の大編隊による空襲を受け，市街地の大半は焦土と化した。倉敷は同年6月22日水島地区が113機のB29による空襲を受け，水島航空機製作所は壊滅した。

1945年8月ポツダム宣言の受諾によって，15年間にわたるアジア・太平洋戦争は終結した。戦後2代目の公選知事となった三木行治は，1951年「産業と教育と衛生の岡山県」をスローガンに，他県に一歩先んじて産業構造の高度化を目指した。その政策の中核となった水島コンビナートの造成と大企業誘致の成功によって，岡山県は農業県から工業県へと転換し，大きく飛躍することができた。しかし，その後は1962年の百万都市構想の挫折，公害問題の発生，重油流出事故による瀬戸内海の大汚染など，つぎからつぎへと社会問題が発生した。また農業の衰退は，県北地域に深刻な過疎問題をもたらした。

1965年以降の高度経済成長期には，知事長野士郎のもとで，山陽新幹線・山陽自動車道・中国縦貫自動車道・瀬戸大橋・吉備高原テクノポリス・新岡山空港・倉敷チボリ公園(2008年12月閉園)・県立大学の設置など，つぎつぎと大型プロジェクトが推進され，大型投資による社会資本の充実が図られていった。

　しかし，その後のバブル崩壊と不況の招来，グローバル化の進行，近年のアメリカに端を発した金融大恐慌によって，大量の失業者が発生して雇用不安が高まり，これに17歳問題にみられる青少年の心の荒廃，高齢者のさまざまな問題が重なって，まさに歴史の岐路を迎えるに至っている。今こそ，歴史を回顧し，将来の展望を見い出すことが県民全体の課題となっている。

【文化財公開施設】　　　　　　　　　　　　　　　①内容，②休館日，③入館料

岡山県立博物館　　〒703-8257岡山市北区後楽園1-5　TEL086-272-1149　①岡山県の歴史・文化関係資料，②月曜日(祝日の場合は翌日)，当面，年始は1月1日から開館，③有料

岡山後楽園　　〒703-8257岡山市北区後楽園1-5　TEL086-272-1148　①国の特別名勝に指定された，江戸時代を代表する大名庭園，②無休，③有料

岡山県立美術館　　〒700-0817岡山市北区天神町8-48　TEL086-225-4800　①岡山県ゆかりの画家の作品，②月曜日(祝日の場合は翌日)，年末年始，③有料

岡山市立オリエント美術館　　〒700-0814岡山市北区天神町9-31　TEL086-232-3636　①オリエント美術，②月曜日(祝日の場合は翌日)，年末年始，③有料

岡山城天守閣　　〒700-0823岡山市北区丸の内2-3-1　TEL086-225-2096　①岡山城関係資料と企画展，②12月29～31日，③有料

林原美術館　　〒700-0823岡山市北区丸の内2-7-15　TEL086-223-1733　①大名家の名宝と東洋古美術，②月曜日(祝日の場合は翌日)，年末年始，③有料(小・中学生は無料)

岡山市古代吉備文化財センター　　〒701-0136岡山市北区西花尻1325-3　TEL086-293-3211　①県内遺跡出土品，②土・日曜日，祝日，年末年始，③無料

犬養木堂記念館　　〒701-0161岡山市北区川入102-1　TEL086-292-1820　①犬養毅関係資料，②火曜日，祝日の翌日(土・日曜日はのぞく)，12月28日～1月4日，③無料

岡山市立歴史資料館足守文庫　　〒701-1463岡山市北区足守803　TEL086-295-0981　①旧足守藩木下家関係資料，②月曜日(祝日の場合は翌日)，祝日の翌日，12月29日～1月3日，③無料

岡山県立記録資料館　　〒700-0807岡山市北区南方2-13-1　TEL086-222-7838　①古文書・公文書など，②月曜日(祝日の場合は翌日)，祝日，12月28日～1月4日，③無料

黒住教宝物館　　〒701-1212岡山市北区尾上2770　TEL086-284-2121　①黒住教教祖黒住宗忠関係資料など，②火曜日，年末，③無料

江坂コレクション展示館　　〒709-3111岡山市北区建部町福渡830-1　TEL0867-22-4555　①貝類・化石の展示，②月曜日，祝日の翌日，12月28日～1月4日，③無料

岡山シティミュージアム　　〒700-0024岡山市北区駅元町15-1　TEL086-893-3000　FAX086-898-3003　①足守の歴史の資料を展示，②年中無休，③有料

御津町郷土歴史資料館　　〒709-2133岡山市北区御津金川529　TEL0867-24-3581　①日置氏・武藤家ゆかりの資料，②月曜日(祝日の場合は翌日)，年末年始，③有料

岡山市埋蔵文化財センター　　〒703-8284岡山市中区網浜834-1　TEL086-270-5066　①岡山市域の遺跡出土品，②日曜日，祝日，年末年始，③無料

夢二郷土美術館　　〒703-8256岡山市中区浜2-1-32　TEL086-271-1000　①竹久夢二関係資料，②月曜日(祝日の場合は翌日)，③有料

日本化石資料館　　〒703-8267岡山市中区山崎148-22　TEL086-237-8100　①日本産化石の展示・解説，②木曜日，土曜日(午後1時より開館)，祝日の翌日，12月28日～1月4日，③無料

岡山県立青少年農林文化センター三徳園　　〒709-0614岡山市東区竹原505　TEL086-297-2016　①農機具や生活用具など農山村の文化的遺産，②年末年始，③無料

西大寺文化資料館　　〒704-8116岡山市東区西大寺中1-16-17　TEL086-948-2568　①門前

施設名	所在地・連絡先・内容
	町・港町西大寺の商業関係資料, 吉井川舟運関係資料など, ②日曜日のみ開館, 団体(10人以上)の場合事前申込みで随時開館, ③有料
吉兆庵美術館	〒702-8056岡山市南区築港新町1-24-21　TEL086-261-8606　①備前焼の歴史と展示, ②第1・3月曜日(祝日をのぞく), 年末年始, ③有料
岡崎嘉平太記念館	〒716-1241加賀郡吉備中央町吉川4860-6 きびプラザ内　TEL0866-56-9033　①日中友好に尽力した岡崎嘉平太関係資料, ②火曜日(祝日をのぞく), 祝日の翌日(土・日曜日, 祝日をのぞく), 12月28日〜1月4日, ③無料
重森三玲記念館	〒716-1241加賀郡吉備中央町吉川3930-8　TEL0866-56-7020(吉備中央町吉川公民館)　①造園学者重森三玲関係資料, ②土曜日, 12月28日〜1月4日, ③無料
吉川歴史民俗資料館	〒716-1241加賀郡吉備中央町吉川841　TEL0866-56-7020(吉備中央町吉川公民館)　①村の生活関係資料, ②土・日曜日, 祝日, 年末年始, ③無料
瀬戸内市立邑久郷土資料館	〒701-4221瀬戸内市邑久町尾張465-1　TEL0869-22-1216　①糸あやつり人形など竹田喜之助関係資料, 門田貝塚関係資料, ②月曜日, 祝日の翌日, ③無料
竹久夢二の生家・少年山荘	〒701-4214瀬戸内市邑久町本庄1992　TEL0869-22-0622　①竹久夢二の生家と復元されたアトリエ兼住宅, ②月曜日(祝日の場合は翌日), ③有料
牛窓海遊文化館	〒701-4302瀬戸内市牛窓町牛窓3056　TEL0869-34-5505　①朝鮮通信使関係資料, ②水曜日(ゴールデンウィークと7・8月は無休), ③有料
寒風陶芸会館	〒701-4301瀬戸内市牛窓町長浜5092　TEL0869-34-5680　①備前焼出品品, ②月曜日, 祝日の翌日(土・日曜日をのぞく), ③無料
備前長船刀剣博物館	〒701-4271瀬戸内市長船町長船966　TEL0869-66-7767　①備前刀の歴史と展示, ②月曜日(祝日の場合は翌日), 祝日の翌日, 12月28日〜1月4日, ③有料
備前福岡郷土館	〒701-4265瀬戸内市長船町福岡758　TEL0869-22-3953(瀬戸内市観光協会長船支部)　①郷土の考古資料や武具・生活用具, ②月〜金曜日, 年末年始, ③無料
備前市歴史民俗資料館	〒705-0022備前市東片上385　TEL0869-64-4428　①備前焼の歴史と展示, 備前市ゆかりの作家正宗白鳥・柴田錬三郎らの紹介, ②月曜日, 祝日の翌日, 12月29日〜1月3日, ③無料
特別史跡旧閑谷学校・同資料館	〒705-0036備前市閑谷784　TEL0869-67-1436　①岡山藩直営の郷学閑谷学校の講堂などと関係資料, ②12月29〜31日, ③有料
加子浦歴史文化館	〒701-3204備前市日生町日生801-4　TEL0869-72-9026　①郷土の漁具・船具や郷土出身文化人の作品, ②月・火曜日(祝日の場合は翌日), 年末年始, ③有料
BIZEN中南米美術館	〒701-3204備前市日生町日生241-10　TEL0869-72-0222　①日本唯一の古代中南米美術館, 三大文明と周辺文化の紹介, ②月曜日(祝日の場合は翌日), 12月28日〜1月4日, ③有料
備前市吉永美術館	〒709-0224備前市吉永町吉永中885　TEL0869-84-3839(吉永地域公民館)　①武元登々庵と弟君立の作品を展示, ②月曜日, 祝日の翌日, 年末年始(現在は企画展開催時のみ開館), ③無料(特別展の場合は別に定める)
備前焼伝統産業会館	〒705-0001備前市伊部1657-2　TEL0869-64-1001　①備前焼の展示・販売, ②火曜日(祝日の場合は翌日), 年末年始, ③無料

岡山県備前陶芸美術館　　〒705-0001備前市伊部1659-6　TEL0869-64-1400　①備前焼の歴史関係資料，②月曜日(祝日の場合は翌日)，12月29日〜1月3日，③有料

藤原啓記念館　　〒705-0033備前市穂浪3868　TEL0869-67-0638　①人間国宝故藤原啓の作品，②月曜日(祝日の場合は翌日)，12月20日〜1月10日，③有料

和気町歴史民俗資料館　　〒709-0412和気郡和気町藤野1386-2　TEL0869-92-1135　①和気氏関係資料，②月曜日，12月28日〜1月4日，③有料

岡山県自然保護センター　　〒709-0524和気郡和気町田賀730　TEL0869-88-1190　①湿生植物・水生植物とタンチョウ関係資料，②火曜日(祝日の場合は翌日)，祝日の翌日，年末年始，③無料

赤磐市吉井郷土資料館　　〒701-2503赤磐市周匝136　TEL086-954-1379　①考古・民俗資料，②土・日曜日，祝日，12月29日〜1月3日，③無料

赤磐市山陽郷土資料館　　〒709-0816赤磐市下市337　TEL086-955-0710　①考古・民俗資料，②月曜日，祝日，12月29日〜1月3日，③無料

永瀬清子展示室　　〒709-0792赤磐市松木621-1 赤磐市くまやまふれあいセンター　TEL086-995-1360　①詩人永瀬清子関係資料，②月曜日，12月28日〜1月4日，③無料

大原美術館　　〒710-8575倉敷市中央1-1-15　TEL086-422-0005　①近代ヨーロッパ・日本の洋画，現代美術作品，②月曜日(祝日をのぞく，7月下旬〜8月，10・11月は無休)，12月28〜31日，③有料

倉敷考古館　　〒710-0046倉敷市中央1-3-13　TEL086-422-1542　①考古関係資料，②月・火曜日(祝日をのぞく)，12月29日〜1月2日，③有料

倉敷民芸館　　〒710-0046倉敷市中央1-4-11　TEL086-422-1637　①江戸時代末期の米蔵を改築，日本で2番目にできた民芸館，②月曜日(祝日をのぞく)，12月29日〜1月1日，③有料

加計美術館　　〒710-0046倉敷市中央1-4-7　TEL086-427-7530　①倉敷芸術科学大学の学生たちの美術作品，②月曜日(祝日をのぞく)，年末年始，③有料(高校生以下無料)

日本郷土玩具館　　〒710-0046倉敷市中央1-4-16　TEL086-422-8058　①郷土玩具，②1月1日，③有料

倉敷市立美術館　　〒710-0046倉敷市中央2-6-1　TEL086-425-6034　①倉敷出身の日本画家池田遙邨の作品など，②月曜日(祝日の場合は翌日)，12月28日〜1月4日，③有料

倉敷市立自然史博物館　　〒710-0046倉敷市中央2-6-1　TEL086-425-6037　①岡山県のなりたち，動植物の世界，②月曜日(祝日の場合は翌日)，12月28日〜1月4日，③有料(高校生以下無料)

大橋家住宅　　〒710-0055倉敷市阿知3-21-31　TEL086-422-0007　①国指定重要文化財の住宅，②月曜日(祝日の場合は翌日)，③有料

旧野﨑家住宅(野﨑家塩業歴史館)　　〒711-0913倉敷市児島味野1-11-19　TEL086-472-2001　①国指定重要文化財の住宅と塩業関係資料，②月曜日(祝日の場合は翌日)，12月25日〜1月1日，③有料

倉敷市瀬戸大橋架橋記念館　　〒711-0913倉敷市児島味野2-2-38　TEL086-474-5111　①世界の橋に関する資料，②月曜日(祝日の場合は翌日)，12月29日〜1月3日，③無料

むかし下津井回船問屋　　〒711-0927倉敷市下津井1-7-23　TEL086-479-7890　①北前船回船

問屋の建物，②火曜日（祝日をのぞく），祝日の翌日（土・日曜日，振替休日をのぞく），12月29日〜1月3日，③無料

倉敷市玉島歴史民俗海洋資料館　〒713-8122倉敷市玉島中央町3-14-1　TEL086-522-7523　①玉島港関係資料，②月曜日，祝日，12月29日〜1月3日，③無料

旧柚木家住宅　〒713-8102倉敷市玉島3-8-25　TEL086-522-0151　①旧庄屋の住宅，②月曜日，祝日，年末年始，③無料

横溝正史疎開宅　〒710-1311倉敷市真備町岡田1546　TEL0866-98-8558　①作家横溝正史の疎開先，②月・木・金曜日，③無料

真備ふるさと歴史館　〒710-1311倉敷市真備町岡田610　TEL0866-98-8433　①岡田藩（伊東家）関係資料，②月・木・金曜日，祝日，12月29日〜1月3日，③無料

早島町歴史民俗資料館　〒701-0303都窪郡早島町前潟240　TEL086-483-2211（早島町教育委員会）　①藺草に関する歴史・民俗資料，②年末年始，③無料

早島町戸川家記念館　〒701-0304都窪郡早島町早島1292　TEL086-482-1511　①3000石の旗本戸川家関係資料，②日曜日・祝日のみ開館，12月28日〜1月4日，③無料

総社市埋蔵文化財学習の館　〒719-1113総社市南溝手265-3　TEL0866-93-8071　①鬼ノ城および吉備の鉄生産関係資料，②土・日曜日，祝日，年末年始，③無料

岡山県立吉備路郷土館　〒719-1123総社市上林1252　TEL0866-93-2219　①古代吉備文化関係資料，②月曜日（祝日の場合は翌日），12月28日〜1月4日，③有料

三宅酒造資料館　〒719-1161総社市宿355　TEL0866-92-0075　①酒造資料・宿寺山古墳関係資料，②月曜日（祝日の場合は翌日），第2・4土・日曜日，③無料

総社市まちかど郷土館　〒719-1126総社市総社2-17-33　TEL0866-93-9211　①明治時代を中心とする伝統産業関係資料，②月曜日（祝日の場合は翌日），12月29日〜1月3日，③無料

山手村郷土館　〒719-1162総社市岡谷148-1　TEL0866-93-1241（総社市教育委員会）　①民俗資料・考古資料，②土・日曜日，③無料

吉備考古館　〒719-1163総社市地頭片山183　TEL0866-92-1521　①考古資料，②事前予約により開館，③有料

頼久寺　〒716-0016高梁市頼久寺町18　TEL0866-22-3516　①備中国奉行小堀遠州の作庭，②無休，③有料（要事前連絡）

高梁市武家屋敷館　〒716-0015高梁市石火矢町23-2　TEL0866-22-1480　①馬回り役折井家関係資料，②年末年始，③有料

高梁市商家資料館池上邸　〒716-0011高梁市本町94-1　TEL0866-22-8760　①豪商池上家関係資料，②年末年始，③有料

高梁市郷土資料館　〒716-0029高梁市向町21　TEL0866-22-1479　①民俗関係資料，②12月29日〜1月3日，③有料

備中松山城　〒716-0004高梁市内山下1　TEL0866-22-1487　①日本一高い山城，②12月28日〜1月4日，③有料

西江邸資料館　〒719-2343高梁市成羽町坂本1604　TEL0866-29-2805　①大庄屋関係資料，②1・2月は不定休，3〜12月は無休，③有料

吹屋ふるさと村郷土館　〒719-2341高梁市成羽町吹屋699　TEL0866-29-2205　①吹屋商人

(銅・ベンガラ)関係資料，②無休，③有料

広兼邸　〒719-2342高梁市成羽町中野1710　TEL0866-29-3182　①緑礬製造者邸宅，②12月29〜31日，③有料

ベンガラ館　〒719-2341高梁市成羽町吹屋86　TEL0866-29-2136・0866-29-2222(吹屋ふるさと村観光協会)　①ベンガラ関係資料，②無休，③有料

高梁市成羽美術館　〒716-0111高梁市成羽町下原1068-3　TEL0866-42-4455　①児島虎次郎作品と古美術コレクション，②月曜日(祝日の場合は翌日)，年末年始，③有料

吉備川上ふれあい漫画美術館　〒716-0201高梁市川上町地頭1834　TEL0866-48-3664　①世界各国の漫画，②金曜日(祝日の場合は前日)，年末年始，③有料

景年記念館　〒716-0304高梁市備中町布賀3543-3　TEL0866-45-9850　①川上景年の書道作品，②12月28日〜1月4日，③有料

新見美術館　〒718-0017新見市西方361　TEL0867-72-7851　①富岡鉄斎の作品を中心に郷土ゆかりの洋画家作品を展示。中世新見庄展示室もある，②月曜日(祝日の場合は翌日)，12月27日〜1月4日，③無料

かもがた町家公園　〒719-0243浅口市鴨方町鴨方240　TEL0865-45-8040　①旧高戸家住宅，②月曜日(祝日の場合は翌日)，祝日の翌日，年末年始，③有料

浅口市立鴨方郷土資料館　〒719-0243浅口市鴨方町鴨方2244-13　TEL0865-44-7004　①考古資料や地場産業の麦稈真田・素麺関係資料，②月曜日，祝日，月末日，12月27日〜1月3日，③無料

岡山天文博物館　〒719-0232浅口市鴨方町本庄3037-5　TEL0865-44-2465　①プラネタリウムや太陽観測室，②月曜日(祝日の場合は翌日)，祝日の翌日，12月29日〜1月3日，③有料

旧矢掛本陣石井家住宅　〒714-1201小田郡矢掛町矢掛3079　TEL0866-82-2700　①国指定重要文化財の宿場本陣，②月曜日(祝日の場合は翌日)，③有料

旧矢掛脇本陣高草家　〒714-1201小田郡矢掛町矢掛1981　TEL0866-82-2100　①国指定重要文化財の宿場脇本陣，②金曜日のみ開館，③有料

やかげ郷土美術館　〒714-1201小田郡矢掛町矢掛3118-1　TEL0866-82-2110　①佐藤一章・田中塊堂の作品，②月曜日(祝日の場合は翌日)，12月28日〜1月4日，③有料

笠岡市立郷土館　〒714-0081笠岡市笠岡5628-10　TEL0865-69-2155　①津雲貝塚など考古資料，②月曜日，祝日の翌日，年末年始，③有料

笠岡市立竹喬美術館　〒714-0087笠岡市六番町1-17　TEL0865-63-3967　①小野竹喬の作品，②月曜日(祝日の場合は翌日)，祝日の翌日，12月29日〜1月3日，③有料

笠岡市立カブトガニ博物館　〒714-0043笠岡市横島1946-2　TEL0865-67-2477　①カブトガニの標本やさまざまな化石など，②月曜日(3/25〜4/10・4/27〜5/10・7/15〜8/31をのぞく)，祝日の翌日(土・日曜日をのぞく)，12月29日〜1月3日，③有料

ワコーミュージアム　〒714-0086笠岡市五番町6-20 笠岡グランドホテル内　TEL0865-62-5670　①小野竹喬らの日本画や藤原雄作の備前焼など，②月曜日，③無料

里庄町歴史民俗資料館　〒719-0301浅口郡里庄町新庄2405　TEL0865-64-5465　①大原焼を中心に，物理学者仁科芳雄，財政学者・政治家小川郷太郎の遺品も展示，②日曜日のみ開館，③無料

仁科会館　　〒719-0303浅口郡里庄町浜中892-1　TEL0865-64-4888　①物理学者仁科芳雄関係資料，②月曜日，第3日曜日，③無料

井原市立田中美術館　　〒715-8601井原市井原町315　TEL0866-62-8787　①彫刻家平櫛田中の作品，②月曜日(祝日の場合は翌日)，12月28日～1月4日，③有料(小・中・高生無料)

井原市歴史民俗資料館　　〒715-0019井原市井原町315　TEL0866-62-8787　①考古・歴史・民俗資料，②月曜日(祝日の場合は翌日)，年末年始，③有料(井原市立田中美術館に併設)

井原市文化財センター「古代まほろば館」　　〒715-0019井原市井原町333-1　TEL0866-63-3144　①井原市の埋蔵文化財，②月曜日(祝日の場合は翌日)，年末年始，③無料

華鴒大塚美術館　　〒715-0024井原市高屋町3-11-5　TEL0866-67-2225　①日本画家金島桂華の作品を中心とする日本画・洋画，②月曜日(祝日の場合は翌日)，12月28日～1月4日，③有料

井原市芳井歴史民俗資料館　　〒714-2111井原市芳井町吉井4110-1　TEL0866-72-1324　①芳井の歴史・日中友好に尽力した内山完造ら，ゆかりの人物に関する資料，②月・木曜日(祝日の場合は翌日)，12月28日～1月3日，③有料

津山郷土博物館　　〒708-0022津山市山下92　TEL0868-22-4567　①旧津山市庁舎，美作の歴史資料，②月曜日，祝日の翌日，12月27日～1月4日，③有料

つやま自然のふしぎ館・歴史民俗館(津山科学教育博物館)　　〒708-0022津山市山下98-1　TEL0868-22-3518　①科学教育関係資料，②月曜日(3・7・9月)，月・火曜日(1・2・6・11・12月)，その他の月および月・火曜日が祝日の場合は開館，12月29日～1月2日，③有料

鶴山公園　　〒708-0022津山市山下135　TEL0868-22-4572　①森忠政築造の津山城跡，②無休，③有料

津山洋学資料館　　〒708-0841津山市川崎823　TEL0868-23-3324　①宇田川玄随・箕作阮甫関係資料，②月曜日，祝日の翌日，12月27日～1月4日，③有料

衆楽園　　〒708-0813津山市山北628　TEL0868-23-6507　①津山藩2代藩主森長継の別邸，②無休，③無料

箕作阮甫旧宅　　〒708-0833津山市西新町6　TEL0868-31-1346　①阮甫の生家，②月曜日(祝日の場合は翌日)，12月29日～1月3日，③無料

津山弥生の里文化財センター　　〒708-0824津山市沼600-1　TEL0868-24-8413　①考古・民俗資料，②月曜日，祝日の翌日，年末年始，③無料

津山市加茂歴史民俗資料館　　〒709-3906津山市加茂町小中原143　TEL0868-42-3311　①考古・民俗資料，②土・日曜日，祝日，12月28日～1月3日，③無料

津山市勝北歴史民俗資料館　　〒708-1205津山市新野東567　TEL0868-36-2101(勝北公民館)　①考古・民俗資料，②土・日曜日，祝日，③無料

知新館　　〒708-0039津山市南新座26　TEL0868-32-2121(津山市文化振興課)　①第35代総理大臣平沼騏一郎の別邸，②12月28日～1月4日，③無料(要事前連絡)

作州民芸館　　〒708-0046津山市西今町18　TEL0868-24-6690　①作州の民芸品・郷土玩具，②月曜日(祝日の場合は翌日)，③無料

| 津山市久米歴史民俗資料館　〒709-4603津山市中北下1271　TEL0868-57-2936　①考古・民俗資料，②日曜日，祝日，12月28日〜1月4日，③無料

妖精の森ガラス美術館　〒708-0300苫田郡鏡野町上齋原666-5　TEL0868-44-7888　①ウランガラス，②火曜日，年末年始，③有料

鏡野郷土博物館　〒708-0324苫田郡鏡野町竹田663-7　TEL0868-54-7733　①竹田遺跡出土物，町内の民俗資料など，②月曜日(祝日の場合は翌日)，祝日，12月29日〜1月3日，③無料

勝山郷土資料館　〒717-0013真庭市勝山170　TEL0867-44-4222　①三浦家関係資料・民俗資料，②12月29日〜1月3日，③有料

勝山武家屋敷館　〒717-0013真庭市勝山651　TEL0867-44-3909　①武家の生活関係資料，②年末年始，③有料

川上歴史民俗資料館　〒717-0602真庭市蒜山上福田425　TEL0867-66-3920(川上保健センター)　①考古資料や漆器製作道具，②日曜日，祝日，年末年始，③無料

郷原漆器の館　〒717-0602真庭市蒜山上福田425　TEL0867-66-5611　①郷原漆器の歴史と実演，②年末年始，③無料(川上歴史民俗資料館に併設)

蒜山郷土博物館　〒717-0505真庭市蒜山上長田1694　TEL0867-66-4667　①考古資料・民俗資料，②月曜日(祝日の場合は翌日)，12月28日〜1月4日，③有料

新庄村歴史民俗資料館　〒717-0201真庭郡新庄村2014-2　TEL0867-56-3178　①郷土生活民俗資料，②土・日曜日，祝日，12月28日〜1月4日，③有料

月の輪郷土館　〒708-1524久米郡美咲町飯岡831-2　TEL0869-54-1697　①月の輪古墳関係資料，②無休(要予約)，③無料

柵原鉱山資料館　〒708-1523久米郡美咲町吉ケ原394-2　TEL0868-62-7155　①柵原鉱山関係資料，②月曜日(祝日の場合は翌日)，12月27日〜1月4日，③有料

美咲町立さつき天文台　〒708-1515久米郡美咲町下谷347-6　TEL0868-62-0120　①天文台，②火・土曜日のみ開館，12月27日〜1月3日，雨天・曇天は閉館，③有料(小学生以下無料)

片山潜記念館　〒709-4600久米郡久米南町羽出木　TEL0867-28-2111(久米南町産業建設課)　①久米南町出身の労働運動家片山潜関係資料，②要事前連絡(0867-28-3441)，③無料

誕生寺宝物館　〒709-3602久米郡久米南町里方808　TEL0867-28-2102　①法然上人ゆかりの品，②無休，③有料

英田歴史民俗資料館　〒701-2604美作市福本806-1　TEL0868-74-3104(美作市立英田図書館)　①考古・民俗資料，②土・日曜日，祝日，年末年始，③無料

勝央美術文学館　〒709-4316勝田郡勝央町勝間田207-4　TEL0868-38-0270　①郷土ゆかりの作家史料，②月曜日，祝日，年末年始，③無料

奈義町現代美術館　〒708-1323勝田郡奈義町豊沢441　TEL0868-36-5811　①荒川修作ら現代アート作品，②月曜日，祝日の翌日，年末年始，③有料

＊展示入替えにより休館となる場合もあります。事前に各館へお問合わせください。

【無形民俗文化財】

国指定

大宮踊　　真庭市蒜山地方　大宮踊保存会　8月13～19日

白石踊　　笠岡市白石島　白石踊会　8月14～16日

備中神楽　　備中地方(高梁市成羽町・備中町，井原市美星町・芳井町，小田郡矢掛町ほか)　備中神楽成羽保存会　不定期

国選択

岡山県の会陽の習俗　　岡山県　おもに2月

布施神社のお田植祭　　苫田郡鏡野町富東谷　布施神社お田植祭保存会　5月5日

ヒッタカ　　笠岡市金浦　ヒッタカ保存会　旧暦5月5日近くの土曜日

吉備津彦神社御田植祭　　岡山市北区一宮　吉備津彦神社御田植祭保存会　8月2・3日

大宮踊　　真庭市蒜山地方　大宮踊保存会　8月13～19日

美作の護法祭　　久米郡久米南町上籾・美咲町　清水寺・両山寺　護法祭奉賛会　8月14・15日

白石踊　　笠岡市白石島　白石踊会　8月14～16日

唐子踊と太刀踊　　瀬戸内市牛窓町・邑久町　素盞嗚神社・御霊神社・正八幡宮・粟利郷天神社など　唐子踊太刀踊連合保存会(唐子踊保存会・太刀踊保存会・粟利郷区太刀踊保存会)　10月第4日曜日・10月秋祭りの日　＊唐子踊保存会は素盞嗚神社・天神社・薬師堂など，太刀踊保存会は御霊神社その他で，10月の第4日曜日に，粟利郷区太刀踊保存会は正八幡宮・天神社で，10月10・11日に，それぞれの踊りを演じる。

千屋代城のとうや行事　　新見市千屋　倉嶋神社　稲倉魂の会　秋祭りの日

備中神楽　　高梁市成羽町　備中神楽保存会　不定期

備中の辻堂の習俗　　岡山県

県指定

西大寺の会陽　　岡山市東区西大寺　西大寺観音院　2月第3土曜日

誕生寺二十五菩薩練供養　　久米郡久米南町里方　誕生寺　4月第3日曜日

太鼓田植　　新見市哲西町矢田・神郷下神代　哲西はやし田植え保存会・神代郷土民謡保存会　5月3日

弘法寺練供養　　瀬戸内市牛窓町千手　弘法寺　5月5日

布施神社のお田植祭　　苫田郡鏡野町富西谷　布施神社お田植祭保存会　5月5日

吉備津神社宮内踊　　岡山市北区吉備津　宮内踊保存会　7月31日

吉備津彦神社の御田植祭　　岡山市北区一宮　吉備津彦神社御田植祭保存会　8月2・3日

大島の傘踊　　笠岡市大島中　大島の笠踊り保存会　8月14日

二上山護法祭　　久米郡美咲町両山寺　両山寺　二上護法奉賛会　8月14日

清水寺護法祭　　久米郡久米南町上籾　清水護法祭奉賛会　8月15日

吉念仏踊　　真庭市吉　法福寺　吉念仏踊保存会　8月16日

川合神社夏祭のだし　　加賀郡吉備中央町湯山　川合神社夏祭りだし保存会　8月23日

バンバ踊　　久米郡久米南町仏教寺　佛教寺　バンバ踊保存会　八朔の日(旧暦8月1日)

吉川八幡宮当番祭　　加賀郡吉備中央町吉川　吉川八幡宮文化財保存会　10月1日～下旬

梶並神社の当人祭　　美作市梶並　梶並神社　10月第1土曜日

天曳神社宮原獅子舞　　美作市宮原　天曳神社　宮原獅子舞保存会　10月9・10日
鴻八幡宮祭りばやし(しゃぎり)　　倉敷市児島下の町　鴻八幡宮祭りばやし保存会　10月第2土・日曜日
福石荒神社神楽獅子舞　　備前市三石福石　福石神楽団　10月第2土・日曜日
建部祭り　　岡山市北区建部町建部上　七社八幡宮　建部祭り保存会　10月第2日曜日
境神社および八幡神社の獅子舞　　美咲町境・大垪和西　境神社獅子舞保存会・一宮八幡神社獅子舞保存会　10月体育の日・10月20日
高田神社獅子舞　　津山市上横野　高田神社獅子舞保存会　10月17日
志呂神社御供　　岡山市北区建部町下神目(御供調製：久米郡久米南町京尾)　志呂神社御供保存会　10月20日
加茂大祭　　吉備中央町加茂市場　加茂総社宮　10月第3日曜日
太刀踊　　瀬戸内市牛窓町牛窓綾浦　御霊神社　綾浦区太刀踊保存会　10月第4日曜日
唐子踊　　瀬戸内市牛窓町牛窓紺浦　素盞嗚神社　唐子踊保存会　10月第4日曜日
太刀踊　　瀬戸内市牛窓町長浜　粟利郷天神社　粟利郷太刀踊り保存会　10月秋祭りの日
新野まつり　　津山市新野　11月3日
八幡神社および物見神社の花祭り　　津山市阿波大畑・加茂町物見　阿波八幡神社・物見神社　11月3日・10月25日以前の日曜日
糸崎八幡神社・中山天神社の神事　　井原市芳井町西三原・東三原　三原渡り拍子保存会　11月第2土・日曜日
新本両国司神社の赤米の神饌　　総社市新本　新庄国司神社赤米保存会・本庄国司神社赤米保存会　旧暦11月15日・旧暦1月6日
横仙歌舞伎　　勝田郡奈義町滝本　横仙歌舞伎保存会　不定期
美作町の地下芝居　　美作市林野　美作町地下芝居保存会　随時
郷原漆器　　真庭市蒜山上福田　郷原漆器生産振興会

【おもな祭り】(国・県指定無形民俗文化財をのぞく)

吉備津神社矢立の神事　　岡山市北区吉備津　1月3日
吉備津神社三味線もちつき　　岡山市北区吉備津　1月1～3日
田倉牛神社大祭　　備前市吉永町福満　1月5日
福力荒神社大祭　　津山市福力　旧暦1月1～3日
五流尊瀧院のお日待祭り　　倉敷市林　旧暦1月23～24日
五大力餅会陽　　美作市尾谷　顕密寺　2月第1日曜日
粥管まつり　　加賀郡吉備中央町高谷　森神社　2月第2日曜日
安養寺会陽　　美作市林野　2月第2日曜日
木山寺福引会陽　　真庭市木山　2月第3日曜日
万福寺虚空蔵会式　　津山市東田辺　2月最終の金～日曜日
大仙院祭礼　　小田郡矢掛町矢掛　3月第1日曜日
嫁いらず観音院春季大祭　　井原市大江町　3月春分の日
北木島の流し雛　　笠岡市北木島町　旧暦3月3日
良寛茶会　　倉敷市玉島柏島　円通寺・良寛荘　4月第2日曜日

大賀島寺権現祭り　　瀬戸内市邑久町豊原　4月29日
上齋原神社春季恒例大祭　　苫田郡鏡野町上齋原　5月1日
鯉が窪湿原まつり　　新見市哲西町　5月3日
真鍋島の走り神輿　　笠岡市真鍋島　5月3〜5日
吉備津神社七十五膳祭　　岡山市北区吉備津　5月第2日曜日
阿智神社春まつり　　倉敷市本町　5月第3土曜日
ひったか・おしぐらんご　　笠岡市金浦　旧暦5月5日近くの土曜日
あじさい祭り　　津山市井口　長法寺　6月下旬
お田植え祭　　岡山市北区後楽園　岡山後楽園　7月第1日曜日
義民祭　　総社市　新本小学校ほか　7月中旬の土・日曜日
観蓮節　　岡山市北区後楽園　岡山後楽園　7月第3日曜日
総社宮輪くぐりさま　　総社市総社　7月最終土曜日
両山寺護法祭　　久米郡美咲町両山寺　8月14日
旭地域の念仏踊　　久米郡美咲町西川上・近実・八柳地区　8月13日
備中たかはし松山踊り　　高梁市市街地　8月14〜16日
観音院念仏おどり　　加賀郡吉備中央町神瀬　8月16日
力石総社　　総社市総社　8月第4日曜日
中世夢が原大神楽　　井原市三星町三山　9月中旬
弾琴祭　　倉敷市真備町　小田川河畔・琴弾岩周辺　9月仲秋の名月に近い土曜日
神島天神祭　　笠岡市神島　9月第3土・日曜日
嫁いらず観音院秋季大祭　　井原市大江町　9月秋分の日
上齋原神社秋季恒例大祭　　苫田郡鏡野町上齋原　9月28日
びぜんおさふね名刀まつり　　瀬戸内市長船町長船　10月上旬
吉備津神社七十五膳祭　　岡山市北区吉備津　10月第2日曜日
神根神社獅子舞　　備前市吉永町神根本　10月第3土曜日
阿智神社秋祭り　　倉敷市本町　10月第3土・日曜日
倉敷屏風祭　　倉敷市本町・東町周辺　10月第3土・日曜日
総社宮秋季大祭　　総社市総社　10月第3土・日曜日
浦安の舞　　備前市日生町寒河　寒河八幡宮・鹿島神社　10月第3日曜日
春日神社大祭　　備前市日生町日生　春日神社　10月第3日曜日
津山まつり　　津山市上之町・宮脇町・二宮・津山市街地　大隅神社・徳守神社・高野神社　10月第3・4日曜日
田町奴行列(津山まつりの一環)　　津山市宮脇町　徳守神社　10月第4日曜日
牛窓秋祭り　　瀬戸内市牛窓町　10月第4日曜日
乙島まつり(戸島神社秋季大祭)　　倉敷市玉島乙島　10月最終土・日曜日
閑谷学校釈菜式　　備前市　特別史跡旧閑谷学校　10月下旬
由加山火渡り大祭　　倉敷市児島由加山　由加神社　11月3日
平川鋤崎八幡神社の大祭(渡り拍子)　　高梁市備中町平川　11月3日
三原渡り拍子　　井原市芳井町東三原　糸崎八幡神社・中山天神社　11月第2土曜日・11月第2日曜日

おもな祭り

| 狼様霜月大祭 | 津山市桑上 | 貴布禰神社 | 12月13～15日 |
| お火たき大祭 | 岡山市北区高松稲荷 | 最上稲荷 | 12月第2土・日曜日 |

【有形民俗文化財】

国指定
田熊の舞台(田熊八幡神社歌舞伎舞台)　　津山市田熊2384　田熊八幡神社
郷原漆器の製作用具(557点)　真庭市蒜山上福田425　真庭市立川上歴史民俗資料館

県指定
かしき網漁法コレクション(87点)　　岡山市北区後楽園1-5　岡山県立博物館
児島湾漁撈回漕図　　岡山市南区妹尾897-1　御前神社
津山だんじり(28基)　　津山市小田中・伏見町ほか　各地区
笠岡港の力石(16個)　附 沖仲仕の法被・褌(各2点)　　笠岡市笠岡5628-20　笠岡市立郷土館
笠加熊野比丘尼関係資料(一括)　　瀬戸内市邑久町下笠加　個人
絵馬・おかげ参りの図　　瀬戸内市牛窓町牛窓亀山2147　牛窓神社
牛窓だんじり(8基)　　瀬戸内市牛窓町鹿忍　各地区
松神神社歌舞伎舞台　　勝田郡奈義町中島東607　松神神社
八幡神社の歌舞伎舞台　　久米郡美咲町大垪和西　八幡神社

【無形文化財】

国指定
備前焼　　備前市伊部　　伊勢﨑惇(淳)
能楽(太鼓方　金春流)　　岡山市北区岡南町　　梶谷義男(総合認定)
能楽(シテ方　観世流)　　岡山市北区吉備津　　藤井千鶴子(総合認定)

県指定
金工(刀身彫刻)　　岡山市北区平和町　　柳村重信(仙寿)
漆芸　岡山市北区高野尻　山口松太
木工芸　　倉敷市水江　　林文男(鶴山)
木工芸　　新見市西方　　森田二一(翠玉)
木工芸　　岡山市北区足守　　小川一敏(一洋)
木工芸　　真庭市草加部　　國本敏雄
備前焼製作技術　　備前市伊部　　各見政美(政峯)
備前焼製作技術　　備前市西片上　　松井與之
備前焼製作技術　　備前市伊部　　山本雄一
備前焼製作技術　　瀬戸内市牛窓町長浜　　森才蔵(陶岳)
備前焼製作技術　　備前市伊部　　伊勢崎満
備前焼製作技術　　備前市閑谷　　吉本正志(正)
刀剣製作技術　　津山市福井　　安藤幸夫(広清)
手漉和紙　　倉敷市水江　　丹下哲夫

【散歩便利帳】

[県外に所在する観光問い合わせ事務所]

岡山県東京事務所　〒102-0093東京都千代田区平河町2-6-3　都道府県会館10階
　　TEL03-5212-9080　FAX03-5212-9083

岡山県大阪事務所　〒541-0051大阪府大阪市中央区備後町3-2-13　岡山県産業ビル4階
　　TEL06-6261-3206　FAX06-6271-1192

[県内の観光問い合わせ先]

岡山県観光物産課　〒700-8570岡山市北区内山下2-4-6　TEL086-226-7384
　　FAX086-224-2130

岡山県教育庁生涯学習課　〒700-8570岡山市北区内山下2-4-6　TEL086-226-7597

岡山県教育庁文化財課　〒700-8570岡山市北区内山下2-4-6　TEL086-226-7601

岡山県観光連盟　〒700-0825岡山市北区田町1-3-1　岡山県産業会館4階　TEL086-233-1802
　　FAX086-231-5393

建部町観光公社　〒709-3111岡山市北区建部町建部上517-1　TEL0867-22-3277
　　FAX0867-22-3335

赤磐市産業振興課　〒709-0898赤磐市下市344　TEL086-955-6175

赤磐市教育委員会社会教育課　〒709-0898赤磐市下市344　TEL086-955-0710

浅口市産業振興課　〒719-0295浅口市鴨方町六条院中3050　TEL0865-44-9035
　　FAX0865-44-5771

浅口市教育委員会生涯学習課　〒719-0243浅口市鴨方町鴨方2244-2　TEL0865-44-7001
　　FAX0865-44-7602

井原市商工観光課　〒715-0014井原市七日市町10　TEL0866-62-8850　FAX0866-62-8853

井原市教育委員会生涯学習課　〒715-0014井原市七日市町12-1　アクティブライフ井原内
　　TEL0866-63-3347　FAX0866-63-3348

井原市観光協会　〒715-0014井原市七日市町10　TEL0866-62-8850

美星町観光協会　〒714-1406井原市美星町三山1055　TEL0866-87-3113　FAX0866-87-2529

岡山市観光課　〒700-8544岡山市北区大供1-1-1　TEL086-803-1332　FAX086-803-1738

岡山市教育委員会文化財課　〒700-8544岡山市北区大供1-1-1　TEL086-803-1611
　　FAX086-234-4141

岡山市デジタルミュージアム　〒700-0024岡山市北区駅元町15-1　TEL086-898-3000
　　FAX086-898-3003

おかやま観光コンベンション協会　〒700-0985岡山市北区厚生町3-1-15　岡山商工会議所
　　6階　TEL086-227-0015

桃太郎御津観光協会　〒709-2121岡山市北区御津宇垣1630-1　岡山北商工会内
　　TEL0867-24-2131　FAX0867-24-2132

鏡野町産業観光課　〒708-0392苫田郡鏡野町竹田660　TEL0868-54-2987

鏡野町教育委員会生涯学習課　〒708-0324苫田郡鏡野町竹田663-7　TEL0868-54-7733

笠岡市産業振興課　〒714-8601笠岡市中央町1-1　TEL0865-69-2147　FAX0865-69-2185

笠岡市教育委員会生涯学習課　〒714-8601笠岡市中央町1-1　TEL0865-69-2153
　　FAX0865-69-2186

笠岡市観光連盟　〒714-8601笠岡市中央町1-1　TEL0865-69-2147　FAX0865-69-2185
吉備中央町協働推進課　〒716-1192加賀郡吉備中央町豊野1-2　TEL0866-54-1301
吉備中央町教育委員会生涯学習班　〒716-1241加賀郡吉備中央町吉川4860-6
　　TEL0866-56-9191
吉備中央町観光協会　〒716-1192加賀郡吉備中央町豊野1-2　TEL0866-54-1301
　　FAX0866-54-1311
久米南町産業建設課　〒709-3614久米郡久米南町下弓削502-1　TEL0867-28-4412
久米南町観光協会　〒709-3614久米郡久米南町下弓削1341-7　久米南商工会内
　　TEL0867-28-2829　FAX0867-28-2470
倉敷市観光課　〒710-8565倉敷市西中新田640　TEL086-426-3411　FAX086-421-0107
倉敷市文化財保護課　〒710-8565倉敷市西中新田640　TEL086-426-3851
倉敷観光コンベンションビューロー　〒710-0046倉敷市中央2-6-1　TEL086-421-0224
　　FAX086-421-6024
倉敷市観光協会　〒710-8565倉敷市西中新田640　倉敷市観光課内　TEL086-426-3411
里庄町産業課　〒719-0398浅口郡里庄町里見1107-2　TEL0865-64-3114
勝央町産業建設部　〒709-4316勝田郡勝央町勝間田201　TEL0868-38-3111
勝央町教育振興部　〒709-4316勝田郡勝央町勝間田201　TEL0868-38-3111
新庄村産業建設課　〒717-0201真庭郡新庄村2008-1　TEL0867-56-2628
新庄村教育委員会　〒717-0201真庭郡新庄村2008-1　TEL0867-56-3178
瀬戸内市産業振興課　〒701-4292瀬戸内市邑久町尾張300-1　TEL0869-22-3953
瀬戸内市社会教育課　〒701-4392瀬戸内市牛窓町牛窓4911　TEL0869-34-5604
瀬戸内市観光協会　〒701-4302瀬戸内市牛窓町牛窓3031-2　TEL0869-34-9500
総社市商工観光課　〒719-1192総社市中央1-1-1　TEL0866-92-8277
総社市教育委員会文化課　〒719-1192総社市中央1-1-1　TEL0866-92-8363
高梁市商工観光課　〒716-8501高梁市松原通2043　TEL0866-21-0217　FAX0866-22-9460
高梁市教育委員会社会教育課　〒716-0062高梁市落合町近似286-1　TEL0866-21-1516
高梁市観光協会　〒716-0046高梁市横町1694-4　TEL0866-21-0461　FAX0866-21-0462
吹屋ふるさと村観光協会　〒716-2341高梁市成羽町吹屋838-2　TEL0866-29-2222
　　FAX0866-29-2233
玉野市商工観光課　〒706-0002玉野市築港1-1-3　TEL0863-33-5005　FAX0863-33-5001
玉野市教育委員会社会教育課　〒706-8510玉野市宇野1-27-1　TEL0863-32-5577
　　FAX0863-32-1329
玉野市観光協会　〒706-0002玉野市築港1-1-3　TEL0863-21-3486　FAX0863-32-3331
津山市観光振興課　〒708-8501津山市山北520　TEL0868-32-2082　FAX0868-32-2154
津山市文化財　〒708-0824津山市沼600-1　津山弥生の里文化センター内
　　TEL0868-24-8413
津山市観光協会　〒708-0022津山市山下97-1　TEL0868-22-3310　FAX0868-22-3315
美作観光連盟　〒708-0022津山市山下97-1　津山観光センター内　TEL0868-22-3310
　　FAX0868-22-3315
奈義町産業振興課　〒708-1392勝田郡奈義町豊沢306-1　TEL0868-36-4114

FAX0868-36-6780
奈義町教育委員会生涯学習課　　〒708-1392勝田郡奈義町豊沢306-1　TEL0868-36-3034
　FAX0868-36-6773
西粟倉村産業建設課　　〒707-0503英田郡西粟倉村大字影石2　TEL0868-79-2111
　FAX0868-79-2125
西粟倉村教育委員会　　〒707-0503英田郡西粟倉村大字影石95-3　TEL0868-79-2216
　FAX0868-79-7101
西粟倉村観光協会　　〒707-0503英田郡西粟倉村大字影石420-1　TEL0868-79-2133
　FAX0868-79-2022
新見市商工観光課　　〒718-8501新見市新見310-3　TEL0867-72-6136　FAX0867-72-6181
新見市教育委員会生涯学習課　　〒718-8501新見市新見310-3　TEL0867-72-6147
　FAX0867-72-6120
早島町環境産業課　　〒701-0303都窪郡早島町前潟360-1　TEL086-482-0615
早島町教育委員会生涯学習課　　〒701-0303都窪郡早島町前潟360-1　TEL086-482-1511
備前市商工観光課　　〒705-8602備前市東片上126　TEL0869-64-1832
備前市教育委員会生涯学習課　　〒705-0021備前市西片上7　TEL0869-64-1841
備前市観光協会　　〒705-8558備前市東片上230　TEL0869-64-2885　FAX0869-63-1200
日生町観光協会　　〒701-3202備前市日生町駅前通　サンバース内　TEL0869-72-1919
　FAX0869-72-0066
吉永町観光協会　　〒709-0224備前市吉永町吉永中878　TEL0869-84-2513　FAX0869-84-3592
真庭市商工観光課　　〒719-3292真庭市久世2928　久世保健福祉会館1階　TEL0867-42-1033
　FAX0867-42-1037
真庭市生涯学習課　　〒719-3194真庭市落合垂水1901-5　TEL0867-52-3730　FAX0867-52-1428
真庭観光連盟　　〒717-0013真庭市勝山420-2　TEL0867-44-4111　FAX0867-44-3002
蒜山観光協会　　〒717-0503真庭市蒜山富山根303-1　TEL0867-66-3220　FAX0867-66-4141
湯原観光協会　　〒717-0402真庭市湯原温泉143-2　TEL0867-62-2526
美咲町産業観光課　　〒709-3717久米郡美咲町原田1735　TEL0868-66-1118
美咲町生涯学習課　　〒709-3717久米郡美咲町原田1735　TEL0868-66-3086
美作市商工観光課　　〒707-8501美作市栄町38-2　TEL0868-72-6693　FAX0868-72-8094
美作市教育委員会社会教育課　　〒709-4234美作市江見945　TEL0868-72-2900
　FAX0868-72-8646
湯郷温泉観光協会　　〒707-0062美作市湯郷323-2　TEL0868-72-0374
矢掛町総務企画課　　〒714-1297小田郡矢掛町矢掛3018　TEL0866-82-1010
矢掛町教育委員会　　〒714-1201小田郡矢掛町矢掛2677-1　TEL0866-82-2100
　FAX0866-82-9101
和気町産業振興課　　〒709-0495和気郡和気町尺所555　TEL0869-93-1126
和気町教育委員会　　〒709-0495和気郡和気町尺所555　TEL0869-93-1121

【参考文献】

『あなたの街の近代化遺産ガイドブック』　岡山県教育庁文化財課編　岡山県教育委員会　2007
『池田光政』(人物叢書)　谷口澄夫　吉川弘文館　1961
『出雲街道——岡山の出雲街道』(岡山文庫183)　片山薫　日本文教出版　1996
『牛窓町史』民俗編・通史編・資料編1-3　牛窓町史編纂委員会編　牛窓町　1994-2001
『宇田川三代の偉業——我が国近代科学の創始者』　津山洋学資料館編　津山洋学資料館　1989
『岡山県史』第1-16巻　岡山県史編纂委員会編　岡山県　1983-91
『岡山県大百科事典』上・下　岡山県大百科事典編集委員会編　山陽新聞社　1980
『岡山県の近代化遺産』　岡山県教育庁文化財課編　岡山県教育委員会　2005
『岡山県の考古学』(地域考古学叢書)　近藤義郎編　吉川弘文館　1987
『岡山県の百年』(県民100年史)　柴田一・太田健一　山川出版社　1986
『岡山県の歴史』(県史シリーズ33)　谷口澄夫　山川出版社　1970
『岡山県の歴史』(県史33)　藤井学ほか　山川出版社　2000
『岡山県の歴史』　谷口澄夫ほか編　ぎょうせい　1996
『岡山県万能地図』　山陽新聞社編　山陽新聞社　2000
『岡山県風土記』　谷口澄夫・石田寛監修　旺文社　1996
『岡山市史』(複製)第1-6巻　岡山市編　明治文献　1975
『岡山市百年史』上・下　岡山市百年史編さん委員会編　岡山市　1989・91
『岡山の遺跡めぐり』(岡山文庫31)　間壁忠彦・間壁葭子　日本文教出版　1970
『岡山の建築』(岡山文庫13)　巌津政右衛門　日本文教出版　1966
『岡山の古墳』(岡山文庫4)　鎌木義昌　日本文教出版　1964
『岡山の宗教』(岡山文庫51)　長光徳和　日本文教出版　1973
『岡山の女性と暮らし——「戦後」の歩み』　岡山女性史研究会編　山陽新聞社　1993
『岡山の城と城址』(岡山文庫19)　藤井駿・市川俊介　日本文教出版　1968
『岡山の神社仏閣』(岡山文庫82)　市川俊介　日本文教出版　1978
『岡山の戦国時代』(岡山文庫155)　松本幸子　日本文教出版　1992
『岡山の仏たち』(岡山文庫7)　脇田秀太郎　日本文教出版　1965
『岡山の祭と踊』(岡山文庫2)　神野力　日本文教出版　1964
『岡山の祭りと行事』上・下　山陽新聞社編　山陽新聞社　1982・83
『岡山の明治洋風建築』(岡山文庫76)　中力昭　日本文教出版　1977
『岡山の山城を歩く』　森本基嗣　吉備人出版　2002
『岡山の歴史』(岡山文庫57)　柴田一　日本文教出版　1974
『岡山藩』(日本歴史叢書新装版)　谷口澄夫　吉川弘文館　1995
『邑久町史』文化財編　邑久町史編纂委員会編　邑久町　2002
『笠岡市史』全7巻　笠岡市史編さん室編　笠岡市　1983-2004
『勝山』(山陽新聞サンブックス)　三好基之・湯田秀昭　山陽新聞社　1996
『角川日本地名大辞典33　岡山県』　「角川日本地名大辞典」編纂委員会編　角川書店　1989

『吉備回廊』　　山陽新聞社編　山陽新聞社　1999
『吉備考古点描』　　近藤義郎　河出書房新社　1990
『吉備と山陽道』　　土井作治・定兼学編　吉川弘文館　2004
『吉備の考古学——吉備世界の盛衰を追う』　　近藤義郎・河本清編　福武書店　1987
『吉備の考古学的研究』上・下　　近藤義郎編　山陽新聞社　1992
『吉備の古代史　王国の盛衰』(NHKブックス)　　門脇禎二　日本放送出版協会　1992
『吉備の古墳　上　備前・美作』(吉備考古ライブラリィ4)　　乗岡実・行田裕美編　吉備人出版　2000
『近代岡山の女たち』　　岡山女性史研究会編　三省堂　1987
『近代科学をひらいた人々——岡山の洋学者』(岡山県立博物館特別展図録)　　岡山県立博物館編　岡山県立博物館　1976
『久米南町誌』　　久米南町誌編纂委員会編　久米南町　1982
『倉敷・岡山散歩25コース』　　太田健一編　山川出版社　2002
『国分寺　天平時代の国家と仏教』(津山郷土博物館特別展図録)　　津山郷土博物館編　津山郷土博物館　2000
『牛頭天王と蘇民将来伝説——消された異神たち』　　川村湊　作品社　2007
『古代吉備王国の謎』　　間壁忠彦・間壁葭子　山陽新聞社　1995
『古代吉備をゆく』　　山陽新聞社編　山陽新聞社　1979
『衆楽園』(津山郷土博物館企画展図録)　　津山郷土博物館編　津山郷土博物館　1997
『城下町津山』(山陽新聞サンブックス)　　山陽新聞社編　山陽新聞社　1993
『新釈美作太平記』　　三好基之編著　山陽新聞社　1986
『新修倉敷市史』1-13巻　　倉敷市史研究会編　倉敷市　1994-2005
『図説岡山県の歴史』(図説日本の歴史33)　　近藤義郎・吉田晶編　河出書房新社　1990
『図説倉敷・総社の歴史』(岡山県の歴史シリーズ)　　太田健一監修　郷土出版社　2009
『図説新見・高梁・真庭の歴史』(岡山県の歴史シリーズ)　　太田健一監修　郷土出版社　2008
『製鉄の起源をさぐる』(津山郷土博物館特別展図録)　　津山郷土博物館編　津山郷土博物館　1997
『瀬戸内の風土と歴史』　　谷口澄夫ほか　山川出版社　1978
『戦国合戦大事典6　京都府・兵庫県・岡山県』　　戦国合戦史研究会編　新人物往来社　1989
『高梁市史』　　高梁市史編纂委員会編　高梁市　1979
『高梁市史(増補版)』上・下　　高梁市史(増補版)編纂委員会編　高梁市　2004
『津山市史』全7巻　　津山市史編さん委員会編　津山市　1972-95
『津山城』(山陽新聞サンブックス)　　三好基之・近田陽子　山陽新聞社　1997
『津山の散策にしひがし』(岡山文庫187)　　黒田晋・竹内平吉郎　日本文教出版　1997
『津山百景』　　山陽新聞社津山支社編　山陽新聞社　1997
『鉄道遺産を歩く——岡山の国有鉄道』　　小西伸彦　吉備人出版　2008
『新見市史』全4巻　　新見市編　新見市　1965-93
『日本歴史地名大系34　岡山県の地名』　　藤井駿監修　平凡社　1988

『はるかなる吉備——王国の風景』　神崎宣武　そしえて　1983
『人づくり風土記33　全国の伝承江戸時代　ふるさとの人と知恵　岡山』　加藤秀俊ほか編　農山漁村文化協会　1989
『備前上寺山　歴史と文化財　豊原北島神社・餘慶寺』　上寺山図録作成委員会編　上寺山を良くする会　2006
『備前四十八ケ寺——近世備前の霊場と報恩大師信仰』(岡山県立博物館特別展図録)　岡山県立博物館編　岡山県立博物館　2003
『平賀元義』　羽生永明　山陽新聞社　1986
『港町備前牛窓——その歴史と文化財』　牛窓町教育委員会・岡山地方史研究会編　岡山地方史研究会　2003
『美作国府跡——埋もれた古代の役所』(津山郷土博物館特別展図録)　津山郷土博物館編　津山郷土博物館　1995
『美作町史』全8巻　美作町史編集委員会編　美作市　2003-07
『美作の首長墳——墳丘測量調査報告』　近藤義郎監修　吉備人出版　2000
『美作の白鳳寺院』(津山郷土博物館特別展図録)　津山郷土博物館編　津山郷土博物館　1992
『目で見る美作の100年』　太田健一・上原兼善監修　郷土出版社　2000
『山田方谷のメッセージ』(吉備人選書5)　太田健一　吉備人出版　2006

【年表】

時代	西暦	年号	事項
旧石器時代	1万年以上前		現在の瀬戸内海地方と県北地方に旧石器文化が始まる
			鷲羽山遺跡，王子が岳南麓遺跡(ともに倉敷市)，戸谷遺跡(真庭市)，恩原遺跡(苫田郡鏡野町)，宮田山遺跡(玉野市)など
縄文時代	早期		氷河が溶け始め，瀬戸内海が形成され，貝塚がつくられる。黄島貝塚，黒島貝塚(ともに瀬戸内市)
	前期		羽島貝塚(倉敷市)，彦崎貝塚(岡山市，21体の縄文人骨出土)
	中期		船元貝塚(倉敷市)
	後期		津雲貝塚(笠岡市，166体の縄文人骨出土・抜歯の風習)
	晩期		南方前池遺跡(赤磐市，食料貯蔵穴出土)
弥生時代	前期		津島遺跡(岡山市)，門田貝塚(瀬戸内市)など
	中期		沼遺跡(津山市，竪穴住居跡や高床倉庫跡などが検出)
			雄町遺跡(岡山市)，上東遺跡(倉敷市)，旦山遺跡(真庭市)など
	200年代頃		農業生産などの向上により，各地域に有力首長が出現し，大きな墳丘墓を築くようになる。楯築弥生墳丘墓(倉敷市)，立坂弥生墳丘墓，宮山墳丘墓(ともに総社市)など
	後期		
古墳時代	前期		弥生墳丘墓よりさらに大きい前方後円(方)墳が出現する。都月坂1号墳，浦間茶臼山古墳，備前車塚古墳(いずれも岡山市)
	中期		造山古墳，坂元田堂山古墳，金蔵山古墳(いずれも岡山市)，作山古墳(総社市)，両宮山古墳(赤磐市)，月の輪古墳(久米郡美咲町)など
	(463)		吉備下道臣前津屋の反乱。雄略天皇，物部の兵士を遣わして前津屋を殺す。吉備上道臣田狭，妻稚媛を雄略天皇に奪われ反乱
	(479)		雄略天皇の死後，稚媛との間に生まれた星川皇子，皇位を奪おうとして反乱，敗死する
	(555)		蘇我稲目ら，吉備五郡に白猪屯倉をおく
	(556)		蘇我稲目ら，児島屯倉をおき，葛城山田直瑞子を田令とする
	後期		箭田大塚古墳，こうもり塚古墳(ともに総社市)，牟佐大塚古墳(岡山市)など
	(574)		蘇我馬子を吉備に派遣して白猪屯倉と田部を増し，白猪胆津に名籍を授ける
飛鳥時代	645	大化元	吉備笠臣垂，古人皇子に従って中大兄皇子ら改新派に背き誅される
	698	(文武2)	備前国から朱沙などを朝廷に献上
	704	慶雲元	備前国から神馬を朝廷に献上
奈良時代	713	和銅6	備前国の北部6郡を割いて美作国をおく
	747	天平19	美作・備前・備中に飢饉おこる
	751	天平勝宝3	吉備真備，遣唐副使に任ぜられる

	766	天平神護2	吉備真備,右大臣に任ぜられる
	769	神護景雲3	和気清麻呂,道鏡の事件によって大隅(現,鹿児島県東部)に流される
平安時代	870	貞観12	備中・備後両国から鋳銭料の銅を都に進貢
	893	寛平5	三善清行,備中介に任ぜられる
	1129	大治4	備前守平忠盛,瀬戸内海の海賊を追討
	1167	仁安2	歌人西行,備前児島にくる
	1175	承安5	法然(源空),浄土宗を開宗
	1177	治承元	鹿ヶ谷の陰謀により,大納言藤原成親,備前児島に流され,ついで有木別所(現,岡山市)で殺される
	1183	寿永2	木曽義仲の軍,平氏の軍と備中の水島付近で海戦して敗れる
	1184	3	源平両軍,備前児島の藤戸で戦う
鎌倉時代	1191	建久2	栄西,宋より帰朝し,臨済宗を広める
	1214	建保2	栄西,『喫茶養生記』を著す
	1262	弘長2	井山宝福寺,県内最初の禅宗寺院として開創
	1271	文永8	備中新見荘の下地中分が行われる
	1278	弘安元	時宗の開祖一遍,備前地方に遊行布教
	1299	正安元	この頃,備前国福岡荘の市などが繁栄し始める
	1307	徳治2	僧尊海ら,備中成羽川中流笠神付近の水路を切り開く
	1332	正慶元 元弘2	後醍醐天皇,隠岐(現,島根県隠岐郡)配流の途次,美作院庄に宿泊
南北朝時代	1351	観応2 正平6	備中新見荘領家職が東寺に付せられる
	1389	康応元 元中6	室町幕府3代将軍足利義満,厳島(現,広島県廿日市市)参詣の途次,備前牛窓港に寄港
室町時代	1445	文安2	この頃,児島の塩が下津井港から盛んに畿内へ送られる
	1461	寛正2	備中新見荘の荘民ら,土一揆をおこす
	1467	応仁元	画僧雪舟,明に留学(1469年帰朝)
	1469	文明元	備中新見荘の荘民ら,再び土一揆をおこす
	1471	3	この頃,備前吉備津宮の門前町が発達し始める
	1520	永正17	備中阿曽の鋳物師林家朝,備中吉備津宮の銅鐘を鋳造
	1566	永禄9	金山城主松田氏の強力な保護により,備前法華宗の教線がおおいに伸びる
	1567	10	宇喜多直家,三村元親らの軍勢を明禅寺合戦に破る
安土桃山時代	1573	天正元	宇喜多直家,沼城から岡山城に移る
	1578	6	尼子氏の部将山中鹿之介,備中阿部の渡しで殺される
	1582	10	羽柴秀吉らの軍勢,備中高松城を水攻め
	1587	15	宇喜多秀家,秀吉の島津征討に初陣
	1592	文禄元	宇喜多秀家,文禄の役に総督として朝鮮へ出陣
	1597	慶長2	宇喜多秀家,慶長の役に再び出陣

	1600	慶長5	宇喜多秀家，関ヶ原の戦いで西軍に属して敗れる
江戸時代	1603	8	美作各地で浪人一揆がおこる
	1604	9	岡山・津山両藩，領内の総検地を実施
	1606	11	宇喜多秀家，八丈島に流罪となる
	1620	元和6	津山藩主森忠政，幕命により大坂城の石垣修築
	1634	寛永11	熊沢蕃山，岡山藩に出仕する
	1636	13	朝鮮通信使を牛窓本蓮寺で接待(以後，慣例となる)
	1637	14	岡山藩，島原の乱に派兵
	1641	18	上道郡花畠に花畠教場が設けられる
	1645	正保2	熊沢蕃山，再び岡山藩に仕える
	1652	承応元	高梁川の高瀬舟が新見まで通航
	1654	3	備前で大洪水。池田光政，農政改革に着手
	1666	寛文6	岡山藩，キリシタン神職請を実施(のち，寺請となる)
	1667	7	この頃，岡山藩が日蓮宗不受不施派を厳しく弾圧
	1671	11	岡山藩，社倉米の制度を設ける
	1676	延宝4	津山藩，藩札を発行
	1677	5	備中の幕府直轄領で検地が行われる
	1687	貞享4	岡山藩主池田綱政，藩士津田永忠に命じて後園(のち，後楽園と改称)を造営させる
	1698	元禄11	津山藩領内で年貢減免要求の一揆(高倉騒動)がおこる
	1699	12	岡山藩，幕命で福山検地を実施
	1701	14	閑谷学校が完成
	1717	享保2	岡山藩内で新本義民騒動がおこる
	1726	11	津山藩内で山中一揆がおこる
	1734	19	幕命で初めて甘藷を美作国中に植える
	1770	明和7	笠岡で小作騒動がおこる
	1796	寛政8	代官早川八郎左衛門正紀，久世に典学館を建てる
	1798	10	美作の幕府直轄領で，石代相場引上げ反対の越訴がおこる
	1814	文化11	黒住宗忠，黒住教を開く
	1838	天保9	足守出身の緒方洪庵，大坂に適塾を開く
	1844	弘化元	岡山藩，木綿の専売制を実施
	1856	安政3	岡山藩内で，身分差別強化反対の渋染一揆がおこる
	1859	6	川手文治郎(金光大神)，金光教を開く
	1861	文久元	松山藩主板倉勝静，老中に就任(1864年罷免)
	1863	3	岡山藩軽卒出身の藤本鉄石，天誅組総裁となる
	1865	慶応元	松山藩主板倉勝静，再び老中となる
	1866	2	長州藩第二奇兵隊脱走兵，倉敷・浅尾方面で騒動をおこす(倉敷浅尾騒動)。津山藩内に年貢減免などを要求した改政一揆おこる
	1868	明治元	岡山藩，松山藩征討の朝命を受ける。日置帯刀の部隊，神戸事

時代	西暦	元号	事項
明治時代			件をおこす
	1869	明治2	岡山・津山両藩主, 版籍奉還を建白
	1871	4	岡山藩, 悪田畑改正に着手する。岡山・深津・北条の3県設置。岡山県内で, 悪田畑改正反対の農民騒動が勃発
	1872	5	深津県を小田県と改称
	1873	6	美作一円に血税騒動がおこる
	1875	8	県内の地租改正が完了
	1876	9	釈日正, 日蓮宗不受不施派を再興
	1879	12	『山陽新報』(現, 『山陽新聞』)創刊
	1880	13	全国に先駆けて, 備作三国人民の国会開設請願書を元老院に提出
	1881	14	玉島紡績所・岡山紡績所開業
	1884	17	旧閑谷学校跡に私立閑谷学校が開校される
	1887	20	石井十次, 孤児教育会(岡山孤児院)を創設
	1891	24	山陽鉄道(現, JR山陽本線)三石・笠岡間開通
	1894	27	日清戦争で木口小平が勇名を馳せる
	1899	32	府県制が施行される
	1900	33	郡制が施行される。第六高等学校(現, 岡山大学)開校
	1905	38	岡山市上水道通水
	1910	43	明治天皇, 陸軍特別大演習統裁のため岡山に行幸
大正時代	1913	大正2	犬養毅・尾崎行雄, 岡山市で憲政擁護の露天大演説会を行う
	1918	7	県内各地で米騒動がおこる
	1921	10	藤田農場で小作争議がおこる
昭和時代	1928	昭和3	人見絹枝, アムステルダムオリンピックの陸上女子800mで銀メダルを獲得
	1931	6	岡山放送局(現, NHK岡山放送局)開局
	1932	7	首相犬養毅, 五・一五事件で暗殺される
	1937	12	宇垣一成, 内閣組閣を命じられるも失敗に終わる
	1939	14	平沼騏一郎, 内閣を組織
	1940	15	大政翼賛会岡山県支部発足
	1945	20	岡山大空襲を受け, 岡山市街地の大部分が焼失する
	1948	23	日展岡山会場が岡山市天満屋で開催。女王丸, 牛窓沖で触雷沈没(死者200人)
	1949	24	岡山大学創立
	1950	25	農地改革, この年までにほとんど終わる
	1952	27	県, 臨海工業基地として水島地区の開発を開始
	1954	29	県営旭川ダム完工
	1955	30	人形峠でウラン鉱が発見される
	1956	31	児島湾淡水湖化の堤防締切工事が成功
	1957	32	岡山県庁の新築完成を記念して, 岡山産業文化大博覧会が開か

			れる
	1960	昭和35	竹林寺山に天文台(現,岡山天体物理観測所)が開所
	1962	37	岡山県総合文化センター設立。第17回国民体育大会夏季大会開催
	1966	41	岡山城天守閣再建
	1968	43	笠岡湾1800ha干拓の起工
	1971	46	県立博物館開館
	1972	47	JR山陽新幹線,岡山まで開業
	1974	49	三菱石油水島製油所(現,新日本石油精製水島製油所)で,大量の重油流出事故
	1975	50	JR山陽新幹線,博多まで開業
	1976	51	笠岡湾干拓の排水開始
	1977	52	全国高等学校総合体育大会岡山大会開催
	1978	53	瀬戸大橋架橋工事開始
	1979	54	倉敷川畔,国の伝統的建造物群保存地区に指定される。岡山市立オリエント美術館開館
	1980	55	吉備高原都市の基本計画が公表される(翌年起工)
	1981	56	楯築遺跡(倉敷市),国指定史跡となる
	1982	57	笠岡市立竹喬美術館開館
	1983	58	児島湾大橋開通
	1984	59	夢二郷土美術館開館
	1985	60	岡山スモン訴訟和解
	1986	61	第1回坪田譲治文学賞(岡山市制定の文学賞)の授与式挙行
	1987	62	岡山城跡・後楽園,国の史跡指定となる
	1988	63	新岡山空港開港。瀬戸大橋開通。瀬戸大橋架橋記念博覧会開催される
平成時代	1989	平成元	倉敷チボリ公園のマスタープラン発表される
	1990	2	おかやま食と緑の博覧会,鴨方めん博が開催される
	1992	4	中国横断自動車道,落合・江府間開通
	1993	5	岡山県立大学・岡山県立大学短期大学部開学。山陽自動車道,県内全線開通
	1995	7	マスカットスタジアム完成
	1997	9	倉敷チボリ公園開園
	1999	11	第三セクター井原鉄道井原線,総社・神辺間開業
	2000	12	有本遺跡(津山市)から「漢青」(中国の顔料)を用いた管玉が国内で初めて出土
	2002	14	新見市議選挙で全国初の電子投票が行われる
	2004	16	苫田ダム完成。この年から2007年にかけて市町村合併が行われ,78市町村が27市町村となる
	2005	17	第60回国民体育大会開催

| 2008 | 平成20 | 倉敷チボリ公園閉園 |
| 2009 | 21 | 岡山市，全国で18番目の政令指定都市に移行 |

【索引】

―ア―

- 青佐山城跡……………………………193
- 赤磐市山陽郷土資料館……………94, 95
- 英賀郡衙跡(小殿遺跡)………………213
- 赤峪古墳………………………………285
- 英賀廃寺跡……………………………213
- 浅尾藩陣屋跡…………………………61
- 旭川ダム………………………………282
- 足利義政・日野富子供養塔…………101
- 葦守八幡宮……………………………52
- 阿智神社…………………………142, 143
- 穴門山神社……………………………230
- 安仁神社………………………………76
- 天城池田家の墓所……………………176
- 天津神社………………………………260
- 天石門別神社…………………………234
- 天石門別保布羅神社…………………173
- 天曳神社………………………………237
- 荒戸神社………………………………222
- 安住院……………………………6, 9, 10
- 安正寺…………………………………216
- 安養寺(倉敷市)………………………153
- 安養寺(美作市)…………………235, 236
- 安養寺(和気郡和気町)…………102, 103

―イ―

- 医王山城(祝山城・岩尾山城)跡………297
- 伊木家の陣屋跡………………………87
- 井倉洞…………………………………219
- 池田忠雄…………………………4, 5, 32, 33, 35
- 池田忠継………………………5, 32, 33, 35, 164
- 池田綱政……6, 10, 35, 72, 75, 76, 88, 92, 108, 110, 111
- 池田利隆……………………5, 32, 33, 35, 110
- 池田光政……5, 7, 11, 21, 22, 26, 72, 91, 108-111, 120, 129, 172, 189, 191
- 勇山寺…………………………………261
- 十六夜山古墳………………250, 251, 257
- 石井十次………………16, 75, 141, 149

- 石井宗謙…………………………14, 283
- 泉嵓神社………………………………290
- 市川喜左衛門の墓……………………46
- 威徳寺…………………………………184
- 犬養毅………………………49, 86, 143, 151
- 井上家住宅………………………143-145
- 井風呂谷川砂防三号堰堤……………61
- 今泉俊光刀匠記念館…………………86
- 今谷遺跡………………………………7
- 今村宮………………………………31, 32
- 岩屋寺…………………………………68
- 岩屋城跡………………………………258
- 岩屋の皇の墓…………………………68
- 院庄館跡………………………………255
- 伊部南大窯跡……………………88, 89

―ウ―

- 植月寺山古墳……………………241, 257
- 植原正方(六郎左衛門)旧宅跡………248
- 宇甘渓…………………………………121
- 宇喜多直家……4, 9, 11, 13, 15, 18, 31, 75, 85, 114, 120-122, 125, 126, 164, 236, 256, 258, 265, 266, 274, 286, 291, 299
- 宇喜多秀家……4, 10, 11, 216, 258, 265, 266, 292
- 牛窓海遊文化館(旧牛窓警察署本館)……79
- 牛窓神社………………………………80
- 牛窓天神山古墳………………………81
- 宇田川玄随・玄真・榕菴の墓………247
- 宇田川興斎旧宅跡……………………245
- 内山完造の頌徳碑……………………205
- 宇南寺……………………………267, 268
- 鵜江神社………………………………202
- 宇野港………………………………37, 40
- 温羅………………47, 67, 68, 162, 202, 203
- 浦上宗景……………75, 125, 126, 128, 236
- 浦上与次郎の墓………………………125

―エ―

- 栄西………………………………18, 49, 153

索引　341

永祥寺	204
江崎古墳	57
枝川緑道公園	12, 14
恵堂地蔵	218, 219
江見廃寺	236, 237
円城寺	122, 123
円通寺(倉敷市)	181, 182
円通寺(苫田郡鏡野町)	286

—オ—

王墓山古墳	162
大浦神社	192
大久保重五郎	99, 149, 152
大崎廃寺(楢見廃寺)跡	52
大隅神社	246, 249, 253
大蔵池南製鉄遺跡	259
桜渓塾跡	207
大多府漁港元禄防波堤	92
大多羅寄宮跡	72
大野の整合	284, 285
大橋家住宅	150, 151
大庭八社	270
大原家住宅	148, 150
大原美術館	143, 147, 148, 150, 224
大原孫三郎	99, 140, 141, 145-149, 152
大飛島洲の南遺跡	187
大宮神社	189
大谷1号墳	212, 213
岡・城が端古墳	302
緒方洪庵	53, 119, 247
岡田藩陣屋跡	196
岡山県古代吉備文化財センター	48
岡山県立記録資料館	13
岡山県立津山高等学校本館	250
岡山県立博物館	6, 64, 75, 87, 109, 157, 188, 198
岡山後楽園	6, 7, 10, 36
岡山孤児院発祥地	75
岡山寺	13
岡山市水道記念館	28, 29
岡山城跡	4, 6-8
岡山市立歴史資料館足守文庫	53
岡山大学資源生物科学研究所	152
岡山藩主池田家和意谷墓所	110
沖田神社	34, 36
荻野独園	41
邑久光明園	88
奥津渓	292
奥の前1号墳	257, 259
小笹丸城跡	203
小田草城跡	287
小田草神社	287
小田郡衙跡	202
小田県庁跡	182, 183
乙子城跡	75
鬼ヶ嶽	203
御根小屋跡	216
近水園	53
オランダ通り	14
恩徳寺	8
恩原遺跡	293, 294
恩原ダム	293, 294

—カ—

改政一揆義民の碑	298
香々美新町宿	286
鏡野郷土博物館	284
鏡野町郷土館	287
鹿久居島	92
神楽尾城跡	251, 252
加子浦歴史文化館	91
笠井山薬師院妙法寺	19
笠岡市立カブトガニ博物館	185
笠岡市立郷土館	184, 186, 188
笠岡市立竹喬美術館	184, 185
笠岡代官所跡	183
笠神の文字岩	228, 229
梶並神社の当人祭	241, 242
鍛冶屋谷たたら遺跡	290, 291
化生寺	266, 267
片山鉄兵詞碑	284
片山潜生誕地	276

勝山武家屋敷館	267
金敷寺	206
金鴫寺	206
金山寺	17-19, 21, 98
兼基遺跡	7
鹿歩山古墳	81
釜島城跡	164
鴨方藩陣屋跡	191
鴨神社	190
加茂総社宮	124
鴨山城跡	191
栢寺廃寺跡	60
唐臼墳墓群	278
唐人塚古墳	23, 24
河原山城跡	299
川東車塚古墳	257, 259
川辺宿本陣跡	195
観音寺	229
観音山古墳(苫田郡鏡野町)	285
観龍寺	142, 143
―キ―	
祇園寺	219
祇園神社(倉敷市)	164
木地師の館	291
岸田吟香生誕地	282, 283
黄島貝塚	82
北曽根城(黒山城)跡	103
キナザコ製鉄遺跡	298
鬼城山	66, 68
鬼ノ身城跡	63
吉備高原神楽民俗伝承館	203
吉備寺(箭田廃寺跡)	196, 197
吉備路文学館	13
吉備大臣宮(吉備神社)	198, 199
吉備津神社	18, 46-49, 67, 170, 253
吉備津彦神社	46, 47
吉備の中山	46, 47, 67
吉備真備	189, 197, 198
義民弥次郎の碑	270
木山寺	260
木山神社	260
旧足守藩陣屋跡	53
旧犬養家住宅	49
旧大國家住宅	104, 105
旧小椋家	291
旧片山家住宅	227
旧倉敷紡績万寿工場	142
旧三蟠港	36
旧閑谷学校	107-109
旧遷喬尋常小学校校舎	262
旧高戸家住宅	189, 190
旧野﨑家住宅	166-168
旧野﨑浜灯明台	168
旧森江家住宅	289
旧陸軍第十七師団の遺構	26
経ヶ島	175
清田八幡神社	173
錦海湾	82, 87
金甲山	37
―ク―	
葛下城跡	288
楠戸家住宅	143
楠本イネ(オランダおいね)	14, 283
久世宿	262
久世代官所跡	262
久田原遺跡	290
久田堀ノ内遺跡	290
国司尾館跡	299
国吉城跡	229
熊沢蕃山宅跡	91
熊田恰	180, 181, 216
熊野神社(倉敷市)	171-173
熊野神社(真庭市)	260
熊山遺跡	98
熊山神社	98, 99
久米郡衙跡	259
久米廃寺跡	258, 259
倉敷アイビースクエア	145, 146
倉敷考古館	8, 92, 146
倉敷市旧柚木家住宅(西爽亭)	181

倉敷市瀬戸大橋架橋記念館	169
倉敷市玉島歴史民俗海洋資料館	181
倉敷市真備ふるさと歴史館	196
倉敷市立磯崎眠亀記念館	158
倉敷中央病院	141
倉敷天文台	151, 152
黒島貝塚	82
黒宮大塚	196

―ケ―

桂巌寺	225
敬業館跡	183, 184
花光寺山古墳	85
幻住寺	279
源樹寺	225
元文一揆義民之慰霊碑	300

―コ―

鯉ヶ窪湿生植物群落	221, 222
豪渓	61
高顕寺	111, 112
高山寺	206
弘秀寺奥の院	287, 288
興譲館	204
興除神社	34
荒神山城本丸跡	256
光珍寺	13
神戸山城跡	202
神島	186, 187
鴻八幡宮	169
江原八幡神社	223
弘法寺	76, 77
こうもり塚古墳	17, 55, 57, 64
黄葉亭	109
郡遺跡（真島郡衙跡）	261
小串港	38
小串砲台跡	38, 39
圀勝寺	197, 198
国分寺（総社市）	54, 55
虎倉城跡	121, 122
五香宮	80
児島連山	37, 38

五反廃寺（大庭寺跡）	264
小造山古墳	65
小早川秀秋	4, 10, 13, 15, 164
小堀政一（遠州）	214, 218, 220
五万原遺跡	203
小森温泉	123, 124
小山益太	99, 149, 152
五流尊瀧院	171-173
金光教本部	188
金剛頂寺	289
金剛福寺	205

―サ―

最上稲荷（妙教寺）	51
西大寺（観音院）	72, 73
西大寺文化資料館	73
佐伯町ふる里会館（旧和気郡山田村役場庁舎）	126
阪谷朗廬	204, 207
作楽神社	255
坂古田堂山古墳	51
佐々木盛綱	172-176
篠向城（篠吹城・篠葺城）跡	264
里木貝塚	156
讃甘神社	239
寒風古窯跡	82
佐良山古墳群	256
猿掛城跡	198, 199
沢田遺跡	7
沢田大塚古墳	8
三成古墳	258

―シ―

塩竈神社	39
慈眼院（瀬戸内市）	86
閑谷神社（旧閑谷学校芳烈祠）	109
実成寺	107
渋川海岸	42
持宝院	202, 203
清水宗治	50, 54
下市瀬遺跡	259
下郷原和田遺跡	273

下津井城跡	164
下道氏墓	197
石蓮寺石造十三重層塔	99, 100
衆楽園	244, 245
順正寮跡	217
静円寺	82
賞田廃寺跡	20, 22, 23, 25, 30
城東むかし町屋	248
浄土寺	25
少年山荘	7, 83
松本寺理性院	107
正楽寺千手院	90
少林寺	10
定林寺	216
松連寺	216
諸興寺跡	173, 174
白神源次郎の記念碑	156
志呂神社	274, 275
神宮寺山古墳	27, 28, 257
真光寺	90
新庄国司神社	65
新庄宿	269
新庄天神山古墳	85
新善光寺	299
真如院	48
神応寺六角石幢	221
真福寺	51

―ス―

須恵古代館	86, 87
杉山岩三郎旧邸	13
稼山古墳群	259
稼山集石遺構	259
周匝(片桐)池田家墓所	128, 129
素盞嗚神社(疫神社)	80
薄田泣菫生家	157
涼松貝塚	156
硯井天満宮	38
角藤定憲の墓	115
純友神社	163

―セ・ソ―

清水寺(加賀郡吉備中央町)	210
清水寺(真庭市)	261
清泰院	32, 35
青龍寺	223
青瀧寺	296
瀬戸内市中央公民館虫明焼展示室	91
妹尾川三連樋門	33
千光寺	95
千手院	204
千足装飾古墳	65
善福寺	205
曹源寺(岡山藩主池田家墓所)	110
総社市埋蔵文化財学習の館	59
総社市まちかど郷土館(旧総社警察署)	59

―タ―

泰安寺	247
大海廃寺	237
大覚	26, 66, 78, 117
大覚寺	66
大光寺	53
大嘗会主基田伝承地	210
大聖寺	237
大山神門	271
大通寺	202
大福寺	11
大別当城跡	303
泰立寺薬師院	216
高越城跡	203, 204
高瀬通し一の口水門	155, 156
高田城跡	265
高塚古墳	208
高野神社	254, 255
高梁川東西用水の樋門群	154
高梁基督教会堂	217
高梁市郷土資料館	216, 217
高梁市商家資料館「池上邸」	218
高梁市成羽美術館	224, 225
高梁市武家屋敷館(旧折井家)	218
高松城跡	49, 50

滝善三郎義烈碑……………………119
竹田遺跡……………………284, 285
竹内流古武道発祥の地……………280
竹久夢二の生家(夢二郷土美術館分館)…7, 83
建部神社……………………………271
竹元寺………………………………268
竹山城跡……………………………239
湛井十二カ郷用水……………………61
たたら展示館………………………290
田土浦坐神社………………………165
龍之口城跡……………………………21
龍之口八幡宮…………………………21
楯築遺跡……………………161, 162
楯築神社……………………………161
楯之舎塾跡…………………………130
田中索我の墓………………………190
玉井丸山古墳…………………95, 96
玉島港の新町堤防跡………………180
玉野市立玉野海洋博物館(渋川マリン水族館)…42
玉松城跡……………………………119
田原用水の石の懸樋………………100
誕生寺………………………277, 278, 304

——チ——
知新館………………………………246
茶臼山城跡(赤磐市)………………128
茶臼山城跡(小田郡矢掛町)………199
中国銀行倉敷本町支店……………150
中世夢が原…………………………203
重玄寺(伝雪舟終焉の地)…………207
長福寺………………………………234
長楽寺………………………………127

——ツ——
月の輪古墳……………129, 130, 257
築山古墳………………………86, 87
津雲貝塚……………184, 185, 188
作山古墳…………………56-58, 64
造山古墳……………56, 57, 64, 65
津田永忠……6, 7, 15, 36, 75, 92, 101, 108-110

津田真道生家跡……………………248
綱島梁川記念碑……………210, 211
常山城跡………………………………37
津山郷土博物館(旧津山市庁舎)……244
津山基督教図書館(森本慶三記念館)…245
津山城跡(鶴山公園)………243, 245, 248
津山弥生の里文化財センター……254
津山洋学資料館……………………248
鶴形山公園…………………………142
鶴山八幡宮……………………244, 252

——テ——
伝賀陽氏館跡…………………………48
天神山城跡…………………………125
天王八幡神社………………………222
伝備中国府跡…………………59, 60
天満神社(浅口郡里庄町)…………193
伝宮本武蔵宅跡……………………239
天暦山先陣寺跡……………………175

——ト——
砥石城跡………………………………75
土居宿………………………………240
堂応寺宝篋印塔……………………195
道源寺………………………………216
東光寺石造地蔵菩薩立像(吉田の油地蔵)……………………………241
洞松寺………………………………200
道仙寺…………………………239, 240
道林寺跡………………………119, 120
戸川氏の陣屋跡……………………160
徳右衛門御前………………………269
徳守神社……………………246, 247, 249
徳輿寺…………………………………11
徳倉城跡……………………………114
戸谷遺跡……………………………273
苫田ダム……………………………290
豊臣秀吉(羽柴秀吉)………11, 46, 49, 52, 85, 118, 162, 175, 199, 219, 258, 297, 299
豊原北島神社…………………74, 75

——ナ——
永井家住宅主屋……………………105

長砂古墳群	62
長島愛生園	87, 88
中山神社	252, 253
中山茶臼山古墳	48
中山西遺跡	273
諾神社	302, 303
七曲神社	118, 119
鳴滝園	40, 41
難波抱節	116, 118, 119

——ニ——

新山寺(新山別所)跡	68
西江家住宅	228
西茅部城山東遺跡	273
西茅部田代遺跡	273
西川緑道公園	12
仁科芳雄博士生家	194
西武藤邸跡(御津町郷土歴史資料館交流プラザ)	116
西屋城跡	291
西山拙斎の墓	190
日本原	300, 302
日本キリスト教団天城教会	176
日本基督教団倉敷教会	140
如法寺無量壽院	72
人形峠	293-295

——ヌ・ノ——

沼弥生住居跡群	254
野﨑家塩業歴史館	168
野﨑武左衛門翁旌徳碑	168
野田遺跡	302
野田山遺跡	222

——ハ——

萩丸城跡	280
羽黒神社	180
幡多廃寺塔跡	20, 30
秦廃寺(秦原廃寺)	62
八幡神社(久米郡美咲町)	279
八幡和気神社	107
八高廃寺	197
八塔寺	111, 112
服部廃寺	85
羽出神社	292
林家住宅	239
林野城跡	236
林原美術館	4, 5
早島町歴史民俗資料館	160
原尾島遺跡	7
般若院	165, 166

——ヒ——

東遺跡	273
東野﨑浜	39
東山墓地	15
日上畝山古墳群	250
日上天王山古墳	250, 257
日限地蔵(大雲寺)	14, 15
比丘尼塚(剣戸口古墳)	256
備前長船刀剣博物館	86
備前国庁跡	20, 22
備前国分寺跡	94
備前国分尼寺跡	94
備前市歴史民俗資料館	90
BIZEN中南米美術館	91, 92
備前国総社宮	21, 22
備前福岡郷土館	84
備前焼熊山古窯跡	89
備前焼伝統産業会館	89
備中足守まちなみ館	53
備中神楽	217
備中国分寺跡	54
備中国分尼寺跡	55, 56
備中国総社宮	59
備中松山城	9, 37, 214
日幡城跡	162
日畑廃寺跡	162
日比港	41, 42
姫笹原遺跡	268
百間川	7, 36
平賀元義	72, 130, 303
蒜山郷土博物館	272
蒜山原	272

広峯(峰)神社	305

— フ —

吹屋ふるさと村	226
「福岡の市跡」の碑	84
福生寺	88
福武家住宅	200
福田神社	272, 273
福田海	47
福山城跡	65, 66, 153
福頼神社	199
藤田神社	33, 34
藤戸古戦場	174
藤戸寺	174-176
藤野(和気)郡衙跡	107
藤原成親遺跡	47
布施神社(苫田郡鏡野町)	289
二塚山古墳	81
佛教寺	275, 281
船坂峠	112, 113
豊楽寺	274, 281
古川古松軒の墓	64
古町宿(小原宿)	238
文英の石仏群	50

— ヘ・ホ —

別当寺	267
ベンガラ館	227
遍照院	154, 155
遍照寺	182, 183
報恩大師	8, 9, 11, 18, 19, 21, 25, 74, 77, 90, 95, 100, 103, 122, 127, 153
法界院	29
方谷庵(継志堂)	222
法泉寺(井原市)	204
法泉寺(和気郡和気町)	102
捧澤寺	198
宝島寺	156, 157
法然	133, 277, 278, 304
宝福寺	60, 98
法輪寺	10
北房ふるさとセンター	213
細川通童の墓	190
菩提寺	304, 305
保月山六面石幢・板碑	211, 212
堀内三郎右衛門の墓	296
本覚寺	117
本久寺	126, 127
本経寺	131
本源寺	246, 247
本山寺	132-134
本庄国司神社	65
本荘八幡宮	165, 166
本蓮寺(朝鮮通信使遺跡)	78, 79, 81

— マ —

毎戸遺跡	202
前島の大坂城築城残石	81
真金一里塚跡	49
桝形城跡	286
街角ミュゼ牛窓文化館(旧中國銀行牛窓支店)	79, 80
松平長矩(宣富)	244, 247
松田元成及び大村盛恒墓所	97
丸山古墳	85
万代家住宅主屋	106
万燈山古墳	297
万富東大寺瓦窯跡	96
萬福寺(津山市東田辺)	253

— ミ —

三尾寺	220
三笠山古墳	58, 59
御鴨神社	269
操山古墳群	8
御崎野遺跡	302
水谷勝隆	155, 180, 216, 217
水谷勝宗	155, 180, 214
水谷勝美	155, 180, 216
三石城跡	112
三井造船	41, 42
箕作阮甫	243, 247
箕作阮甫旧宅	248
三星城跡	236

緑山古墳群	57
湊山城跡	166
南方前池遺跡	94, 95
美作国府跡	251, 252
美作国分寺跡	249
美作国分尼寺跡	249, 250
美作市歴史民俗資料館	235
美作総社宮	252
美作国安国寺	256
三村家親	114, 224, 225, 266, 276
三村氏居館跡	224-226
三村元親	9, 37, 63, 225, 229
宮山天望古墳	58, 59
宮山墳墓群	58
明王院	191
妙覚寺	116-120
妙願寺	246
妙興寺	84
妙圀寺	90
妙善寺	25, 26
明禅寺城跡	8, 9
明徳寺	266, 267
妙法寺	247
妙本寺	209, 210
三輪山古墳群	58
美和山古墳群	255

―ム・メ・モ―

牟佐大塚古墳	17, 55
武蔵資料館	239
武藤邸跡	115, 116
宗像神社	46
宗忠神社	31
村山家住宅主屋	169
明光寺	58
森忠政	240, 243, 244, 246, 247, 249, 274, 275
森長継	133, 245, 246, 252, 275

―ヤ―

矢掛宿	200
箭田大塚古墳	17, 55, 196, 197
柵原鉱山跡	136
矢筈城(高山城)跡	298
山崎氏御殿跡	225
山田方谷宅跡	91
山中鹿之介の墓	219

―ユ・ヨ―

有終館跡	217
由加神社(倉敷市)	170
由加神社(和気郡和気町)	103
夢二郷土美術館	7
ゆるぎ地蔵(木ノ元延命地蔵尊像)	192
遙照山	189, 192
餘慶寺	74, 75
吉川八幡宮	208
与太郎塚	38
四ツ塚古墳群	272
米田遺跡	7, 8

―ラ・リ・レ―

頼久寺	217, 218
龍城院	193
龍泉寺	225
良寛記念館	182
両宮山古墳	93-95
両山寺	279, 281
霊山寺(霊仙寺)跡	98
両面薬師堂(厳蓮寺跡)	192
蓮昌寺	13
蓮台寺	170, 171

―ワ―

若宮八幡宮	87
若山牧水の歌碑	221
和気氏政庁之跡	106, 107
和気神社	107
和気町田原井堰資料館	101
和気町歴史民俗資料館	107
和気清麻呂	106, 107
鷲羽山	163, 165

【写真所蔵・提供者】(五十音順，敬称略)

赤磐市教育委員会	小島神社
安養寺(倉敷市浅原)	金光教本部教庁
井原市商工観光課	財団法人特別史跡旧閑谷学校顕彰保存会
岡山県教育庁文化財課	佐古庸二
岡山県古代吉備文化財センター	山陽新聞社
岡山県総合グラウンド事務所	社団法人倉敷観光コンベンションビューロー
岡山市観光課	勝央町教育委員会
岡山市水道局	清浄光寺
岡山市埋蔵文化財センター	真福寺
岡山大学総務課広報室	瀬戸内市産業振興課
岡山大学附属図書館資源生物科学研究所分館	総社市商工観光課
鏡野町郷土博物館	高梁市商工観光課
笠岡市産業振興課	重玄寺
吉備中央町協働推進課	津山市観光振興課
吉備津彦神社	東光寺
旧野﨑家住宅	日本基督教団倉敷教会
久米南町総務企画課	真庭市商工観光課
倉敷市教育委員会	真庭市蒜山振興局総務振興課
倉敷市総務課歴史資料整備室	宗忠神社
倉敷中央病院	

本書に掲載した地図の作成にあたっては，国土地理院長の承認を得て，同院発行の2万5千分の1地形図，5万分の1地形図及び20万分の1地勢図を使用したものである(承認番号平21業使，第35-M044191号　平21業使，第36-M044191号　平21業使，第37-M044191号)。

【執筆者】(五十音順)
編集委員長
太田健一 おおたけんいち(元山陽学園大学・学校法人山陽学園)

編集・執筆者
有元經治 ありもとけいじ(美作国地名語源探究会主宰)
難波俊成 なんばとしなり(就実大学)
三宅克広 みやけかつひろ(岡山県立博物館)
山本太郎 やまもとたろう(倉敷市総務課歴史資料整備室)

執筆者
赤木和郎 あかぎかずろう(元県立津山高校)
阿部紀子 あべのりこ(山陽学園大学)
井辻晃一 いつじこういち(元興譲館高校)
内田豊士 うちだとよし(倉敷市役所)
片田知宏 かたたともひろ(鏡野町産業観光課)
上林栄一 かみばやしえいいち(岡山県立岡山芳泉高校)
河合保生 かわいやすお(ノートルダム清心女子大学)
河田章 かわたあきら(元関西高校)
小柳智裕 こやなぎともひろ(山陽学園大学)
田原義和 たばらよしかず(元県立倉敷南高校)
多和史彦 たわちかひこ(元関西高校)
本多徹 ほんだとおる(就実高等学校・就実中学校)
村上岳 むらかみたかし(瀬戸内市教育委員会)
森元辰昭 もりもとたつあき(岡山大学)
山田保 やまだたもつ(倉敷翠松高校)
横山定 よこやまさだむ(岡山県教育庁)
吉川寿 よしかわひさし(元倉敷高校)

歴史散歩㉝
おかやまけん　れきしさんぽ
岡山県の歴史散歩

| 2009年8月30日　1版1刷発行　　2014年3月20日　1版2刷発行 |

編者―――岡山県の歴史散歩編集委員会
　　　　　おかやまけん　れきしさんぽへんしゅういいんかい
発行者――野澤伸平
発行所――株式会社山川出版社
　　　　　〒101-0047　東京都千代田区内神田1-13-13
　　　　　電話　03(3293)8131(営業)　　03(3293)8135(編集)
　　　　　http://www.yamakawa.co.jp/　　振替　00120-9-43993
印刷所――協和オフセット印刷株式会社
製本所――株式会社ブロケード
装幀―――菊地信義
装画―――岸並千珠子
地図―――株式会社昭文社

Ⓒ　2009　Printed in Japan　　　　　　　　ISBN 978-4-634-24633-1
・造本には十分注意しておりますが，万一，落丁・乱丁などがございましたら，
　小社営業部宛にお送りください。送料小社負担にてお取り替えいたします。
・定価は表紙に表示してあります。

岡山県全図

凡例	
━━━	都道府県界
━━━	市 郡 界
------	区町村界
━━━	新 幹 線
━━━	Ｊ Ｒ 線
───	私 鉄 線
━━━	高速道路
━━━	有料道路
②	国 道
○	県 庁

島根県
- 安来市
- 南部町
- 西伯郡
- 伯耆町
- 大山 (1729)
- 倉吉市
- 上蒜山 (1199.7)
- 江府町
- 日野郡 日野町
- 真庭郡 新庄村
- 日南町
- 道後山 (1268.9)
- 真庭市
- 庄原市
- 新見市
- 岡山県
- 加賀郡 吉備中央町
- 高梁市
- 神石郡 神石高原町
- 三次市
- 総社市
- 小田郡 矢掛町
- 世羅郡 世羅町
- 広島県
- 井原市
- 都窪郡 早島町
- 府中市
- 浅口郡 里庄町
- 浅口市
- 倉敷市
- 笠岡市
- 広島空港
- 三原市
- 尾道市
- 福山市
- 竹原市
- 向島
- 因島
- 百島
- 田島
- 北木島
- 塩飽諸島
- 佐柳島
- 広島
- 本島
- 手島
- 生口島
- 今治市
- 弓削島
- 越智郡 上島町
- 佐島
- 大飛島
- 高見島
- 綾歌郡 宇多津町
- 三崎
- 粟島
- 仲多度郡 多度津町
- 丸亀市

瀬戸内海
- 備後灘
- 水島港